海外著名汉学家评传丛书

Academic Biographies
of Renowned
Sinologists

国家出版基金项目
NATIONAL PUBLICATION FOUNDATION

葛桂录 主编

顾钧 著

A CRITICAL
卫三畏
评传
BIOGRAPHY

Samuel Wells Williams

山东教育出版社
·济南·

图书在版编目（CIP）数据

卫三畏评传 / 顾钧著 . — 济南 ： 山东教育出版社，
2023. 12

（海外著名汉学家评传丛书 / 葛桂录主编）

ISBN 978-7-5701-2738-2

I. ①卫… Ⅱ. ①顾… Ⅲ. ①卫三畏（Samuel Wells
Williams 1812—1884）—评传 Ⅳ. ① B979. 971. 2

中国国家版本馆 CIP 数据核字（2023）第 223714 号

WEISANWEI PINGZHUAN

卫三畏评传

顾钧 著

总 策 划	祝 丽	
责 任 编 辑	苏文静	
责 任 校 对	舒 心	
装 帧 设 计	书籍/设计/工坊 刘运来工作室	

主 管 单 位　山东出版传媒股份有限公司

出 版 人　杨大卫

出 版 发 行　山东教育出版社

地　　址　济南市市中区二环南路 2066 号 4 区 1 号

邮　　编　250003

电　　话　(0531) 82092660

网　　址　www.sjs.com.cn

印　　刷　济南精致印务有限公司

开　　本　710 毫米 x 1000 毫米　1/16

印　　张　28

字　　数　392 千

版　　次　2023 年 12 月第 1 版

印　　次　2023 年 12 月第 1 次印刷

定　　价　128.00 元

卫三畏（Samuel Wells Williams，1812—1884）

总　序

　　"汉学"（Sinology）[1]概念正式出现于19世纪。1814年，法国法兰西学院设立了被称为西方汉学起点的汉学讲座。我国学界关于汉学概念的认知有所差异，比如有关"汉学"的称谓就包括海外汉学、国际汉学、域外汉学、世界汉学、中国学、海外中国学、国际中国学、国际中国文化等，近年来更有"汉学"与"中国学"概念之争及有关"汉学主义"的概念讨论。[2]李学勤先生将"汉学"看作外国学者对中国历史文化和语言文学等方面的研究。阎纯德先生在为"列国汉学史书系"所写的序言中说，中国人对中国文化的研究应该称为国学，而外国学者研究中国文化的那种学问则应称为汉学，汉学既符合中国文化的学术规范，又符合国际上的历史认同与学术发展实际。[3]这样，我们在综合国内外学者主流观点的基础上，目前拟将"（海外）汉学"初步界定为国外对中国的人文学科（如语言、文学、历史、哲学、地理、宗教、艺术、考古、人类学等）的研究，也将其作为本套"海外著名汉学家评传丛书"选择

---

[1] 指代"汉学"的Sinologie（即英文的Sinology）一词出现在18世纪末。
[2] 顾明栋：《汉学主义：东方主义与后殖民主义的替代理论》，张强、段国重、冯涛等译，商务印书馆2015年版，第40-140页。
[3] 阎纯德：《汉学历史与学术形态》，见阎纯德主编《汉学研究》（总第十集），学苑出版社2007年版。

传主对象的依据之一。当然，随着海外汉学研究不断深入拓展，它所囊括的范围也将包括政治、社会、经济、管理、法律、军事等国际中国学研究所涉及的社会科学范围，打通国际"汉学"和"中国学"研究的学术领域。正如国内海外汉学研究的领军人物张西平教授所说，我们要树立历史中国和当代中国统一性的正确史观。[1]

中国自公元 1219 年蒙古大军第一次西征引发与欧洲的"谋面"始，与西欧就有了越来越多的接触与交流。数百年来的中西文化交流史，同时也是海外汉学的发展史，在这一历史过程中，海外汉学家是研究与传播中国文化的特殊群体。他们在本国学术规范与文化传统下做着有关中国文化与文学的研究和翻译工作。从中外交流的角度挖掘一代代海外汉学家的存在价值并给予其科学的历史定位，既有益于中国文化走向世界，也有利于中国学术与世界接轨，因而该领域的研究工作亟待拓展与深化。

本丛书旨在通过撰著汉学家评传的方式，致力于海外汉学研究的深耕掘进，具体涉及汉学家的翻译、研究、教学、交游，重点是考察中国文化、文学在异域的接受轨迹与变异特征，进而从新世纪世界文化学术史的角度，在中华文化与世界主要国家文化的交流、碰撞和融合之中深入探索中华文化的现代意义，加深对中华传统文化价值的认识，借此推动学术界关于"中学西传"的研究更上新台阶，并促进海外汉学在学科自觉意义上达到一个新高度。

一、海外汉学与中华文化国际传播

海外汉学的发展历程是中华文化与异质文化交流互动的历史，

---

〔1〕张西平：《历史中国和当代中国的统一性是开展中国研究的出发点》，载《国际人才交流》2022 年第 10 期。

也是域外学人认识、研究、理解、接受中华文化的足迹，它昭示着中华文化的世界性意义。参与其中的汉学家是国外借以了解中华文化的主要媒介，中华文化正是在他们的不懈努力下逐渐走向了异域他乡，他们在中华文化走向世界的过程中做出了特殊的贡献。

季羡林先生早在为《汉学研究》杂志创刊号作序时就提醒世人不可忽视西方汉学家的重要价值："所幸在西方浑浑噩噩的芸芸众生中，还有一些人'世人皆醉，而我独醒'，人数虽少，意义却大，这一小部分人就是西方的汉学家……我现在敢于预言：到了21世纪，阴霾渐扫，光明再现，中国文化重放异彩的时候，西方的汉学家将是中坚人物，将是中流砥柱。"[1]季先生还指出："中国学术界对国外的汉学研究一向是重视的。但是，过去只限于论文的翻译，只限于对学术论文、学术水平的评价与借鉴。至于西方汉学家对中西文化交流所起的作用，他们对中国所怀的特殊感情等等则注意还不太够。"[2]

事实上，海外汉学家将中华文化作为自己的兴趣关注点与学术研究对象，精心从事中华文化典籍的翻译、阐释和研究，他们丰富的汉学研究成果在其本国学术界、文化界、思想界相继产生了不小的影响，并反过来对中国学术发展产生了一定的促进作用。汉学家独特的"非我"眼光是中国文化反照自身的一面极好的镜子。通常汉学家不仅对中华文化怀着极深的感情，而且具有深厚的汉学功底，是向域外大众正确解读与传播中华文化的最可依赖的力量之一。尤其是专业汉学家以对异域文化、文明的译研认知为本位，其

---

〔1〕季羡林：《重新认识西方汉学家的作用》，见季羡林研究所编《季羡林谈翻译》，当代中国出版社2007年版，第60页。
〔2〕季羡林：《重新认识西方汉学家的作用》，见季羡林研究所编《季羡林谈翻译》，当代中国出版社2007年版，第60页。

研究与译介中国文化与文学本着一种美好的交流愿景，最终也成就了中外文化与文学宏大的交流事业。他们的汉学活动提供了中国文化、文学在国外流播的基本资料，因而成为研讨中华文化外播与影响的首要考察对象。

自《约翰·曼德维尔游记》(*The Travels of Sir John Mandeville*，1357年)所代表的游记汉学时代起，海外汉学至今已有六个多世纪的历史。如果从传教士汉学、外交官汉学或学院专业汉学算起，也分别有四百多年、近三百年以及约两百年的历史。而中外文化、文学交流的顺利开展无法绕过汉学家这一特殊的群体，"惟有汉学家们才具备从深层次上与中国学术界打交道的资格"[1]。

19 世纪下半叶至 20 世纪初，随着第二次工业革命的兴起，西方国家对海外市场开拓的需求打破了以往传教士汉学时代以传教为目的而研讨中华文明的格局，经济上的实用目的由此成为重要驱动力，这一时期是海外汉学由"业余汉学"向"专业汉学"转变的过渡时期。海外汉学在这一时期取得了较大的突破，不论汉学家的人数抑或汉学著述的数量皆有很大增长。

尤其随着二战以后国际专业汉学时代的来临，各国学府自己培养的第一代专业汉学家成长起来，他们对中华文化的解读与接受趋于准确和理性，在中华文化较为真实地走向世界的过程中做出了巨大贡献。他们是献身学术与友谊的专业使者，是中国学术与世界接轨的桥梁。其中如英国著名汉学家大卫·霍克思（David Hawkes），他把自己最美好的时光献给了他所热爱的汉学事业。霍克思一生大部分时间都用于中国文化、文学的翻译、研究、阐释与传播。即

---

[1] 方骏：《中国海外汉学研究现状之管见》，见任继愈主编《国际汉学》(第六辑)，大象出版社 2000 年版，第 14 页。

使到晚年，他对中华文化的热爱与探究之情也丝毫未减。2008 年，八十五岁高龄的他与牛津大学汉学教授杜德桥（Glen Dudbridge）、卜正民（Timothy Brook）专程从牛津搭乘火车赶到伦敦，为中国昆剧《牡丹亭》青春版的英国首次演出助阵。翌年春，霍克思抱病接待前来拜访的时任中国驻英大使傅莹女士。傅莹大使赠送的一套唐诗茶具立即引起霍克思的探究之心，几天后他给傅莹大使发去电子邮件，指出这套唐诗茶具中的"唐"指的是明代唐寅而非唐代，茶具所画乃唐寅的《事茗图》，还就茶具所印诗作中几个不甚清楚的汉字向傅莹大使讨教。霍克思这样的汉学家对中华文化的熟悉程度与探究精神让人敬佩，他们是理性解读与力图准确传播中国文学与文化的专业汉学家。确实如前引季羡林先生所说，这些汉学家对中国怀有特殊的感情。

霍克思与他的汉学前辈翟理斯（Herbert Allen Giles）、阿瑟·韦利（Arthur David Waley）可以共称为推动中国文学译介最为有力的"英国汉学三大家"，在某种程度上他们改变了西方对中国的成见与偏见。他们三人均发自内心地热爱中华文化，从而成为向英语国家乃至西方世界读者推介中国文学特别是中国古典文学的闯将。西方读者正是通过他们对中国优美诗歌及文学故事的移译，才知晓中国有优美的文学，中国人有道德承担感。如此有助于国际的平等交流，也提升了中国在西方的地位，同时他们也让西方读者看到了中国的重要性，使关于中国的离奇谣言不攻自破，让外国人明白原来中国人可以沟通并理解，并非像过去西方出于成见与偏见而想象的那样异样与怪诞。

由此可见，海外汉学家在中国文学与文化向域外传播的过程中扮演着重要的角色，他们与中华文化国际传播存在着天然的联系。诚如北京语言大学原校长刘利教授在题为《构建以汉学为重要支撑的国际传播体系》的文章中指出："汉学自诞生之日起，便担负着中华文化国际传播的重要使命。汉学家们在波澜壮阔的中外交流史中留下了独特且深厚的历史印记，他们广博精深的研究成果推动了中外文化交流和文明交融互鉴，世界各国对中国形象的认知也因此更为清晰、立体、真实。"[1]确实，中外文明交流互鉴的结果有利于在世界上显现丰富而真实的中国形象，这不仅意味着中华文明"外化"的传播，也意味着异域文明对中华文明"内化"的接受，这有助于展示中华文明走向外部世界的行行足迹。

在新的时代背景下，推进中华文明国际传播，推动中华文化更好地走向世界，除了我们自身要掌握思想和文化主动，还要特别关注海外汉学家的著译成果，特别是海外汉学家的全球史视野、跨文化比较视阈以及批判性反思与自我间离的能力，有助于增强不同文化之间的共识，创建我们所渴求的文化对话，并发展出一套相互认同的智性标准。[2]因而，在此时代语境中，探讨海外汉学具有重大战略意义。

从中国角度看，海外汉学可以帮助我们了解中华优秀传统文化在国外的传播与影响情况，了解域外的中国形象构成及其背后的诸多因素，并吸收他们传播中华文化的有益经验。从世界角度看，海外汉学著译成果及汉学家的诸多汉学活动（教育教学、与中国学人的互动交流等），可以让世界了解中华文化的特性及其与域外文化交流互补的特征。

充分关注与深度研讨丰富多彩的海外汉学成果，有助于我们站在全球史视野与新世纪世界文化学术史的角度，在中华文明与异域

---

〔1〕刘利：《构建以汉学为重要支撑的国际传播体系》，载《学习时报》2023年7月21日。
〔2〕葛桂录：《中华文明国际传播与话语建设》，载《外国语言文学》2023年第3期。

文化的碰撞交流与融合发展之中，梳理与总结出中国文学与文化对外传播影响的多元境遇、历史规律、思路方法，为国家制定全球文化战略提供学术佐证，为深化文明交流互鉴提供路径策略，为中华文化国际传播与中国话语体系建设提供历史经验。

本丛书正是以海外汉学家为中心的综合研究的成果，我们将从十位汉学家的思想观念中理解和分析具体的汉学文本或问题，从产生汉学著作的动态社会历史和知识文化背景中理解汉学家思想观念的转折和变化，从而总体性把握与整体性评价汉学家在中华文明外播域外的进程中所做的诸种努力及其实际效果，以确证海外汉学的知识体系和思想脉络。在外国人对中国认知逐步深入的过程中，汉学研究的成果始终起着传播和梳理中国知识、打破旧有思想体系束缚、引领国民中国观念、学习和融合中华文化的重要作用。

二、撰著的方法路径与比较文学视角

海外汉学研究离不开汉学知识史的建构与汉学家身份的认知。正如张西平教授所说："在西方东方学的历史中，汉学作为一个独立学科存在的时间并不长，但学术的传统和人脉一直在延续。正像中国学者做研究必须熟悉本国学术史一样，做中国文化典籍在域外的传播研究首先也要熟悉域外各国的汉学史，因为绝大多数中国古代文化典籍的译介是由汉学家们完成的。不熟悉汉学家的师承、流派和学术背景，自然就很难做好中国文化的海外传播研究。"[1]

海外汉学自身的跨文化、跨语言、跨学科的特质要求我们打破

---

〔1〕葛桂录主编：《中国古典文学的英国之旅——英国三大汉学家年谱：翟理斯、韦利、霍克思》，大象出版社 2017 年版，总序第 5 页。

学科界限，使用综合性的研究方法；用严谨的史学方法搜集整理汉学原典材料，用学术史、思想史的眼光来解释这些材料，用历史哲学的方法来凸显这些材料的观念内涵；尽可能将丰富的汉学史料放在它形成和演变的整个历史进程中动态地考察，区分其主次源流，辨明其价值与真伪，将汉学史料的甄别贯穿于史料研究、整理工作的全过程之中；充分借鉴中国传统学术如版本目录学、校雠学、史料检索学以及西方新历史学派的方法论与研究理念，遵循前人所确立的学术规范。

目前已出版的海外汉学专题研究论著，不少是在翻译研究的学术框架下以译本为中心的个案研究，通过原本与译本的比较，援引翻译研究理论，重点是考察与比较汉学家翻译工作中的误读、误释的基本情况，揭示汉学典籍在域外的传播与变异特征。本丛书旨在文献史料、研究视野、学理方法、思想交流诸方面创新海外汉学研究的观念价值，拓展海外汉学领域的学术空间，特别是深度呈现中外文化交流语境里中华文化的命运，详尽考察中华文化从走出国门（翻译、教学与研究）到走进异域思想文化（碰撞、认知与吸纳）的路径，再到以融合中华文明因子的异域思想文化为参照系，激活中国本土文化的提升空间与持久动力的历程。具体也涉及特定历史文化语境中的汉学家如何直接拥抱所处时代的文化思想及学术大潮，构建自身的异域认知与他者形象。我们要借助丰富多彩的海外汉学成果，关注中外哲学文化思想层面的交互作用，在此意义上评估中华文明的延展性、适时性、繁殖力等影响力问题。

在方法路径上，首先，要在中外文化交流史的基础上弄清楚中华文化向域外传播的历史轨迹，从这个角度梳理出海外汉学形成的历史过程及汉学家依附的文化语境。其次，以历史文献学考证和分析的基本方法来掌握海外汉学文献的传播轨迹和方式，进而勾勒出构成海外汉学家知识来源的重要线索。最后，借用历史语境主义的研究范式探究海外汉学家不同发展阶段的汉学成就及观念诉求。

因而，文献史料的发掘与研究不仅是重要的基础研究工作，同时也意味着学术创新的孕育与发动，其学术价值不容低估。应该说，独立的文献准备是学术创见的基础，充分掌握并严肃运用文献，是每一位海外汉学研究人员必须具备的基本素养。而呈现数百年来中华文化在域外传播影响的复杂性与丰富性的途径之一，就是充分重视文献史料对海外汉学家研究和评传写作的意义。海外汉学史研究领域的发展、成熟与文献学相关，海外汉学研究史料的挖掘、整理和研究，仍有许许多多的工作要做。丛书在这方面付出了诸多努力，包括每位传主的年谱简编及相关文献史料的搜集整理，为厘清中华文化向域外传播的历史轨迹，梳理海外汉学发展的历史过程及汉学家依附的文化语境，起到了重要的支撑作用。

构建海外汉学史的框架脉络，需要翻阅各种各样的包括书刊、典籍、图片在内的原始材料，如此才能对海外汉学交流场有所感悟。这种感悟决定了从史料文献的搜集中，可以生发出关于异域文化交流观念的可能性及具体程度。海外汉学史研究从史料升华为史识的中间环节是"史感"。"史感"是在与汉学史料的触摸中产生的生命感。这种感觉应该以历史感为基础，同时含有现实感甚至还会有未来感。史料正是在研究者的多重感觉中获得了生命。

通过翔实的中外文原典文献资料的搜罗梳理及综合阐释，我们既可以清晰地看出海外汉学家、思想家对中国文化、文学典籍的译介策略与评述尺度，又能获知外国作家借助于所获取的汉学知识而书写的中国主题及其建构的中国形象，从而加深对中外文学、文化同异性的认知，重新审视中外文学交流的历史性价值和世界性意义，有助于提升中外文学交流史的研究层次，提出新的研究课题，拓展新的研究领域，并奠定中外文学交流文献史料学的研究基础。

　　海外汉学家研究属于中外文学、文化交流的研究领域，从属于比较文学研究的学科范畴。我们要以海外汉学数百年的发展史为背景，从中外文化与文学交流的角度来重新观照、审视汉学家的汉学经历、成就及影响，因而必须借鉴历史分析等传统学术研究方法，并综合运用西方新史学理论，接受传播学理论、文本发生学理论、跨文化研究理论，以及文化传播中的误读与误释理论等理论成果，从文化交流角度准确定位海外汉学家的历史地位，清晰勾勒他们如何通过汉学活动以促进中外文明交流发展的脉络。这不仅有利于传主汉学面貌的清晰呈现，也裨益于中国文学与文化的域外传播，同时更有助于我们透视外国人眼中的中华文化。因此，海外汉学家研究作为中国比较文学学科的一个重要领域，必将能为中华文化的海外弘扬贡献力量，它昭示的是中华文化的世界性意义。

　　同样，海外汉学家在其著译与教育交流实践中，也非常关注比较文学视角的运用。比如，霍克思担任牛津汉学讲座教授几年后，从比较文学的视角正面回答了汉学学科这一安身立命的问题。在他看来，中国文学的价值在于其与西方的相异性，作为世界文化的一个组成部分，其独特性使其有了存在与被研究的必要。霍克思认为，对不同文学间主题、文体、语言表达与思想表达差异的寻找等都是中西文学比较中可展开的话题。他在多年的汉学研究中时刻不忘比较视域，其学术路径在传统语文学研究方法基础上增加了比较思想史视野下审视学术文献意义的步骤。对于霍克思而言，研究汉学既是为了了解中国，了解一个不同于西方的文学世界，也是为了中英互比、互识与互证。此中贯穿着比较，贯穿着两种文化的互识与交流。霍克思对中国典籍译研的文化阐释影响深远，比较文学意识可算是贯穿其汉学著译始终的重要研究理念。

　　比较文学视角有助于促成跨文化交流与文明互鉴的理想结果，也就是对话双方能够在交流中找寻本土思想文化创新发展的契机并实现互惠。因为，跨文化对话有一种镜子效应，把陌生文化当作一面镜子，在双方的对话中更好地认识自己，而且新意往往形成于两者的交锋对话之中。当然，安乐哲（Roger T. Ames）也提醒我们："文化比较需要一把'双面镜'，除了要站在西方文化的立场上依据西方的思想体系和结构翻译与诠释中国文化外，我们更应当以平等的态度和眼光，通过回归经典去实事求是地理解中国的传统，即从中国哲学和文化本身出发去理解它，并且从中认识到其所具有的独特性。"[1]

　　在此意义上，海外汉学家在中国典籍翻译阐释中所展示的跨文化对话意识具有特殊意义。他们固然可以复制出忠实于原作的译本，同时更可能出于自己的理论构想与文化诉求，通过主观性阐释与创造性误读，使译作具有独立于原作之外的精神气质与文化品格，同时进行着本民族文化传统的"自我重构"。他们借助于独具特色的译介中国行动，既构筑了新的中国形象，也试图通过东西方文明对话构筑起新的世界，从而实现跨文化对话的目标。

　　本丛书在撰著过程中立足于比较文学视角，依靠史料方面的深入探究，结合思想史研究的路径、文献学的考证和分析、跨文化形象学研究的视角与方法发掘，在具体汉学家的思想观念中理解和分析具体的汉学文本或问题，从产生汉学著作的动态社会历史和知识文化背景中把握汉学家思想观念的转折和变化，展示海外汉学学科体系奠基与进行中西文化融合的过程，从而把握海外汉学的知识体系和思想脉络。

---

[1][美] 安乐哲:《"生生"的中国哲学：安乐哲学术思想选集》，人民出版社 2021 年版，第 141 页。

三、编撰理念与总体构想

　　海外汉学家数量颇为可观。本丛书选择海外著名汉学家十位，每位传主一卷，分别展开他们的综合研究工作，评述每位传主的汉学历程、特点及重要贡献。通过评传编撰，呈现每位传主汉学生涯的生成语境；通过分析阐释传主的翻译策略、文集编选、汉学论著、教育教学理念等，揭示传主汉学身份特征，论析传主汉学思想的载体与构成要素，站在中外文化交流史与海外汉学思想发展史的高度，客观评述传主的汉学成就。反之亦然，从传主的汉学成就观照其所处时代、所在区域的汉学思想演进脉络。撰述过程中关注时代性、征实性、综合性，最终凸显作为汉学思想家的传主形象。

　　本丛书编撰遵循历史还原、生动理解与内在分析的基本思路。所谓历史还原，即通过对文献史料的爬梳，重现传主汉学成就的历史文化语境。所谓生动理解，即通过消化史料，借助合适的解释框架，理解及重构传主鲜活的汉学发展脉络。所谓内在分析，即通过厘清传主汉学生涯的基本理路，分析传主饱含学养的汉学体验与著译成就。

　　本丛书各卷的撰述风格与笔法，希望能与今天的阅读习惯接轨，在丰厚翔实、鲜活生动的叙述之中，将传主立体地呈现在读者面前。丛书将以丰富的史料、准确稳妥且富有见地的跨文化传播观点、开放的文化品格、独特的行文风格，使不同层面的读者都能在书中找到各自需要的灵韵，使之在不知不觉的阅读中形成这样的共识：通过几代海外汉学家的不懈努力，中华文化走进异域他乡，引发了中外文学与文化的交融、异质文化的互补，这不仅是昨天的骄傲，更是今天的时尚与主题。

　　本丛书各卷采用寓评于传、评传结合的体例，充分考虑学术性（吸收学界最新成果）与可读性（充满活力的语言），有趣亦有益。各卷引言总论传主的汉学思想特征，各章梳理传主的生活时代与社会思想背景，呈示传主的生平事迹、著述考辨、学养构成，阐释传主的各种汉学成果，从传主的译介、研究、教育教学活动等方面全方位呈现其汉学成就，概括传主的汉学贡献，以确认其应有的汉学地位，最终凸显作为汉学思想家的传主形象，继而为全面深入探讨海外汉学史提供知识谱系与思考路径。同时，我们通过以海外著名汉学家为中心的比较文学跨文化、跨学科（跨界）研究，深入研究、阐释中华优秀传统文化蕴含的思想观念、人文精神、道德规范，力争在中外文明的双向交流中阐发中华文明的内在精髓与独特魅力，努力提高推动中华文明走进域外世界的社会意识，借此回应与推进国家文化发展与国际传播战略，实现中华优秀传统文化的创造性转化与创新性发展，彰显中外人文交流与文明互鉴的价值与意义。

葛桂录

2023 年 10 月 6 日定稿于福建师范大学外语楼

目
录

引　言　美国汉学之父　001

第一章　从印刷工到汉学教授　004

第一节　早年经历　004

第二节　印刷工的业绩　012

第三节　外交官的作为　032

第四节　首位汉学教授　041

第二章　初入汉学　061

第一节　汉语学习　062

第二节　从《二十四孝》开始　069

第三节　中国博物学　080

第四节　《拾级大成》　094

第三章　中国文学译介　119

第一节　《聊斋志异》　119

第二节　《谢小娥传》　130

第三节　历史演义小说　138

第四节　元杂剧《合汗衫》　149

第五节　《春园采茶词》　167

第四章　奠基之作：《中国总论》　174

第一节　小型百科全书　176

第二节　中国典籍述论　195

第三节　学术价值与影响　209

第四节　修订版的贡献　225

第五章　**中国近代史研究**　236

第一节　鸦片战争　236

第二节　《瀛环志略》评介　256

第三节　中国移民问题　278

第六章　**集大成者：《汉英韵府》**　289

第一节　旧作翻新　291

第二节　中国文化译介　302

第三节　众望所归之作　315

第七章　**学术特色**　326

第一节　继承与创新　327

第二节　关注小传统　349

第三节　业余与专业　360

结　语　**走向文明对话**　368

卫三畏年谱简编　394

参考文献　404

后　记　425

引　言　　美国汉学之父

　　1832 年 4 月中旬，一位正在大学读书的美国青年收到了一封父亲的来信。信中说，在广州刚刚建立的美国海外传教部总会（American Board of Commissioners for Foreign Missions，以下简称"美部会"）传教站获得了一台印刷机和一套铅字，正在寻找一名能够前往中国管理传教站印刷所的年轻人，于是父亲推荐了自己的儿子。父亲在做出这一决定时可能没有想到，当时对汉语一窍不通的儿子日后会成为美国早期最重要的汉学家。4 月 23 日儿子在回信时则明确意识到了这一决定的重大意义："如果真能成行，这将改变我的一生。"（If this takes place, it will alter my course of life.）[1] 这位年轻人后来不仅来到了中国，还在这片土地上度过了一生的大部分时光，他就是塞缪尔·韦尔斯·威廉斯（Samuel Wells Williams），日后以中文名字"卫三畏""卫（畏）廉士"为中国人所知。

　　如果稍微考究一下这两个中文名字，就会发现它们既与英文谐音，又有中文内涵。"三畏"出自《论语·季氏》："君子有三畏：畏天命，畏大人，畏圣人之言。""廉士"一词也见于中国典籍，如《汉书》卷五《景帝纪》中有这样的话："人不患其不知，患其为诈也；不患其不勇，患其为暴也；不患其不富，患其亡厌也。其唯廉士，寡欲易足。"可见廉士是不

---

[1] S. W. Williams to Father, 23 April 1832. 顾钧、[日] 宫泽真一主编：《美国耶鲁大学图书馆藏卫三畏未刊往来书信集》（第 19 册），广西师范大学出版社 2012 年版，第 13 页。

贪婪、知足常乐之人。卫三畏给自己起的中文名字既显示了汉学修养，也表明了人生态度。

1812年9月22日卫三畏出生于美国纽约州的尤蒂卡（Utica），1833年10月25日到达广州黄埔港时刚满二十一岁，从此开始了在中国长达四十年的工作生涯。在最初的二十年中，他的主要业务是编辑和印刷英文期刊《中国丛报》（The Chinese Repository）。1857年卫三畏脱离美部会后开始在美国驻华使团任职，直至1876年，二十年间曾九次代理驻华公使职务。1877年他被耶鲁大学聘为该校首位中国语言与文学教授，之所以被耶鲁大学选中，不仅因为他拥有异常丰富的中国生活经验，是当时资格最老的中国通，更重要的是他在汉学研究领域著作等身。1874年出版的《汉英韵府》（A Syllabic Dictionary of the Chinese Language in the Court Dialect）是19世纪最具权威性的双语字典，而此前于1848年出版的《中国总论》（The Middle Kingdom）则被认为是美国汉学的开山之作。这两部代表作正好是在他身为印刷工和外交官时完成的。晚年他作为专业汉学家最主要的一项工作是对初版《中国总论》进行修订，修订版于1883年10月出版，代表了他一生汉学研究的最高成就。1884年2月16日卫三畏在耶鲁大学所在地——康涅狄格州纽黑文（New Haven）去世，结束了丰富多彩的一生。

将卫三畏称为美国"汉学之父"至少有以下三点理由：（1）从1833年到达广州至1876年离开北京，他是迄今美国人中在华时间最长、对中国了解最深的一位，亲身体验了两次鸦片战争、太平天国运动等给中国社会和中外关系所带来的深刻变化。（2）他是耶鲁大学的第一位汉学教授，也是美国历史上最早的汉学教授，见证了美国汉学从业余走向专业的历史。在他身上，业余汉学和专业汉学实现了自然的结合。（3）他是美国最早的汉学刊物《中国丛报》的编者（1848年后为主编）和主要供稿人之一；他的代表作《中国总论》改变了此前美国人通过欧洲著作来认识中国的局面，开创了真正意义上的"美国汉学"。

　　1884 年卫三畏去世时恰逢中美直接交往一百周年，他的一生是 19 世纪中美关系大背景下美国汉学发生、发展的最佳缩影。本书基本以 1812 年至 1884 年为时间上下限，但在讨论具体问题时会涉及此前此后的相关人物和著作。

第一章 从印刷工到汉学教授

卫三畏去世后，他的儿子卫斐列（Frederick W. Williams）为其编写了传记《传教士、外交官、汉学家：卫三畏生平与书信》（*The Life and Letters of Samuel Wells Williams, LLD., Missionary, Diplomatist, Sinologue*），并于 1889 年出版。从书名可以看出传主一生的三个身份：传教士、外交官、汉学家。卫三畏并非严格意义上的传教士，他没有接受过神学教育，也没有被授予过神职。在美部会的正式文件中，他的身份一直是印刷工。但他在中国的活动与一般传教士并无不同，所以在许多场合也被称为传教士。卫三畏成为专业汉学家是在晚年担任耶鲁大学教授期间，此前四十年他在中国的本职工作是印刷和外交，业余时间从事汉学研究，但主要成就却是在这一时期取得的。"颂其诗，读其书，不知其人，可乎？是以论其世也，是尚友也。"（《孟子·万章章句下》）要想探究卫三畏汉学研究的路径和特色，必须了解他所生活的时代。

第一节 早年经历

卫三畏的祖先来自英格兰，1637 年移民美洲大陆，到他父亲威廉·威廉斯（William Williams）已经是第六代了。卫三畏兄弟姐妹十六人，他是长子，[1]到他十多岁的时候，父亲的印刷所日渐兴隆，成为纽约州中部颇为知名的商号，经常承担美部会和其他宗教团体的业务，这也是他父亲被托付寻找印刷工的原因。

　　1832年卫三畏接到父亲来信的时候，正在位于纽约州特洛伊（Troy）的伦斯勒学院（Rensselaer School，1833年更名为Rensselaer Institute）读书。他本来希望到位于康涅狄格州纽黑文的耶鲁大学接受高等教育，但父亲的收入需要维持一大家人的生活，难以支付这所著名学府昂贵的学费，只能让长子就近选择一所普通高校。该学院由斯蒂芬·范·伦斯勒（Stephen Van Rensselaer）于1824年创建，也用他的名字命名，目标是"培养能够将科学运用于日常生活的人才"。[2]虽然学校后来发展迅速并成为一所颇具影响力的高等学府，[3]但1831年卫三畏入学时条件还相当简陋。卫三畏掩饰不住自己的失望情绪，在1831年11月23日给中学时代的好友詹姆斯·丹纳（James Dana）的信中写道："学校总共只有6名学生，想想看，6名学生，而这是学校创办以来的第八个年头，我原以为至少有20名，但就这么多。'既然是这样，就应该是这样'，这是我们的座右铭。这个冬天要上数学、逻辑等课程。关于学校我只能告诉你这么多。说句老实话，詹姆斯，我从来没有这么失望过，预想的东西完全落空，但是不要告诉别人，

---

〔1〕卫三畏所写《自传》称自己有十五个弟妹，但《美国人名辞典·历史卷》"卫三畏"词条称他是"十四个孩子中的老大"，详见陶德民编《卫三畏在东亚：美日所藏资料选编》，大象出版社2016年版，第32、44页。

〔2〕"Stephen Van Rensselaer to the Rev. Dr. Blatchford Lansingburgh，5 November 1824"，http://www.rpi.edu/about/history.html，2022年4月9日阅览。

〔3〕19世纪50年代，学校向工程技术方面拓展，1861年更名为Rensselaer Polytechnic Institute，现在该校已发展成为拥有五个学院（建筑、工程、人文社科、管理、自然科学）的科技大学。参见http://www.rpi.edu/about/history.html，2022年4月9日阅览。值得一提的是，20世纪上半叶，中国留美学生中曾有八位从该校取得博士学位，参见Tung-li Yuan, ed., *A Guide to Doctoral Dissertations by Chinese Students in America 1905—1960* (Washington, D. C.: Sino-American Cultural Society, Inc., 1961), p. 236。

只说我很满意。"〔1〕好在这种失望情绪逐渐消失了，因为学院开设的各门科学课程都是他非常喜欢的，图书馆的藏书也完全能够满足他的求知欲。

人的命运常常会因为一些偶然的事情而改变。接到父亲的来信后，卫三畏面临人生的重大抉择，但他没有花费太多的时间反复思量，很快给父亲写了回信，表示有条件地接受他的提议：

> 从收到您的信到现在给您回复只有短短几天时间，也许您会认为我没有充分考虑您的建议。我必须说，这确实是一个相当重大的问题……如果阻挠我前往中国的因素能够令人满意地排除，我就去。在十月份课程结束以后，是否可能让我好好地学一下印刷方面的业务，以便能胜任这项工作？这里的课程和考察活动完成之前，我不想离开，因为化学和植物学对我非常重要，对日常生活也相当实用。等这一切结束时，如果能够完全学会我现在还一无所知的那门印刷技艺，我愿意去。〔2〕

先完成学业并接受培训是卫三畏的前提条件，后来经过和美部会的协商达成了共识。卫三畏从此走上了一条新的道路，他的人生不再属于熟悉的实验室和广阔的田野，而是一个陌生、遥远的国家和一间狭小的印刷作坊。这实在不是容易做出的决定。年轻人想法多变，喜欢冒险，或许不能排除这种解释，但卫三畏的决定显然不是一时的冲动，否则他应该立刻出发，哪里会对自己的学业和接受培训的安排想得如此周到？

卫三畏生长在一个印刷商人家庭，但从上面那封信中我们能够看出，

---

〔1〕 S. W. Williams to James Dana, 23 November 1831. 顾钧、〔日〕宫泽真一主编：《美国耶鲁大学图书馆藏卫三畏未刊往来书信集》（第19册），广西师范大学出版社2012年版，第5页。
〔2〕 S. W. Williams to Father, 23 April 1832. 顾钧、〔日〕宫泽真一主编：《美国耶鲁大学图书馆藏卫三畏未刊往来书信集》（第19册），广西师范大学出版社2012年版，第12—13页。

他直到离家上大学时还对这门技艺"一无所知",可见对此并无多少兴趣。他很快接受父亲的建议,主要是出于对宗教的虔诚。答复父亲后不久,卫三畏在给美部会秘书鲁弗斯·安德森(Rufus Anderson)的信中这样袒露自己的思想:"离开从小就熟悉的环境前往一个遥远的国家,我将面对诸多不确定的因素和困难,但我也看到了事情的另一面——世界的四分之三处于异教和半偶像崇拜之中——我的天平倾向于这一面。虽然我想了很多,但'责任'二字始终清晰地出现在我的脑海里。"[1]一个还不到二十岁的年轻人把责任看得如此之重,相当难能可贵。基督教徒传教的责任感使卫三畏愿意接受自己并不喜欢的印刷工作。

卫三畏在被派往中国之前没有接受过正规的神学教育,这是他和其他美国早期传教士很大的不同点。裨治文(Elijah C. Bridgman)作为第一位美国来华传教士曾在安多佛神学院深造,其他如雅裨理(David Abeel)、伯驾(Peter Parker)等都在相关机构接受过培训。[2]卫三畏的神学训练主要来自家庭和幼年的教育。

卫三畏家族有着深厚的宗教传统,祖上出过多位牧师。卫三畏的父亲虽然没有担任神职,却是一名虔诚的长老会教徒,并且非常热心于公众事业。卫三畏小时候就读的主日学校正是他父亲建立的,他在这所学校里唱赞美诗,练习教义问答,并全文背诵《新约》。上中学后,他每个周日都

---

〔1〕S. W. Williams to Rufus Anderson, 20 July 1832. 顾钧、〔日〕宫泽真一主编:《美国耶鲁大学图书馆藏卫三畏未刊往来书信集》(第19册),广西师范大学出版社2012年版,第19页。

〔2〕Murray A. Rubinstein, *The Origins of the Anglo-American Missionary Enterprise in China 1807—1840* (Lanham, Md. & London: The Scarecrow Press, Inc., 1996), pp. 231−281. 裨治文(1801—1861)受美部会派遣于1830年2月到达中国,此后一直在广州、澳门活动,1847年6月移居上海直至在那里去世。雅裨理(1804—1846)受海员之友协会(Seamen's Friend Society)派遣和裨治文同船抵达中国,1830年12月转入美部会,并前往东南亚,在当地华人中传教,后因身体欠佳于1833年5月返回美国,1839年再次来到中国,1844年返回美国,并于两年后去世。伯驾(1804—1888)受美部会派遣作为医学传教士于1834年10月到达中国,在广州、澳门活动。1840年7月返回美国,1842年10月再次来到中国。1847年后脱离美部会,服务于美国驻华使团。详见Alexander Wylie, *Memorials of Protestant Missionaries to the Chinese* (Shanghai: American Presbyterian Mission Press, 1867), pp. 68−69, 72−75, 81−83。

去教堂，并在周日晚上参加查经班。卫三畏的母亲索菲亚·韦尔斯（Sophia Wells）同样出身于清教徒家庭，虔诚、勤奋、节俭的品质从小就在她身上体现出来。父母的言传身教无疑坚定了卫三畏的信仰，1831 年 2 月他在弟弟弗雷德里克·威廉斯（Frederic Williams）的陪同下做了入教宣誓，加入了当地的长老会。[1]

卫三畏的青少年时期见证了美国传教运动的勃兴。就在他出生的 1812 年，成立仅两年的美部会在印度建立了第一个海外传教站，此后又在亚洲、非洲、欧洲建立多个站点，传教事业在全世界迅速展开。在卫三畏到达中国的 1833 年，美部会已经建立了 30 个海外站点，派驻的传教士和当地助手达到 200 人。[2] 美国传教事业的发展是世界范围内新教振兴运动的结果。自 16 世纪初宗教改革以来，新教内部纷争不断，17 世纪兴起的理性主义思潮则构成了一种严重的外部冲击。面对教徒中普遍出现的信仰淡漠和危机，一场声势浩大的新教振兴运动在德国、英国、美国相继展开，其表现形式为菲力浦·斯潘纳（Philipp Spener）领导的德国虔信运动、约翰·卫斯理（John Wesley）领导的英国福音振兴运动和以乔纳森·爱德华兹（Jonathan Edwards）为精神领袖的美国大觉醒运动。席卷多国、绵延将近百年的新教振兴催生了大规模海外传教活动的兴起。16 世纪罗马天主教（旧教）为应对宗教改革而实行自我改革，在这一过程中传教活动得到了很大的复兴和发展，曾派遣大批传教士来华的耶稣会就成立于这一时期（1540 年）。由于内部纷争等原因，新教长期以来无所作为，无法与天主教在传教方面展开竞争，新教振兴运动逐渐改变了这一状况。17 世纪荷兰的殖民势力扩张到亚洲，传教活动开始在斯里兰卡、爪哇、中国台湾等地零星展开。18 世纪后半期，随着詹姆士·库克（James Cook）船长在太平

[1] Frederick W. Williams, *The Life and Letters of Samuel Wells Williams* (New York: G. P. Putnam's Sons, 1889), pp. 9–10.

[2] "Table of Stations, Missionaries, Churches, and Schools", *Missionary Herald*, Vol. 30, No. 1 (Jan. 1834), p. 8.

洋的航行和新岛屿的发现，英国掀起了空前高涨的海外传教热情。1792 年，英国第一个海外传教团体——浸信会成立，创始人威廉·凯里（William Carey）于翌年成为首位前往印度的传教士。其后伦敦会（1795 年）、安立甘会（1799 年）、循道会（1817 年）等相继建立。美国的新教振兴运动由于独立战争（1775—1783）出现某种程度的中断，但战后再度高涨，因此也被称为第二次大觉醒运动。这场延续到 19 世纪的运动使美国很快加入海外传教的行列。继美部会（1810 年）之后，长老会、美以美会、圣公会的海外传教机构于 1817 年至 1820 年相继面世。同时为了培养传教士，各类教育机构也纷纷建立，比较著名的如公理会建立的安多佛神学院（1808 年）、长老会建立的普林斯顿神学院（1812 年）、浸信会建立的汉密尔顿神学院，另外美国两大名校哈佛、耶鲁也于 1819 年和 1822 年相继建立了神学院。到 1860 年，这类学校已经达到五十所。[1] 美国迅速加入传教大军离不开英国的影响和刺激。18 世纪末 19 世纪初，凯里等英国海外传教士的事迹在美国杂志上被广泛报道，成为家喻户晓的人物。赖德烈（Kenneth S. Latourette）将 1800 年至 1914 年称为基督教传播的"伟大世纪"是言之有据的，因为基督教在这一时期以前所未有的规模和速度传遍了世界的几乎每一个角落。[2] 传教士成为这个世纪的骄子。

　　卫三畏从小就对传教活动不陌生。他六七岁时的启蒙老师在离开学校后前往土耳其传教，父亲印刷所中的一名学徒后来投身向印第安人传教的事业。卫三畏的母亲 1831 年秋去世前一直关注传教事业，曾经帮助不少身边的人走上这条道路，对于自己的子女，我们不难想象她的预期。卫三畏的传记中记录了母亲的这样一个细节：有一次她参加传教募捐活动，发现

---

[1] Williston Walker, *A History of the Christian Church*, fourth edition (New York: Charles Scribner's Sons, 1985), pp. 611–614, 652–660.
[2] 赖德烈将其七大卷的《基督教扩展史》（*A History of the Expansion of Christianity*, New York and London: Harper & Brothers, 1937—1945）的第 4 至第 6 卷用来描述这一"伟大世纪"。具体到中国，赖德烈认为 1842 年前是准备时期，1842 年至 1895 年是逐步发展时期，1895 年后为迅猛发展时期，详见第 6 卷第 261 页。

自己没有带钱，于是她一边祈祷，一边将一张纸条放进捐款篮，纸条上写着"我的两个儿子"。[1]卫三畏和弟弟弗雷德里克·威廉斯后来确实都投身于宗教事业，[2]虽然这是母亲身后的事情，但她在世时的影响是毋庸置疑的。可以说，成为传教士的种子在卫三畏心中很早就已埋下，它能否破土而出主要依赖外界的环境。传教运动的发展是大气候，而父亲的来信则起到了催化剂的作用。如果说卫三畏早晚都可能成为传教士的话，他被派往中国而非其他国家则多少带有一些偶然因素。

　　建立于1810年的美部会是一个跨教派团体，成员以公理会为主，同时得到了长老会和归正会的支持。成立两年后它向印度派出了第一批传教士，此后在斯里兰卡（1815年）、夏威夷群岛（1819年）、土耳其（1819年）、巴勒斯坦（1821年）、马耳他（1822年）和叙利亚（1823年）等地相继建立了站点。美部会对中国很早就表现出了兴趣，1807年来华的英国伦敦会第一位（也是新教第一位）传教士马礼逊（Robert Morrison）的工作更是备受关注。1818年，和马礼逊往来密切的费城商人罗伯特·拉尔斯顿（Robert Ralston）向美部会建议，每年从派驻印度的传教士中抽调若干人前往广州的黄埔港，向那里的美国海员布道。虽然这个建议因为不切实际而作罢，但建立广州站点的想法却一直在酝酿之中。六年后的1824年，美部会决策委员会正式通过了向中国派遣传教士的决议，由于没有合适人选未能及时落实。1827年11月，一些美国商人和船主在广州和马礼逊商谈后，再次向美部会决策委员会发出呼吁，要求派遣两名传教士。这些热心人士中最为关键的一位是奥立芬（D. W. C. Olyphant）。他看到美部会行动迟缓，便于1829年9月返回美国当面敦促，并承诺提供传教士前往中国的船费和其中一人在广州一年的食宿。这一承诺使美部会很快派出了裨治文

〔1〕F. W. Williams, *The Life and Letters of Samuel Wells Williams*, p. 11.
〔2〕弗雷德里克·威廉斯后来在土耳其从事传教工作二十二年，并死于当地。

和雅裨理，两人于 1829 年 10 月 14 日出发并于 1830 年 2 月 19 日抵达广州，美国在华传教事业从此拉开帷幕。[1] 1831 年奥立芬本人所属的纽约市布立克街（Bleeker Street）长老会向中国首个站点赠送了一部印刷机和一套英文活字，分别于 1831 年 12 月和 1832 年 4 月运抵广州，正是这套印刷设备带来了卫三畏前往中国的契机。

为了能够胜任美部会交付的工作，卫三畏结束学业后立刻接受了为期半年的印刷培训。1833 年 4 月中旬，他已经做好长途旅行的准备，尽管如此，他对于自己能够去中国仍然将信将疑。"随着时间的临近，这件事不断闪现在我眼前，它的真实性有时几乎让我心惊肉跳。"[2] 他在当时的家信中这样写道。

由于奥立芬的商船推迟航期，卫三畏直到 1833 年 6 月 15 日才启程，同行的是另外一位美部会传教士特雷西（Ira Tracy）。[3] 在缓缓离开纽约的"马礼逊号"（Morrison）上，他向故土投去了最后一眼，向家人做了颇为伤感的告别，在那个只能依靠船只前往海外的年代，中国确实是太遥远了："再见，长时间无法再见面了，但希望再次见面时是在天堂，如果不是在人间的话。"[4] 带着对传教的一股热忱和对中国之行的诸多疑虑，卫三畏踏上了旅途。

---

[1] Clifton J. Phillips, *Protestant America and the Pagan World: The First Half Century of the American Board of Commissioners for Foreign Missions, 1810—1860* (Cambridge MA: Harvard University Press, 1969), pp. 173-174；吴义雄：《在宗教与世俗之间——新教传教士在华南沿海的早期活动（1807—1851）》，社会科学文献出版社 2022 年版，第 55-59 页。

[2] S. W. Williams to Parents, 12 April 1833. 顾钧、[日]宫泽真一主编：《美国耶鲁大学图书馆藏卫三畏未刊往来书信集》（第 19 册），广西师范大学出版社 2012 年版，第 22 页。

[3] 特雷西也被称为"帝礼士"，他到达广州后很快于 1834 年前往新加坡开辟美部会在那里的传教站点，1841 年因为身体状况不佳辞去传教士职务，详见 Alexander Wylie, *Memorials of Protestant Missionaries to the Chinese*, p. 79.

[4] S. W. Williams to Parents, 15 June 1833. 顾钧、[日]宫泽真一主编：《美国耶鲁大学图书馆藏卫三畏未刊往来书信集》（第 19 册），广西师范大学出版社 2012 年版，第 24-25 页。

第二节　印刷工的业绩

经过四个多月的长途航行，1833 年 10 月 25 日下午，"马礼逊号"停靠在黄埔港。10 月正是贸易兴盛的时节，黄埔港中停靠着百十来条外国商船，其中数量最多的是英国东印度公司的船队。广州口岸制度成型于 18 世纪中英贸易往来迅速扩展之际。起初英国商船可以在中国沿海的七个港口停靠，但东印度公司不满于对其贸易活动的限制，多次要求清政府放松管控，1759 年甚至派遣洪任辉（James Flint）北上，作为代表传达公司的诉求。清廷被这一举动激怒，反而加强了对贸易的限制。1760 年清政府规定，仅设广州一口通商，并将贸易管理的大权交给中国商人行会即"公行"（Cohong）。当卫三畏到达黄埔时，这一制度已经实施了七十多年。仅仅一年后，创立于 1600 年的英国东印度公司的对华贸易垄断权（自 1689 年起）就被取消了。卫三畏和特雷西被船上的小艇送到了广州，入住美国商馆（American Factory）。当时清政府禁止基督教传播，他们只能以商人的身份蒙混过关。商馆当时在英文中之所以被称为"factory"，并不是那里有什么商品要生产，而是因为"factor"（代理商）住在里面，这是从印度传来的说法。广州英语"hong"则指的是做生意的地方，但是它和"factory"通常是混用的。[1]

中美之间的交往从商业开始，商人也早于传教士来到中国。1784 年 2 月 22 日一艘名为"中国女皇号"（*Empress of China*）的商船离开纽约，同年 8 月 28 日到达广州，次年 5 月 12 日返回纽约，共投资 12 万美元，获利 37727 美元，利润率高达百分之二十五。[2]这一消息轰动了美国，许多

---

〔1〕〔美〕雅克·当斯：《黄金圈住地——广州的美国商人群体与美国对华政策的形成，1784—1844》，周湘、江滢河译，广东人民出版社 2015 年版，第 14 页。
〔2〕〔美〕泰勒·丹涅特：《美国人在东亚：十九世纪美国对中国、日本和朝鲜政策的批判的研究》，姚曾廙译，商务印书馆 1959 年版，第 6 页。

商埠竞相加入对华贸易。其后虽然时有周折，但总的趋势是一直向前发展。至 1792 年，美国就已经跃居中国对外贸易额的第二位，仅次于英国。

美国政府虽然于 1786 年已在广州派驻了领事，但并不意味着和中国全面关系的开展。事实上，首任领事山茂召（Samuel Shaw）只充当美国对华贸易的代理人，本人也主要进行商业活动。他的继任者情况类似，据记载，五十年间他们向美国国务院的报告只有寥寥一札手写短信，而且内容基本上限于商务。[1]1848 年加利福尼亚发现金矿引发中国劳工大规模移民之前，除了个别水手和商人，美国本土很难见到中国人的踪影。1795 年美国商船"智慧女神号"（Pallas）曾带三名中国水手到达巴尔的摩，1807 年一位广州商人（在美国文献中被称为 Punghua Wingchong）前往纽约收回欠债，几名商人在广州做生意时曾向他的父亲借过钱。此外，1834 年一位有着三寸金莲的妇女（在美国文献中被称为 Pwan Yee Koo）被从中国带到美国各地展览，引发了媒体不少的关注。[2]

美国商人虽然来得早，但无心学习汉语，更谈不上对中国的研究。传教士的情况就大大不同了，虽然他们在初到中国时不得不冒充商人。按照清政府的规定，来广州贸易的外国商人只能居留在由行商出租和照管的夷馆之内。行商是拥有对外贸易特许权的官商，也是清政府和外国商人之间的唯一中介，数量历年不等，如道光二年（1822 年）计有十一家，其后多家因为经营不善等原因倒闭，至道光九年（1829 年）只剩下六家，这也是卫三畏 1833 年到达广州时的行商数量，但到道光十六年（1836 年）又增至十一家。所以这种以"十三行"之名为人所知的制度只是一种习惯的说法，考其根源，可能始自明代。道光十七年（1837 年），行商的数量正好是十三家：怡和（行主伍秉鉴）、广利（行主卢继光）、同孚（行主

---

〔1〕李定一：《中美早期外交史》，北京大学出版社 1997 年版，第 62 页。

〔2〕顾钧：《最早去美国的中国人》，载《中华读书报》2012 年 5 月 9 日；K. S. Latourette, *The History of Early Relation between the United States and China, 1784—1844* (New Haven, CT: Yale University Press, 1917), p. 123。

014

潘绍光）、东兴（行主谢有仁）、天宝（行主梁丞禧）、兴泰（行主严启昌）、中和（行主潘文涛）、顺泰（行主马佐良）、仁和（行主潘文海）、同顺（行主吴天垣）、孚泰（行主易元昌）、东昌（行主罗福泰）、安昌（行主荣有光）。其中伍秉鉴是行商们的首领。对应于十三行，由行商租赁给外国商人办公居住的会馆被称为十三夷馆，整个建筑位于广州城墙外西南角的珠江北岸，其中又分英、美、法、荷等馆。乾隆登基以前，外国商人经常有不入住夷馆而自行租赁民房的现象，但后来规定愈严，夷馆成为他们唯一的合法居留场所，而且按照规定，外国商船抵达广州后，必须在十三行中选择一位行商作为保商，其责任之一是保证外国船只和人员在华期间遵守清政府的法令。为卫三畏提供担保的是梁经国（梁丞禧的父亲），梁氏为广东番禺人，1761 年出生，1808 年创立天宝行，1837 年去世。[1] 直到这位担保人去世，卫三畏都未与之谋面。这可能是因为没有机会，但更大的可能是没有必要——他们之间并无生意要做。值得注意的是，鸦片战争后，十三行独揽对外贸易的制度虽然被废止，但行商并未就此歇业，仍有不少外国人继续居住在夷馆内，卫三畏便是其中之一。1856 年中英因 "亚罗号"（*Arrow*）事件发生冲突，其间夷馆被烧，殃及行商的商号，一把火彻底结束了十三行制度。

卫三畏冒充商人进入广州并居住下来，虽然是形势逼迫之下的权宜之计，但这一最初的经验促成了他对中国商业和中外商贸交往的关注，他最早发表的一篇文章便是关于广州的进出口贸易（《中国丛报》第 2 卷第 10 期，1834 年 2 月），后来他还投入不少时间和精力编写和修订《中国商务指南》。

对于十三夷馆，卫三畏后来在一篇回忆文章中这样描述："从横向来

---

〔1〕梁嘉彬：《广东十三行考》，东海大学出版社 1960 年版，第 174—176、261—267 页；William C. Hunter, *Bits of Old China* (Shanghai: Kelly and Walsh, 1911), pp. 218—222。

看，每行的房屋沿河一字排开，一家挨着另一家；从纵向来看，每行都从河边一直延伸到与河平行的第一条街道，纵深达 550 到 600 英尺。院落套院落，在现有的纵深范围内尽可能将房屋安排得错落有致。去后面的房屋需通过前面建筑的地下室，房屋间距是 30 到 60 英尺。这些楼房有些两层，有些三层。原先的夷馆在 1822 年的大火中被完全烧毁，由行商自行出资重建，其中大部分也归他们所有。"[1] 这里所谓"与河平行的第一条街道"就是"十三行街"，为东西向，夷馆全部在该街道以南，街道两头有关卡，这样加上南面的河道（珠江）就使夷馆成为一个面积大约 12 英亩的封闭区域，不同国籍的大约 300 名外国人在这里居住和办公，他们行动受限，不能带家属，在学习中文方面也阻力重重。作为一种体制，它已经维持了将近一个世纪，1833 年卫三畏入住时的情况一如从前。[2]

由于活动范围受到极大的约束，新教早期在华传教工作很难开展，加之英国东印度公司的限制以及澳门天主教团体的竞争，使问题更加严重，这从最早的伦敦会传教士马礼逊和米怜（William Milne）的经历中可以清楚地看出。1807 年马礼逊来华时，本想搭乘东印度公司的船只，但遭到阻挠，后来不得不取道美国（带着美国国务卿给驻广州领事的介绍信）前往广州。来华后马礼逊虽然长期服务于东印度公司广州商馆（1809 年 2 月至 1834 年去世），但其传教活动始终被限制在不损害公司商业利益的范围之内。1813 年 7 月 4 日米怜到达澳门后，很快就接到葡萄牙总督要求他离境的口头命令，究其原因，不难从当时一位热心人士的辩护中找到答案："米怜先生也许抱有宗教目的，因此有人担心这会有损罗马天主教的利益。但无论其最终目的为何，他在澳门的所作所为并没有超出一位英国国民的

---

〔1〕S. W. Williams, "Canton prior to 1840", *The Shanghai Budget and Weekly Courier*, 23 January 1873, p. 4.

〔2〕除了混合使用的之外，以国别为单位的夷馆从西往东依次是：丹麦馆、西班牙馆、法国馆、美国馆、瑞典馆、英国馆、荷兰馆，"List of Foreign Residents in Canton and 13 Factories", *The Chinese Repository*, Vol. 14, p. 347；关于夷馆内部情况的描述，可参见 William C. Hunter, *The "Fan Kwae" at Canton before Treaty Days 1825—1844* (Shanghai: Mercury Press, 1882), pp. 12–15。

016

身份。天主教神父在英国和英属印度被相当宽容地对待，与此相比，拒绝米怜先生暂时居留此地是毫无道理的，而且以他目前在澳门的地位，他既无意愿也无能力做出任何违背天主教的举动。"[1]但辩护没有起到作用，米怜不得不于 7 月 20 日离开澳门。由于种种限制，马礼逊直到来华七年后才为第一名信徒施行了洗礼，此后到他去世的二十年间，经他皈依的信徒也是寥寥可数。在这样的情况下，文字著述就成为他工作的重点。根据伟烈亚力（Alexander Wylie）的统计，马礼逊一生共出版各类著作多达 31 种。[2]其中一些是他个人印制的，他拥有一部石印机和一部英式印刷机。[3]正是在马礼逊的建议下，美部会为广州站点提供了印刷机，希望能通过印刷继而向中国人分发相关资料来打破传教的僵局。[4]

从 1833 年抵达广州到 1857 年离开美部会，印刷一直是卫三畏最重要的业务。他到达后接手的第一项工作就是印刷《中国丛报》。*The Chinese Repository* 原无中文名，故有《澳门月报》《中国文库》《华事汇报》《中华丛刊》等多种译法，《中国丛报》是目前国内比较通行的译法，本书采用这一中文名称。

在卫三畏来华前一年《中国丛报》由裨治文创办，此后连续出版 20 卷，直到 1851 年底第 232 期停刊。卫三畏主要负责《中国丛报》的印刷和发行，同时参与它的编辑。1844 年 11 月卫三畏回美国休假后，裨治文接管了卫三畏的所有工作，1847 年 5 月裨治文去上海建立新的传教站并参加《圣经》中文版的修订，将《中国丛报》交给自己的堂弟裨雅各（James Bridgman）管理，直到 1848 年 9 月卫三畏返回广州时为止。[5]此后卫三畏

〔1〕William Milne, *A Retrospect of the First Ten Years of the Protestant Mission to China* (Malacca: The Anglo-Chinese Press, 1820), p. 104.

〔2〕Alexander Wylie, *Memorials of Protestant Missionaries to the Chinese*, pp. 4–7.

〔3〕E. C. Bridgman, "European Presses in China", *The Chinese Repository*, Vol. 3, pp. 43–44.

〔4〕*Report of the American Board of Commissioners for Foreign Missions* (Boston, 1831), p. 33.

〔5〕F. W. Williams, *The Life and Letters of Samuel Wells Williams*, p. 163.

全权负责《中国丛报》，直到停刊，他还为整个刊物编写了索引。印刷和编辑《中国丛报》是卫三畏在华前半期的主要工作，从个人汉学研究的角度来说，《中国丛报》对他更是意义重大。他的第一本著作《拾级大成》出版于 1842 年，但早在 1834 年他便开始为《中国丛报》供稿。停刊之前卫三畏一共发表了 160 篇大小文章（有一定篇幅的汉学研究论文约 100 篇，详见本书参考文献）。[1] 从广州贸易开始，他的写作范围扩大到中国的农业、动植物、社会生活、文学艺术、思想文化等方方面面。这些文章帮助他从汉学研究的新手逐渐成长为这一领域的专家，并且为以后写作和修改《中国总论》提供了良好的训练和准备。从超越个人的宏观历史角度来看，他的这些文章为美国早期汉学的建立奠定了基础。

　　19 世纪以来在华的西文报刊陆续问世，近代中国最早的西文报纸是《蜜蜂华报》（ A Abelha da China，1822—1823），在澳门出版，为葡萄牙文。[2] 在《中国丛报》之前出版的英文报纸有两份，一是以英国商人为背景的《广州纪事报》（ The Canton Register，1827—1843），一是依托广州外国人群体由美国商人经营的《中国信使报》（ The Chinese Courier，1831—1833）[3]，《中国丛报》则是近代以来在中国出版的最早的英文学术期刊。两家英文报纸虽然创办早于《中国丛报》，但大部分内容是有关广州口岸时事和商业贸易的，《中国信使报》开办不久就被迫中止，一个重要原因是刊载了反对英国东印度公司在华专利权的文章。从分量上看，《中国丛

---

〔1〕卫三畏本人所列《中国丛报》主要文章清单为 107 篇（含有关日本和其他方面的），详见陶德民编《卫三畏在东亚：美日所藏资料选编》，大象出版社 2016 年版，第 58—64 页。

〔2〕Frank H. H. King, ed., *A Research Guide to China-Coast Newspapers, 1822—1911* (Cambridge, MA: Harvard University Press, 1965), pp. 33—34.

〔3〕《广州纪事报》创刊于 1827 年 11 月 8 日，基本为半月刊（每月一日和十五日发行），1843 年 6 月迁往香港，改名为《香港纪事报》。《中国信使报》于 1831 年 7 月 28 日创刊，先后有两个名称，开始时是 *Chinese Courier and Canton Gazette*，1832 年 4 月 14 日更名为 *The Chinese Courier*，出版至 1833 年 9 月 23 日停刊，虽然它未能严格按照七天的周期发行，但基本上维持连续出版。《中国丛报》之后还有 1835 年 9 月创办、以英国商人为背景的《广州周报》（ *The Canton Press*，1844 年 3 月停办）以及几种存在时间很短的报刊。详见吴义雄：《在华英文报刊与近代早期的中西关系》，社会科学文献出版社 2012 年版，第 36—57 页。

报》每卷大约 600 页，不少于报纸，而内容则要丰富得多，涵盖中国的方方面面，更重要的是，"它所发表的中国研究专题文章中，有相当一部分努力向学术的标准靠拢，即注重事实的发掘、文献的整理以及评判的客观性"[1]，这使它明显区别于《广州纪事报》等新闻纸，出版后很快成为西方人特别是英美人士了解中国最重要的信息来源。

　　1829 年裨治文来华前夕，美部会在给他的指示中将学汉语、传教等四项工作作为必须完成的任务，此外也提出一点希望："在你的工作和环境允许的情况下，向我们报告这个民族的性格、习俗、礼仪——特别是他们的宗教如何影响了这些方面。"[2] 显然，当时美国国内人士对于所有这些都不甚了解。裨治文来华后，更加深切地感觉到西方人关于中国认知的贫乏，中西之间的接触基本上还停留在物质层面，"思想道德层面的交流少之又少"，这样的状况不仅让他"吃惊"，更使他感到"遗憾"。虽然明清之际的天主教传教士写过不少有关中国的报道和文章，但在裨治文看来，它们不仅鱼龙混杂，有不少相互矛盾的地方，而且毕竟是多年前的陈旧信息了。他希望对中国进行全面的报道，提供最新的和"不带任何偏见"的资讯。[3] 这一想法得到了马礼逊的支持。早在 1817 年 5 月，马礼逊就曾支持米怜在马六甲创办了英文季刊《印支搜闻》（ The Indo-Chinese Gleaner ），内容包括"来自中国和其邻国的各种消息；有关印度、中国等地历史、哲学、文学的杂文逸事；从汉语、马来语等语言翻译过来的作品"[4]。这份坚持了五年的刊物对于西方了解中国起到了一定的作用，1822 年米怜去世后停刊。1827 年马礼逊计划在马六甲再次创办一份名为《印支丛报》（ Indo-Chinese Repository ）的季刊，"登载有关印度、中国等地的语言、习俗、文化的论

〔1〕吴义雄：《在华英文报刊与近代早期的中西关系》，社会科学文献出版社 2012 年版，第 324 页。
〔2〕Report of the American Board of Commissioners for Foreign Missions (Boston, 1829), p. 96.
〔3〕E. C. Bridgman, "Introduction", The Chinese Repository, Vol. 1, pp. 1-5.
〔4〕William Milne, A Retrospect of the First Ten Years of the Protestant Mission to China, pp. 190-191.

文以及各地最新和有趣的信息"[1]。之所以选择马六甲，首先因为它是英国的势力范围，伦敦会传教士在那里已经打下了一定的工作基础，此外马六甲当地有不少华侨，经常往来于广州，有利于收集和传递有关中国的信息。[2]但《印支丛报》的计划未能实施，这就不难理解马礼逊对裨治文创办《中国丛报》的大力支持了，因为这实际上也是在实现自己早年的计划。《中国丛报》创办后马礼逊积极投稿，从数量（90篇）上看仅次于裨治文和卫三畏。当然在去世前两年马礼逊不可能写这么多文章，其中一部分是旧作、旧译，在《中国丛报》上第二次发表。裨治文办刊的想法也得到了当时广州外商的支持，特别是奥立芬尤为积极，正是由于他的努力才使广州传教站得到了所需的印刷设备，解决了刊物的出版问题。《中国丛报》最初在广州印刷，1839年底迁至澳门，1844年10月迁至香港，1845年7月再次搬回广州，直到停刊。

　　促使裨治文办刊的一个更为直接的刺激是郭实猎（Karl Gützlaff）的日记。郭氏1827年初受荷兰传道会派遣前往巴达维亚（今雅加达）、新加坡等地传教。1831年他不顾清政府的禁令乘船沿中国海岸航行，从曼谷出发直到天津，历时半年（6月至12月），他的日记详细描述了沿途的所见所闻。1832年1月裨治文结识了郭实猎，当时郭氏刚刚结束了第一次冒险，正在准备第二次（后来又有第三次）。[3]郭实猎的日记引起了裨治文的浓厚兴趣，在当时外国人的活动范围局限于广州、澳门的情况下，郭实猎的日记无疑具有很高的资料价值，裨治文希望为这份难得的目击实录尽快提

---

〔1〕E. C. Bridgman, "European Periodicals beyond the Ganges", *The Chinese Repository*, Vol. 5, p. 149.

〔2〕[新加坡]卓南生：《中国近代报业发展史1815—1874》（增订版），中国社会科学出版社2002年版，第15—16页。

〔3〕时间分别为1832年2月26日至9月5日和1832年10月20日至1833年4月29日，第三次远至满洲里。郭实猎（1803—1851，中文名也译作郭士立、郭实腊等）1827年到达巴达维亚和伦敦会传教士麦都思（Walter H. Medhurst）同住，并跟随他学习汉语，进步迅速。1835年后来到中国传教，同时为英国政府服务。郭实猎著述丰富，除日记外还有《中国简史》（*A Sketch of Chinese History*，1834年）、《开放的中国》（*China Opened*，1838年）等。Alexander Wylie, *Memorials of Protestant Missionaries to the Chinese*, pp. 54—66.

020

供一个发表的场所。《中国丛报》创刊后，郭实猎的日记以连载的形式与读者见面，成为最初几期的主要看点。

　　1834年以前《中国丛报》各期的体例基本固定，主要由以下几个栏目组成：（1）书评（Review），是对西方有关中国新旧出版物的学术评论；（2）上述出版物的内容节选，通常以游记和日记为主；（3）杂记（Miscellanies），篇幅较短且带有知识性的各类文章以及读者来信；（4）宗教消息（Religious Intelligence），关于各地传教活动和宗教事务的报道；（5）文艺通告（Literary Notices），各地有关教育、文艺和出版等方面的近况；（6）时事报道（Journal of Occurrences），相当于新闻，一般篇幅短小，仅有个别的比较详尽，信息的一个主要来源是清政府的《京报》。"《京报》所载，首宫门抄，次上谕，又次奏折，皆每日内阁所发抄者也。以竹纸或毛太纸印之，多者十余页，少者五六页；以黄色纸为面；长达六寸，宽约三寸。"[1]在翻译《京报》方面马礼逊的贡献最多。1834年5月以后《中国丛报》不再按内容划分，而是以"第一篇、第二篇、第三篇……"来标注文章，但书评、文艺通告、时事报道、宗教消息等基本栏目均予以保留，比较显著的变化是宗教消息逐渐减少，而书评和其他有关中国社会、文化的内容不断增多，所刊文章涉及的范围包括中国地理、历史、法律、博物、贸易、语言等方方面面。兹依据总索引，将《中国丛报》内容的分类与篇数列表如下：

类别	篇数
1. 地理（geography）	63
2. 中国政府与政治（Chinese government and politics）	81
3. 财经与海陆军（revenue, army and navy）	17

[1] 戈公振：《中国报学史》（插图整理本），上海古籍出版社2003年版，第48页。

续表

类别	篇数
4. 中国人民（Chinese people）	47
5. 中国历史（Chinese history）	33
6. 博物学（natural history）	35
7. 艺术、科学与工艺（arts, science, and manufactures）	57
8. 游记（travels）	57
9. 语言、文字及其他（language, literature, &c.）	124
10. 商贸（trade and commerce）	6
11. 船运（shipping）	56
12. 鸦片（opium）	55
13. 广州、商行及其他（Canton, foreign factories, &c.）	36
14. 中国对外关系（foreign relations）	34
15. 中英关系（relations with Great Britain）	38
16. 中英战争（war with England）	74
17. 香港（Hong Kong）	22
18. 中美关系（relations with America）	21
19. 日本、高丽及其他（Japan, Corea, &c.）	24
20. 暹罗和交趾支那半岛（Siam and Cochinchina）	21
21. 其他亚洲诸国（other Asiatic nations）	36
22. 南洋群岛（Indian archipelago）	18
23. 异教（paganism）	43
24. 传教（missions）	103
25. 教会医院（medical missions）	48
26. 修改圣经（revision of the Bible）	40
27. 教育会及其他（education societies, &c.）	31

续表

类别	篇数
28. 宗教（religious）	29
29. 传记（biographical notices）	38
30. 其他（miscellaneous）	37

以上共计 1324 篇。如果再粗略归类：

类别	篇数
1—9 中国国情类	514
10—18 中外关系类	342
19—23 外国类	142
24—29 宗教类	289

　　从上表不难发现两点：（1）《中国丛报》中虽然有一些涉及亚洲其他国家的内容，但有关中国的内容占百分之九十，是整份刊物的绝对主体；（2）《中国丛报》虽然是传教士所办，投稿者也主要是传教士，但宗教内容有限，重点是对中国现状和历史的考察。由此我们可以说，《中国丛报》是一份真正的汉学刊物。[1]

　　卫三畏在《中国丛报》上的第一篇文章发表在第 2 卷第 10 期（1834年 2 月），离他到达广州还不到半年。此后他不断给《中国丛报》写稿，除了因为在美国休假没有在第 15 卷、16 卷（1846—1847）发表文章，其他各卷都有他的作品，最后 4 卷（1848—1851）更是密集，因为当时裨治文离开广州移居上海，卫三畏不仅接替了他的主编职位，也接替了他的主

---

〔1〕"List of the Articles in the Volumes of the *Chinese Repository*," *The Chinese Repository*, Vol. 20, pp. ix–liv.

笔工作。卫三畏在《中国丛报》上的文章话题各异，精彩纷呈，最引人注目的是三个专门系列：博物学、风土人情、地理。博物学系列开始于第7卷，先后介绍了蝙蝠、松鼠、犀牛、骆驼等各种动物资源。地理系列分两部分，第一部分在第13卷连载，全面梳理了中国各省、府、州、县的基本情况，后来以《中国地志》（A Chinese Topography）为名单独出版。第二部分从第18卷开始，一直延续到第20卷，依次论述了广东、贵州、云南、湖北等省的概貌，包括幅员、人口、河流、物产等重要信息。风土人情系列从第9卷开始连载，一直延续到第17卷，其内容不像博物学、中国地理系列那么单一，而是包罗万象，从烧石灰的方法到如何请人捎带书信，从寺院的佛教传单到广东流行的打油诗，从孔子的轶事到儿童的教育……不一而足，无所不谈。这些将在本书相关章节中征引和讨论，此处不赘。

　　《中国丛报》第1、2卷每期发行200份，到1834年出第3卷时已增加到400份，此后逐渐增加到1000份。这是一个不小的数量，因为当时西方著名的刊物如《北美评论》（North American Review）和《西敏寺评论》（Westminster Review）的印刷量大约为3000份。《中国丛报》采取销售和赠送结合的发行方式，读者对象主要是在中国及其周边地区、美国和欧洲的西方人士。以1836年为例，《中国丛报》的发行量是中国200份，印度、暹罗（今泰国）、新加坡等亚洲其他地区93份、美国154份，英国40份。[1]但数字不能说明一切，因为《中国丛报》的赠送对象包括上述两份名刊在内的多家西方杂志，它们常常转载和引用《中国丛报》上的内容，如裨治文在第4卷上的系列文章《广州漫步》（Walks about Canton）就曾转载于美部会的机关刊物《传教先驱》（The Missionary Herald），使许多《中国丛报》以外的读者同样能够了解鸦片战争前广州的情况。此外，一份杂志可能会被多人传看。卫三畏1834年2月23日的家信能够很好地说明这一

〔1〕E. C. Bridgman, "European Periodicals beyond the Ganges", The Chinese Repository, Vol. 5, p. 160.

024

点，他请求父亲"传阅送往尤蒂卡的《中国丛报》，让你手上的 3 份起到 30 份的作用"[1]。

谭维理（Laurence G. Thompson）1961 年撰文指出，《中国丛报》不仅史料价值极高，是"当时唯一的汉学杂志"，而且其刊载的研究论文"在一百年后的今天看来仍有参考价值"。[2]《中国丛报》的停刊，无论对于创办者、编辑者还是作者和读者来说都是一件遗憾的事情。停刊的原因当然不止一个，最根本的是美部会不支持甚至反对。正如前文所说，《中国丛报》主要是一份汉学刊物，不是宗教刊物，美部会认为裨治文、卫三畏应该将主要时间和精力放在与传教直接相关的事情上。但《中国丛报》为什么又能够坚持二十年呢？最主要是因为它在经济上不依赖于美部会，它的资金主要来自销售所得，另外则是商人的资助。《中国丛报》第一年的费用由裨治文、马礼逊等组织的广州基督团契负责，1834 年初奥立芬主动提出由他承担此后《中国丛报》的一切损失，[3] 解除了裨治文和卫三畏的后顾之忧，也使他们能够一再顶住美国国内母会的压力将《中国丛报》坚持办下去。1840 年 5 月 10 日，裨治文在给美部会秘书安德森的信中明确表示，《中国丛报》不依靠美部会的经费，也就不在其管辖范围之内。[4] 安德森对于传教的理解比较狭隘，在他看来只有宣讲教义、散发《圣经》和宗教小册子才是有意义的工作，所以他也反对伯驾开设医院，最终导致伯驾这个"或许是整个 19 世纪最有效、最具影响力的美部会在中国的传

---

〔1〕S.W. Williams to Father, 23 Febuary 1834. 顾钧、［日］宫泽真一主编：《美国耶鲁大学图书馆藏卫三畏未刊往来书信集》（第 19 册），广西师范大学出版社 2012 年版，第 56 页。关于《中国丛报》印刷发行情况的详细论述，参阅 Elizabeth L. Malcolm, "The *Chinese Repository* and Western Literature on China 1800—1850", *Modern Asian Studies*, Vol. 7, No. 2 (1973), pp. 171–172.

〔2〕Laurence G. Thompson, "American Sinology 1830—1920: A Bibliographical Survey", *Tsing Hua Journal of Chinese Studies*, Vol. 2, No. 2 (1961), pp. 246–247.

〔3〕Kenneth S. Latourette, *The History of Early Relations between the United States and China 1784—1844*, p. 92.

〔4〕该信的详细内容，参见苏精《上帝的人马：十九世纪在华传教士的作为》，香港基督教中国宗教文化研究社 2006 年版，第 21—22 页。

教士"的离开。[1] 1851 年奥立芬在回美国途中去世，使裨治文和卫三畏失去了坚强的经济后盾，这成为《中国丛报》停刊的直接原因。《中国丛报》在前十年还可以依靠销售收入自给自足，但从 1844 年开始便逐年亏损，每年亏损 300 至 400 美元，最后一年（1851 年）只有 300 订户（每户 3 美元），实在难以为继。1847 年裨治文离开广州前往上海后，卫三畏越来越感到独木难支。广州传教站一直人手很紧，1844 年裨治文安排自己的堂弟裨雅各到中国担任传教助手，1845 年至 1848 年卫三畏回美国休假期间他曾接管《中国丛报》的大量工作，但不幸于 1850 年 12 月因精神错乱自杀身亡，这让卫三畏更加意志消沉。在此之前他已有意停办《中国丛报》，1850 年 11 月 1 日，他给安德森写了一封长信，为《中国丛报》的合乎时宜和巨大价值作了申辩，并严厉谴责美部会未能在道义与物质上给予应有的支持。[2] 1851 年底，《中国丛报》在坚持出完第 20 卷第 12 期（第 8 至 12 期合为一期）后停刊，给美国最早的一份汉学刊物画上了句号。

在《中国丛报》问世之前，欧洲已经出版多种亚洲研究刊物，如巴黎的《亚洲学刊》（*Journal Asiatique*），伦敦的《皇家亚洲学会通讯》（*Transactions of the Royal Asiatic Society*）。[3] 正如标题所显示，它们以"亚洲"作为研究对象，中国只是其内容的一部分。前文提到的《印支搜闻》虽然给中国以不小的篇幅，但南亚、东南亚也是其关注的范围。《中国丛报》是西方第一份主要以中国为研究对象的刊物，它的出版不仅是对美国汉学，也是对整个西方汉学的一大贡献。

印刷《中国丛报》是卫三畏到达中国之初最主要的业务，此后各种印刷工作接踵而至，如英国伦敦会传教士麦都思（Walter H. Medhurst）《福

---

〔1〕［美］爱德华·V. 吉利克：《伯驾与中国的开放》，董少新译，广西师范大学出版社 2008 年版，第 129 页。
〔2〕S. W. Williams, "Canton prior to 1840", *The Shanghai Budget and Weekly Courier*, 23 January 1873, p. 9.
〔3〕法国亚洲学会（Société Asiatique）成立于 1822 年，英国皇家亚洲学会（Royal Asiatic Society）成立于 1823 年。英国皇家亚洲学会于 1847 年在香港建立了中国支会，该会 1859 年停止活动；1858 年于上海建立的北中国支会一直运行到 1952 年。

026

建方言字典》(*A Dictionary of the Hok-keen Dialect of the Chinese Language*)、
裨治文《广东方言中文文选》(*Chinese Chrestomathy in the Canton Dialect*),
以及自己的多部作品,二十年间他印刷各类书刊约 4 万册。[1] 值得注意的
是,卫三畏完成的这些印刷品基本是非传教性的英文或中英双语书刊,直
接用于传教的中文材料很少,否则清政府也不可能容忍美部会广州印刷所
的存在。鸦片战争后的新形势虽然为扩大中文印刷规模提供了可能,但由
于这一工作可以交给当地中国人进行雕版印刷,种种因素使得卫三畏的业
务一直以英文印刷为主。或许有人因此认为他不关心中文印刷。事实恰恰
相反,他不仅关心,而且积极推动西式活字印刷取代中国传统木版印刷。

卫三畏来华之初就接触到了木版印刷品,对其低廉的成本和优良的品
质印象良好,但很快他就意识到,美部会广州印刷所在英文活字之外,急
需一套中文活字。当时唯一拥有中文活字的是东印度公司,1814 年该公司
派来印工汤姆斯(Peter P. Thoms)在澳门设立印刷所,主要目的是印刷马
礼逊的《华英字典》(*A Dictionary of the Chinese Language*)。这套活字是西
方人制作的最早的一套中文活字,马礼逊字典也就成为"西人用中文活字
印的第一部印本"[2]。但这套活字不是机器制造的,而是在铸造的字坯柱体
上逐字手刻而成,是中文活字从逐字手刻演进到字模铸造历程中的过渡性
产品。具体情况正如苏精所揭示,"由于这部字典包含 4 万多个不同的汉
字,若照西方活字工法先打造字范,翻制字模,再从字模铸出活字,不知
何年才能完成整套活字;若以英文金属活字、中文木刻活字混合排印,则
因金属和木材吸墨不同,版面效果无法控制;结果折中先以铸模制造大小
形态一致的字坯,再逐一在字坯顶端平面手刻汉字,并随着字典印刷的进

[1] F. W. Williams, *The Life and Letters of Samuel Wells Williams*, p. 244.
[2] 张秀民:《中国印刷史》,韩琦增订,浙江古籍出版社 2006 年版,第 445 页;S. W. Williams, *The Middle
Kingdom* (New York: Wiley & Putnam, 1848), Vol. 2, p. 360。

度陆续制造活字，到 1823 年印完字典时，造成大小两套活字。"[1]这两套活字除了用于马礼逊字典，后来也用于排印其他中英双语作品。

让卫三畏意外和倍感高兴的是，这两套活字很快成为他可以利用的资源。就在他到达广州半年之后，东印度公司于 1834 年 4 月下旬丧失了英国对华贸易的专利权。为降低成本，提高竞争力，公司决定关闭澳门印刷所，停印当时已经完成了一半的麦都思《福建方言字典》。卫三畏得知这一消息后，认为中途放弃麦都思的心血之作殊为可惜，便于 1835 年底在裨治文、奥立芬的支持下，携带印刷设备前往澳门补印麦都思的字典，为全书字体一致，向东印度公司借用已打包的活字。麦都思这本最早的福建方言字典收录 12000 个汉字。如此大部头的作品不可能一蹴而就，而是多年积累的结果。麦都思在编写这本字典时还没有来过中国，但他在东南亚生活了十四年，和当地的福建移民多有接触。1823 年他完成字典初稿，曾送到新加坡、马六甲等地谋求刊印，均未获成功。1829 年英国东印度公司表示同意资助这本字典的出版，于是麦都思又做了大量的增补。在 1836 年 1 月 2 日致父亲的信中，卫三畏说他将把 1836 年整一年的时间用于字典的印刷。当时麦都思正好也在澳门逗留，两人于 1836 年 1 月 9 日曾有一次长谈。[2]

卫三畏在完成字典三分之二的印刷工作之后，写了一则简短的广告来做宣传。[3]在书信中他也对这部字典的意义做了论述："该字典出版后将大大有利于对福建方言的学习。福建人比中国其他省份的人更勤勉、更有闯劲，在东南亚的各个岛屿上都能看到他们的身影。所以这种方言的使用很普遍，了解这种方言对于传教工作非常重要。在印刷过程中，我也增长

〔1〕苏精：《卫三畏与中文活字》，载《印刷文化》2020 年第 1 期，第 64 页。

〔2〕S. W. Williams to Father, 2 January 1836. 顾钧、〔日〕宫泽真一主编：《美国耶鲁大学图书馆藏卫三畏未刊往来书信集》（第 19 册），广西师范大学出版社 2012 年版，第 132—133 页。

〔3〕S. W. Williams, "Review: *A Dictionary of the Hok-keen Dialect of the Chinese Language*", *The Chinese Repository*, Vol. 6, p. 142.

了不少关于汉语的知识。"[1] 可见，印刷字典对于卫三畏来说也是一个学习汉语的过程。卫三畏本来预期一年完成任务，但实际花费的时间超出了预期。字典最终于 1837 年 6 月印刷完成。[2] 此后卫三畏没有立刻回广州，而是经布道站决议留在澳门，继续印裨治文的《广东方言中文文选》以及自己编写的汉语教材。这些供西方人学习中文的工具书都是中英文夹杂排印，因此卫三畏继续使用东印度公司的活字，大活字太大，小活字使用率更高。

当然，这么多的印刷品不可能都是卫三畏一个人完成的，他根据印刷的需要经常要雇用各类帮工。1839 年初在给父亲的信中他这样描述印刷所和印刷工人的有趣情况："我的印刷所有多么古怪是你想象不出来的，我确信它很奇特。首先我们这里有中文铅字，它们安放在屋子四周的架子上，正面朝上，因为只有将铅字一个个看过去才能找到需要的那一个。我们还有六十盒大铅字——大小相当于四个十二点活字，共 25000 多个，几乎没有两个是相同的。小号铅字一盒一盒地放在架子上，共二十盒，其中的间隔用十八点铅字填充。所有的铅字都是背面朝下，正面朝上。中文铅字占了半个房间的面积，关于它就说这么多。我们这里还有笨重的英文印刷机，是用钢铁制造的，有三个排字架。但是办公室里最奇特的部分还得算我的三位工人。一位葡语排字工，他对英语一无所知，也几乎不认识一个汉字，但为这两种文字的书排字，我和他用葡语能够勉强交流；另一位中国小伙子既不懂葡语也不懂英语，他负责排汉字，活儿干得很好；最后是一位日本人，他不懂英文、葡文、中文（几乎不懂），所以从架子上取铅字时常犯错误。当他们三个人干活时，我必须用他们各自的语言与他们交流，并

---

[1] S. W. Williams to Parents, 1 January 1837. 顾钧、［日］宫泽真一主编：《美国耶鲁大学图书馆藏卫三畏未刊往来书信集》（第 19 册），广西师范大学出版社 2012 年版，第 172 页。

[2] 但封面上仍写 1832 年由东印度公司印行，参见 Medhurst, W. H., "Preface," *A Dictionary of the Hok-keen Dialect of the Chinese Language*, pp. 2–5。

且指导他们去印一本本他们丝毫不知道其内容的书。尽管如此，我想印刷错误仍然可以控制在可以忍受的范围之内。我们彼此之间努力进行交流的情形常常使我忍俊不禁，但我们之间能讲的话很少，而且还说不好，所以我的印刷所比以前在广州美国商馆三层时要安静得多。"[1]这种"忍俊不禁"的经历在卫三畏前后二十多年的印刷生涯中应该是独一无二的，也只有在澳门印刷所时才曾体验到。

　　直到第一次鸦片战争结束，东印度公司都没有索回中文活字之意，卫三畏则认为这些活字应该有个明确的归属，于1843年10月间写信给香港总督兼英国驻华商务监督璞鼎查（Henry Pottinger），璞氏向伦敦请示后于1844年5月底代表英国政府将这两套活字赠予了卫三畏，借用八年多的东印度公司活字从此成为卫三畏的个人财产，他以其中的小活字又印了《中国商务指南》等书。第一次鸦片战争结束后，卫三畏根据裨治文的要求将印刷所迁到香港，后于1845年又将之迁回广州。1856年底十三行在中英冲突中被毁，印刷所也未能幸免。至此，这些活字在东印度公司和卫三畏的手中各二十一年。

　　在19世纪以前，中国人一直以木刻作为主要的印刷工具，但在19世纪的百年间这一延续了千年的工具却发生了彻底的改变，传统木刻被西式的活字印刷取而代之。新的印刷技术改变了中国人传播知识、思想和信息的模式，进而成为推动近代中国社会发展的一个重大而深远的因素。在引进西式中文活字印刷技术方面，近代来华传教士发挥了积极的作用，卫三畏作为其中一员功不可没。从上文可以知道，东印度公司拥有的7万多个活字是手工制作而成的，也就是说，先把字写在金属块光滑的一端，然后用凿子雕凿出来，与中国传统的方法没有区别，但这显然不能满足时代的

---

[1] S. W. Williams to Father, 26 January 1839. 顾钧、[日]宫泽真一主编：《美国耶鲁大学图书馆藏卫三畏未刊往来书信集》（第19册），广西师范大学出版社2012年版，第219—220页。

需要，马礼逊早在 19 世纪 20 年代就呼吁西方人研制用机器来铸造活字。[1]
作为生活在中国的印刷工，卫三畏对这方面的信息当然非常关注。1835
年 3 月他在《中国丛报》上介绍了法国人勒格朗（Marcellin Legrand）用
钢模制作活字的方法。《中国丛报》最早刊登有关中文活字的消息是在第
1 卷第 10 期（1833 年 2 月），其中伦敦会传教士戴尔（Samuel Dyer）讨
论了以往制作中文活字的弊端和自己改进的建议。在无法得到伦敦会资助
的情况下，1833 年 10 月，戴尔将募款铸字的说明书寄给裨治文，刊登在
1834 年 2 月的《中国丛报》上，戴尔明确表示计划打造 3000 个字范，约
需 400 英镑。[2]这份说明书刊出时，卫三畏来华已经三个月，他对非印工
出身的戴尔在不利条件下坚持铸造中文活字表示敬佩，于是决定伸出援助
之手，最终想方设法募集到了 300 英镑，使戴尔渡过了难关。1843 年戴尔
去世前已经完成约 1500 个大活字和约 300 个小活字，此后伦敦会同仁在新
加坡等地继续铸造，卫三畏也给予了持续的关注。19 世纪 60 年代戴尔活
字被美国长老会的上海美华书馆以电镀方式复制后得到广泛运用，追本溯
源，卫三畏对戴尔铸字初期的大力赞助确实非常重要。[3]与戴尔同时在研
制大字模的还有柏林的拜尔豪斯（Auguste Beyerhaus），卫三畏对他同样
关注，而为他筹款的动机部分促成了《中国总论》的写作与出版，这将在
本书第四章予以论述，此处不赘。

　　卫三畏不仅在行动上支持西方人对于中文活字的关注，还在文字上留

〔1〕Robert Morrison, *The Chinese Miscellany* (London: S. McDowall, 1825), p. 52；其制作方法是"用雕刻钢模，
来冲制字模，再作成活字，用于印刷"，参见张秀民《中国印刷史》，韩琦增订，浙江古籍出版社 2006 年版，
第 630 页。
〔2〕"Literary Notice: Chinese Pringting", *The Chinese Repository*, Vol. 1, pp. 414–422; Samuel Dyer, "Chinese
Metal Types", *The Chinese Repository*, Vol. 2, pp. 477–478; S. W. Williams, "Chinese Metallic Types", *The Chinese
Repository*, Vol. 3, pp. 528–532.
〔3〕关于戴尔制作活字以及卫三畏支持他的详细情况，参阅苏精《戴尔与中文活字》，见《马礼逊与中文印
刷出版》，学生书局 2000 年版，第 191–202 页；苏精《卫三畏与中文活字》，载《印刷文化》2020 年第 1 期，
第 59–61 页。

下了不少记录。除了早年在《中国丛报》上的文章，他后来还在《教务杂志》（*The Chinese Recorder*）1875 年第 6 卷上发表了《印刷中文的活字》（Moving Types for Printing Chinese）一文。卫三畏首先援引《格致镜原》《梦溪笔谈》等中文文献简要说明了中国活字印刷的历史，认为毕昇是值得赞扬和纪念的，因为他比德国人古登堡早四百五十年就发明了活字印刷术；但他同时也指出，活字在中国运用并不普遍（他提到康熙年间用铜活字印刷《古今图书集成》），雕版印刷一直是主流，这是符合历史事实的。中国印刷史专家张秀民指出："活字本的数量仅及雕版书之百分之一二，与 15 世纪以来西洋印本几乎全部为活字印、李氏朝鲜活字本压倒雕版者均不同。"[1] 在这样的情况下，近代西方人士在需要印刷中文时更乐于使用活字而不是雕版。在文章的后半部分，卫三畏详细介绍了近代以来西方人在中文木版印刷、石印，特别是金属活字印刷方面的尝试。他指出，法国工匠勒格朗是最早用钢模成规模制作中文活字的西方人，1834 年勒格朗在法国汉学家颇节（George Pauthier）的建议下开始投入这项工作，目的是印刷颇节翻译的《道德经》（最早的法文全译本，1838 年出版）；其后伦敦会传教士戴尔、德国人拜尔豪斯、美国长老会传教士柯理（R. Cole）和姜别利（William Gamble）先后尝试制作更经济、更美观的中文活字，他们的工作构成了中国近代印刷史的重要组成部分。卫三畏的这篇文章对研究这段历史具有重要的参考价值。

　　19 世纪 60 年代随着第二次鸦片战争的结束，越来越多的新教传教士来到中国，同时他们也越来越强烈地感觉到互通信息的必要。1868 年美国传教士保灵（Stephen L. Baldwin）在福州创办了《教务杂志》（*The Chinese Recorder and Missionary Journal*），[2] 不仅为传教士们交流信息提供了平台，

---

〔1〕张秀民:《中国印刷史》，韩琦增订，浙江古籍出版社 2006 年版，第 630 页。
〔2〕1872 年 5 月第 4 卷出版后停刊，1874 年 1 月复刊，直到 1941 年，为双月刊，1912 年第 63 卷后改名为 *The Chinese Recorder*。

也为汉学研究提供了空间。虽然《教务杂志》的编务人员不断变更，但主编在大部分时间内都由美国人担任。投稿者主要是英美籍的传教士汉学家，在这一点上《教务杂志》与《中国丛报》很相似，可以说是《中国丛报》的继续。除了《印刷中文的活字》，卫三畏在《教务杂志》上还发表过两篇文章：《中国的女子教育》（Education of Women in China，1880 年第 11卷）、《中国制度的永久性》（The Perpetuity of Chinese Institutions，1882年第 13 卷）。卫三畏去世后，《教务杂志》上不仅发表长篇的悼念文章，刊登了他的大幅照片，并且发表了他本人生前所写的唯一一篇自传。

第三节　外交官的作为

1857 年 1 月 28 日，卫三畏向美部会正式提出辞职，转任驻华外交官。这是他中国生涯的一大转折。原因何在呢？首先是经济问题，19 世纪 40年代末，美部会发生财务危机，在负债运行的情况下要求各地的传教站缩减经费。这使经济状况本来就不好的卫三畏（已是两个孩子的父亲）雪上加霜。其次是传教站人手不足，裨治文、伯驾等资深人士离开后大量工作压在卫三畏身上，让他难以承受。当然最关键的还是印刷所的存废问题。

广州传教站印刷所建立于 1832 年，美部会最初并没有计划在中国建立印刷机构，最早提出这一设想的是马礼逊和奥立芬。但他们的建议未获美部会首肯。于是奥立芬靠发动纽约长老会的信众集资购买了一台印刷机和一套英文活字，捐赠给广州站，并在美国商馆中拨出一个房间安置印刷设备。印刷所建成后，先由裨治文管理，1833 年卫三畏来华后全面接手。印刷所的主要出版物是《中国丛报》，每月定期向英语读者介绍中国各方面的情况。美部会一开始对《中国丛报》颇为肯定，认为它所传播的信息能够引起美国民众对在华传教活动的兴趣和关注。然而好景不长，1835 年起美部会转变了态度，开始指责《中国丛报》占用了太多传教资源，并多次提出停办要求。《中国丛报》停办后，印刷所的存废问题被提上日程。从1850 年底到 1854 年，卫三畏与安德森就此多次交涉，在这一过程中他发现自己在传教理念上，特别是在宗教与世俗关系问题上，与美部会的分歧日渐增大。在卫三畏看来，《中国丛报》以及他印刷的多种汉语教材和字典对传教有益无害，但对于宗教理念极为保守的安德森来说，这些都不是传教士的分内工作。美部会对汉学研究的冷淡以至反对是卫三畏离开的一个重要因素。

1856 年因为"亚罗号"事件中英之间关系再度紧张，12 月 14 日夷馆被烧，其中的印刷所也被毁，约 2 万美元的全部活字以及其他印刷材料皆被付之一炬，卫三畏也失去了全部家当，只有新近出版的《英华分韵撮要》和《中国商务指南》得以幸存。这一变故使卫三畏下定了离开美部会的决心。一年前美国政府就有意任命他为美国驻华使团参赞兼翻译，虽然美部会对政府的这一任命并不反对，但卫三畏本人却颇为犹豫，现在既然印刷所被毁，也看不到美部会设立新的印刷所的任何前景，[1] 于是他决心离开工作了二十多年的美部会，正式加入美国驻华使团。

离开了美部会，卫三畏的身份从传教士转变成外交官，同时北京也取代广州、澳门成为他在华活动的主要场所。卫三畏为美国政府效力始于1844 年中美《望厦条约》的谈判，当时他曾协助做了一些翻译工作，如广东巡抚程矞采 1844 年 4 月 19 日给美国公使顾盛（Caleb Cushing）的照会（译文详见《中国丛报》第 14 卷）。1853 年和 1854 年卫三畏两次作为翻译参加美国舰队远征日本的行动，协助海军准将佩里（M. C. Perry）与日方谈判，促使双方订立了《日美亲善条约》（1854 年 3 月 31 日签署，又称

---

〔1〕美部会后来于 1869 年在北京再次设立印刷所，详见 Harold S. Matthews, *Seventy-Five Years of the North China Mission* (Peiping: Yenching University Press, 1942), p. 47。

034

《神奈川条约》）。佩里完成任务后致信卫三畏表示感谢："在这次日本之
行中，您，我们的首席翻译，的确功不可没。对于您过人的才华，您的工
作热情，还有您的尽忠职守，我无疑是最好的见证人。这次我能够率舰队
顺利地完成这一项棘手的重大任务，是与您的帮助分不开的。再也找不出
第二个人能像您这样出色地履行职责了。"[1]卫三畏的语言和外交才能可圈
可点，引起了美国政府的关注和重视，这为他转变身份带来了契机。两次
远征彻底打开了日本封闭的大门，意义深远，但与本文主旨关系不大，不
再赘述。[2]

　　这里只想说明一点，卫三畏之所以被佩里看重，主要是因为他的汉语
能力和汉学成就，特别是 1848 年《中国总论》的出版已经使他成为公认
的汉学权威。佩里不仅读过这本书，还对卫三畏在《中国丛报》上的文章
有所关注。[3]1837 年夏，卫三畏等人企图送七名流落到澳门的日本水手回
国，计划失败后他跟随其中一人学习日语，打下了一定的基础，但因为工
作繁忙加上很少有机会练习，到佩里日本之行前，他的日语水平只是初级。
1853 年 4 月佩里率舰队到达香港后，立刻拜访卫三畏并邀请他出任翻译，
因为他是当时唯一掌握汉语和日语的美国人，但卫三畏一方面忙于印刷所
事务，另一方面担心自己的日语水平无法胜任，予以婉言谢绝。"我告诉
佩里将军，我掌握的日语只够和大字识不了几个的无知水手交谈，即便是
这点儿日语，也几乎已经荒废九年了。"[4]卫三畏在 4 月 9 日日记中这样写
道。后来他勉强答应充当翻译，一是佩里的反复敦促，另外主要考虑到汉

〔1〕S. W. Williams, *A Journal of the Perry Expedition to Japan 1853—1854* (Tokyo: Asiatic Society of Japan, 1910),
pp. viii–ix.

〔2〕陶德民做过系列研究，详见陶德民编《卫三畏在东亚：美日所藏资料选编》，大象出版社 2016 年版，附
录三。

〔3〕Roger Pineau, ed., *The Japan Expedition 1852—1854: The Personal Journal of Commodore Matthew C. Perry*
(Washington DC: Smithsonian Institution Press, 1968), p. 55.

〔4〕F. W. Williams, *The Life and Letters of Samuel Wells Williams*, p. 186；日方对卫三畏的评语是"略通倭语"，
见陶德民编《卫三畏在东亚：美日所藏资料选编》，大象出版社 2016 年版，第 853 页。

语是当时东亚文化圈的通用语言，也是谈判的主要工具。在被美国打开大门前，日本只开放长崎一个港口与荷兰和中国通商，所以荷兰语和汉语是主要的交流工具，特别是汉语，对于有文化的日本人来说，即使无法口头交流，用笔谈的方式进行沟通也是毫无问题的。实际上，佩里最初提交给日方的条约草案就是根据中美《望厦条约》修订而成的一个中文本。卫三畏两次日本之行的翻译助手都是完全不懂日文的中国人，他们和"日本人交流一般是通过'写'的方式来进行，因为很多日本人能看懂中文，也能写中文，但是不会说。"[1]这几个人当中罗森文化修养很高，[2]在参与谈判之余，给日本人写了大量诗扇，很受欢迎，被看作"最博学的中国人"。[3]卫三畏从他那里也学到了不少汉语和汉学知识。也正是在这次访日行动的间隙，卫三畏翻译了中国历史小说《东周列国志》，虽然只完成了十九回，但他是最早翻译此书的西方人。

　　卫三畏在美国使团的外交活动可以大致分为三个阶段。第一阶段是从1857 年加入使团到 1860 年初返回美国休假。这一阶段他的活动主要围绕中美《天津条约》的谈判和换约展开，他的最大成果是促使双方在条约中加上了解禁基督教的"宽容条款"（Toleration Article）。第二阶段是 1861年至 1870 年。1861 年 10 月，卫三畏结束休假返回中国，次年 7 月进驻北京，负责处理各类涉外民事、刑事案件的交涉文书，其中影响最大的莫过

---

〔1〕S. W. Williams to Wife, 19 March 1854. 顾钧、[日] 宫泽真一主编：《美国耶鲁大学图书馆藏卫三畏未刊往来书信集》（ 第 20 册 ），广西师范大学出版社 2012 年版，第 242 页。

〔2〕罗森（1821—1899），又名罗向乔，广东南海人，自幼往来于广州、澳门等地，曾教授马儒翰汉语，香港开埠后移居香港，曾协助理雅各翻译中国经典。罗森一生著述有《日本日记》、《治安策》和《满清纪》。

〔3〕1854 年 5 月 21 日卫三畏给夫人的信中写道："罗森对工作很有热情，与当地人相处也很融洽。在当地人看来，罗先生是他们见过的最博学的中国人。自从罗为他们的扇子题下优美的诗句以后，他们就更愿意与他切磋中文了。罗来日本后经常给人在扇子上题诗，少说也有五百次了。他以此为乐。"顾钧、[日] 宫泽真一主编：《美国耶鲁大学图书馆藏卫三畏未刊往来书信集》（ 第 20 册 ），广西师范大学出版社 2012 年版，第 257 页。罗森在日记中也有记载："日本人民自从葡萄牙滋事，立法拒之，至今二百余年，未曾得见外方人面，故多酷爱中国文字诗词。予到公馆，每每多人请予录稿。一月之间，从其所请，不下五百余柄。"[清] 罗森等：《早期日本游记五种》，湖南人民出版社 1983 年版，第 34 页。

036

于 1863 年担任常胜军管带的美国人白齐文（Henry A. Burgevine）殴官劫
饷事件引发的一系列涉外官司。第三阶段是 1871 年至 1876 年，由于健康
不佳卫三畏将部分工作转给美部会传教士何天爵（Chester Holcombe）代
理，他本人直接处理的最重要事务是协调清廷赴美参加费城世界博览会。
另外就是 1874 年陪同美国公使艾忭敏（Benjamin P. Avery）面见同治皇帝。

　　正式加盟美国使团后，卫三畏的第一项重要工作是参加 1858 年中美
《天津条约》（6 月 18 日签订）谈判，在谈判过程中，卫三畏的最大成果是
促使双方在条约中加上了允许传播基督教的第二十九款："耶稣基督圣教，
又名天主教，原为劝人行善，凡欲人施诸己者亦如是施于人。嗣后所有安
分传教习教之人，当一体矜恤保护，不可欺侮凌虐。凡有遵照教规安分传
习者，他人毋得骚扰。"[1] 据参加谈判的美国长老会传教士丁韪良（William
A. P. Martin）回忆，当时的美国公使列卫廉（William B. Reed）对于有无
这一条采取"无所谓"的态度，而卫三畏则"一夜未眠"，终于取得了结
果。[2] 与此类似的条款也写进了此后签订的中英《天津条约》（1858 年 6
月 26 日）和中法《天津条约》（1858 年 6 月 27 日）。

　　对于来华的传教士而言，传教自由一直是他们的愿望。但让他们失望
的是，《南京条约》谈判时英国人只关注商业和贸易问题，对传教只字不
提。马礼逊如果活着也许更难接受这样的结果，何况这场谈判翻译之一正
是他的儿子马儒翰（John R. Morrison），另外一位则是德裔传教士郭实猎。
1844 年的中美《望厦条约》与《南京条约》内容基本相同，美国人增加
的一点是"合众国民人在五港口贸易，或久居，或暂住，均准其租赁民房，

---

[1] 王铁崖编：《中外旧约章汇编》（第一册），上海财经大学出版社 2019 年版，第 87 页。
[2] ［美］丁韪良：《花甲忆记——一位美国传教士眼中的晚清帝国》，沈弘等译，广西师范大学出版社 2004
年版，第 120 页。

或租地自行建楼，并设立医馆、礼拜堂及殡葬之处。"[1]法国人在传教问题上最为积极，紧接着的中法《黄埔条约》虽然比前面两个条约更详细、完善，但有关宗教的三个条款也只是保障在华法国人自身的信仰自由（与上文美国人可建"礼拜堂"大同小异），在传教问题上没有实质性的进展。

值得强调的是，卫三畏参加《天津条约》谈判时已经离开美部会，不再是传教士了，但上述关键条款的加入却被很多人看作他对传教事业的最大贡献。二十多年的印刷工作似乎比不上一夜不眠的字斟句酌，这多少有一点讽刺的意味。但在卫三畏心中，不管自己的身份发生怎样的变化，传教始终占据重要位置。他曾把美国政府支付的日本之行的报酬 2700 美元全部上缴给美部会。[2]1857 年初卫三畏向美部会辞职时，更明确表示自己并非"从此以后就和传教工作毫无关系了"[3]，两年后他用实际行动证明了这一点。此后美部会以及其他传教会在北京地区（包括天津）建立站点时均得到他的多方关照。

卫三畏是最早在北京长期居住的美国外交官（1862—1876）。初到北京，他的首要工作是负责建造公使馆，当时不少外国驻京使团都是改造和利用已有的建筑，卫三畏在没有找到合适地点的情况下决定自建，1866 年10 月，新任公使蒲安臣到达后便入住了。卫三畏服务于美国使团的二十年间，驻华公使频繁更换，[4]而他的职务始终未变——参赞兼中文秘书。在公使离任的情况下他曾代理公使职务多达九次。最长一次是 1865 年春至 1866年 11 月，前后一年半，其间公使蒲安臣回国观察美国内战态势和林肯竞选

〔1〕王铁崖编：《中外旧约章汇编》（第一册），上海财经大学出版社 2019 年版，第 49—50 页。道光二十四年五月十八日（1844 年 7 月 3 日）中美签署《五口贸易章程：海关税则》，因为在望厦签署，所以通常也称为《望厦条约》。
〔2〕*Report of the American Board of Commissioners for Foreign Missions* (Boston: 1856), p. 165.
〔3〕F. W. Williams, *The Life and Letters of Samuel Wells Williams*, p. 246.
〔4〕他们名字和任期是：伯驾（1855—1857）、列卫廉（1857—1858）、华若翰（John E. Ward, 1858—1860）、蒲安臣（1861—1867）、劳罗斯（J. Ross Browne, 1868—1869）、娄斐迪（Frederick F. Low, 1869—1874）、艾忭敏（Benjamin P. Avery, 1874—1875）、西华（George F. Seward, 1876—1880）。

总统的前景。[1] 其实卫三畏是出任公使最合适的人选，但他几次和这一职务擦肩而过，其中固然有个人谦让等因素，但从更深的层面来看，在以政党为特征的美国政治格局中，传教士出身的无党派人士很难出任高级职务。卫三畏缺少政治资本，他所依赖的是过硬的语言能力和丰富的中国经验。丁韪良回忆说，国务卿西沃德在被问及为何不任命卫三畏为公使时这样回答："我们认为他作为公使馆参赞是不可替代的。"[2] 这一颇为巧妙的辞令很好地说明了卫三畏的工作业绩，以及他与不断走马换将的公使之间的关系。

　　对于卫三畏来说，1859 年 7 月 27 日和 1874 年 11 月 29 日是他政治生涯中难忘的两个日子。在前一个日子，为交换批准的《天津条约》他随团进入北京，成为有史以来最早正式访问中国首都的美国人之一。在后一个日子，他陪同美国公使艾忭敏面见同治皇帝并呈交国书。这一在现代外交中常见的礼节在中国却是经过了长期的斗争才实现的。从"怀柔远人"到"平等相待"，从乾隆开始清朝几位皇帝接见外国使节的过程最好地展现了中国外交（现代意义上的）从无到有的过程。经历过两次鸦片战争的卫三畏自然十分清楚这一过程中傲慢与偏见的对峙、传统与现代的抗衡。在这个对于国际政治和个人生命都意义深刻的日子过去两年后，卫三畏永久地离开了中国，也结束了长达二十年的外交生涯。他离开北京的那一天（1876 年10 月 25 日），恰好距他到达广州（1833 年 10 月 25 日）整整四十三年。

　　1871 年，卫三畏为了全力编译《汉英韵府》而离开北京寄居上海，从而逐渐淡出美国使团的外交事务。1873 年 7 月他返回北京外交岗位，在最后两年完成的最有意义的工作是协调清廷参与 1876 年美国独立百年博览会（The Centennial Exposition 1876），也就是后世所称的"费城世界博览会"（1876 年 4 月至 10 月）。

---

〔1〕具体接任、卸任时间参见黄涛《美国汉学家卫三畏研究》，学苑出版社 2018 年版，第 461 页。
〔2〕［美］丁韪良：《花甲忆记——一位美国传教士眼中的晚清帝国》，沈弘等译，广西师范大学出版社 2004年版，第 10 页。

19 世纪中叶，西方国家兴起举办世界博览会的风潮，1851 年英国伦敦"万国工业品博览会"开风气之先，此后巴黎（1855 年、1867 年）、伦敦（1862 年）、维也纳（1873 年）相继举办，一方面展示自身国力的强大，另一方面促进了各国科技文化的交流。1876 年是美国独立一百周年，为此美国国会通过法案，决定以此为契机举办费城世界博览会。虽然该法案到 1874 年初才通过，准备工作早在 1873 年就开始了，这年 12 月底，卫三畏收到了美国国务卿汉密尔顿·费什（Hamilton Fish）的指示，要求准备邀请清政府赴美参展。卫三畏没有立刻采取行动，主要是担心清朝官员对博览会不够了解，不愿意参加。卫三畏的担心是有道理的，1851 年伦敦博览会、1867 年巴黎博览会、1873 年维也纳博览会主办方都曾给清政府发出邀请，均未得到积极回应。为了不使历史重演，卫三畏需要更多时间准备。

卫三畏认识到，要让清廷积极参与费城博览会，关键是要让清廷官员对博览会的设计和意义有所体认。为此，卫三畏花费了整整一个月的时间准备详尽的文书和照会，向总理衙门的官员介绍博览会的目标和价值。他在给奕䜣的照会中首先陈述了美国办会的缘由以及美方诚挚的邀请，接着写道："希各国将窑农织工六艺各属精巧器皿物件送往本国，共相比赛。庶见人才之敏妙，而昭和好之固诚……以巧思省力之法，共得利用，虽以前有嫌疑之国，至此渐为消释矣。从此国与国相亲，民与民相近，皆有富强之效。其民焉有因嫉富嫌贫之心，致生不睦之意哉？"[1]不难发现，卫三畏除了说明参与博览会对于清廷的外交意义，还特别强调了博览会能提供学习西方先进技术的机会，"以巧思省力之法，共得利用"以收"富强之效"。卫三畏的这番议论可谓正中奕䜣下怀。19 世纪 60 年代起，奕䜣、文祥、李鸿章等洋务派官员以"中学为体，西学为用"为口号，开始引进西方技术，力图提高自身军事经济实力，挽救统治危机，史称洋务运动（自

---

[1]《中美往来照会集（1846—1931）》（第 4 卷），广西师范大学出版社 2006 年版，第 103 页。

强运动）。洋务运动分为两个时期，19 世纪 70 年代前重点发展军工以"自强"，19 世纪 70 年代后则转向民间工业以"求富"。在这样的背景下，卫三畏介绍博览会时也将重点放在博览会有利于引进西方技术，尤其是民用工业技术方面，应该说完全投合奕䜣的口味。果然，1874 年 2 月 11 日，奕䜣很快回复照会，同意参加费城博览会，并指示海关选派专员筹备。与此前的情况相比，奕䜣所代表的清廷的态度可以说是一个大转变。卫三畏的上层外交工作是成功的，这自然得益于他对中国历史和现状的深入了解。

得到奕䜣的首肯后，卫三畏又计划将费城博览会的章程翻译成中文，进一步宣传这场展会。但此计划直到 1874 年 12 月才付诸实施，这是因为卫三畏除了自己的工作还要兼任代理公使，又没有帮手。直到同年 11 月艾忭敏到任之后，卫三畏才得以抽时间来做翻译。英文的章程（*General Regulation for Foreign Exhibitors*）分为引言和章程两部分，卫三畏对于章程部分基本是按照原文翻译，但对引言部分作了大幅度改写，并题为《大美国庆百年大会序》，放在正文之前，在这篇序言中他再次点明博览会在外交和技术交流两方面的作用，强调博览会的最终目的是三点："一为敦好笃谊，二为鼓才励能，三为国与国相亲，民与民相睦，永息逸愿之风，各臻富强之业。"[1]总之是为了中外友好和寻求富强。卫三畏的译本 1874 年底完成，1875 年 2 月印刷成册，广为散发，此外还通过当时主要的中文报刊如《申报》《中西闻见录》《万国公报》等传播到中国各个阶层。效果如何呢？"从中文报刊上有关博览会的讨论中可以看出，博览会的消息的确引起了不少中国读者的关注。而且，从讨论文章的内容中还可以看出，卫三畏对博览会的翻译和介绍不但被中国读者接受，也引发了中国读者对博

---

〔1〕［美］卫三畏：《大美国庆百年大会序》，见陶德民编《卫三畏在东亚：美日所藏资料选编》，大象出版社 2016 年版，第 509 页。

览会与学习西方技术的思考。"〔1〕

可以说，无论在官方还是民间，卫三畏对于费城博览会的介绍和宣传都取得了良好的效果，清廷这次赴美参展成为晚清文化史和中美外交史上的一个亮点，具有重要意义。"首先，这是清廷官方首次参与美国主办的博览会。清廷一改过去对于国际赛会的冷漠态度，积极响应邀请，意图增进中美关系。其次，清廷这次参展的方式也与以往有所不同。海关为此特别制定制度化的章程，并有中国官员、绅商共同参与，这成为之后三十年间清廷出洋赛会的基本模式。第三，这次赛会的相关报道宣传了博览会的观念，对近代中国的博览会事业有深远影响。"〔2〕

第四节　首位汉学教授

1876 年 6 月卫三畏向美国国务院正式提出辞职，主要原因是身体不佳，视力下降，但同时表示在接任者到来之前会坚守岗位。至此他为美国的在华外交工作已经服务了创纪录的二十一年，并且九次担任临时代办（Chargé d'Affaires），行使公使职权前后达五年之久，是当时在华最为资深的外交官。在中国的四十多年当中，卫三畏的身体状况一直不错，第一次生病住院是在 1853 年 10 月，也就是到中国整整二十年之后。"我乘船从广州去澳门的时候在刺骨的北风中受了凉，感冒了。后来出门的时候又没有注意防寒保暖，因此发展成持续的高烧。多亏了伯驾博士的精心治疗和悉心照顾，我才得以在短短的十二三天之内就痊愈出院。我还从来没有病

---

〔1〕帅司阳：《福音与政治之间：卫三畏在华外交翻译活动研究（1857—1876）》，香港中文大学 2021 年博士学位论文，第 130 页。以上关于费城博览会的论述参考该文第四章。

〔2〕帅司阳：《福音与政治之间：卫三畏在华外交翻译活动研究（1857—1876）》，香港中文大学 2021 年博士学位论文，第 118 页。

得这么厉害过。"[1]但年龄毕竟不饶人，自1872年以来，卫三畏逐渐感觉体力不支，特别是视力严重下降大大影响了他的外交工作。

国务卿费什在接受辞呈后的回信中写道："我感到政府即将失去一位最可信任的官员。您的声名已给您担当的职位和服务的国家带来了荣耀。人们将满怀崇敬，永远牢记您高尚的人格。"这种包含诚挚感情的语言在例行公文中并不多见。国务院的正式解职通知除去其他赞美之词外，还特别提到了卫三畏卓著的成就："您对中国人的性格与习惯的熟悉，对该民族及其政府愿望与需求的了解，对汉语的精通，以及您对基督教与文明进步事业的贡献，都使您有充分的理由感到自豪。您无与伦比的中文字典和有关中国的诸多著作已为您赢得了科学与文学领域内的崇高地位。"[2]这一评价应该说是公允的，也比较全面地概括了卫三畏一生在传教、外交，特别是汉学研究上的贡献。

1876年底，卫三畏离开北京取道上海回国，在异国忙碌了一生，他早已功成名就，晚年本该享受退休生活的清闲，但回美国不到半年，历史又一次垂青于他，他的身份随之再度发生变化。1877年6月30日，卫三畏收到了耶鲁大学秘书富兰克林·戴克斯伦（Franklin Dexlen）的来信：

> 我谨正式通知您，耶鲁大学校长和董事会在本周举行的校务委员会年度会议上决定在哲学社会科学学部设立中国语言文学教授席位，并且一致推选您为首任教授。非常遗憾的是，校务委员会目前还没有获得一笔捐款以支付您的工资，但正在设法并希望很快能解决这一问题。我们为一位突出成就得到举世公认和尊敬的学者加入耶鲁的教授队伍而感到非常高兴。与上述任命相关

---

[1] S. W. Williams to F. Williams, 6 December 1853. 顾钧、[日]宫泽真一主编：《美国耶鲁大学图书馆藏卫三畏未刊往来书信集》（第20册），广西师范大学出版社2012年版，第227页。
[2] F. W. Williams, *The Life and Letters of Samuel Wells Williams*, p. 412.

联，同时也为使您的名字今后被列入大学的毕业生名单，校务委员会决定授予您文学硕士学位，文凭将在几天内寄上。[1]

卫三畏在接到这封信后，于7月13日写了回信，表示接受这一任命：

我很荣幸地收到您30日的来信，通知我被耶鲁大学校长和董事会一致推选为新设立的中国语言文学教席的首任教授。耶鲁已经认识到中国作为学术研究和学术发展对象的合理性，对此我感到很高兴，我确信对于中国的历史、文学和文明的研究将使我们获益匪浅。我愿意（至少是目前）接受学院对我的任命，我丝毫不怀疑这个教授席位将会很快获得一笔捐助并成为一个永久的职位，这是校务委员会和所有为此而努力的人都希望看到的。请向校长和董事会转达我最真挚的谢意。[2]

卫三畏接受耶鲁的这一任命，也就意味着他成为美国历史上第一位汉学教授。如果将这一事件放在整个西方汉学发展史上来看，则其意义更为重大。

西方国家的汉学研究虽然可以追溯到16世纪，但汉学进入高等学府和研究机构却是19世纪的事情，这也标志着汉学作为一门学科的建立。最早设立汉学教席的是法兰西学院，具体时间是1814年11月26日。首任教授雷慕沙（Jean Pierre Abel-Rémusat）在汉语、汉籍翻译和亚洲史地研究方面成就卓著，代表作有《汉文启蒙》（*Élémens de la grammaire chinoise*，1822年）、《〈法显传〉译注》（*Relation des royaumes bouddhiques*，1836年）以

---

[1]"Franklin B. Dexlen to S. W. Williams, 30 June 1877," Samuel Wells Williams Family Papers, Yale University Library Manuscript Group 547, Series 1, Box 5.

[2]"S. W. Williams to Franklin B. Dexlen, 13 July 1877," Samuel Wells Williams Family Papers, Series 1, Box 5.

044

及论文合集《亚洲杂纂》（*Mélanges asiatiques*，1825—1826）、《新亚洲杂纂》
（*Nouveaux mélanges asiatiques*，1829 年）。法兰西学院之外另一个设立汉学
教职的是巴黎东方语言学校，1844 年汉语进入了该校的课程体系，首任教
授是巴赞（Antoine Bazin），巴赞本人的汉语老师是法兰西学院第二任汉
学教授儒莲（Stanislas Julien）。雷慕沙去世后儒莲继承了老师的职位。[1]

　　现代意义上的汉学研究在法国诞生有其历史必然性。18 世纪法国成
为欧洲思想文化的中心，启蒙运动带来的世界主义思潮使法国人比其他欧
洲人更加关注外部世界。中国作为文明大国早在 18 世纪以前就已进入法
国人的视野。从明末以来大批天主教传教士来华，留下了数量可观的著
作，奠定了西方汉学的基础。就 17 世纪中前期来看，汉学研究的中心是意
大利、葡萄牙和西班牙，葡萄牙耶稣会士安文思（Gabriel de Magalhães）
的《中国新志》（*Nova Relação da China*，1688 年）被认为是这一时期的
最高成就。[2]但随着《中华帝国全志》（*Description géographique, historique,
chronologique, et physique de l'Empire de la Chine et de la Tartarie chinoise*，1735 年）、
《耶稣会士书简集》（*Lettres édifiantes et curieuses écrites des missions étrangères
par quelques misssionaires de la Compagnie de Jésus*，1702—1776）等著作的
出版，法国开始取代它的欧洲邻国成为西方汉学研究的领袖。这两书被
认为是"构成了 18 世纪欧洲的中国百科全书和最主要的资料库，凡是关
心或研究中国的人，不读这两部书，不从中引用事例作为自己立论依据的
人，大概连一个也没有"。[3]其中尤以《中华帝国全志》影响最大，康熙

---

[1] 黄长著、孙越生、王祖望主编：《欧洲中国学》，社会科学文献出版社 2005 年版，第 3-9 页；Paul
Demiéville, "Organization of East Asian Studies in France," *The Journal of Asian* Studies, Vol. 18, No. 1 (1958), pp.
163-164, 169-170. 巴赞在中国文学方面成就突出，著有《元代》（*Le siècle des Youên*，1850 年），译有《中
国戏曲选》（*Théâtre Chinois*，1838 年）、《琵琶记》（*Le pi-pa-ki, ou, l'histoire du luth*，1841 年）等。儒莲是 19
世纪公认的西方汉学大师，在汉语、中国哲学、中国俗文学、中国工艺等方面成就卓著。
[2] 计翔翔：《十七世纪中期汉学著作研究——以曾德昭〈大中国志〉和安文思〈中国新志〉为中心》，上海
古籍出版社 2002 年版，第 64-66 页。
[3] 许明龙：《欧洲十八世纪中国热》，外语教学与研究出版社 2007 年版，第 75 页。

朝来华的法国耶稣会士马若瑟（Joseph H. de Prémare）选译的《诗经》以及元杂剧《赵氏孤儿》便见于此书。就在法兰西学院设立汉学教席的 1814 年，第 16 卷也就是最后一卷《驻北京的传教士们所著关于中国人的历史、科学、艺术、风俗、习惯等方面的回忆录》（*Mémoires concernant l'histoire, les sciences, les arts, les moeurs, les usages, etc., des Chinois, par les missionnaires de Pékin*，又译作《中国杂纂》）在巴黎出版，为这项开始于 1776 年的庞大出版工程画上了圆满的句号。该书与另外两部法文巨著《中华帝国全志》《耶稣会士书简集》并称为 18 世纪欧洲汉学"三大名著"。

　　紧随法国之后将汉学研究提升到专业层次的是俄国和英国。1837 年，喀山大学在俄国率先设立了汉语教研室，西维洛夫（Даниил Сивиллов）成为俄国历史上第一位汉学教授。英国也在同一年设立了第一个汉学教席，地点是在伦敦大学学院，首任教授是前英华书院教授吉德（Samuel Kidd），伦敦的第二个汉学教席于 1845 年在国王学院设立。就在卫三畏回到美国的 1876 年，牛津大学任命传教士学者理雅各（James Legge）为该校首任汉学教授，荷兰莱顿大学也在同一年设立了该国第一个汉学教席，首任教授是曾在厦门和广州任职的施古德（Gustaaf Schlegel）。[1]欧洲的榜样对美国无疑是个刺激，中文教育进入美国高等学府成为势在必行之事。

　　相比法、英、俄等欧洲国家，汉学进入美国大学确实晚了一步，但美国还是领先于汉学人才辈出的德国，后者直到 1909 年才在汉堡殖民学院（汉堡大学前身）设立了第一个正式的汉学教席。[2]由于德国大学迟迟不给汉学以合法的地位，导致汉学人才外流，如夏德（Friedrich Hirth）和劳

〔1〕阎国栋：《俄国汉学史》，人民出版社 2006 年版，第 217 页；Yao-sheng Ch'en & Paul S. Y. Hsiao, *Sinology in the United Kingdom and Germany* (Honolulu: East-West Center, 1967), pp. 2–5; Wilt L. Idema, "Dutch Sinology: Past, Present and Future", Ming Wilson & John Cayley, eds., *Europe Studies China: Papers from an International Conference on the History of European Sinology* (London: Han Shan Tang Books, 1995), p. 89。
〔2〕有关德国大学设立汉学教席的情况，详见李雪涛《日耳曼学术谱系中的汉学——德国汉学之研究》，外语教学与研究出版社 2008 年版，第 8–9 页。

费尔（Berthold Laufer）等均在 19、20 世纪之交来到美国寻求发展。从大
学的角度来看，耶鲁也只比牛津和莱顿晚了一年，却领先于剑桥——剑桥
直到 1888 年才设立汉学教席，首任教授是外交官汉学家威妥玛（Thomas
Wade）。

耶鲁之所以能够在美国大学中领先一步，原因不难寻找——它与中
国有着不解之缘。1835 年，耶鲁 1831 级校友伯驾作为最早的医学传教士
来到广州，创办了中国第一家西式医院。1839 年，又一位耶鲁校友鲍留
云（Samuel R. Brown，1832 级）来到中国担任马礼逊教育会（Morrison
Education Society）学校的首任教授，他在该校工作八年（先在澳门，后在
香港），1847 年将容闳等几名中国幼童带往美国，开创了近代中国留美教
育史。容闳于 1850 年进入耶鲁读本科，1854 年毕业，成为近代最早在国
外获得学位的中国人，中国人获得博士学位最早也是在耶鲁。[1]从 1872 年
起，由容闳所推动的中国教育使团（Chinese Education Mission）使得为数
不少的清廷官派留学生先后进入耶鲁就读，其中就有中国铁路之父詹天佑。
容闳组织的百人留美团在 1881 年被迫中断时耶鲁校长亲自出面表示抗议，
并联合一批有识之士给总理衙门写去了一封措辞委婉但意见明确的信函。[2]
这段早期的交流为以后双方的关系奠定了深厚的基础，"雅礼学会"（Yale-
in-China）的建立（1901 年）与发展虽然是 20 世纪的事情，但也是耶鲁与
中国关系历来紧密的一个很好的说明。

从学术的角度来看，汉学研究在没有独立以前是东方研究（包括近
东和远东）的一个分支，所以东方研究的重镇也往往成为汉学研究的中
心。由于索尔兹伯里（Edward Salisbury，阿拉伯文和梵文教授）、惠特尼
（William D. Whitney，梵文教授）等多位重要学者执教耶鲁，19 世纪后

---

〔1〕王宠惠 1905 年从耶鲁获得法学博士学位，博士论文题目为 *Domicil: A Study of Comparative Law*，参见
Tung-li Yuan, ed., *A Guide to Doctoral Dissertations by Chinese Students in America 1905—1960*, p. 60。
〔2〕Yung Wing, *My Life in China and America* (New York: Henry Holt & Company, 1909), pp. 211–215.

半期的耶鲁成为美国东方学的中心，也正是由于这批学者的存在和积极活动，1842 年成立的美国东方学会（American Oriental Society）于 1853 年从波士顿搬至耶鲁，两年后学会的图书馆（1843 年建立）也搬至耶鲁，惠特尼兼任馆长（1855—1873），卸任后他的工作由耶鲁图书馆馆长范念恩（Addison Van Name）兼任（1873—1905）。东方学会图书馆的搬家给耶鲁带来了一批宝贵的中文书籍。[1]

外校的竞争也是一个原因。1877 年 2 月 22 日，美国驻华外交官萧德（Francis F. Knight）致信哈佛大学校长查尔斯·埃利奥特（Charles W. Elliot），说自己正在"考虑筹集一笔基金在哈佛大学设立中文讲座教授的可行性"[2]。几天后（1877 年 2 月 26 日），容闳在给耶鲁图书馆馆长范念恩的信中提出了这样的承诺和警告："一旦耶鲁汉学席位的设立成为事实，我将很高兴随时将我的中文藏书赠送给母校。我希望耶鲁不要在这个问题上耽搁太久，以免被哈佛领先。"[3]哈佛和耶鲁作为美国东部的两大名校一直处于竞争的状态，而太平洋沿岸的加州大学也在酝酿设立汉学教席并有意聘请卫三畏，这些都促使耶鲁先下手为强。其实耶鲁校方几年前就表达过延聘卫三畏的意向，但他以留在中国完成《汉英韵府》为由婉言谢绝。[4]现在卫三畏返回美国并定居在耶鲁所在的纽黑文，各方面的条件均已经成熟。

唯一存在的资金问题一年后成功地得到解决，耶鲁校方决定利用校友马西（William A. Macy）捐赠遗产的利息支付汉学教授职位的薪酬。马西

〔1〕美国东方学会藏书 1855 年搬至耶鲁后先是存放在耶鲁图书馆，后因为空间有限搬至耶鲁另外的校舍中，1905 年林斯立大楼（Linsly Hall）被划归耶鲁图书馆后搬至此，1930 年搬至耶鲁新建的中心图书馆——斯特林纪念图书馆（Sterling Memorial Library），直至今天，参见 Elizabeth Strout, "Preface", *Catalogue of the Library of the American Oriental Society* (New Haven, CT: Yale University Library, 1930), pp. iii–v.
〔2〕张宏生编著：《中美文化交流的先驱：戈鲲化的时代、生活与创作》，凤凰出版社 2016 年版，第 313 页。
〔3〕"Yung Wing to Addison Van Name, 26 Febuary 1877", Yung Wing Papers, Yale University Manuscripts and Archives Group 602, Box 1.
〔4〕S. W. Williams, "S. Wells Williams, LL. D.", *The Chinese Recorder*, Vol. 20 (June 1889), p. 247.

1840 年进入耶鲁学习，本科毕业后又在耶鲁神学院进修了一年，随后于 1845 年前往中国传教，1859 年因罹患天花不幸去世。马西在华期间对于中国语言文化的学习和研究非常投入，收集了当时出版的大量书籍，1850 年 5 月曾将其中一批捐赠给耶鲁图书馆，他去世后家人又将他的所有藏书和个人遗产全部捐给了耶鲁。马西在华期间和卫三畏有不少交往，当卫三畏被校方告知他的薪资将来自马西的捐赠，不由得百感交集。

　　资金的解决，即使卫三畏摆脱了有名无实的状态，更重要的是也使这个职位有了继续存在下去的基础。卫三畏在人生最后的岗位上对耶鲁的学术生活施加了力所能及的影响："通过在各类听众面前的讲演，通过报刊上发表的文章，也许更重要的是通过对登门拜访的大学生们的亲切鼓励，他的存在和榜样对所有被纳入他广博的文化视野中的人都是一种激励。"[1] 卫三畏在耶鲁任职期间完成的最重要的学术工作是修订《中国总论》。离开北京时他就萌发了这一想法，《中国总论》初版问世于 1848 年，虽然它的价值早已获得了普遍的认可，但毕竟三十年过去了，三十年里中国发生了重大变化，汉学研究也取得了长足的进步，卫三畏希望用更深入、更翔实的著作来代替旧版。书稿一直摆在他的桌子上，从他回到纽黑文起直到最终完成——或者说直到身体欠佳迫使他把最终定稿的任务交给自己的儿子。卫三畏向朋友这样解释自己遇到的困难："我受伤的手腕阻碍了我的书写速度，也影响了字迹的工整。有时候我不得不完全停止写作。我担心情况不会再有好转，因为我脱臼的关节已经复位五年了。在许多方面我都感到岁月不饶人，为了应付各种事情，我可能要透支体力才行——美国对残疾人的同情要比中国人少。那儿的人们了解你的处境后不会要求太多，但在这儿我的职位意味着我必须有能力。"[2] 可见耶鲁教授的职位带给他的

〔1〕F. W. Williams, *The Life and Letters of Samuel Wells Williams*, p. 427.
〔2〕F. W. Williams, *The Life and Letters of Samuel Wells Williams*, pp. 437–438.

压力。卫三畏最终在去世前完成了《中国总论》的修订版，为耶鲁交上了一份满意的答卷。

美国其他大学也相继设立了汉学职位。1879 年哈佛大学聘请中国学者戈鲲化为首任汉学教授，加州大学于 1890 年设立了中文教席，然而这一职位一直空缺，直到 1896 年才由英国人傅兰雅（John Fryer）充任。傅氏是著名的翻译家，曾在江南制造局将一百多部西书译成中文。[1] 1901 年哥伦比亚大学创设丁龙（Dean Lung）中文教席，次年德籍汉学家夏德被聘为首任教授，不少著名学者如英国汉学家翟理斯（Herbert A. Giles）和法国汉学家伯希和（Paul Pelliot）都曾被请来讲学。进入 20 世纪以后，夏威夷大学、芝加哥大学等也陆续开设了中文讲座。[2] 但总体而言，各校发展均很迟缓，在耶鲁，20 世纪早期只有卫三畏的儿子卫斐列和赖德烈两位教授，学生也只有几名，哈佛在戈鲲化去世后则完全停止了中文教学，直到 1904 年才由库利奇（Archibald C. Coolidge）开设有关近代远东史（其中中国史是重要部分）的课程，20 世纪 20 年代随着赵元任、梅光迪等中国留美学者的到来，汉语教学得以恢复。加州大学在傅兰雅退休后由于及时找到继任者而使香火没有中断，但和耶鲁一样也只是由一名教授来维持局面。1935 年赖德烈在一篇论述美国汉学发展现状的文章中颇为忧心地说："美国设立汉学教席的学校还很少，在其他为数不多的学校里只能学习基本的汉语，许多学院和大学找不到合适的汉语教师，而真正精通汉学研究的学者更是少之又少。"[3] 但中文教学与研究进入美国大学已经是大势所趋，在

---

〔1〕顾长声：《从马礼逊到司徒雷登——来华新教传教士评传》，上海人民出版社 1985 年版，第 248—262 页。

〔2〕20 世纪中前期美国几所主要大学汉学研究的情况，可参见 Sung See, "Sinological Studies in the United States", *Chinese Culture: A Quarterly Review*, Vol. 8, No. 2 (June 1967), pp. 150—160。

〔3〕K. S. Latourette, "The Progress of Sinology in the United States", *Nankai Social and Economic Quarterly*, Vol. 8, No. 2 (July 1935), pp. 309—310. 同一时期英国的情况也大致相同。以最早设立汉学教席的伦敦大学学院为例，第一位教授吉德 1842 年卸任（1843 年去世）后，直到 1860 年才由华裔学者齐玉堂接任，但齐只工作了一年，此后中断十二年才于 1873 年由霍尔特（H. F. Holt）接任。详见胡优静：《英国 19 世纪的汉学史研究》，学苑出版社 2009 年版，第 125 页。

耶鲁点燃的这一"星星之火"1945 年以后逐渐形成燎原之势，美国也逐渐
取代法国成为汉学研究的超级大国。

　　卫三畏与哈佛第一位汉学教授戈鲲化的交往既是他晚年的一大乐事，
也是美国汉学史上的一段佳话。戈鲲化（字砚畇、彦员）是安徽休宁人，
生于道光十六年（1836 年），[1] 早年做过幕僚，同治二年（1863 年）在美
国驻上海领事馆任职，两年期满后移居宁波，供职于英国驻当地的领事馆，
这两处的经历为他带来了执教哈佛的机会。1879 年 5 月 26 日，极力促成
哈佛设立汉学讲座的鼐德（时任美国驻牛庄领事）在上海总领事馆代表哈
佛大学校长和戈鲲化签订了为期三年的任教合同（1879 年 9 月 1 日至 1882
年 8 月 31 日）。戈鲲化到达哈佛后很快与卫三畏取得了联系，他们互相通
信，并且很可能在 1881 年的圣诞节见过面。

　　关于戈鲲化与卫三畏的交往，张宏生编著的《中美文化交流的先驱：
戈鲲化的时代、生活与创作》中有详细的资料和论述。这里补充一则材
料，是笔者在耶鲁大学所藏卫三畏档案中找到的，内容是戈鲲化解答卫三
畏的一个疑问，全文如下：

　　　　您问我这样一个问题："为什么现在政府官员所佩带的朝珠
　　　是固定的 108 颗？"您还说您在中国多年，多次询问这个数目的
　　　来历，但没有人知道。在我看来，佩带朝珠的做法是从现在这个
　　　王朝才开始的，清朝以前无此规定，因为书籍中并无记载。《礼
　　　记》云："天子之冕，朱绿藻，十有二旒；诸侯九，上大夫七，
　　　下大夫五，士三。"这是古代的典章，现在的冠冕和朝服与古代
　　　的样式不同，冕旒也就变成了朝珠，这是很容易理解的。《大清
　　　会典》中规定：皇帝朝珠用东珠宝石，亲王至五品官员许用各

---

〔1〕周振鹤：《戈鲲化的生年月日及其他》，载《中华读书报》2001 年 3 月 21 日。

样珍珠宝石绿松石，亲王以下拒不许用黄缎。这和古代冠冕上悬挂各色玉石没有太大的区别。现在的亲王与周朝的诸侯也大致相当。一至五品的满清官员都可以称为"大夫"，因为五品以下是不允许佩带朝珠的。现在翰林院、六部、内阁的官员不是相当于古代的大夫吗？但朝珠为什么是 108 颗，我也不十分清楚。《京房易传》中说："升平之世，五日一刮风，十日一下雨。"《礼记》云："言而履之，礼也。行而乐之，乐也。君子力此二者，以南面而立，夫是以天下太平也。诸侯朝，万物服体，而百官莫敢不承事矣。"考察这两段话并把它们结合起来，我发现一年中刮风的时间是 72 次，下雨的时间是 36 次，加起来是 108 次。皇帝在治理朝政时挂着朝珠，提醒自己履行说过的话，做让百姓高兴的事。官员在处理公务时戴着朝珠，作为对国家长治久安的一种祝愿。他们所带的珠子被称为朝珠，不是很合适吗？上述只是我个人的一孔之见，如果您发现不对，请告诉我，我将十分感激。[1]

虽然戈鲲化没有能够给卫三畏一个十分确切的回答，但是他所提供的背景知识和信息一定会让卫三畏受益匪浅。戈鲲化的上述答复没有写明日期，估计是附在一封信中寄给卫三畏的。戈氏还曾送给卫三畏一册《人寿堂诗钞》，这是他为纪念自己四十寿辰而刊印的，数量极为有限，卫三畏藏书捐给耶鲁后使耶鲁图书馆成为哈佛燕京图书馆之外唯一藏有《人寿堂诗钞》的北美图书馆，这无疑也是两人友谊的一个宝贵见证。可惜戈鲲化没有完成与哈佛的合同就于 1882 年 2 月 14 日因病去世，卫三畏从此失去了一个可以请教的朋友。

在卫三畏努力钻研中文的同时，戈鲲化也在致力于提升自己的英文能

---

[1] "K. H. Ko to S. W. Williams, no date", Samuel Wells Williams Family Papers, Series 1, Box 10.

052

力，在这一过程中卫三畏的《汉英韵府》成为他的重要工具书。《汉英韵府》出版于 1874 年，是卫三畏一生汉语研究的集大成之作。1881 年 12 月20 日，戈鲲化在给卫三畏的信中附上了一首诗并自己翻译成了英文：

> 皇都春日丽，
>
> 偏爱水云乡。
>
> 绛帐遥相设，
>
> 叨分凿壁光。

> In the light of the spring sun far over the sea,
>
> The city imperial shines in my view.
>
> But fairer and dearer than this is to me,
>
> Are the clouds and the water of your land to you.
>
> The teacher's red curtain once used by Ma Yung,
>
> At Yale and at Harvard for us has been hung,
>
> And thanks to the hole which your learning has drilled
>
> In the wall of your language, with light I am filled. [1]

　　在给尾联所作的注释中，戈鲲化写道："'凿壁偷光'典出《汉书》（应为《西京杂记》）：'匡衡勤学而无烛，邻居有烛而不逮，衡乃穿壁而引其光，以书映光而读之。'您的大著《汉英韵府》对我的翻译帮助很大，我就和匡衡一样。"[2]《汉英韵府》本是卫三畏为学习汉语的西方人士编写的，但也同样可以作为中国人学习英语的工具书，双语字典确实可以起到

---

〔1〕F. W. Williams, *The Life and Letters of Samuel Wells Williams*, p. 451.

〔2〕张宏生编著：《中美文化交流的先驱：戈鲲化的时代、生活与创作》，凤凰出版社 2016 年版，第 291 页。

双向交流的作用，这是一个值得关注和深入研究的现象。当然，从长远的
角度来看，为中国人学习英语而专门编写的工具书早晚会出现，如晚清时
期影响广泛的邝其照《华英字典集成》（1887 年）、颜惠庆《商务印书馆
华英字典》（1899 年）等。《汉英韵府》在一段时间内的"越位"也从另
一个角度说明了它的广泛使用和影响力。

　　在上述诗歌中，戈鲲化给"绛帐遥相设"一句做了这样的注释："《后
汉书》中说：马融'才高博洽，为世通儒。常坐高堂，施绛纱帐，前授生
徒，后列女乐'。您在耶鲁而我在哈佛，我们都教中文，所以我用了这个
典故。"[1]虽然美国早期的汉学教授绝对没有两千年前的马融那么风光，但
开风气之先的快乐一定也是后继者们难以体会到的。说来有趣的是，卫
三畏《汉英韵府》中"绛"字条下有"设绛帐以授徒"：to display a red
curtain and get scholars, —refer to a noted scholar in the Tang dynasty, and
has become a term for starting a school.[2]这里的解释是准确到位的，唯一
的小问题是马融生活于东汉，不是唐朝（Tang dynasty），尽管卫三畏没有
提到他的名字，只说是一位著名学者（a noted scholar）。

　　与容闳相比，戈鲲化只能算是卫三畏的新相识。虽然无法确知两人最
早的交往，但可以推断容闳 19 世纪 30 年代就读马礼逊学校时就已经认识
卫三畏了，因为容闳的恩师鲍留云和卫三畏是至交。鲍留云和妻子于 1839
年 2 月抵达澳门，去码头迎接他们的正是卫三畏。此后七个多月的时间
夫妻俩一直和卫三畏住在一起，在这期间他们逐渐培养起了亲密的友谊。
1847 年初鲍留云带领容闳前往美国留学，两年后容闳从就读的孟松学校
写信给在广州的卫三畏，这是目前所见他们最早的文字交往记录。在信中
（1849 年 4 月 15 日）容闳解释自己本来答应家人两三年后即回国，但现在

---

〔1〕张宏生编著：《中美文化交流的先驱：戈鲲化的时代、生活与创作》，凤凰出版社 2016 年版，第 290 页。
〔2〕S. W. Williams, *A Syllabic Dictionary of the Chinese Language in the Court Dialect* (Shanghai: American
Presbyterian Mission Press), p. 364.

改变了主意，请求卫三畏帮忙，"玉成此与我未来生活密切相关之事，即恳请您为我兄长容阿林觅一工作。此外，还烦请您向我叔父容名彰说明我欲在美多留数年。"[1]此后容闳和卫三畏一直保持联系，在清政府派遣留美幼童、反对美国排华法案等问题上有过亲密的合作。卫三畏就任母校耶鲁大学首任汉学教授，对于容闳来说无疑是上上之选。

　　其实早在被任命为教授之前，卫三畏就和耶鲁有过联系。1849年3月26日，耶鲁图书馆馆长爱德华·赫瑞克（Edward C. Herrick）收到卫三畏从广州寄来的信函，信中说他代为采购的六种中文书籍即将运抵纽约，并会从那里转运至大学所在地纽黑文。具体数目如下：《四书合讲》6册，《五经体注》18册，《康熙字典》32册，《钦定四库全书简明目录》10册，《大清律例》28册，《御制耕织图》23幅。这批书册是卫三畏在广州就地购买的，因此基本都是道光年间刊本。除了以上六种，卫三畏还在邮寄的书籍内放进了《广东方言中文文选》《华番通书》等几册自己完成的印刷品。卫三畏寄来的这批书籍成为耶鲁大学最早的中文收藏，也使耶鲁图书馆成为北美第一家收藏中文书籍的研究型图书馆，具有重要的历史意义。[2]

　　就任耶鲁教授后，卫三畏对于图书资源倍加关心，除了捐赠个人藏书，还着力增添汉学研究所必备的中文典籍。耶鲁图书馆的首套《二十四史》足以说明这一点。卫三畏去世七年后的1891年3月20日，时任汕头海关税务司的吴德禄（Francis E. Woodruff，耶鲁1864级）从广州致信耶鲁图书馆馆长范念恩，告知他一套中文书籍已经从中国海关发出，即将运抵纽约。这封信不禁让人想起1849年赫瑞克馆长所收到的卫三畏来信，但这次耶鲁图书馆接收的是赠书而非代购书籍，所赠之书是一套光绪十年（1884年）上海同文书局石印本《二十四史》。据了解内情的孟振华介绍：

〔1〕吴义雄主编：《美国所藏容闳文献合编》，社会科学文献出版社2021年版，第15页。
〔2〕孟振华：《美国耶鲁大学图书馆中文古籍收藏史》，见《中国典籍与文化论丛》（第18辑），凤凰出版社2017年版，第368—369页。

"这套意义十分特殊的书，虽然在入藏记录记载着是由卫三畏和吴德禄两人合赠的，但实际上，这是多年以来卫三畏一个不为人知的夙愿。卫氏深知一部完整的《二十四史》是耶鲁汉学研究以及未来教授教学与学生学习所不可或缺的原始材料，他先是希望吴德禄能在中国替他找部较早期的印本，但是吴氏却一直苦于无法觅得一套完整无缺的版本。而这部号称是依据清乾隆四年（1739年）武英殿初印本所影印的上海同文书局刊本，则是吴德禄特别逐年分批向该书局购齐的。这套原有多达711册的线装书，却被吴德禄郑重其事地重新改装成了217册洋装本，以利于陈列在书架上。但他又担心合订本会增加图书馆处理和学者使用上的困难，因而又特意附上一份手写之中英文并列的细目。范念恩馆长素来对于教授和研究中文很有兴趣，收到这份来自中国的特别礼物当然是非常高兴，并将其清楚地记载于该年校内出版的《图书馆馆长年度报告》内。由这件事可见，卫三畏对汉学在耶鲁的长期发展实在是深谋远虑，用心良苦。而吴德禄则是受人之托，忠人之事。至今，吴德禄的这封长达三页的赠书信函、一份中英对照的《二十四史》细目和上海同文书局这套书的中文出版目录，都依旧完好如初地保存在耶鲁大学图书馆的手稿与档案馆。"[1]可以补充的是，卫三畏为了获得一套《二十四史》，曾经多方设法，如他1880年1月29日在给北京的老友白汉理（Henry Blodget）的信中，就曾恳请对方到琉璃厂去询问相关信息。[2]

　　在耶鲁设立汉学教席这一历史性事件的第二年，容闳兑现诺言将自己

---

〔1〕孟振华：《美国耶鲁大学图书馆中文古籍收藏史》，见《中国典籍与文化论丛》（第18辑），第376-377页。

〔2〕S. W. Williams to H. Blodgett, 29 January 1880. 顾钧、［日］宫泽真一主编：《美国耶鲁大学图书馆藏卫三畏未刊往来书信集》（第22册），广西师范大学出版社2012年版，第319页。

的1280册藏书捐赠给了母校，[1]他的这一做法颇类似当年的斯当东（George
T. Staunton）。1834年马礼逊去世后，作为马礼逊遗嘱的执行人，斯当
东以拥有马礼逊的藏书为诱饵，说服伦敦大学学院设立了汉学教授席位。有
所不同的是，伦敦大学学院是在资金到位的情况下做出了决定，而耶鲁则
多少有点仓促，也许是面对外校的竞争不得不如此吧。容闳的捐赠大大
丰富了耶鲁的中文藏书，对此卫三畏感到非常兴奋，在写给白汉理的信
（1878年6月22日）中特别提及此事。卫三畏不但告知了册数，还预估它
们的价值在600美元。但是在信的最后，他不无遗憾地表示，因事务繁忙
和视力日衰，除了协助图书馆整理登录，他实在无暇也无力再去仔细阅读
这批文献了。[2]根据耶鲁图书馆的记录，容闳最早赠给图书馆的是一册清
刊本《古唐诗合解》，是在他毕业的1854年，此后又多次赠书，但数量有
限，这次为了促使母校设立汉学教席，将四大木箱藏书不辞劳苦地从所居
住的哈德福德（Hartford）运送到纽黑文，足见其拳拳之心。1911年容闳
去世后，他的其他藏书也捐赠给了耶鲁大学。

　　在中文藏书方面，其他大学和机构同样不甘落后。哈佛大学和加州大
学利用戈鲲化和傅兰雅的到来开始增添中文书籍。19世纪就拥有中文藏书
的还有国会图书馆，1869年美国政府经由其驻华使节将相当数量的西文书
籍和植物种子送给清政府，作为答谢，清政府回赠了约1000册的中文经籍
和科学书籍。这批中文书籍运抵美国后被国会图书馆收藏，成为这座美国
最大的图书馆最早的一批中文藏书。1879年美国最早的驻华公使顾盛去世

---

[1] 容闳在1877年3月1日给图书馆长的信中附上了拟赠书的目录，共四箱，合计三十四套一千二百八十本。
如第一箱的清单是这样的："《渊鉴类函》二十函一百四十本、《全唐诗》二十函一百二十本、《瀛寰志略》
一函十本、《同善录》二函二十本、《四库简明目录》二函十二本、《平定发匪》一函十本、《段氏说文》一
函四本、《春秋列国》二函二十四本。""Yung Wing to Addison Van Name, 1 March 1877," Yung Wing Papers,
Box 1.

[2] S. W. Williams to H. Blodgett, 22 June 1878. 顾钧、［日］宫泽真一主编：《美国耶鲁大学图书馆藏卫三
畏未刊往来书信集》（第22册），广西师范大学出版社2012年版，第248页。

后，他的 2500 册藏书也为国会图书馆所得。19 世纪末期，纽约市公共图书馆也开始收藏中文图书。1900 年以后更多的美国大学及公共图书馆开始收藏中文书籍，于是私人藏书成为争购的对象。国会图书馆于 1901 年至 1902 年间获得了柔克义（William W. Rockhill）的 6000 册藏书，其中有汉、满、蒙、藏多种文字的书籍，1928 年又获得了劳费尔的藏书；加州大学于 1916 年获得了中国学者江亢虎的藏书；康乃尔大学则于 1918 年获得了美国商人华森（Charles W. Wason）所收藏的全部有关中国的西文书籍。此外耶鲁、哈佛、夏威夷大学等校也都利用各种途径，扩充自己的中文藏书。中文藏书的增加无疑为汉学研究的开展和进步提供了重要的物质保证。[1]

卫三畏的藏书在其去世后被捐给了耶鲁，其中大量的中文和西方汉学书刊无疑是最为丰厚的一笔遗产。除了耶鲁教席，卫三畏身前的另外一大荣誉是美国东方学会会长。

美国东方学会 1842 年 4 月 7 日成立于波士顿，其宗旨是 "促进对亚洲、非洲、玻利尼西亚群岛的学术研究"[2]。当时的外部环境是非常有利的，正如首任会长约翰·皮克林（John Pickering）在就职演讲中所说："我们想与其合作进行东方研究的欧洲诸国，现在彼此间和平相处，那些因为风俗习惯不同而长期疏离于欧洲的东方国家现在也表现出更多交流的意愿，现代科技为遥远国家之间的往来提供了交通工具，东方国家更为宽松的政策也保证了外国旅行者的安全出行。所有这些有利条件，加上今天的学者和旅行家们已经具有的知识，应该使我们能够在短短的数年内取得超过以往好几代人的研究成绩。"[3] 美国东方学会确实在此后不长的时间内取得了不错的研究成绩，特别是索尔兹伯里和惠特尼两位耶鲁教授更是成就突出，

---

[1] Arthur W. Hummel, "Some American Pioneers in Chinese Studies", *Notes on Far Eastern Studies in America*, No. 9 (June 1941), pp. 4-5.

[2] "Constitution of the American Oriental Society", *Journal of the American Oriental Society*, Vol. 1 (1843), p. vi.

[3] J. Pickering, "Address", *Journal of the American Oriental Society*, Vol. 1 (1843), p. 1.

其成果得到欧洲同行的高度评价。学会的《学报》（*Journal of American Oriental Society*，创刊于 1843 年）也逐渐成为一份有影响力的学术刊物。

　　值得注意的是，美国东方学会的研究范围虽然涵盖整个东方，但波斯、印度始终是研究的重点，这也正是上述两位耶鲁教授的研究领域，此外埃及和小亚细亚也比其他地区受到更多的关注。美国东方学研究的传统来自欧洲。1814 年法兰西学院汉学教席的设置无疑是"学术汉学"建立的标志，但比起阿拉伯学、印度学则要晚得多。法兰西学院两位最早的汉学教授雷慕沙和儒莲都将大量的精力用于研究佛教，也绝对不是偶然的。在欧洲的影响下，美国的东方研究同样将大量的人力物力投向波斯、印度、埃及，中国则处于相对次要的位置。这从《学报》上就能很清楚地看出。在 19 世纪出版的二十卷当中，关于印度的古代经典四大吠陀的文章多达数十篇，却没有一篇关于中国的《诗》《书》《礼》《易》的文章。[1]德国当代汉学家傅海波（Herbert Franke）在解释这一现象时说："在欧洲，汉学作为一个学术研究课题，基本上是 19 世纪的产儿，它比印度学和闪族研究要晚得多。后两种研究的发生背景也不尽相同，希伯来以及其他东方语言在欧洲有很长的教学历史，这样做有时是为了维护基督教、反对伊斯兰教，欧洲和伊斯兰教的接触发生在地中海以及巴尔干半岛国家，巴勒斯坦曾在土耳其的统治下更成为接触的重要原因。对于印度的兴趣主要是因为学者们发现梵语从某种意义上来说是所有印欧语言的祖先，印度学一般被认为是对梵文的研究，早期的印度研究还伴随着一种寻找人类文明源头的幻想。"[2]学术研究虽然带有自身的独立性，但不可能脱离历史的发展和实际的需要而存在。20 世纪以来，特别是第二次世界大战以后，随着美国

---

〔1〕"Index to the Journal of the American Oriental Society, vols. 1–20", *Journal of the American Oriental Society*, Vol. 21 (1900), pp. 1–153.

〔2〕Herbert Franke, "In Search of China: Some General Remarks on the History of European Sinology", *Europe Studies China*, p. 13.

对亚太地区的日益关注，汉学在东方学会中的地位不断提升。据统计，从
1942 年到 2022 年这八十年间，学报所发表的汉学论文平均每年（每卷）
有四五篇之多，如以一年 4 篇计算，这期间发表的论文就有 300 多篇，与
19 世纪完全不可同日而语了。

　　19 世纪以后，美国派遣大批传教士到东方国家传教，他们很快成为东
方研究的一支生力军，补充了国内学者的不足，特别是在那些国内学者很
少涉猎的领域。裨治文和卫三畏作为最早的汉学研究者，顺理成章地成为
东方学会的首批会员。[1] 他们所编写的工具书很早就进入了学会的图书馆。
1856 年卫三畏的《英华分韵撮要》出版后，《学报》上还曾专门发表书评
予以介绍（第 6 卷）。

　　1881 年 5 月 18 日在波士顿举行的美国东方学会年会上，卫三畏当选
为该会的会长，[2] 并担任这一职务直到去世。卫三畏之所以能获此殊荣，当
然是凭借他的汉学研究成就，但也不能忽视耶鲁首任汉学教授给他带来的
名人效应。他前后的两位会长索尔兹伯里和惠特尼均为耶鲁教授。

　　对于卫三畏来说，晚年执教耶鲁应该可以弥补早年求学时的缺憾。在
不同的人生道路上奔走四十多年后，能够和自己中学的好友丹纳再次相聚
在同一所学校，获得同样的荣誉，无疑是令人欣慰和高兴的事情，这里有
天时，有地利，却没有卫三畏本人的意愿。正如巴士曼（R. L. Bachman）
在卫三畏去世后的追思会上所说："在早年接受教育的过程中卫三畏深深
地喜欢上了自然科学和历史，无疑，如果他把自己的时间和精力投入到这
些方面，他会像他的两位同学——哈佛的格雷教授和耶鲁的丹纳教授（按：
格雷是卫三畏的老师）——一样取得显赫的成就。在学术研究领域，他取
得成就和名望的机会将不会少于另外那两位，他也会像他们那样拥有锦绣

---

[1] "List of the Members of the American Oriental Society", *Journal of the American Oriental Society*, Vol. 1 (1843), p. xi.

[2] "Proceedings at Boston, May 18, 1881", *Journal of the American Oriental Society*, Vol. 11(1882—1885), p. lvi.

060

前程。如果他朝这个方向看去，出现在他眼前并向他招手的将会是财富、地位、名誉。"[1] 确实，如果没有父亲向美部会的推荐和1832年4月的那封来信，卫三畏很可能一辈子都不会来到中国。但人生总是难免机缘巧合，他不但来到了中国，而且生活了四十年。在这期间他利用一切业余时间从事汉学研究，取得了丰硕的成果。他最终被耶鲁选中，成为美国历史上首位汉学教授，无疑是实至名归，也为他丰富多彩的一生画上了完美的句号。

〔1〕R. L. Bachman, *In Memoriam, A Sermon Delivered in the First Presbyterian Church, Utica, NY, upon the Life and Labors of Samuel Wells Williams, LL. D., April 20, 1884* (Utica, NY: Press of Curtis & Childs, 1884), pp. 7–8.

第二章　初入汉学

　　汉语学习是进入汉学研究的必由之路。美国商人虽然早于传教士来到中国，但都无心学习。商人追求的是商业利益，一般来去匆匆，对于那些有机会长期居留的人来说，汉语的复杂难学也使他们或无心问津或裹足不前。马礼逊在东印度公司广州商馆多年培训的员工中，汉语达到熟练程度的最终只有两三人，其中最突出的德庇时（John F. Davis）正是用力最勤的一位，坚持参加培训达十五年（1814—1828）之久，后来学有所成，所著《中国人》（*The Chinese*）一书成为卫三畏写作《中国总论》时的重要参考。[1]

　　同样是难学的汉语，为什么传教士就能够掌握呢？问题的关键在于动力与目标不同。来华传教士志在改变中国人的信仰，这就要求他们了解中国人的心理，知道中国的历史与文化，而这一切的基础便是掌握汉语。伦敦会传教士米怜这样表白自己的心迹："我认为要学好汉语是非常困难的，我至今都没有任何理由改变这一看法，并且确信，对于一个才能平庸的人，需要长期努力，需要勤奋、专注和坚持不懈，因为掌握汉语知识后才能够为基督教事业做出更大的贡献。"[2]米怜的这段话道出了其他来华传教士的

---

[1] 德庇时（1795—1890），英国外交官汉学家。1844 年 5 月至 1848 年 3 月任英国驻华公使、香港总督。著有《汉文诗解》（*On the Poetry of the Chinese*，1829 年）、《中国人》（*The Chinese*，1836 年）、《中国见闻录》（*Sketches of China*，1841 年）等，此外译有多部中国戏剧和小说。

[2] William Milne, *A Retrospect of the First Ten Years of the Protestant Mission to China*, p. 103.

心声。

　　卫三畏到达广州前完全不懂汉语，最初十年的环境也不理想。他在繁忙的印刷工作之余一边学中文，一边进行汉学研究。艰难困苦，玉汝于成。早年的勤学苦练为日后的辉煌打下了坚实的基础。

第一节　汉语学习

　　1833 年秋天卫三畏来到中国的时候，约有三百名外国人长驻广州，而最亲密的小圈子只有他和裨治文、史第芬[1]、特雷西四个人。除裨治文，真正懂汉语的美国人大概只有商人亨德（William C. Hunter）。亨德 1824 年被托马斯·史密斯商行（Thomas A. Smith and Sons Co.）派遣来华，目的是学习汉语以便服务于该公司在广州的办事处。亨德于 1825 年 2 月 11 日抵达，由于发现很难找到合适的汉语老师，很快便离开广州前往新加坡，希望能进那里的一所学校进修汉语，但那所学校的情况也不理想，于是他再次转往马六甲，进入当地的英华书院（Anglo-Chinese College）学习，直到 1826 年 12 月底。亨德于 1827 年初回到广州，并很快见到了马礼逊。亨德 1824 年离开美国时带着一封奥立芬写给马礼逊的介绍信，但由于马礼逊 1824 年至 1826 年回英国休假（1826 年 9 月返回广州），亨德直到 1827 年 1 月才得以见到这位最早来华的英国传教士。如果当初马礼逊没有离开，亨德也许就不需要舍近求远地远赴马六甲了，在中国已经生活了近二十年的马礼逊无疑是最好的汉语老师。两人见面后马礼逊测试了亨德在英华书院一年半的学习成果，结论是"优良"（good）。在其后给亨德父亲的信件

---

〔1〕史第芬（Edwin Stevens）受美国海员之友派遣，于 1832 年 10 月抵达广州，接替离开的雅裨理。1836 年底前往南洋传教，1837 年 1 月在新加坡去世。

中，马礼逊报告了这个好结果，并说亨德在汉语这样一门非常难学的语言上的进步"不仅是他个人的荣耀，也是英华书院的荣耀"。[1]

马礼逊对亨德的测试同时也是为了了解英华书院的教学水平，因为这所书院正是在他提议下于 1818 年创办的，为此他捐助了 1000 英镑用于校舍的建设。书院实行中外学生兼收的政策，既教中国人英文和西学，也为外国人学习汉语提供培训。[2] 马礼逊建立这所学校的重要目标之一是为英国以及其他西方国家培养紧缺的汉语人才。他本人于 1805 年底开始学习汉语（跟随当时在伦敦的华人容三德），1807 年到中国后更加刻苦钻研，不到九个月已经能够进行口头交流，一年后开始阅读儒家经典。[3] 1818 年英华书院建立时他早已是公认的汉语和汉学研究的权威。英华书院最初任教的几位老师都曾得到他的指点。这样一来，亨德就应该算是马礼逊的"徒孙"了。虽然在英华书院一年多的学习成果得到了"师祖"的肯定，但亨德并未就此满足，他在广州当地又找到了一位中国老师（Le Seen-Sang）继续学习。不久他所供职的公司破产，于是他不得不中断学习返回美国。1829 年他乘坐新雇主奥立芬的商船"罗马人号"（Roman）重返广州。在这条船上他结识了最早来华的两位美国传教士——裨治文和雅裨理，并每天教授他们中文。正是从马礼逊的"徒孙"那里，裨治文获得了最初的汉语知识。英美第一位传教士之间的这层关系虽然有点巧合，但事实本身凸显了美国汉语人才的缺乏。自 1784 年"中国女皇号"抵达黄埔，中美之间的商业往来不断发展（至 1792 年贸易额仅次于中英之间），但半个世纪当中能够熟练掌握汉语的美国商人却只有亨德一人。

---

[1] William C. Hunter, *The "Fan Kwae" at Canton before Treaty Days 1825—1844*, pp. 7–10; William C. Hunter, *Bits of Old China*, p. 161.

[2] 关于英华书院，详见 Brian Harrison, *Waiting for China: The Anglo-Chinese College at Malacca 1818—1843 and Early Nineteenth-century Missions* (Hong Kong University Press, 1979)。

[3] E. A. Morrison, *Memoirs of the Life and Labours of Robert Morrison* (London: Longman, 1839), Vol. 1, pp. 231–232.

　　1829 年裨治文来华时，美部会给他的指示的第一条就是要求他把开始的几年用于汉语学习，并说如果发现广州的环境不理想，可以考虑到马六甲的英华书院。[1] 裨治文后来没有去英华书院，而是在广州跟随马礼逊学习。他在给美部会的信中写道："马礼逊先生对我非常之好，并极尽所能地帮助我。除了给我各种指导，他还在英国书商那里订了一套《华英字典》送给我，在我收到之前，他从英国东印度公司的图书馆借了一套供我学习。此外，他还送给我三四十本中文书籍，都是马上就用得上的。"[2] 对裨治文来说，数千个汉字和习惯用语构成了汉语学习的巨大挑战，从他刚到广州的书信和报告中可以清楚地看出他在时间和精力上的大量投入。

　　1833 年卫三畏到达广州后，顺理成章地把裨治文当作自己的汉语启蒙老师。本来学汉语最好是找中国人做老师，但当时清政府的极端文化保守主义政策（教外国人汉语有杀头之祸）使这一点很难实现。即使能找到个别不怕冒险的老师，在师生双方都精神紧张的情况下教学效果也一定不会太好。[3] 美部会的指示中担心广州的"环境不理想"，应该就是指此而言。这种不理想的状况直到 1844 年才得以改变，中美《望厦条约》中约定："准合众国官民延请中国各方士民人等教习各方语音，并帮办文墨事件，不论延请者系何等样人，中国地方官民等均不得稍有阻挠、陷害等情；并准其采买中国各项书籍。"[4] 裨治文是《望厦条约》谈判时美方的主要翻译，其时他已经来华十多年，但据中方人员的看法，他的口头表达能力仍十分

---

[1] Eliza J. G. Bridgman, ed., *The Pioneer of American Missions in China: The Life and Labors of Elijah Coleman Bridgman* (New York: Anson D. F. Randolph, 1864), p. 22.

[2]［美］雷孜智：《千禧年的感召——美国第一位来华新教传教士裨治文传》，尹文涓译，广西师范大学出版社 2007 年版，第 58–59 页。

[3] 丁韪良回忆说："第一位英国传教士马礼逊所聘请的汉文教师身上总是带着毒药，以便在清朝官员以重罪之名惩治他时用于自尽。这种恐怖气氛后来稍微得到缓解。最早来华的美国传教士卫三畏博士所请的汉文教师来去时手里总是拿着一只旧鞋，随时准备在紧急关头装扮成一个修鞋匠。"参见［美］丁韪良：《花甲忆记——一位美国传教士眼中的晚清帝国》，沈弘等译，广西师范大学出版社 2004 年版，第 5 页。

[4] 王铁崖编：《中外旧约章汇编》（第一册），三联书店 1962 年版，第 50 页。

有限，"以致两情难以互通，甚为吃力"。[1] 1844 年是马礼逊去世十周年，这位最早的汉语教师晚年的境遇不佳，估计去世前几年能够用来指导裨治文的时间和精力都很有限，多年来裨治文主要是通过马礼逊编写的工具书来学习汉语，口语不佳也就很难求全责备了。卫三畏在回顾条约签订前的中外交往时，特别强调了掌握汉语的重要性："无论是商人、旅行者、语言学者还是传教士，都应该学习汉语，如果他们必须来中国的话。说这句话是一点也不冒昧的：如果所有外国人都掌握了汉语，就可以避免和中国人之间的恶感，也同样可以避免在广州造成人员财产损失的那些不愉快的事件；中国人对于外国人的轻视，以及过去一个世纪以来双方交流的备受限制，主要原因是由于外国人对汉语的无知。"[2] 当时中外之间交流不畅以至交恶固然原因很多，但语言不通无疑是重要原因之一。

　　卫三畏到达广州后即投入了汉语学习，对当时的在华西方人来说，找一位中文教师并不容易。卫三畏后来回忆道："在那些日子里最大的困难是找不到合适的人教我们中文。我找到了一位文化教养颇为深厚的老师，为了防止被人告发，他采取了特别的预防措施：每次来时总是带着一只外国女人的鞋并将它放在桌子上，这样如果一旦有他害怕或不认识的人进来，他就可以假装自己是一个给外国人做鞋的中国师傅。他这样做了好几个月，直到后来确信自己的害怕是没有根据的才停止。"[3] 从这位老师那里卫三畏得知，马礼逊当年的中文老师更为极端——他常常带着毒药，这样如果一旦发现有人向官府告发，就可以自杀以免受折磨。平时情况尚且如此，遇到中外关系紧张时，老师更是无处可觅。1834 年"律劳卑事件"的发生就造成了这样的困境。卫三畏在当时的一封信中写道："在学习汉语和寻找老师方面随时可能受阻的情况使我们产生了这样一个想法，那就是到中国

〔1〕文庆等纂：《筹办夷务始末（道光朝）》（第 72 卷），文海出版社 1970 年版，第 3-4 页。

〔2〕S. W. Williams, *The Middle Kingdom* (1848), Vol. 1, p.500.

〔3〕F. W. Williams, *The Life and Letters of Samuel Wells Williams*, pp. 58-59.

政府管辖范围之外的某个地方去活动。能否找到一个比新加坡更接近中国的地点还有待商量决定，我们非常需要有一条船停泊在中国边境以外。"〔1〕无奈之下产生这样的想法很正常，但显然难以实施。这样的环境使汉语学习难以开展，中文人才也是寥寥无几。1834 年马礼逊去世后，英国政府能雇佣为翻译的仅有三个选择："一位是罗伯聃（Robert Thom），后来成为英国驻宁波的领事；另外一位是马儒翰，马礼逊的儿子；第三位是郭实猎。"〔2〕美国的情况更是不尽如人意，十年后中美谈判《望厦条约》时，能够为美国公使效力的只有裨治文、伯驾和卫三畏。实际上，即使是鸦片战争之后条件的改善也很缓慢，广州一直到 1858 年才对外国人完全开放，一些传教士进城时发现，不少广州居民从来没有见过外国人，更不相信外国人会说中国话。

对于语言学习来说，教师固然重要，教材也同样重要。19 世纪早期的情况是，不仅汉语教师稀少，用于学习汉语的教材也很有限。如果不算万济国（François Varo）的《华语官话语法》（*Arte de la lengua mandarina*，1703 年）、巴耶尔（Theophilus Bayer）的《中文博览》（*Museum Sinicum*，1730 年）等 18 世纪的著作，就 19 世纪最初四十年的情况来看，主要的汉语学习工具书有小德金（Chrétien Louis Josephe de Guignes）的《汉法拉丁字典》（*Dictionnaire chinois, français et latin*，1813 年）、马礼逊《华英字典》（1815—1823）、雷慕沙《汉文启蒙》（1822 年）、江沙维（Joaquim A.

---

〔1〕S. W. Williams to R. Anderson, 20 August 1835. 顾钧、［日］宫泽真一主编：《美国耶鲁大学图书馆藏卫三畏未刊往来书信集》（第 19 册），广西师范大学出版社 2012 年版，第 114 页。1833 年英国政府废除东印度公司对华贸易特权，同时设立了商务监督一职，由出身贵族的律劳卑（William Napier）担任。律劳卑 1834 年 7 月到达广州后即因为驻地和公函形式等问题与两广总督卢坤产生冲突，导致中英贸易中断和中外关系一度紧张。
〔2〕S. W. Williams, "Canton prior to 1840", *The Shanghai Budget and Weekly Courier*, 23 January 1873, p. 8.

Gonsalves）的《汉葡字典》（*Diccionario China-Portuquez*，1833 年）等。[1]
上述皆是欧洲人的著作，所以一个美国人如果不懂法文、葡萄牙文、拉丁
文，就只能使用寥寥几部英文著作了。通过一种外语学习另一种外语，其
困难可以想象。美国人虽然对于欧洲大陆语言并不陌生，但通过现有的英
文著作来学习汉语无疑更为方便，其中马礼逊的《华英字典》最便于入手。
该字典是六卷的大部头著作（四开本），共分三部分：第一部分是汉英字
典，按照汉字部首排列，三卷；第二部分也是汉英字典，但按照汉字的罗
马拼音排列，两卷；第三部分一卷是英汉字典。这六卷巨制（共约 5000
页）花费了马礼逊长达八年的时间（1815—1823）才告完成，是英国早期
最重要的汉学著作，但对于汉语初学者并不太合适。

　　1830 年裨治文到达中国后，正是在马礼逊和他这部字典的帮助下开始
了汉语学习，凭借自己的热情和用功，三年内达到了基本掌握的程度，并
运用到各项工作中。对卫三畏来说，有裨治文这样一位前辈是非常幸运的，
他们脾气相似，兴趣相仿，在中国共事的多年当中一直保持着亲密的友谊。
"如果第一年来到这里时遇到的是一个古怪和冲动的人，我将会是一副什
么样子？我可能已经离开这个国家了！"[2]卫三畏在一封信中这样感慨。刚
到广州卫三畏就急于学习汉语，但印刷《中国丛报》以及其他工作使他无
法专心，中文老师的辅导也是时断时续，所以进步不如他所愿，两年后还
不能流利地会话。他曾在一篇短文中回忆当初的艰难："坐在你对面的那
个人除了母语对其他语言一无所知，手边除了马礼逊那本不尽如人意的四

---

[1] 万济国（1627—1687）是西班牙多明我会派驻福建的传教士，《华语官话语法》是现存最早的汉语语法
著作。巴耶尔（1694—1738）为德国汉学家，长期在圣彼得堡科学院从事研究，《中文博览》是在欧洲印刷
的第一部关于汉语的著作。小德金（1759—1845）为法国外交官汉学家德金之子，曾长期在法国驻广州领事
馆任职。其字典奉拿破仑之命编纂，但后来被雷慕沙等学者证实大量参考了意大利方济各会传教士叶尊孝
（Basilio Brollo）于 17 世纪末编写于南京的《汉字西译》。江沙维（1781—1841，也被称为"公神甫"）1813
年受葡萄牙遣使会派遣前往北京传教，但由于清政府禁教而留在澳门，执教于圣若瑟学院并从事汉学研究。
[2] F. W. Williams, *The Life and Letters of Samuel Wells Williams*, p. 62.

开本英汉字典外没有别的工具可以帮助你，这样的情况确实非常让人沮丧。如果你尝试使用刚刚学会的中文，你的对话者会非常吃惊，并想知道教你的人的名字，或者会嘲笑你拙劣的发音。"[1] 这是所有刚进中文门槛的人常遇到的困难，在这道门槛前面，许多只是有兴趣的人知难而退了。但那些吓退了别人的困难却调动起了卫三畏所有的积极性并促使他全身心投入。他知道万事开头难，一旦自己的潜能充分发挥出来，很快就会在枯燥的学习中看到希望。

卫三畏学习汉语，既充分利用马礼逊的字典，又不断向裨治文以及马礼逊的儿子马儒翰请教，同时把印刷各种字典和教材也作为宝贵的学习机会，水平日渐提升，这从他给自己取的中文名字上可以清晰地看出。"卫三畏"和"卫（畏）廉士"在发音上可以大致对应他的英文姓名，即塞缪尔（三）·威尔士（畏）·威廉姆斯（卫／畏廉士）。当然更重要的是，这两个名字具有浓厚的中国意蕴。"三畏"出自《论语·季氏》："君子有三畏：畏天命，畏大人，畏圣人之言。"朱熹《论语集注》卷八对此有详细的解说："小人不知天命而不畏也，狎大人，侮圣人之言。畏者，严惮之意也。天命者，天所赋之正理也。知其可畏，则其戒谨恐惧，自有不能已者。而付畀之重，可以不失矣。大人圣言，皆天命所当畏。知畏天命，则不得不畏之矣。侮，戏玩也。不知天命，故不识义理，而无所忌惮如此。""廉士"一词也见于中国古籍，指不贪婪、知足常乐之人。值得注意的是，这两个名字不是同时所取，"卫三畏"在先，"卫（畏）廉士"在后，后者至迟在 1853 年出使日本期间已经开始使用。[2] 实际上，在中美外交文书中，后者更是频频出现。有学者指出，卫三畏是名，廉士是字，"估计字是随着他与中国人直接交往的需要而新增的，卫三畏是个中国通，

---

〔1〕F. W. Williams, *The Life and Letters of Samuel Wells Williams*, p. 82.

〔2〕《卫三畏赠北海道松前藩官员扇面，甲寅四月》，见陶德民编《卫三畏在东亚：美日所藏资料选编》，大象出版社 2016 年版，第 3 页。

他非常明白称谓在中国人际交往中对于身份提升的重要性。卫三畏直接参与晚清中美外交，记录他事迹的中国文献中通常按照中国人称谓的习惯记之为'卫廉士'。卫三畏晚年与哈佛大学第一位汉学教授戈鲲化交往时，戈鲲化也是按照中国人交往的习惯称他'卫廉士'"。[1]这不无道理，可备一说。

第二节　从《二十四孝》开始

从 1834 年 2 月开始，卫三畏在《中国丛报》上陆续发表文章，逐渐进入研究状态。他的第一篇文章题为《中国的度量衡》，写作目的正如开篇时所说："本刊所载文章不断提到中国的度量衡单位，这对于读者，特别是远离中国的读者来说是比较陌生的，有必要加以解说。"在正文部分卫三畏详细介绍了货币、谷物、土地、路程等的计量方式。如关于货币，他写道："中国人不仅在国内使用银子，国际贸易也使用，其最高单位是两（tael），依次可分解为钱（mace）、分（candareens）、厘（cash）。"[2]他还给出了当时中国白银和西方货币的兑换率，根据他的记录，当时一两银子相当于 1.38 ～ 1.39 美元。这无疑是研究晚清经济史的宝贵资料。

此后卫三畏陆续写了关于中国贸易、食物、农具等的文章。虽然这些早期作品朴实无奇，但通过它们卫三畏使自己的研究成果为人所知。在写作过程中卫三畏意识到自己不仅亟须提升中国学问，文字表达的笨拙同样有待改进。"为此他师法自己最喜欢的作家——查尔斯·兰姆（Charles

---

[1]孔陈焱：《卫三畏与美国汉学研究》，上海辞书出版社 2010 年版，第 3 页。1881 年 12 月 20 日戈鲲化赠诗给卫三畏，落款为"光绪七年诗赠卫廉士星使即请教谂中华愚弟戈鲲化"，详见张宏生编著《中美文化交流的先驱：戈鲲化的时代、生活与创作》，凤凰出版社 2016 年版，第 288 页。
[2]S. W. Williams, "Chinese Weights and Measures", *The Chinese Repository*, V. 2, pp. 444−446.

Lamb），试图用《关于烤猪》（Essay on Roast Pig）一文的笔法来描写广州生活的情景，结果其幼稚和拙劣的模仿使裨治文看后笑出了眼泪，要求他烧掉那篇看似美妙的文章并回到平实持重的风格上来。"[1]卫三畏听从了裨治文的建议，在保持原先风格的基础上不断练习，以提升自己的英语表达能力。

卫三畏最初的文章基本围绕着中国物质层面的话题，从翻译《二十四孝》开始，他进入了中国人的精神层面，也就进入了严格意义上的汉学研究。卫三畏的译作《二十四孝》（Twenty Four Examples of Filial Duty）发表于《中国丛报》第6卷第3期（1837年7月），是英语世界最早的全译文。

二十四孝的形成一般认为是在元代，著名孝子郭居敬首辑《二十四孝》，收入了虞舜、老莱子、郯子、仲由、曾参、闵损、汉文帝、蔡顺、郭巨、董永、丁兰、姜诗、陆绩、黄香、江革、王裒、孟宗、王祥、杨香、吴猛、庾黔娄、唐夫人、黄庭坚、朱寿昌二十四人的故事。郭氏首创二十四孝的说法长期以来成为定论，《辞源》《中文大字典》等权威辞书都予以采用。但根据近代以来出土的大量宋代墓葬、壁画、石棺等实物，已有学者指出，二十四孝故事这一系统在北宋时已经广泛地在民间流行开来，其起源则更可以上推到唐代或更早时期。[2]无论如何，二十四孝故事对于传统中国血缘宗法社会孝义思想的影响是巨大的，卫三畏正是明确认识到了这一点，将之首译为英文。

《二十四孝》的故事分别是：（1）《孝感动天》、（2）《戏彩娱亲》、（3）《鹿乳奉亲》、（4）《百里负米》、（5）《啮指痛心》、（6）《芦衣顺母》、（7）《亲尝汤药》、（8）《拾葚异器》、（9）《埋儿奉母》、（10）《卖身葬父》、（11）《刻木事亲》、（12）《涌泉跃鲤》、（13）《怀橘遗亲》、

〔1〕F. W. Williams, *The Life and Letters of Samuel Wells Williams*, p. 63.
〔2〕赵超：《"二十四孝"在何时形成（上）》，载《中国典籍与文化》1998年第1期，第50—51页。

（14）《扇枕温衾》、（15）《行佣供母》、（16）《闻雷泣墓》、（17）《哭竹生笋》、（18）《卧冰求鲤》、（19）《扼虎救父》、（20）《恣蚊饱血》、（21）《尝粪忧心》、（22）《乳姑不怠》、（23）《涤亲溺器》、（24）《弃官寻母》。这是按照人物年代来排列的，值得注意的是，卫三畏的译文没有完全按照这个顺序，[1]但全文翻译了所有的故事。

总体来说，卫三畏的翻译是相当准确的，在不少字词语句的处理上甚至比后来的译文更好。以顾丹柯的译文（2010年版）作为比较的对象，试举两例予以说明。先看《行佣供母》：

原文

　　后汉江革，少失父，独与母居。遭乱，负母逃难。数遇贼，或欲劫将去，革辄泣告有老母在，贼不忍杀。转客下邳，贫穷裸跣，行佣供母。母便身之物，莫不毕给。

卫三畏译文

　　In the time of the later Han dynasty lived Keang Kih, who when young, lost his father, and afterwards lived alone with his mother. Times of commotion arising, which caused them much distress, he took his mother on his back and fled. On the way, he many times met with companies of robbers, who would have compelled him to go with them and become a bandit, but Keang entreated them with tears to spare him, saying that he had his aged mother with him; and the

---

[1] 卫三畏的翻译顺序是：《孝感动天》《亲尝汤药》《啮指痛心》《芦衣顺母》《百里负米》《戏彩娱亲》《鹿乳奉亲》《卖身葬父》《行佣供母》《扇枕温衾》《涌泉跃鲤》《刻木事亲》《埋儿奉母》《扼虎救父》《拾葚异器》《怀橘遗亲》《闻雷泣墓》《哭竹生笋》《卧冰求鲤》《恣蚊饱血》《尝粪忧心》《乳姑不怠》《弃官寻母》《涤亲溺器》。

robbers could not bear to kill him. Altering his course, he came into the district of Heapei, extremely impoverished and reduced, where he hired himself out and supported his mother; and such was his diligence that he was always able to supply her with whatever she personally required.[1]

顾丹柯译文

Jiang Ge of the Eastern Han Dynasty lived alone with his mother, as his father died when he was a boy. During the turmoil, he carried his mother on his back and fled for survival. Unfortunately, they ran for several times into robbers on the way who wanted to rob them. Jiang Ge, weeping, told them that he was with his old mother, so the robbers couldn't bear to kill him. Later, they arrived at Xiapi. As they were poor, and had not enough clothes to wear, he went out to work for others. When he earned enough money, he bought all the necessities he thought his mother really needed for his mother.[2]

这里"欲劫将去"是说贼想强迫江革加入他们的团伙，如卫三畏所译"compelled him to go with them and become a bandit"，而不是顾丹柯所理解的"想要抢劫母子俩"（wanted to rob them）。如果只是抢劫，江革"泣告有老母在"这句就在很大程度上失去了理据，他之所以哭泣，是因为如果他被贼劫去，母亲将孤单一人无人照顾。卫三畏在这里使用了"entreated"（乞求），也比顾译"told"（告诉）恰当得多。在这个生死攸

〔1〕S. W. Williams, "Twenty Four Examples of Filial Duty", *The Chinese Repository*, Vol. 6, pp. 134–135.
〔2〕顾丹柯译：《孝经·二十四孝·弟子规》，中国对外翻译出版公司 2010 年版，第 99 页。

关的时刻，江革一定是经过了苦苦哀求才使"贼不忍杀"。同样，顾译用"they were poor, and had not enough clothes to wear"来对应"贫穷裸跣"，也显得程度过浅。美国学者乔丹（David K. Jordan）2013 年全文英译了《二十四孝》，他把这句处理为"impoverished, naked, and barefoot"，可以说是字字对应。[1]卫三畏虽然没有这么做，但他用"极端贫困"（extremely impoverished and reduced）在程度上是恰当的，在这样的情况下，江革行佣供母，使母亲衣食无忧就显得更加难能可贵。

再看第二个例子《扼虎救父》：

原文

晋杨香，年十四岁，尝随父丰往田获杰粟，父为虎曳去。时香手无寸铁，惟知有父而不知有身，踊跃向前，扼持虎颈。虎亦靡然而逝，父才得免于害。

卫三畏译文

In the Han［Jin］dynasty lived Yang Heang, a lad of fourteen years, who was in the habit of following his father to the fields to cut grain. Once a tiger seized his father, and was slowly carrying him off, when Yang, although he had no iron weapon in his hand, anxious for his father and forgetting himself, quickly ran forward and seized the

---

[1] 乔丹对这个故事的翻译如下：Jiāng Gé lived in the later Hàn dynasty. His father died when he was young, and he lived alone with his mother. The times were troubled and chaotic, so, carrying his mother on his back, he fled. Again and again they encountered bandits who wanted to force him to join them. But Gé burst into tears and told them that he bore his mother with him［whom he had to support］. The bandits could not bring themselves to kill him, and at length he reached Xià Péi［in Jiāngsū province］. Impoverished, naked, and barefoot, he hired himself out as a laborer to support his mother. His mother was able to have all she desired, and there was no end to what he gave her. 详见 David K. Jordan, 'The Twenty-four Filial Exemplars', https://pages.ucsd.edu/~dkjordan/chin/shiaw/FilialExemplarsEnglish.pdf，2022 年 9 月 1 日阅览。

tiger by the neck. The beast let the prey fall from his teeth and fled, and Yang's father was thus saved from injury and death.[1]

顾丹柯译文

Yang Xiang of the Jin Dynasty went to work with his father in the fields when he was only fourteen. One day, his father was attacked and dragged away by a tiger. Though he was barehanded, he jumped forward, only thinking of his father without considering himself, and strangled the tiger's neck with his hands. The tiger fell to one side and died. Thus his father had a near escape.[2]

根据顾译，杨香掐住了老虎的脖子（strangled the tiger's neck）并杀死了老虎（the tiger fell to one side and died），这对于一个年仅十四岁的孩子来说是难以想象的。事实上，根据中文原文，老虎只是"靡然而逝"，也就是在杨香的打击之下垂头丧气地跑开了，卫三畏的译文"The beast let the prey fall from his teeth and fled"较好地体现了这层意思。再比较乔丹的译文"The tiger left in defeat"[3]，也是说老虎跑开了（left），而且是在失败的状态下（in defeat），这就更好地表达出了"靡然"的面貌。

当然卫三畏的译文也偶有失当之处。如《刻木事亲》这则故事讲汉代丁兰幼丧父母，不能奉养，于是刻木为像每天祭拜。但"其妻久而不敬，以针戏刺其指"。这一句卫三畏翻译为"For a long time his wife would

---

〔1〕S. W. Williams, "Twenty Four Examples of Filial Duty", *The Chinese Repository*, Vol. 6, p. 137.

〔2〕顾丹柯译:《孝经·二十四孝·弟子规》，中国对外翻译出版公司 2010 年版，第 107 页。

〔3〕乔丹对这个故事的翻译如下: When Yáng Xiāng of the Jìn dynasty was fourteen, she often followed her father Fēng into the fields to reap grain. Her father [on one occasion] was dragged away by a tiger. Although at the time Yáng Xiāng had no weapon at hand, she thought only of her father and not of herself as she leapt quickly forward and grabbed tightly at the tiger's neck. The tiger left in defeat, and her father was able to escape injury. 详见 David K. Jordan, 'The Twenty-four Filial Exemplars', https://pages.ucsd.edu/~dkjordan/chin/shiaw/Filial Exemplars English.pdf，2022 年 9 月 1 日阅览。

not reverence them, but one day, taking a bodkin, she in derision pricked their fingers."[1] "久而不敬"的意思是原先是敬的，但时间长了就不敬了。卫三畏的译文处理为一直不敬 "For a long time his wife would not reverence them"，偏离了原文。相比之下顾丹柯译文则相当到位："At first, his wife was quite respectful to the carved parents, but gradually, she became impatient and disrespectful, and pricked the fingers of the statuettes."[2] 乔丹的译文同样是准确的："His wife began after a time not to revere them. One day she took a needle and pricked their fingers in mockery."[3]

卫三畏的译文前有一段说明文字，首先指出孝道是中国道德哲学的第一要义，所谓"天地之性，人为贵。人之行，莫大于孝"（《孝经·圣治章》），接着卫三畏说明了孝道对于青少年的极端重要性："这是从现实生活中汲取的道德教训和智慧结晶，具有感动天地和洗涤人心的作用，孩子们从小就被教育去学习和模仿。我们不是有句格言吗？ Just as the twig is bent, the tree is inclined.（从小偷针，长大偷金）小时候受到的影响会产生终身的影响。"[4] 确实，孝为百善先，中国人对此的重视是无与伦比的。从这些故事的广泛流传就可以看出来。随着二十四孝的影响，后代不仅出现了"二十四孝图"，还出现了"百孝图""二百四十孝图"等，形成了庞大的孝教模范系统。

但卫三畏也注意到这些故事中某些不近情理甚至荒唐（ludicrous）的成分，尽管没有明确指出具体是哪一或哪几则，但这无疑是一个深刻的见解。这不能不让我们想到鲁迅的《二十四孝图》，在这篇名文中，鲁迅指出，有些行为是可以勉力仿效的，如"子路负米""黄香扇枕""陆绩怀

---

〔1〕 S. W. Williams, "Twenty Four Examples of Filial Duty", *The Chinese Repository*, Vol. 6, p. 136.
〔2〕 顾丹柯译：《孝经·二十四孝·弟子规》，中国对外翻译出版公司 2010 年版，第 91 页。
〔3〕 https://pages.ucsd.edu/~dkjordan/chin/shiaw/FilialExemplarsEnglish.pdf，2022 年 9 月 1 日阅览。
〔4〕 S. W. Williams, "Twenty Four Examples of Filial Duty", *The Chinese Repository*, Vol. 6, p. 130.

076

橘"之类，但"哭竹生笋""卧冰求鲤"就比较可疑，而最令人不解，甚至于发生反感的是"老莱娱亲"和"郭巨埋儿"。对于后者，鲁迅联系自己的生活经历讽刺道："我最初实在替这孩子捏一把汗，待到掘出黄金一釜，这才觉得轻松。然而我已经不但自己不敢再想做孝子，并且怕我父亲去做孝子了。家景正在坏下去，常听到父母愁柴米；祖母又老了，倘使我的父亲竟学了郭巨，那么，该埋的不正是我么？如果一丝不走样，也掘出一釜黄金来，那自然是如天之福，但是，那时我虽然年纪小，似乎也明白天下未必有这样的巧事。"[1] 从某种意义上来说，孝是人的天性，动物尚有反哺、跪乳的行为，何况是人？同时古代聚居的形式和生存、生产的方式也构成了中国人重视家庭血缘关系的社会习得性条件。儒家根据这些情况提出"夫孝，德之本也"（《孝经·开宗明义章》）的理论，作为齐家、治国的根本原则，无疑具有合理性。但过犹不及，真理往前一步就是谬误。二十四孝故事中夹杂、渗透的一些愚孝乃至于反人性的成分，如郭巨埋儿孝母、庾黔娄尝粪孝父等，与现代精神格格不入，是必须予以批判的。

鲁迅是五四反传统的骁将，而且他写这篇文章也已经是近一百年之后了。卫三畏当时显然无法具有这样的批判精神，而是以一种外国人的宽容态度推测这类故事之所以被接受，是因为它们都来自民风淳朴的古代，像郭巨那样的普通人只是在困窘的情况下出于真心才做出如此极端的行为。确实，二十四孝故事都是元代以前的，特别集中在春秋（五则）、汉朝（六则）、晋朝（五则），在卫三畏看来，由于年代久远，这些古代孝子的行为就更加具有了楷模的力量。

卫三畏后来在《中国总论》1883 年修订版中论及《二十四孝》："在中国，孝处于德行与义务的最前列……这一社会道德始终被高度赞扬，也被以训词和范例的形式对儿童和青年进行反复灌输，劝其遵行。中国的著

---

[1]鲁迅：《朝花夕拾·〈二十四孝图〉》，见《鲁迅全集》（第二卷），人民文学出版社1981年版，第256页。

作家编写出故事来阐明孝顺会有好结果，不孝则会遭殃；这些故事被送到青少年手中，还有图画解说，甚至配上诗句。这一类小儿书有一种称为《二十四孝》，是此类主题中最流行的一种。"[1]其后他又抄录了《啮指痛心》《百里负米》《戏彩娱亲》《卖身葬父》《刻木事亲》《埋儿奉母》《哭竹生笋》《恣蚊饱血》八个故事，译文完全和在《中国丛报》上的一样。

卫三畏对于《二十四孝》的翻译显然受到了裨治文的影响。裨治文在《中国丛报》第 4 卷第 8 期（1835 年 12 月）上介绍了《孝经》并进行了全文翻译（*Heaou King, or Filial Duty*），是最早的英文全译本。此前的西文《孝经》译本只有 1711 年卫方济（François Noël）的拉丁文本以及 1779 年韩国英（Pierre-Martial Cibot）的法文本，此后则有 1879 年理雅各的英译本。裨治文的译介文章分为三部分，第一部分简要概述《孝经》成书的历史背景、历代的版本、主要的思想；第二部分是对《孝经》所有十八章内容的翻译；最后一部分简要阐释了文本中的一些重要概念，如"先王"（ancient kings）、"三才"（three powers）、"天道"（Heaven）等。

《孝经》一直被看作孔子述作、垂范将来的经典作品，是我国古代孝道思想的总纲。它在唐代即被尊为儒家经书，南宋以后被列为《十三经》之一，其所宣扬的"忠孝"思想成为我国传统社会的主流价值观念和基本道德规范，被普遍认为是人伦之至理。《二十四孝》则是对《孝经》经义配以案例进行阐发的民间读本，是对普通民众进行孝道教育的普及性教材。它形成后还被后人配以图画诗歌、勒为石刻铭文、编成说唱材料而在民间广泛流传，影响深远，可谓妇孺皆知。正如鲁迅在《二十四孝图》中所说："那里面的故事，似乎是谁都知道的，便是不识字的人，例如阿长，也只要一看图画便能够滔滔地讲出这一段的事迹。"[2]可以说，《孝经》与

〔1〕S. W. Williams, *The Middle Kingdom* (1883), Vol. 1, p. 538.
〔2〕鲁迅：《朝花夕拾·〈二十四孝图〉》，见《鲁迅全集》（第二卷），人民文学出版社1981年版，第253页。

078

《二十四孝》是源与流的关系,《孝经》是《二十四孝》的指导思想和理论根据,而《二十四孝》则是《孝经》的具体实践和成功范例。

既然裨治文已经翻译了《孝经》,卫三畏接着翻译《二十四孝》也就顺理成章了。从性质上看,《二十四孝》是蒙学读物,《孝经》虽然是"经",但因为文字平易、篇幅短小,很早就被当作蒙学课本。据记载,中国历史上最早设置《孝经》课的是西汉的宣帝,地节三年(公元前67年)他颁令,要求在乡聚的庠序置《孝经》师一人(《汉书·宣帝纪》)。降至清代,虽然统治者是满族,但入主中原之后很快便将《孝经》引入蒙学,所有学校都将《孝经》放在重要位置,并与习射(满人重视骑射)的教育相提并论。[1]

1835年,裨治文在翻译《孝经》之前,还翻译了《三字经》《百家姓》《千字文》这三部著名的蒙学读物,发表于《中国丛报》第4卷第3—5期(1835年7月—9月),在英语世界实有开创之功。实际上,《三字经》和《千字文》中含有不少孝道教化。比如《三字经》中的"首孝弟,次见闻,知某数,识某文",裨治文的译文是"First, practice filial and fraternal duties, next, see and hear, understand certain numerical classifications, and certain branches of science." 另外如"香九龄,能温席,孝于亲,所当执",裨治文的译文是"Heang in his ninth year, could warm his parents' bed. Duty to parents, ought carefully to be maintained."[2] 这里的"香"就是《二十四孝》中的后汉黄香:"年九岁,失母,思慕惟切,乡人称其孝。躬执勤苦,事父尽孝。夏天暑热,扇凉其枕簟;冬天寒冷,以身暖其被席。太守刘护表而异之。"他不仅孝行卓著,而且博通经典,后来官至尚书令。

裨治文对于蒙学读本的高度重视,无疑也影响了卫三畏。蒙学读本也

---

〔1〕吴锋:《论孝传统的形成及现代际遇》,载《孔子研究》2001年第4期,第90页。
〔2〕E. C. Bridgman, "Santsze King, or Trimetrical Classic", *The Chinese Repository*, Vol. 4, pp. 107–108.

称"蒙养书"或"小儿书",是专为学童启蒙教育编写的在庠序、书馆、塾学使用的课本。这类书籍在中国历史悠久,一般认为见于著录最早的当推《汉书·艺文志》所载《史籀篇》,旧谓出自周宣王时太史籀之手,实则应该是春秋战国时代的秦人编纂。两汉魏晋南北朝时期蒙学书籍的编纂达到了一个高潮,可惜的是这些蒙书大多亡佚,至今完整可见的只有《急救篇》和《千字文》。就影响来说,《千字文》和后来的《三字经》《百家姓》最为广泛,合称"三、百、千"。裨治文在一年之内将这三部书全部翻译成英文,固然是因为它们文字比较简单(裨治文称之为 toy-book),更重要的还是出于对这类读本的重视。他 1847 年移居上海后,和夫人一起开办了一所女校,使用的教材之一就是模仿中文《三字经》改写的基督教版《三字经》,同样"是用押韵的对句写成的,每行三字,为学生们简单介绍了圣经故事和基督教的基本教义"。[1]这显然是看到了《三字经》的传播功能而作出的本土化努力。

卫三畏通过蒙学进入汉学,不失为一条捷径。通过翻译《二十四孝》,他不仅可以了解中国人"生民之本"(《孝经·丧亲章》)的思想,也得以窥见中国的童蒙教育,可谓一举两得了。

最后值得关注的是,"孝"这个概念如何翻译成英文。现在普遍的译法是"filial piety"。顾丹柯将《二十四孝》译为 *Twenty-four Stories of Filial Piety*,乔丹将第一个故事《孝感天地》的标题译为 The Feeling of Filial Piety Moved Heaven,都是眼前的例子。但这样的翻译是有待商榷的。当代著名汉学家罗思文(Henry Rosemont)与安乐哲(Roger T. Ames)指出:"汉字'孝'原是一个头发花白老者('老')与一少儿('子')组合的高度象形字。就像其字形所显示的那样,表老少之爱敬尊威。理想

---

[1][美]雷孜智:《千禧年的感召——美国第一位来华新教传教士裨治文传》,尹文涓译,广西师范大学出版社 2008 年版,第 283 页。

080

来说，每一代都通过模仿上代（appropriate conduct）之义教诲下一代，从而让家庭充满无保留的爱与归属感。'孝'传统上被译为'filial piety'。就'pious'的'虔敬'之义，该翻译并不完全是误读，因为《孝经》当然提倡'敬（从）'（deference）。但儒家'敬（从）'（defer）的是此世的死生之人，并非通常与亚伯拉罕传统相关的那些存在于另一超验世界的宗教形象。另外，'piety'常带有某种自谩欺伪性，而儒家'孝'并没有这种东西。因此，我们认为，最好将之翻译为'family responsibility, family deference, family feeling'或'family reverence'。"[1]从这一结论来看，卫三畏将"孝"译成"filial duty"是颇为合理的，duty 的意思和 responsibility 相当接近。1874 年卫三畏在《汉英韵府》"孝"字之下专门列出了"孝经"这一条目："*The Canon of Filial Duty*, a work written about B. C. 475, by Tsangtsz 曾子, a disciple of Confucius。"[2]可见他始终坚持将"孝"理解为"filial duty"。

第三节　中国博物学

卫三畏的《博物学》（*Notices of Natural History*）系列文章从《中国丛报》第 7 卷第 1 期（1838 年 5 月）开始连载，先后介绍了中国的各种动物资源：貘、食蚁兽、蝙蝠、松鼠、犀牛、骆驼、大象、麒麟、凤凰、龙、龟、马、驴、骡、蜂类、鸬鹚、狮子、虎、猫。

在系列文章的开篇，卫三畏指出，中国人在博物学方面已经取得了很多成绩，从《尔雅》《茶经》到《康熙字典》，有关动物学和植物学的记录是相当丰富的，"但就翔实程度和编排的合理性来看，医学类著作是

---

[1][美]罗思文、安乐哲：《生民之本：〈孝经〉的哲学诠释及英译》，何金俐译，北京大学出版社 2010 年版，第 2 页。

[2] S. W. Williams, *A Syllabic Dictionary of the Chinese Language in the Court Dialect*, p. 193.

最好的，它们的作者都是博览群书、观察细致的饱学之士"。[1]而在这类著作中，完成于 16 世纪的《本草纲目》最具代表性。正如作者李时珍所言："渔猎群书，搜罗百氏，凡子、史、经、传、声韵、农圃、医卜、星相、乐府诸家，稍有得处，辄著数言。古有《本草》一书，自炎黄及汉、梁、唐、宋，下迨国朝，注解群氏群旧矣。第其中舛谬差讹遗漏，不可枚数，乃敢奋编摩之志，僭纂述之权。岁历三十稔，书考八百余家，稿凡三易。复者芟之，阙者辑之，讹者绳之。旧本一千五百一十八种，今增药三百七十四种，分为一十六部，著成五十二卷，虽非集成，亦粗大备。"[2]在卫三畏看来，《本草纲目》虽然侧重医学和药学，但广泛涉及文献学、史学、天文学、地理学，同时包含丰富的动物学、植物学和矿物学信息，完全可以被看作中国博物学的百科全书。所以在撰写《博物学》系列文章时，他虽然参考了其他一些中文著作，但最倚重的还是《本草纲目》，很多内容是对该书的编译或直接翻译。

　　《博物学》开篇介绍的第一种动物是"貘"，卫三畏写道："《尔雅》认为貘是'白豹'，但《本草纲目》认为这个归类是错误的，貘更像熊。"[3]接着他编译了《本草纲目》卷五十一"貘"条目中的内容："郭璞云，似熊而头小，脚卑，黑白驳文，毛浅有光泽，能舔食铜铁及竹骨蛇虺，其骨节强直中实少髓。或云与《尔雅·貘》'白豹'同名。唐世多画貘作屏，白乐天有替序之，今黔蜀峨眉山中时有貘，象鼻、犀目、牛尾、虎足，土人鼎釜多为所食，颇为山居之患，亦捕以为药，其齿骨极坚，以刀斧椎锻铁皆碎，落火亦不能烧，人得之，诈充佛牙、佛骨，以诳俚俗。时珍曰，世传羚羊角能碎金刚石者，即此物相畏耳。按《说文》云，貘似熊，黄白色，出蜀中。《南中志》云，貘大如驴，状似熊，苍白色，多力，舔

---

[1] S. W. Williams, "Notices of Natural History", *The Chinese Repository*, Vol. 7, pp. 44–45.

[2] 李时珍：《本草纲目》卷一上《序例上》。

[3] S. W. Williams, "Notices of Natural History", *The Chinese Repository*, Vol. 7, p. 46.

铁消千觔，其皮温暖。"[1]

　　卫三畏在论述其他动物时也基本采取这样的路径，对于"马"的介绍部分则力图展示李时珍的写作特色，他在该篇的开头写道："关于马《本草纲目》用了 17 页的篇幅，全面论述它身体各个部分的药用价值。作者对于这一话题的展开具有相当的典型性，可以让我们看到他一般是按照什么样的顺序，一步一步展开论述的。下文我将亦步亦趋，让各位读者一方面看到中国人如何认识马这种受人欢迎的动物，另一方面能够了解原文的次第。当然，为了达到这个目的，我不需要进入原文的所有细节，比如各种药丸以及它们的剂量，而只是各个部分的要点。"[2]此后卫三畏将《本草纲目》17 页的内容分为二十四个小节，一一进行了编译。如第十二小节关于"夜眼"，《本草纲目》的原文是："夜眼在足膝上，马有此能夜行，故名。主治龋齿痛。"[3]卫三畏的译文是"Above the knees, the horse has night eyes (warts), which enable him to go in the night. They are useful in the toothache."[4]可以看出，中英文基本是对应的。有时卫三畏在编译中还会加入自己的评论。如第四小节关于"鬐膏"，也就是马项上的皮下脂肪，对此《本草纲目》写道："鬐膏气味甘平，有小毒。主治生发，治面皯、手足皴。"[5]卫三畏对应的译文是"The fat lying on the top of the head is sweet, and unwholesome in only a slight degree. It will cause the hair to grow; brighten a dark visage, and cure flabby skin on the hands and feet." 对此卫三畏作了一番简短的评论："动物的某一部分能够补人体的某一部分，这是中国药物学的一个通常的原则，此处是一个显例。"[6]吃什么补什

---

〔1〕李时珍：《本草纲目》卷五十一上《兽之二》。

〔2〕S. W. Williams, "Notices of Natural History", *The Chinese Repository*, Vol. 7, p. 393.

〔3〕李时珍：《本草纲目》卷五十下《兽之一》。

〔4〕S. W. Williams, "Notices of Natural History", *The Chinese Repository*, Vol. 7, p. 395.

〔5〕李时珍：《本草纲目》卷五十下《兽之一》。

〔6〕S. W. Williams, "Notices of Natural History", *The Chinese Repository*, Vol. 7, p. 394.

么，确实是中国人的一种传统的思维方式，卫三畏的解释无疑有助于西方读者对此的了解，同时也说明他不仅关注中国文化的物质层面，更时时留意其精神层面。

在《本草纲目》记录的各种动物中，卫三畏最感兴趣的是蠮螉。蠮螉是蜜蜂的一种，也叫作土蜂、细腰蜂、蜾蠃、蒲卢。它是一种寄生蜂，常捕捉螟蛉存放在窝里，产卵在螟蛉体内给幼虫提供食物，因此古人误认为蠮螉无雌雄之分，不能产子而养螟蛉为己子。这种观点被长久地继承下来，最脍炙人口的表述是《诗经·小雅·小宛》中的"螟蛉有子，蜾蠃负之"。对此观念首先提出挑战的是梁朝的陶弘景，他经过多次仔细观察，发现蠮螉有雌雄之分，只是将卵产在螟蛉幼虫体内以寄生孵化。他在《本草经集注》中解释说："今一种蜂，黑色，腰甚细，衔泥于人屋及器物边作房，如并竹管者是也。其生子如粟米大，置中，乃捕取草上青蜘蛛十余枚，满中，仍塞口，以待其子大为粮也。其一种入芦管中者，亦取草上青虫。"后来韩保升、寇宗奭等人也敢于批判传统的谬误。他们的观点为李时珍所支持："蠮螉之说各异，今通考诸说，并视验其卵，及蜂之双双往来，必是雌雄。当以陶氏寇氏之说为正。"[1] 而这也正是卫三畏所赞同的，他在译介《本草纲目》"蠮螉"条目之前，概述了这一生物在历史上引起的论争，批判了中国传统文化过于崇古的风气，对李时珍等人所追求的实证科学精神给予了高度的赞扬。

《本草纲目》最早被介绍到英语世界是伴随着《中华帝国全志》英译本的出现，法文原著于 1735 年问世后很快被约翰·瓦茨（John Watts）和爱德华·凯夫（Edward Cave）两位出版商组织人力翻译成了英文，前者草率，后者则比较精心。著名医学史专家王吉民对凯夫 1738 年英文全译本《〈本草纲目〉节选》（Extract of the *Pen tsau kang mu*）部分作了这样

---

[1] 李时珍：《本草纲目》卷三十九《虫之一》。

的描述："论及药物者，系第二册二百〇七至二百三十四面，由李时珍《本草纲目》节译而成，分本草、医方二章……本草章第一节系《纲目》总目录，第二节系卷一上《序例》之历代诸家本草、《神农本草名例》、陶隐居《名医别录》、《合药分剂》（节译），及《七方》等条。其医方一章系选译《纲目》中下列各药品，如人参、茶、象、骆驼、海马、麝、冬虫草、大黄、阿胶、当归、白蜡、五倍子、乌桕木、三七等。"[1]《本草纲目》全书五十二卷，内容丰富，这里所翻译的仅卷一的一部分，以及十六种药品。但无论如何，《本草纲目》的巨大价值开始为西方人所了解。其后的外国译者受到学界关注的有史密斯（F. P. Smith）、司徒柯德（G. A. Stuart）、伊博恩（B. E. Read）等。美国人史密斯的《中国药料品物略释》（*Contributions towards the Materia Medica and Natural History of China*）大部分取材于《本草纲目》，所载药品数在 1000 种左右。该书 1871 年由上海美华书馆刊行，成为后来英译者的重要参考。司徒柯德等人的工作则是 20 世纪以后的事情了。

　　从 1738 年的凯夫到 1871 年的史密斯，一个多世纪的时间里《本草纲目》的英译工作并未中断，卫三畏是其中关键的一环，他的《博物学》系列论文是不容忽视的重要文本。

　　有学者通过考察卫三畏译介的"蠮螉"条目指出，他"所重视的并非《本草纲目》中对于动植物药效价值的介绍，而是关注中国人通过怎样的方式形成对某一自然生物知识的认识和报道，以及能否对此做出科学表述的问题"。[2]这是很有见地的分析。卫三畏不是就动植物谈动植物，而是积极探索它们体现的中国人的思维习惯和文化心理。前文举过"髻膏"的例子，更能说明问题的是卫三畏有关麒麟、凤凰、龙的论述。这三者和龟

〔1〕王吉民：《英译本草纲目考》，载《中华医学杂志》第 21 卷第 10 期（1935），第 1168 页。
〔2〕庄新：《科技史视域下 19 世纪美国汉学家对中国博物学典籍的译介》，载《自然辩证法研究》2021 年第 3 期，第 100 页。

一道在古代并称"四灵"(《礼记·礼运》),但从科学意义上来看纯属子虚乌有,尽管中国古代文献中存在大量记叙。卫三畏对此进行了摘要介绍,如讲到麒麟时特别提到了其与孔子的关系:孔子出生前,麒麟在他家院子里口吐玉书;他去世前鲁国境内有人捕获麒麟,但孔子前去查看时麒麟已经死亡。[1] 在介绍中国的凤凰时,他将之与阿拉伯凤凰进行了比较,后者在当地文化中也是百鸟之王。[2] 在谈到龙的时候,卫三畏首先引用了《本草纲目》中对于龙骨药用价值的探讨,但他明确认识到,所谓"龙骨",其实是古代多种哺乳动物包括象、犀牛、马、骆驼、羚羊等的骨骼化石,与神话中的龙是没有什么关系的。他接着介绍了中国传说中龙的形状以及能飞行、会呼风唤雨等神异之处,指出它与希伯来传统中的 tannin(大蛇)、希腊传统中的 hydra(九头蛇)有相似的特征,可以进行比较研究。[3]

卫三畏《博物学》系列中只有一篇没有参考《本草纲目》,它是对《幼学琼林》卷四鸟兽类、花木类部分内容的译介,题为《汉语中来自自然界的成语和比喻》(Proverbs and metaphors drawn from nature, in use among the Chinese),刊于《中国丛报》第 7 卷第 6 期(1838 年 10 月)。

《幼学琼林》最初叫《幼学须知》,又有《成语考》《故事寻源》等名称。明末程登吉编纂,清代邹圣脉增补。其内容涉及天文地理、典章制度、风俗礼仪、艺术文化、名物技艺、鸟兽花木等诸多方面,涵盖了中国古代社会常用词汇和基本知识,相当于一部小型的百科全书。全书用对偶句写成,容易诵读,便于记忆。《幼学琼林》分为四卷,按类编排,如卷一分天文、地舆、岁时、朝廷、文臣、武职六类,卷四则分为文事、科第、制作、技艺、讼狱、释道鬼神、鸟兽、花木八类。就全书来看,和博物学关系最密切的正是鸟兽、花木两类。

---

[1] S. W. Williams, "Notices of Natural History", *The Chinese Repository*, Vol. 7, p. 213.

[2] S. W. Williams, "Notices of Natural History", *The Chinese Repository*, Vol. 7, p. 250.

[3] S. W. Williams, "Notices of Natural History", *The Chinese Repository*, Vol. 7, p. 253.

卫三畏总共翻译了 104 个句子，但实际对应的中文却没有这么多。因为《幼学琼林》全书以对偶句写成，如"虹名螮蝀，乃天地之淫气；月里蟾蜍，是月魄之精光"（卷一《天文》），但这种表达方式对西方人而言显然比较陌生，所以卫三畏常常将对仗工整的一联拆为两句，如他译文的前四句是这样的：

Not to distinguish properly between the beautiful and ugly, is like attaching a dog's tail to a squirrel's body.

An avaricious man, that can never have enough, is like a serpent wishing to swallow an elephant.

While one misfortune is going, to have another coming, is like driving a tiger out of the front door while a wolf is entering the back door.

On seeing one who braves danger and despises death, we say, "the tiger's cub cannot be caught without going into his den."[1]

这里第一、二句英文对应的中文是"美丑不称，谓之狗尾续貂；贪图不足，谓之蛇欲吞象"；第三、四句对应的是"祸去祸又至，曰前门拒虎，后门进狼；除凶不畏凶，曰不入虎穴，焉得虎子"。另外，"不入虎穴，焉得虎子"用的是班超的典故，为了帮助西方读者理解，卫三畏在第四句的译文之后特别加了一段文字，说明这句话出自汉朝的一位将领（a chieftain in the time of the Han Dynasty），没有给出班超的名字。但有时他在注释中也会指出姓名。如在翻译了"小人不知君子之心，曰燕雀焉知鸿鹄志"之后介绍了陈胜年轻时的志存高远：

---

[1] S. W. Williams, "Notices of Natural History," *The Chinese Repository*, Vol. 7, pp.321–322.

This refers to a story of Chin Shing, who once, when ploughing, complained to his companions, "another day when I am an honorable man, I shall not forget this drudgery." They sneering said, "You a hired ploughman become honorable!" Chin with a sigh replied, "What can a sparrow know of the motions of a wild swan?" He afterwards became prince of Wei.[1]

卫三畏后来在《汉英韵府》"鹄"字下的词语例证中列出了"燕雀焉知鸿鹄之志"，译为"what can swallows and sparrows know of the feelings (or designs) of wild geese and swans ?"[2]这里的燕（swallow）、雀（sparrow）、鸿（geese）、鹄（swan）都一一翻译出来了，比原先只用a sparrow 和 a wild swan 更为精确，可谓后出转精。

在《博物学》系列之前，卫三畏还写过几篇相关的文章，其中最早的一篇题为《中国博物学》（Natural History of China），载《中国丛报》第3卷第2期（1834年6月），是他正式发表的第三篇文章。在这篇文章中卫三畏简要回顾了明末清初以来西方人在中国博物学，特别是植物学研究上的贡献。

卫三畏此文重点关注了两位博物学家：瑞典人奥斯贝克（Peter Osbeck）和英国人阿裨尔（Clarke Abel）。奥斯贝克是第一位将在中国的实地考察报告公开出版的瑞典人，1750年至1752年他作为随船牧师参加了瑞典东印度公司"卡尔亲王号"（*Prince Carl*）商船的首航，记录了沿途的风土人情。该船于1750年11月18日从瑞典西海岸港口哥德堡出发，

---

[1] S. W. Williams, "Notices of Natural History," *The Chinese Repository*, Vol. 7, p.324.
[2] S. W. Williams, *A Syllabic Dictionary of the Chinese Language in the Court Dialect*, p. 455.

于第二年 8 月 22 日抵达广州，并一直停留到 1752 年 1 月 4 日。在这四个
多月当中，奥斯贝克收集了大量有关中国的资料，作为著名博物学家林奈
（Carl von Linné）的学生，他特别关注中国的植物资源并做了详细的记录，
回国后著有《中国和东印度群岛航行记》（1757 年出版），后被翻译成德
文和英文。卫三畏阅读的是 1771 年的英文版（*A Voyage to China and the East
Indies*），他对于奥斯贝克有机会探访广州及其周边的自然状况，收集当地
的植物标本表达了钦佩之情，因为奥斯贝克记录的植物物种为后来林奈撰
写开创性的《植物种志》（*Species Plantarum*，1753 年）提供了重要参考。
卫三畏赞叹道："这几乎是绝无仅有的例子，来中国只有几个月，却做出
这么多的观察和贡献。"[1]

　　卫三畏认为，自奥斯贝克之后到 1793 年英国马噶尔尼（George
Macartney）使团和 1794 年荷兰德胜（Isaac Titsingh）使团来华，西方对
于中国博物学的研究几乎没有什么进展，其实这两个使团中都有博物学家，
也有机会从天津到热河，从北京到广州，但因为行动受到诸多限制，所获
有限。相比之下，1816 年英国阿美士德使团在这方面更为成功，使团中医
师出身的植物学家阿裨尔充分利用了给他提供的观察机会，沿途采集了不
少有价值的标本，归国后著有《1816 年和 1817 年在中国内地旅行与往返航
行记事》（*Narrative of a Journey in the Interior of China, and of a Voyage to and
from that Country in the Years 1816 and 1817*）。可惜的是，他在广州采集的不
少植物和其他标本在运回英国的途中因为船只沉没而丢失。后来植物学界
为了纪念他的工作，将在中国南方分布广泛的忍冬科六道木属灌木糯米条
用他的名字命名为 Abelia chinensis。在中国植物采集和研究方面，卫三畏
认为贡献最大的是英国东印度公司广州商馆的几位职员，如里夫斯（John
Reeves）、邓肯（Alexander Duncan）、利文斯通（John Livingstone）。其

---

[1] S. W. Williams, "Natural History of China", *The Chinese Repository*, Vol. 3, p. 85.

中里夫斯成绩最好，他从 1812 年到 1831 年长期担任东印度公司驻广州的茶叶稽查员，其间为英国皇家植物园（Royal Garden at Kew，也称邱园）和伦敦园艺学会（Horticultural Society of London）采集植物，并指导中国画师绘制博物学图画。与里夫斯等业余人士相比，卫三畏对专门由英国皇家植物园派来广州的克尔（William Kerr）评价不高，他在广州待了将近十年（1803—1812），但作为在华植物采集者的使命基本上没有完成。[1] 此外值得一提的是，里夫斯还为《本草纲目》做过一份索引。[2]

在植物以外的其他领域，如动物、矿物等，卫三畏认为此前的研究乏善可陈，重要原因自然是外国人的在华行动受到诸多限制，无法进入中国内地的广大区域。卫三畏介绍中国动物的文章只能采取编译中文资料的方式，也正因此，当时他能实地观察的区域只有广州和澳门。他在文章最后一方面呼吁中国的开放，另一方面强调对中国博物学的更多关注。"很显然，考察中国及其周边国家的自然状况将打开一个无与伦比的研究空间，各个领域都有广阔的空间，博物学家将大有用武之地。"[3] 其实，在卫三畏这篇文章之前，《中国丛报》就曾刊登过利文斯通的一封信，同样是呼吁加强对于中国博物的研究。这封致伦敦园艺学会的公开信写于 1819 年，描述了中国丰富的植物资源，以及如何在目前的条件下尽量予以开掘。该信曾刊载于《印支搜闻》1819 年 7 月号，《中国丛报》1833 年 9 月第 2 卷第 5 期再次予以刊登。[4]

卫三畏倾心于博物学不是偶然的，这可以追溯到他的中学时代。他所在的尤蒂卡高中（Utica High School）是在查尔斯·巴特利特（Charles Bartlett）领导下建立的，巴特利特在建校时（1827 年）就认识到自然科

---

〔1〕关于里夫斯等英国东印度公司职员的博物学研究，参见［美］范发迪《知识帝国：清代在华的英国博物学家》，袁剑译，中国人民大学出版社 2018 年版。但该书没有提到卫三畏这篇早期文献。

〔2〕"Miscellanies: Chinese Botany", *The Chinese Repository*, Vol. 2, p. 226.

〔3〕S. W. Williams, "Natural History of China", *The Chinese Repository*, Vol. 3, p. 87.

〔4〕"Miscellanies: Chinese Botany", *The Chinese Repository*, Vol. 2, p. 226.

学在教育中的重要性，将化学、地质学、植物学等纳入课程和讲座。1829
年卫三畏进入该校后很快被这类课程吸引，并在老师的带领下做各种科学
实验。他最喜欢的老师阿萨·格雷（Asa Gray）博士后来成为哈佛大学杰
出的植物学教授。这位优秀的教师经常在周日的下午组织学生去野外考察
植物和矿物，这一活动成为该中学的一大特色，在当时同类学校中是绝无
仅有的。[1]卫三畏离开家乡前往特洛伊上大学时箱子里就带着自己采集和
珍藏的植物和石头标本。

　　在伦斯勒学院就读时，他对博物学的兴趣得到了资深教授阿莫斯·伊
顿（Amos Eaton）的进一步培养。伊顿在研究美国北部的地质和植物方面
贡献卓著，出版著作多种，是19世纪早期美国自然科学研究的先驱，美国
地质学界将19世纪20年代称为"伊顿时代"（Eatonian era）。[2]伊顿是
伦斯勒学院的建校元老，并一直在该校工作至去世。他不仅学识渊博，而
且有先进的教育理念。"他常常带着学生们在附近的地区进行矿物学和植
物学的考察。风吹日晒和粗糙的工具没有挡住这群人前进的步伐，他们是
走在时代前列的人。作为田野调查的补充，伊顿教授要求每个学生将自己
掌握的信息向全班汇报，这一别出心裁的做法取得了相当大的成功。伊顿
始终认为，对知识的理解不是来自听而是来自教，所以他让学生们轮流做
老师，通过这个方法使他们在保持对实验和调查热情的基础上，加强对同
样重要的解释和表达能力的培养。他的这一做法不仅使学生获益匪浅，也
给他本人带来了好处。他晚年饱受气喘病的折磨，所以决定将有限的精力
投入到教科书的编写上，而学生们则无须他操心，他们自觉地观察植物标
本或者做化学实验。在第一个学期的那些冬天的晚上，卫三畏忙着为植物
学课本撰写有关植物起源的部分，比起上逻辑和代数课来，分配给他的这

〔1〕 M. M. Bagg, "The Utica High School", *Utica Herald*, 21 Febuary 1880.

〔2〕 Henry B. Nason, ed., *Biographical Record of the Officers and Graduates of the Rensselaer Polytechnic Institute, 1824—1886* (Troy, NY: William H. Young, 1887), pp. 120−128.

个工作更适合他的口味。"[1]也正是在这本教科书上，卫三畏的名字第一次
列入作者名单。

卫三畏的高中同学中后来有一些成为颇有建树的科学家，其中关系最
好的要算詹姆斯·丹纳。当卫三畏在伦斯勒学院就读时，他正在卫三畏向
往的耶鲁大学求学，两人保持着密切的通信联系，其中不少是讨论他们共
同关注的矿物学和植物学问题。丹纳后来成为耶鲁的地质学和矿物学教授。

19世纪是一个自然科学大发展的时代，美国大学课程中自然科学的比
重不断增加，即使在耶鲁这样历史悠久、比较保守的大学也是如此，而新
建的大学则更容易把握时代的脉搏，适应时代的需要。可以想象，如果卫
三畏没有作为美部会传教士来到中国，他很可能成为一名博物学家。

宗教与科学并非水火不容。基督教神学家如古代的托马斯·阿奎纳
（Thomas Aquinas）和现代的保罗·狄立克（Paul Tillich）都充分肯定知
识的价值。从传教士的知识背景来看，以来华者为例，利玛窦（Matteo
Ricci）等早期耶稣会士大都是精通天文、数学的有识之士，近代传教士虽
然在整体水平上可能不如早期耶稣会士，但其中不乏饱学之士。卫三畏接
受的科学训练对他日后成为汉学家的作用是明显的。从具体的方面来讲，
他可以将观察植物的能力运用于观察中国社会和中国人，将收集植物标本
的能力用于收集汉语的字词语句和各种关于中国的信息；从抽象的方面也
是更为重要的方面来讲，他所具有的科学精神为他探索一切未知领域提
供了一种动力，再加上与生俱来的爱读书、爱思考的习惯，他日后能在
汉学领域卓有成就是毫不奇怪的，尽管来华前他对中国的语言文化几乎
一无所知。

人对于自己感兴趣的东西总是会处处留心，卫三畏也不例外。实际
上，我们发现，在以后的岁月里，他从不放过亲近大自然的机会，一花一

[1] F. W. Williams, *The Life and Letters of Samuel Wells Williams*, pp. 32–33.

草总是能够激发他的热情。1853 年和 1854 年他两次作为翻译随美国舰队
远征日本，成为西方打开日本封闭大门的历史见证者，但在执行这一意义
深远的重大行动过程中，卫三畏仍然没有忘记满足自己对博物学的喜好。
据参加过 1854 年第二次远征行动的中国人罗森回忆，身为"通理国师"
的卫三畏在公务之余"曾采名花数百种，压干以备考览"。[1]当时和卫三
畏一起在横滨、下关从事采集工作的还有佩里舰队随船医生詹姆斯·莫诺
（James Morrow）。后来卫三畏把这些标本寄给了在哈佛执教，当时已经是
美国植物学权威的阿萨·格雷，后者根据卫三畏以及其他人提供的材料撰
写了关于日本植物情况的说明，收入美国政府 1856 年出版的三卷本佩里访
日报告的第二卷。[2]

　　由于格雷的报告影响深远，有研究者因此认为 19 世纪 50 年代卫三畏
和莫诺代表了美国人在日本最早的植物学考察活动。[3]实际情况并非如此，
因为在此之前卫三畏还有一次访问日本的经历，那是在 1837 年 7 月至 8 月，
为了送七名因船难漂流到澳门的日本水手回国，并借此与当时仍然闭关的
日本建立贸易关系，奥立芬的合伙人金查理（C. W. King）策划了这次行
动，卫三畏是参与者之一。他们乘坐的"马礼逊号"在江户湾口的浦贺以
及鹿儿岛两次准备登陆时均遭到日方炮击，整个行动以失败告终。[4]尽管
如此，卫三畏还是利用这次机会收集了一些沿途的植物标本，1838 年专门

〔1〕[清]罗森等：《早期日本游记五种》，湖南人民出版社 1983 年版，第 38 页。卫三畏能够这么做也是由
于罗森的帮助："这次我聘请了一位姓罗的教师来当我的助手，他学识渊博，也不抽鸦片。有了他的帮助，
我想我可以多腾出一些时间来进行学习和研究了。"参见 1854 年 1 月 11 日卫三畏日记，S. W. Williams, *A
Journal of the Perry Expedition to Japan 1853—1854*, p. 83。
〔2〕Asa Gray, "List of Dried Plants Collected in Japan, by S. Wells Williams, Esq., and Dr. James Morrow," in
*Narrative of the Expeditions of an American Squadron to the China Seas and Japan, Performed in the Years 1852, 1853
and 1854, under the Command of Commodore M. C. Perry, United States Navy, by Order of the Government of the United
States* (Washington DC: Government Printing Office, 1856）, Vol. 2, pp. 305-332.
〔3〕Stephen A. Spongberg, *A Reunion of Trees: The Discovery of Exotic Plants and Their Introduction into North
American and European Landscapes* (Cambridge MA: Harvard University Press, 1990), pp. 142-143.
〔4〕详见顾钧：《七个日本漂流民的故事》，载《博览群书》2012 年第 9 期，第 98-100 页。

写了一篇报告，发表在《中国丛报》第 6 卷第 9 期。根据他本人的记录，这次五十八天的旅程有四十八天是在海上度过的，上岸的机会很少，但他仍然利用有限的时间采集了尽可能多的植物标本。[1]

19 世纪 60 年代卫三畏移居北京后，对于植物学的兴趣丝毫未减，1867 年 2 月他在给朋友丹纳的信中写道："最近两年的夏天我一直忙于收集附近地区的植物，我把它们送给一位身在黄埔的德国人——韩士博士，他比任何人都更了解中国的植物。我帮助他发现了四个新的品种，以及其他很多稀有和有趣的品种。对于一个如此干旱和多岩石的地区来说，这附近的禾本科植物可谓相当丰富，并且表现出许多特点，但植被总的来说还是比较稀少。在别人的帮助下，我在三个夏天只找到了 300 种。当然我们的考察还不够细致，应该还会有进一步的发现。我收集这些植物也是为了教育我的孩子们，现在他们当中有一个已经开始学着对植物标本进行压制。当我早年在尤蒂卡和特洛伊漫步的时候，我当然不可能想到，有朝一日我会在北京附近的西山做同样的旅行。"[2] 这里提到的韩士（Henry F. Hance）不是德国人，是英国人，属于笔误。他长期担任英国驻黄埔的副领事，是 19 世纪最负盛名的在华植物学家，曾在欧洲顶尖的植物学杂志上发表 200 多篇学术论文。韩士不仅收集和制作植物标本，更通过自己建立的学术网络获取各种资源，建立了一个可以和欧洲专业研究机构媲美的私人植物标本室，在他 1886 年去世后，他收藏的两万两千多件不同的标本被卖给大英博物馆。韩士的联络范围不仅遍布中国，还远至美国。他在美国植物学界的友人之一就是卫三畏早年的老师，后来的哈佛教授阿萨·格雷。[3]

从上文韩士的例子可以看出，包括中国植物学在内的整个西方汉学在

---

[1] S. W. Williams, "Specimens of Natural History Collected on the Voyage", *The Chinese Repository*, Vol. 6, p. 406.

[2] S. W. Williams to J. Dana, 11 Febuary 1867. 顾钧、[日] 宫泽真一主编：《美国耶鲁大学图书馆藏卫三畏未刊往来书信集》（第 21 册），广西师范大学出版社 2012 年版，第 145—146 页。

[3] [美] 范发迪：《知识帝国：清代在华的英国博物学家》，袁剑译，中国人民大学出版社，第 84—88 页。

094

19 世纪逐渐形成了一个学术网络，卫三畏从一开始便置身于这一网络之中，既受益于它，同时也在不断地为它做出贡献。

第四节 《拾级大成》

《拾级大成》（*Easy Lessons in Chinese*）是卫三畏独立编写的第一部汉语教材，也是美国人在中国编印的第一本汉语教材，具有重要的历史意义。

卫三畏在"前言"中说："本书是为刚刚开始学习汉语的人编写的，读者对象不仅包括已经在华的外国人，也包括还在本国或正在来华途中的外国人。"[1]鸦片战争之前，外国人学习汉语的渠道有限，中国人的外语水平也很不理想。卫三畏曾专门写文章讨论过这一问题，根据他的研究，近代中外交往中的主要语言形态有两种：早期的澳门葡语和 18 世纪中期至 19 世纪初的广东英语。据史料记载，近代第一批来华的西方人是葡萄牙人，明嘉靖三十二年（1553 年）一些葡萄牙殖民者强行上岸租占了澳门。为了生活和做生意的需要，他们必须与当地人进行语言交流，由此产生了最早的中西混合语——"澳门葡语"。这种语言成为很长一段时间内广东沿海商业交往的通用语，早期来华的英国和其他国家商船必须依靠懂得澳门葡语的中国通事才能进行贸易。该语言"是葡语和汉语的大杂烩，它的用法和发音与真正的葡萄牙语相扯如此重大，以致刚从里斯本来的人几乎听不懂"[2]。此后取代澳门葡语地位的广东英语同样是一种"大杂烩"——英语和汉语的大杂烩。英国第一艘商船到达中国是在崇祯八年（1635 年），此后随着贸易量的不断增加，东印度公司于 1715 年建立了广州商馆，广东

〔1〕S. W. Williams, "Preface", *Easy Lessons in Chinese* (Macao, 1842), p. i.
〔2〕S. W. Williams, "Jargon Spoken at Canton", *The Chinese Repository*, Vol. 4, p. 431.

EASY LESSONS IN CHINESE:

OR

PROGRESSIVE EXERCISES

TO FACILITATE THE STUDY OF THAT LANGUAGE,

ESPECIALLY ADAPTED TO THE CANTON DIALECT.

By S. Wells Williams.

MACAO:
PRINTED AT THE OFFICE OF THE CHINESE REPOSITORY.
1842.

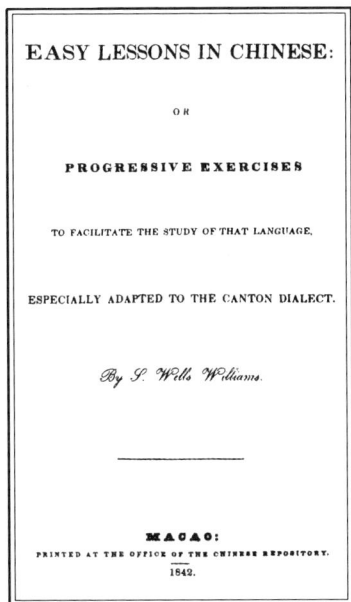

《拾级大成》英文书名页

道光辛丑年镌

拾級大成

咪唎坚卫三畏鉴定

香山書院梓行

《拾级大成》中文书名页

096

英语大致就于这一时期应运而生，此后这种语言伴随着英国在中西贸易中
地位的提升而不断扩大影响。作为英语的一种变体，广东英语在华南一带
流行，特别是在广州、澳门、香港等外国人较多的地区。这种中国式英语
的特点是句法简单、词汇量小（全部词汇不超过 700 个），发音用中文方
式，典型的广东英语如"希"（he）、"哥"（go）等。说这些语言的乃是
所谓的中国通事。广义的"通事"包括买办、掮客、职员、仆人等此类和
英国人打各种交道的中方人员。他们说的语言虽然蹩脚——常被称为"破
碎英语"（broken English）——却在中国沿海贸易中长期使用。造成这一
情况的原因，一方面是中方通事出身底层，无力也无心学习正规的英语，
另一方面则是外国商人因畏难而不愿意学习汉语，宁可学习这种洋泾浜英
语。于是出现了这样一种有趣的现象，刚到中国来的外国商人听不懂广东
英语，但为了做生意却不得不放下架子开始练习，并在与中国人的日常和
贸易交往中频繁使用。更有趣的是，为了帮助中国人学习这种洋泾浜英语，
有关教材应运而生。卫三畏曾专门写文章介绍 19 世纪初的教材如《红毛
通用番话》《华英通语》《夷音辑要》等，《红毛通用番话》虽然号称是最
早的洋泾浜英语字典（16 页，收字约 400 个），但整册不见一个英文符号，
所有词语均以繁体汉字与广东土语标音对应，比如汉字"一"标音为"温"
（即英语的 one）。这样的发音，无论是国人还是洋人，在未学习之前都感
到非常滑稽可笑。[1]

　　卫三畏等传教士来华之后，对于以广东英语为工具的交流方式深感不
满，于是努力学习汉语很自然地成为他们的首要任务。但由于历史环境的
限制，传教士们的学习既缺乏合格老师的指导，也没有专门的教材可以利
用，可谓困难重重。正如卫三畏在给亲友的信中所感叹的："我在语言学

〔1〕S. W. Williams, "Chinese Vocabularies", *The Chinese Repository*, Vol. 6, pp. 276-279.

习上进展缓慢，因为既没有书也没有时间。"[1]为了给后来者提供便利，不少传教士在自己掌握汉语后开始尝试编纂各类字典和教材，卫三畏是其中最为积极的一位。

1837年至1838年卫三畏参与了由裨治文主持编写的《广东方言中文文选》，[2]但参与了多少已经无法确切知道。裨治文在"前言"中说，卫三畏负责的是其中"有关博物学的章节，以及其他一些细小的部分和整个的索引"。[3]根据卫三畏本人和他的传记作者的说法则是一半，具体为"搜集成语加以翻译和选择现成的中文作品片段"。[4]该书的印刷工作也是由卫三畏完成的，其中第一部分内容在1837年夏"马礼逊号"日本之行回来后不久就开始了，此后一边编写一边印刷，最终于1841年5月面世。在此之前西方出版的所有汉语字典、词汇手册、语法书都是欧洲人的作品，《广东方言中文文选》的问世无疑具有开创性，为此纽约大学在1841年7月14日授予裨治文神学博士学位，[5]卫三畏可谓与有荣焉。

裨治文之所以要编写这本练习手册，是因为想学广东方言的外国人日渐增多，但自马礼逊的《广东省土话字汇》(*Vocabulary of the Canton Dialect*)于1828年问世以来，"一直没有好的工具书出版，对这一方言的忽视显然难以适应日益增长的中外交流所需"。[6]正如书名所显示的那样，《广东方言中文文选》以简易语句的形式提供练习，每页分三列，分列英

---

[1] F. W. Williams, *The Life and Letters of Samuel Wells Williams*, pp. 81–82.

[2] *Chinese Chrestomathy in the Canton Dialect*没有固定的中文译名，日本学者曾使用《广东语模范文章注释》《广东语句选》等译名，详见 Shen Guowei, "The Creation of Technical Terms in English-Chinese Dictionaries from the Nineteenth Century", Michael Lackner, et al. eds., *New Terms for New Ideas: Western Knowledge and Lexical Change in Late Imperial China* (Leiden: Brill, 2001), p. 289。

[3] E. C. Bridgman, "Introduction", *Chinese Chrestomathy in the Canton Dialect* (Macao, 1841), p. i；另外一位参加者罗伯聃(Robert Thom)负责第五、六两个章节，而马儒翰则对大部分初稿进行了审阅和修订。

[4] S. W. Williams, "S. Wells Williams, LL. D.", *The Chinese Recorder*, Vol. 20 (June 1889), p. 3; F. W. Williams, *The Life and Letters of Samuel Wells Williams*, p. 105.

[5] Alexander Wylie, *Memorials of Protestant Missionaries to the Chinese*, p. 68.

[6] E. C. Bridgman, "Introduction", *Chinese Chrestomathy in the Canton Dialect*, p. i. 马礼逊《广东省土话字汇》是第一本粤语字典，全书由三大部分构成，第一、二部分是一般词汇，第三部分是词组和短语。

文、中文及罗马字母拼音，并附注解。试举两例（注解从略）：[1]

例一：

英文	中文	罗马字母拼音
Please sit down.	请坐	Tsing tso.
Very well！	呀好	A ho.
I now think of learning to read, with what book shall I begin？	而家想学读书喺乜野书起呢	I ka seung hok tuk shu hai mat ye shu hi ni？
With the tree volumes in the large character.	三簿大字书起略	Sam po tai tsz shu hi lok.
Where are those volumes to be obtained?	边处有个的书呢	Pin chu yau ko tik shu ni？
At the bookseller's shop.	书铺就有唎	Shu po tsau yau le.
I beg you will buy a copy of them for me.	请你同我买一套	Tsing ni tung ngo mai yat to.
I will do so.	做得	Tso tak.

例二：

英文	中文	罗马字母拼音
A leaf is the first sprouting of the bud when yet tender.	蕙乃枝上初生至嫩之处	Un nai chi sheung cho shang chi nun chi chu.
The calyx is that which supports the flower's petals.	萼托花瓣者也	Ngok tok fa fan che ya.
A catkin is the silken flowers of a willow.	柳絮柳之丝也	Lau sui lau chi sz ya.

[1] E. C. Bridgman, *Chinese Chrestomathy in the Canton Dialect*, pp. 7−8, 436.

续表

英文	中文	罗马字母拼音
Corol is a general term for the petals of a flower.	葩花瓣总称也	Pa fa fan tsung ching ya.
A crotch of a branch is where it is divided.	桠枝之分岐处	A chi chi fan ki chu.
A culm is the erect stem of a grass.	茎草之正干也	King tso chi ching kon ya.

　　上述第一段对话选自第一篇第二章《习言》，例二引文出自第十四篇第一章《草木百体》，后者应该是卫三畏提供的。全书共分十七篇，分别是：（1）习唐话；（2）身体；（3）亲谊；（4）人品；（5）日用；（6）贸易；（7）工艺；（8）工匠务；（9）耕农；（10）六艺；（11）数学；（12）地理志；（13）石论；（14）草木；（15）牛物；（16）医学；（17）王制。可见作者的意图不仅在帮助学习者学习粤语口语，也在为他们提供有关中国的各类信息，将语言的学习和知识的学习结合起来。

　　值得注意的是，裨治文不仅关注日常生活中的用语，也有意引入中国典籍中的内容。例如《人品》篇最初的一组词汇是这样的：

英文	中文	罗马字母拼音
Confucius is the chief of sages.	至圣孔子	Chi shing Hung tsz.
The maxims of the sages are wide spreading as the ocean.	圣谟洋洋	Shing mo yeung yeung..
The doctrines of the sages are profound as the abyss.	圣道渊源	Shing to un yun.
The virtue of the sages is lofty and sublime.	圣德巍巍	Shing tak ngai ngai.
The sages teach mankind.	圣人教人	Shing yan kau yan.

裨治文在脚注里强调，"圣"是中国文化的重要概念，"一般表示最高级别，但含义丰富，所以最好要根据上下文的语境来仔细鉴别"。确实，"圣"除了表示儒家道德高尚的理想人物，也可以指称帝王或其他受到崇拜的事物。为了清晰地说明这一点，裨治文摘录了中文典籍和注疏本中多个关于"圣"的短语，除了上述五例，他还列举了"先圣尧舜禹汤""后圣文武周公""大而化之之谓圣"等例句。[1] 裨治文的这一做法影响了卫三畏。尽管此后他编写的教材和字典主要面向汉语初学者，以通俗易懂的内容为主，但总是注意将中国经典文本有机地纳入其中。

尽管给学习广东话的外国人提供了很多帮助，《广东方言中文文选》毕竟只是一种方言阅读文献，大八开本、693 页的部头使它不仅价格偏高，使用起来也不太方便，所以读者的需求量有限。对于急需掌握中文的传教士和其他西方人来说，一本适合初学的入门课本更符合他们的期待。卫三畏从一开始就意识到了这一点，在参编《广东方言中文文选》的同时，已经筹划自编一部简易中文教材。

鸦片战争前，外国人学汉语的环境很不理想，但到卫三畏编写《拾级大成》时，情况已经开始发生变化。1842 年简单实用的《拾级大成》（八开本、287 页）的适时出版满足了时代和人们的需要。这一年距卫三畏来华只有八年。该书中文书名页的内容是"咪唎坚卫三畏鉴定，《拾级大成》，香山书院梓行，道光辛丑年镌"；英文书名页的内容是"Easy Lessons in Chinese: or Progressive Exercises to Facilitate the Study of That Language, Especially Adapted to the Canton Dialect, by S. Wells Williams, Macao: Printed at the Office of the Chinese Repository, 1842"。卫三畏在"前言"中指出，学习汉语好比爬台阶，需要一级一级往上走，本书就是为学习者铺好的台阶，只要自下而上，由易而难，就一定能够获得成功，这也

---

[1] E. C. Bridgman, *Chinese Chrestomathy in the Canton Dialect*, pp.109–110.

是他将该书的汉语名称定为《拾级大成》的原因。

　　《拾级大成》的英文书名直译是"中文简易教程"，似乎对汉语学习者只起到入门、开端的作用，但实际内容涵盖面很广，具有一定的完整性和系统性，对汉语学习的各个方面均有所涉及。全书共分为十个章节，下面先做一简要介绍。

　　（一）汉字部首（Of the radicals）。内容主要包括：介绍学习汉语的方法；解释"部首"并说明其用法；《康熙字典》中 214 个部首的发音、含义及说明；一篇用来掌握部首的汉语歌诀。

　　（二）汉字字根（Of the primitives）。内容主要包括：解释"字根"的含义；字根的数目；字根的分类；用部首和字根构字的方法；构字举例；关于构字法规则的说明。

　　（三）阅读与书写（Of reading and writing）。内容主要包括：阅读汉语的方法；"四声"的解释和示例；中文书籍中的标点符号；广州方言发音和声调表；握笔法；汉字的笔画；临摹练习。

　　（四）阅读练习（Lesson in reading）。内容主要是从《三国演义》中选取了 91 个句子，分别对句中的汉字进行注音、释义，并对整句进行解释。

　　（五）对话练习（Exercises in conversation）。内容分为三个部分：与教师的对话；与买办的对话；与侍者的对话。

　　（六）文选阅读（Selections for reading）。所选 11 篇文章中前 9 篇来自清代学者蓝鼎元（号鹿洲）的《鹿洲女学》，后两篇来自《聊斋志异》，每个汉字下方都注有广州方言发音和英译。

　　（七）量词（The classifiers）。内容主要包括：对"量词"的解释；详细介绍 28 个常用量词的使用方法；42 组非常用量词的使用范例。

　　（八）汉译英练习（Exercises in translating）。共 12 篇文章，其中 2 篇选自《三国演义》，5 篇选自《聊斋志异》，1 篇选自《圣谕广训》，3 篇选自《三字经》，1 篇选自《孟子》。

（九）英译汉练习（Exercises in translating into Chinese）。主要内容包括：99 对意思相反的汉字的注音、释义、举例；将《三国演义》《玉娇梨》中一些已经译为英语的中文短句回译成中文；73 句英译汉练习。

（十）阅读和翻译选读（Lessons in reading and translating）。内容分为两个部分。第一部分是按照中文格式竖体书写的家信、请柬、布告、奏表、诏书等应用文性质的文章，附有英文翻译；第二部分是无英译的中文文选作为泛读材料，内容包括《三国演义》《玉娇梨》《子不语》《圣谕广训》片段，以及《聊斋志异》中的故事《鸲鹆》《黑兽》《牛飞》《橘树》《义鼠》《象》《赵城虎》《鸿》《牧竖》。

从以上的介绍可以看出，卫三畏在章节安排上是费了一番心思的。第一、二章讲解汉字，介绍汉字构件——部首和字根。作者对这部分相当重视，在"前言"中予以特别强调，称之为学习汉语的首要任务。理由大致有如下三点：第一，部首和字根是汉字的主要构件。第二，这些构件与汉字的意义紧密关联。第三，这是查字典的前提。第三章头绪较多，包含了对汉语声调、元音和辅音的介绍；关于标点符号的使用说明；握毛笔的方法及点、横、竖、钩、挑、拂、撇、捺等基本笔画的写法。这一部分可以理解为在让学生"开口说"和"动笔写"之前的准备。此外关于汉语的发音，卫三畏介绍了平、上、去、入四个声调以及他根据广东话的发音整理出的单元音、二合元音和辅音表。对具体发音方法的解释则是借助英语（英语不足以说明时也借用了法语）中与之相近的音来实现。如果说前三章主要是介绍性的文字，那么从第四章开始即引导学生进入实际的语言学习。第四章"阅读练习"和第六章"文选阅读"大致起到今天语言教学中"精读课"的作用。第六章从"句"扩展到了"段"，格式体例与第四章相同，学习材料选自《鹿洲女学》等中文文献。按照卫三畏的要求，学习者对每一个汉字的音、形、义都应该熟记于心，要做到遮住汉字时，能根据读音写出汉字；遮住读音，能流利地朗读；或者只看英文，就能回忆起汉语的表达。第五章"对话练习"可视为与第四、第六章书面材料相平行的口语材料的阅读和记忆。本章通过师生对话、客商对话、主仆对话力图使学习者掌握一些日常用语，达到交际的目的，并且体会汉语句子的建构规则，培养生成新句子的能力，尤其强调摆脱英语的表达习惯对汉语学习的影响。第七章专门讲量词，这是西方人学汉语的一个难点。从第八章到第十章都是翻译练习，不同的练习方式，侧重点和学习目标也不一样。第八、第九章主要是加强学生对于汉语表达习惯和语法结构的了解，而第十章则有意帮助学习者掌握一些应用文的格式和写法。[1]

作为最早来华的美国传教士之一，卫三畏主要通过字典来学习汉语，费时费力。为了避免后来者重蹈覆辙，他立志编写适合初学者的教材，这就使得《拾级大成》具有明显的"课本"色彩，主要体现在三个方面：汉字教学、阅读教学、量词教学。下面予以详细论述。

（一）汉字教学

汉字一直是对外汉语教学中的重点、难点，西方人往往花费大量时间精力却收效甚微。卫三畏深刻认识到汉字的重要性，所以将汉字教学摆在了整本教材的首要位置。第一章"部首"尤其是卫三畏着意的重点。部首的创立最初是许慎的重大创造。而 214 个部首的确立却是明人梅膺祚的功劳，在其所著的《字汇》一书（成于万历四十三年即 1615 年）中，他将《说文解字》540 部与《篇海》444 部合并为 214 个部首以后，还将部首"以字画之多寡循序列之"，每个部首中的字也按照笔画多少排列。所有这些都被后来的《康熙字典》完全继承。[2]《康熙字典》是中国近代影响最大的字书，也是传教士最常使用的工具书。卫三畏在这一章中按照笔画顺序详细解说了 214 个部首。讲解方式如下：

---

[1] 江莉、王澧华：《〈拾级大成〉：美国人在中国编印的第一本汉语教材》，载《语言研究集刊》（第七辑），第 317-322 页。本节论述参考了该文。
[2] 王力：《中国语言学史》，山西人民出版社 1981 年版，第 105 页。

104

30　口　Hau. The mouth, an opening, speech, utterance; an embouchure. 1047.—128.

This radical is usually placed on the left side, but there are many exceptions. The group is for the most part a natural one, voice, clamor, words, names, & c., or some action of the mouth, being the idea in most of the characters; many of them are attempts to express the sense of words by imitating their sounds. This radical is placed on the side of characters to denote that their sound merely is to be taken, irrespective of their signification, as when writing the sounds of a word from another language, euphonic particles, & c. [1]

这里"30"是序号,"口"是要讲解的部首,"Hau"是这个部首在广东话里的发音。"1047"指的是在《康熙字典》中部首"口"下含有多少个汉字,"128"指的是这 1047 个字中有 128 个是常用字。说明文字部分首先列举"口"的意义:人体器官"嘴";缺口、口子;语言的发声。后面的文字则指出"口"部在构字时一般位于左边,构成的字常常与声音或嘴的动作有关,常用来构成拟声字等。

又如对"厂"部的介绍:

27　厂　Hon. C. An overhanging hill, a shelter. 128.—8.

Somewhat of the idea of overhanging, protecting, or sheltering, runs through many of the characters under this radical; its position is uniformly on the left side, covering all the other strokes; it is often

---

〔1〕 S. W. Williams, *Easy Lessons in Chinese*, p. 7.

interchanged with im (No. 53)[1]

根据解释，"厂"的语义与覆盖、保护、遮蔽相关，构字时总是放在左边，并且常常可以和 53 号部首"广"通用。与上一个例子相比，对这个部首的介绍多了一项，就是在注音"Hon"后面的"C"。这是为了说明"厂"几乎不作为一个单独的汉字来使用。

"C"还有另外一种意思，这时它被放在部首后面，如：

85　水 C.　氵 Shui. Water, tide, the tide; one of the five elements; stream. 1586.—148

Some reference, directly of figuratively, to water, its properties and uses, collections of water, & c., characterizes nearly all the words under this radical; it is, except in a very few cases, placed on the left side in the contracted form, which is commonly called sam tim shui 三点水 three dotted water.[2]

这里"C"表示当这个字作为部首构字时，一般会用简化形式，即 contracted form。具体到"水"，就是用"氵"。

值得注意的是，卫三畏这里对常用字数目的标示，即"口"部 128 个、"厂"部 8 个、"水"部 148 个，不是随意的估测，而是根据英国传教士戴尔的统计。戴尔在马六甲英华书院铸造了 1845 个汉字字模，并以《三国演义》为语料，通过较为精确的统计总结出汉语的常用字数。卫三畏在"前言"中指出，语料的选择对常用字数目的统计结果影响很大，如果换

〔1〕S. W. Williams, *Easy Lessons in Chinese*, p. 7.

〔2〕S. W. Williams, *Easy Lessons in Chinese*, p. 14.

成《本草纲目》，那么"木"部和"艹"部下的数目将会成倍增加。这些都显示了他对汉字学习的重视和严谨的编写态度。

卫三畏不但对每个部首做了详细讲解，还利用部首表示的意义，把所有的部首进行排列组合，形成一些有意义的句子，并在旁边附上英语翻译，帮助学习者进行记忆。如：

Insects destroy the fragrant herbage.

虫殳香艹

The worms crawl on the dun colored hemp.

豸辵玄麻

The five ('ng) are metal, wood, water, fire and earth.

五行金木水火土

The five colors are azure, carnation, white, black and yellow.

五色青赤白黑黄[1]

卫三畏共编出这样的短句 51 句，囊括了所有的部首。当然，为了成句也夹杂了极少数非部首的合体字，如"五行金木水火土"中的"五"，对于这样的情况，英文部分都在相应的字后面标上了汉语读音。

第二章的英文标题是"Of the primitive"，据开篇"题解"，"primitive"指的是那些既可以独立成字，也可以与部首组合成字的汉字，如"侗""楼"中的"同""娄"。这类字在与别的构件组合而成的汉字中常常作为表音的成分，因此不妨叫作"声旁"。但是卫三畏认为，这类字与别的构件组合后完全失去原来读音的情况也不少，如"略""路"中的"各"，因此称它们为"primitive"更合适，我们用"字根"来与之对

---

〔1〕S. W. Williams, *Easy Lessons in Chinese*, pp. 30–31.

应分段。卫三畏将汉语的"字根"分为五类：第一类是将 214 个部首用作字根。这意味着如果某一个汉字由两个部首构成，其中表音而不表意的那个部首即被看成字根。如"坊""柏"中的"方""白"。第二类是部首加上某个不表示任何意义的构件组成的字根。如"弗"是由部首"弓"加上"丿"和"丨"组成。它又可以和别的构件组合成新的汉字，如"费"。"由""申""甲"都是把部首"田"中间的一竖拉长而来，它们作为字根又可以分别再生成三四十个汉字。第三类是由两个部首构成的字根，其中一个部首可以只有一笔，如"必"是由"心"和"丿"构成，甚至两个部首都只有一笔，如"丁"，此外就是部首重叠构成的字根，如"林""多""朋""炎"等。这类字根比较容易记忆。看作独立汉字时，它们都是汉语中的常用字。第四类是由三到四个部首组成的字根，如"合"是由"人""一""口"组成。把它们看作字根是因为如果去掉任何一部分，剩下的部分都不成为独立的汉字，而它们本身可以和别的构件组成新的汉字。卫三畏把"惢""毳"等由同一个部首书写三遍构成的字根也归入这一类。这类字根与其他几类相比数量非常少。第五类字根本身就是合体字。把它们称作"字根"是因为它们又能和某个部首结合组成新字，比如"易"中的"勿"本身就是字根，和部首"日"构成"易"后，又可以和别的部首构成"踢"等新字。卫三畏认为记忆这类汉字的窍门是分析构字的组成部分，例如通过"歪"字由"不"和"正"构成，可以很容易地记住这个字的意思是"不正""斜"。

在介绍完五类字根后，卫三畏以字根"可"和"奇"与其他各部首的组合为例，证明在由字根和部首组成的字中，部首对字义有重大影响，而字根在很大程度上决定了字的读音。换句话说，部首成为表示字义类属的"形旁"，字根成为表音的"声旁"。并且指出，《拾级大成》是根据广东方言注音的，在官话中字根对汉字读音的影响体现得更为明显。

汉字中的"字根"，卫三畏认定有 3867 个，这些字根的构字能力不完全相同，经常出现的有 1689 个。这 1689 个字根与别的汉字构件组合而成的汉字占到了汉字总量的六分之五。如果需要表达新的事物，汉语如何应对呢？卫三畏在本章最后特别说明了字根与别的构件组合生成新字的方式。他认为一般是从常用字中选择一个和需要指称的事物发音相同的字，再把它和一个能表示该物某一特征的符号结合起来。比如"玛瑙"这一事物，要发明象形字来准确地描绘这种物品是不可能的，于是用表示珍宝的符号"王"和发音为"ma nao"的字根结合起来，形成了表示该事物的汉字。

（二）阅读教学

出于帮助人们学习粤语的目的，《广东方言中文文选》偏重于说的练习，而我们从上文可以看到，《拾级大成》更侧重读、译的练习，显然是为了和《广东方言中文文选》互补。

第四章"阅读练习"和第六章"文选阅读"大致起到今天语言教学中"精读课"的作用。第四章从《三国演义》中选取了 91 个句子作为学习的内容，句子有长有短，短的如"吕布无义之人不可信也"（第 1 句）、"操拜许褚为都尉赏赐甚厚"（第 91 句）；长的如："王允大呼曰：'反贼至此，武士何在？'两旁转出百余人，持戟挺槊刺之。卓裹甲不入，伤臂坠车。"（第 66 句）、"建宁二年四月望日，帝御温德殿。方升座，殿角狂风骤起。只见一条大青蛇，从梁上飞将下来，蟠于椅上。帝惊倒，左右急救入宫，百官俱奔避。须臾，蛇不见了。忽然大雷大雨，加以冰雹，落到半夜方止，坏却房屋无数。"（第 72 句）[1]

卫三畏的编排是先给出中文，然后是拼音，接着是逐字的英译，最后是符合英语习惯的翻译。如第 11 句：

其人身长七尺面黄睛赤形容古怪

---

〔1〕S. W. Williams, *Easy Lessons in Chinese*, pp.62–78.

Ki yan shan cheung tsat chik min wong tsing chik ying yung ku kuai

This man's body length seven cubits face yellow pupil reddish form appearance odd wild

This man was seven cubits tall, his face yellow, his pupil reddish, and his whole appearance very remarkable. [1]

这是描写孙策的副将陈武，见于《三国演义》第十五回。又如第 61 句：

布拔带刀刺臂出血为誓

Po pat tai to tsz pi chui hut wai shai

Po drew belt sword pricked arm drew blood for oath

Po, drawing his belt sword, pricked blood from his arm to declare his oath. [2]

这是描写在王允使用反间计后吕布决心杀死董卓，出自《三国演义》第九回《除暴凶吕布助司徒，犯长安李傕听贾诩》。《拾级大成》第四章中的练习都是单句，且全部来自《三国演义》，而到了第六章，虽然同样也是阅读练习，但给出的却是成段的文字，分别选自《鹿洲女学》《东园杂字》《聊斋志异》。这显示了卫三畏由易而难、逐级提升的编写宗旨。翻译练习的安排也是如此，从字句的翻译到成段的翻译，从提供参考译文到最后不再提供参考译文。如果像卫三畏所设想的那样，一个学习者通过

---

〔1〕S. W. Williams, *Easy Lessons in Chinese*, p. 63.

〔2〕S. W. Williams, *Easy Lessons in Chinese*, p. 70.

110

前面的操练最终能够完成书末成段的中译英练习（选自《聊斋》《子不语》《玉娇梨》《圣谕广训》《劝世良言》），那么他确实可以说已经"大成"了。

卫三畏这种讲解语法，配以简单实用练习的设计对于汉语学习来说是很新颖的，但并非无所借鉴。它参考的是 19 世纪欧洲语言教学界流行的语法翻译法（Grammar-Translation Method），其代表人物是德国学者弗兰兹·安（Franz Ahn）和海恩里希·奥伦多夫（Heinrich Ollendorff）。这一教学法的特点是以语法为本位，以翻译为手段。后来英国外交官汉学家威妥玛在编写著名的汉语教材《语言自迩集》（初版四卷本出版于 1867 年，再版三卷本出版于 1886 年）时也参考了这一方法。卫三畏可以说是将语法翻译法运用到汉语教学的先驱。

（三）量词教学

裨治文评论《拾级大成》时指出，关于量词的第七章"在全书中最值得称道"，因为"这个问题此前没有受到应有的关注"。[1]确实，在西方语言中没有量词这个概念。所以中国人习以为常的量词却让外国人掌握起来困难重重。卫三畏根据自己的切身体会，在《拾级大成》中指出学习量词的困难和必要性，是难能可贵的。他用"classifier"来对应"量词"这个概念："它们通常用来指称某一类有共同特性的事物，如大小、用途、材料、形状等。"[2]这基本抓住了量词的特征。关于汉语在名词前使用量词的原因，卫三畏强调是为了起到区别同音名词的作用，并且指出，某个汉字作量词的用法一般是后起的，是从形容词或名词的意义演化而来的。

卫三畏认为这类词和英文中的 piece, sail, member, gust, sheet 等词相似，但比这些词用得远为广泛，特别在口语中更是如此，应该熟练掌握。他在

〔1〕E. C. Bridgman, "Review: *Easy Lessons in Chinese*", *The Chinese Repository*, Vol. 14, p. 346.
〔2〕S. W. Williams, *Easy Lessons in Chinese*, p. 123.

《拾级大成》中列出了 28 个常用的汉语量词：个、只、对、双、把、张、枝、条、间、座、度、幅、阵、粒、场、队、群、筐、副、件、块、缕、行、架、朵、片、席、团。对其中每一个量词他都首先给出简要的使用说明，然后是大量的用法举例，以"对"为例：

> Tui 对 is applied to such things as are found in pairs, as hands, eyes, shoes, bracelets, &c. Its proper meaning is opposite or to oppose, to correspond, a pair &c., and hence its application to classify such things as occur in couplets.
>
> Light a pair of candles. | Tim cheuk yat tui lap chuk.
> ......[1]

再看"张"这个常用量词：

> Cheung means to spread out, to extend, & c., and is joined to such things as are extended, whose thickness bears a very small proportion to their surfaces; also to advertisements, edicts, & c., which are to be proclaimed abroad.
>
> Give me three sheets of paper. | Pi sam cheung chi kwo ugo.
> ......[2]

不难发现，卫三畏举例时并非简单地给出"数量 + 名词"的短语，而是整句，对应的中文只给出了拼音，而不是汉字。卫三畏在本章开篇指

---

[1] S. W. Williams, *Easy Lessons in Chinese*, p. 127.
[2] S. W. Williams, *Easy Lessons in Chinese*, p. 130.

出，这样做是因为在第四、五、六章中，学习者已经掌握了一定数量的汉字，对汉语的句法和表达习惯也有了一定的了解。本章如此设计是为了让学生在学习量词用法的同时，复习巩固前面学过的汉字和表达方法。如上面"对""张"的例子，学生可以根据英文和拼音自己写出句子"点起一对蜡烛""给我三张纸"。另外卫三畏还注意到了量词之间的联系与差异，在"对"后面列出量词"双"，指出两者在很多情况下可以互换，但有时又不可以，其间意思和用法的差异需要通过仔细观察（by observation）来体会。

在 28 个常用量词之后，卫三畏还介绍了 42 个不常用的量词，如"一封信"的"封"、"一刀纸"的"刀"。每个量词举一到两个例子予以说明，例句则直接给出汉字形式。如量词"方"：

A cake of ink has six sides.

一方墨有六面。

又如"炷"：

At early morning reverently to arrange a cluster of incense sticks.

清早诚心装一炷香。[1]

值得注意的是，由于《拾级大成》是依据广东方言编写的，有的量词在当时的官话中并未出现，如"一脱衣服"的"脱"。裨治文的堂弟裨雅各 1847 年把马若瑟《汉语札记》译成英文时，曾特别指出该书对量词的

---

[1] S. W. Williams, *Easy Lessons in Chinese*, pp. 144−145.

讨论过于简单，且有错误，"要想得到更详细的叙述，可以看《拾级大成》一书的第七章"。[1]他对卫三畏量词教学的充分肯定由此不难看出。《汉语札记》(*Notitia Linguae Sinicae*)是法国耶稣会士马若瑟的代表作，也被西方汉学界视为来华耶稣会士汉语研究的最重要贡献，但该书对量词的论述很不充分，此后出版的汉语教材同样如此。卫三畏在《拾级大成》中设专章讨论量词，是明显的进步。

《拾级大成》出版后反响良好，《广州纪事报》和《广州周报》(*Canton Press*)的编辑在他们的报纸上撰文，向读者大力推荐这部教材。[2]但毋庸讳言，《拾级大成》也存在一些问题。卫三畏重视字的教学，但在词汇教学方面做得略显不足，特别是对一些成语的解释不够到位。《拾级大成》中对课文的解释方式不同，总的来说是由"直译 + 意译"逐渐过渡到"意译"。而无论哪一种解释方式都忽略了一个问题——没有对句中某一个词汇或成语进行单独解释，尤其是在中文没有标点符号，外国人很难分辨在何处停顿的情况下，这一问题就显得更加突出。如第四章第十句"先生此去天各一方未知相会却于何日"，其中有一个成语"天各一方"，但卫三畏只是对"天""各""一""方"逐字做了英文翻译，没有作为一个整体做出解释。尽管存在一些问题，《拾级大成》作为美国人编写的第一部真正意义上的汉语教材，意义重大。它非常及时地满足了鸦片战争后日渐增多的来华人士的汉语学习要求，比后来颇为流行的汉语课本——威妥玛的《语言自迩集》早面世长达二十五年。它的出现给以后的教材编写奠定了基础，也给后来的编写者扬长避短提供了重要参考。

---

[1] 张西平等：《西方人早期汉语学习史调查》，中国大百科全书出版社 2003 年版，第 243 页。《汉语札记》虽然 1728 年就已完稿，但由于种种原因迟迟未能出版，直到 19 世纪上半叶，通过马礼逊及马六甲英华书院数年的努力，终于在 1831 年正式出版了拉丁文版。裨雅各 1844 年来华后，应堂兄裨治文的请求，开始着手翻译《汉语札记》，历时三年，一直到 1847 年 4 月终于完成了这项艰巨的工作。详见李真：《〈汉语札记〉英译本研究》，载《国际汉学》第 26 辑（2014），第 111–112 页。

[2] *"Easy Lessons in Chinese* by S. W. Williams"，*The Chinese Repository*, Vol. 11, p. 389.

114

卫三畏把自己的第一本著作献给了奥立芬——"这位为中国福祉而竭尽全力、坚定且慷慨的朋友"（The steady and munificent friend of all efforts for the good of China）。奥氏 1820 年作为纽约商人托马斯·史密斯（Thomas H. Smith）的代理被派驻中国，1827 年史密斯的商行倒闭后，他成立了自己的公司，即"同孚行"（Olyphant & Company）。前一章已经提到，正是奥立芬本人所属的纽约市布立克街长老会赠送的印刷机带来了卫三畏前来中国的契机，而卫三畏也是免费搭乘奥立芬的商船才最终来到了广州。

奥立芬热心传教事业，不仅是促使美部会派遣传教士来华的关键人物，而且多次提供传教士免费搭乘商船的便利。正如卫三畏在一封信中所说："美国的对华传教工作是根据奥立芬先生的建议于 1829 年开始的。他支持鼓励这项事业，尽管当时它的费用惊人、前景黯淡。他和合伙人为传教团在广州提供了一间房子，十三年没有收一分钱租金。他所属的一家纽约教会在他的建议下于 1832 年送来了整套印刷设备（用一位去世的牧师布鲁恩的名字命名）。当《中国丛报》创办的时候，他主动提出承担失败的风险，为此还腾出一间办公室，让我们一直使用了二十四年。他公司的船只为往返中国的传教士及其家属提供了五十一人次的免费航程。"[1]另外还有一点卫三畏信中没有提及——奥立芬反对鸦片贸易。同孚行是早期在华的美国三大公司之一，也是唯一没有从事鸦片贸易的公司。奥立芬不仅洁身自好，而且长期呼吁其他商人放弃这一伤天害理的生意。更为难得的是，他还在 1836 年捐出 100 英镑，征求研究鸦片问题的优秀论文，引起了舆论的普遍关注。在为征文写给《中国丛报》的长信中奥立芬指出，发起此活动的原因之一是不能容忍英国鸦片贩子将鸦片粉饰成"无害的奢侈品"，他认为对于有道德感的基督徒来说，在鸦片贸易问题上"洗手不干"

---

〔1〕F. W. Williams, *The Life and Letters of Samuel Wells Williams*, p. 78.

是远远不够的，还应该"通过正当手段阻止这一邪恶"。因此，他希望有人能对鸦片贸易的政治、经济和道德后果做出透彻的研究。[1]征文的提议得到了积极的回应，卫三畏等人在《中国丛报》上纷纷撰文，检讨和谴责鸦片贸易，对美国政府最终采取禁烟政策产生了积极的影响。

奥立芬是虔诚的基督徒，他在广州的住所美国夷馆一号经常作为举行祈祷的场所，并因此被朋友们戏称为"天堂一角"（Zion's Corner）。[2]1851年奥立芬返回美国途中去世，卫三畏将自己次年出生的儿子（第三个孩子）取名为奥立芬，以志纪念。

在《拾级大成》出版两年后，卫三畏又推出了另一部汉语学习工具书《英华韵府历阶》。该书中文书名页内容如下："卫三畏鉴定，《英华韵府历阶》，香山书院梓行，道光癸卯年镌"；英文书名页内容如下："Ying Hwa Yun-fu Lih-kiai，An English and Chinese Vocabulary, in the court dialect，by S. Wells Williams, Macao: printed at the office of the Chinese Repository, 1844"。这是一部英汉词汇手册，按照英语字母顺序依次列出单词和词组，并给出中文的解释和官话注音，如：

> Common 平常的 ping shang ti；粗糙 tsu tsau
>
> Common custom 常规 chang kwei
>
> Common use 通用 tung yung
>
> Commonality 愚民 yu min；常人 chang jin
>
> Commoner 凡夫 fan fu
>
> Commonly 常时 chang shi
>
> Common-Place 常谈 chang tan[3]

---

[1] D. W. C. Olyphant, "Premium for an Essay on the Opium Trade", *The Chinese Repository*, Vol. 5, pp. 413–418.

[2] William Hunter, *Bits of Old China*, pp. 166–169.

[3] S. W. Williams, *An English and Chinese Vocabulary* (Macao, 1844), p. 41.

　　之所以用官话注音，是为了适应中国内地已经逐渐开放的形势，方便外国人到新开放的口岸与当地人交流。实际上，即使是在广东本地，遇到从北方来的不懂粤语的人同样会产生交流的问题。1844 年中美《望厦条约》谈判时双方的沟通就相当困难。担任翻译的裨治文和伯驾都只会讲粤语，不通官话，因此很难向清廷代表耆英表达他们的意见。无奈之下，曾为行商的广州本地人潘仕成负责将传教士们不太熟练的粤语翻译成官话，再传达给其他不通粤语的谈判官员。[1]

　　卫三畏在《英华韵府历阶》"序言"中写道："本书原计划继承马礼逊博士所著之《广东省土话字汇》，我的编写也是在该书售罄之后才开始的。然而由于现在外国人可以进入广东以外的地区，而在这些地区粤语并不通行，我于是加以调整，采用了全国通用的语言，辅以一些特别适用于南方的材料。"[2]从这段话可以知道，卫三畏原计划是将《英华韵府历阶》作为《广东省土话字汇》的续篇，但在编写过程中意识到新形势的需要，于是将之改作以官话标音的英汉词汇手册。但《英华韵府历阶》既然是继承《广东省土话字汇》，"序言"中又提到"特别适用于南方的材料"，因此该书虽以官话标音，但收录的与英语对应的汉语字词并非全国通用，实际上不少只适用于粤语地区。如：

　　　　Brandy 罢吓地酒 pa lan ti tsiu

　　　　Champaign 三变酒 san pien tsiu

　　　　Chocolate 知古辣 chi ku lah

　　　　Coffee 架啡 kia fi

　　　　Colic 搅肠沙 kiau chang sha

〔1〕[美] 雷孜智：《千禧年的感召——美国第一位来华新教传教士裨治文传》，尹文涓译，广西师范大学出版社 2007 年版，第 198 页。
〔2〕S. W. Williams, "Preface", *An English and Chinese Vocabulary*, p. i.

Crossed-grained 扭纹 niu wan

Edge up 移埋 i mai

Frigid 心淡 sin tan

Pilau 波啰饭 po lo fan

Pudding 布颠 pu tien [1]

从这些具有鲜明广东地方色彩的词汇不难看出，相对官话而言，卫三畏当时对粤语的掌握应该是更为娴熟的，所以在编写学习汉语工具书时难免对粤语有所侧重。这在《英华韵府历阶》之前两年出版的《拾级大成》中看得更为清楚。卫三畏在"序言"中称该书的"前四章以及第六、八、九章包含很少甚至完全没有本地的资料，适用于学习广州以外的语言"。[2]确实，这几章的内容与方言无涉，因为主要是介绍部首、字根、读写以及取材自《三国演义》《聊斋志异》的阅读和翻译练习。但是出现在这几章的字、词、句则全以粤语标音。至于第五章的"对话练习"和第七章的"量词"更是完全如此。可见，《拾级大成》虽然是一本优秀的汉语入门教材，但读者却无法依赖它来学习官话。《英华韵府历阶》尽管还不能算是纯粹的官话词典，但官话色彩要比《拾级大成》浓厚很多。卫三畏编写这部词典是为了进一步实现《拾级大成》的目标，方便外国人在新开放的港口与当地人交流。显然，在所有这些港口，官话是官员和受过教育的人说的语言。"造成中国人和外国人之间互相憎恶和摩擦的原因是他们无法理解对方的语言和愿望"——这是卫三畏一再强调的观点。[3] 既然中国的大门已经打开，他更有理由努力消除这种由于无知而造成的恶果。

---

〔1〕S. W. Williams, *An English and Chinese Vocabulary*, pp. 19, 31, 34, 39, 40, 56, 81, 115, 210, 224. 更多的例子以及关于粤语问题的详细讨论，参见程美宝《粤词官音——卫三畏〈英华韵府历阶〉的过渡性质》，载《史林》2010 年第 6 期，第 91~97 页。

〔2〕S. W. Williams, "Preface", *Easy Lessons in Chinese*, p. i.

〔3〕S. W. Williams, "Preface", *An English and Chinese Vocabulary*, p. ii.

　　由于广东、福建仍然是当时传教士和其他外国人活动的主要区域，所以在《英华韵府历阶》书后的索引中，除了官话注音，卫三畏还给出了该词汇表中出现的所有汉字（按照214个部首排列）的广州话和厦门话注音。《英华韵府历阶》可以看作马礼逊《广东省土话字汇》之后一次新的尝试，马礼逊的词汇手册出版于1828年，早已绝版，鉴于这一情况，卫三畏编写了这本工具书。1846年3月，裨治文在《中国丛报》第15卷撰文推荐该书，"对于在中国的每一个西方人，无论住在广州还是北方的口岸，这都是应该一直备在手头的图书。"[1]

　　卫三畏本来想把《英华韵府历阶》献给马儒翰，因为自从他来到中国之后，马儒翰只要时间允许，总是热情地在汉语学习方面给予他指点，而且马儒翰"也一直在为使汉语更容易掌握而努力着"。[2]作为第一位来华传教士马礼逊的儿子，马儒翰在学习汉语方面具有许多得天独厚的条件，他1814年4月出生于澳门，从小就对中国的环境很熟悉，除了家学渊源，他还曾在马六甲的英华书院专心学习过三年（1827—1830），他的老师柯大卫，还有后来成为英国第一位汉学教授的吉德均是汉语方面的专家。1830年6月，马儒翰回到广州后进入东印度公司担任翻译，马礼逊去世后他接替了父亲的职位（英国驻华商务监督中文秘书兼翻译），后来参加了第一次鸦片战争期间的一系列谈判。马儒翰的汉语造诣不在父亲之下，"在某些方面比他的父亲更胜任翻译和智囊的工作"，但英年早逝（1843年8月），使卫三畏失去了一个可以经常请教的朋友。"每当我想起他，心中总是涌起一种难以名状的尊敬和喜爱"，卫三畏这样回忆道。[3]

　　通过编写教材和词汇手册，卫三畏进一步提升了自己的汉语水平，这为他以后编写更大规模的工具书以及在汉学研究上大展宏图奠定了良好的基础。

---

〔1〕E. C. Bridgman, "Review: *An English and Chinese Vocabulary*", *The Chinese Repository*, Vol. 15, p. 145.

〔2〕S. W. Williams, "Preface", *An English and Chinese Vocabulary*, p. ii.

〔3〕S. W. Williams, "Canton prior to 1840", *The Shanghai Budget and Weekly Courier*, 23 January 1873, p. 7.

第三章　中国文学译介

在美国早期汉学家当中，卫三畏最勇于尝试中国文学翻译，不仅作品数量多，而且涉及小说（文言和白话）、戏剧和诗歌三大文类。中国文学翻译最能展示一位汉学家的语言能力，在这方面卫三畏有相当出色的表现，他的不少译文在一百多年后的今天看来仍然可圈可点。

第一节　《聊斋志异》

《聊斋志异》是中国古代文言短篇小说的代表作。19 世纪以后，它逐渐进入了西方人的视野。卫三畏是最早接触和翻译这部著作的美国人。《聊斋》中故事的译文曾多次出现在他的著作中。

1842 年，卫三畏编写的首部汉语教材《拾级大成》在澳门出版，全书共十章，为初学者提供了读、写、译多方面的练习，其中的例句选材非常广泛，既有日常生活的见面寒暄，也有文学作品的精彩段落。在这十个章节当中，有三个章节采用了《聊斋志异》中的十七个故事，具体情况如下：第四章阅读练习选用了《种梨》《曹操冢》《骂鸭》；第八章汉译英练习选用了《鸟语》《红毛毡》《妾击贼》《义犬》《地震》；第十章阅读和翻译练习选用了《鸲鹆》《黑兽》《牛飞》《橘树》《义鼠》《象》《赵城虎》《鸿》《牧竖》。

就篇名的翻译来看，卫三畏基本上是以故事情节为本，采取意译方式，如《种梨》译为"Hardheartedness Punished"，《骂鸭》译为"Thief Detected"，《鸟语》译为"Prescience of the Birds"，《红毛毡》译为"The Magic Carpet"，《妾击贼》译为"Courage of a Concubine"，《地震》译为"Remarkable Earthquake"，《鸲鹆》译为"The Clever Parrot"，《义鼠》译为"Brave Rat"，《象》译为"The Elephant and Lion"，《赵城虎》译为"The Wonderful Tiger"，《牧竖》译为"The Shepherd and the Wolf"。

由于这十七个故事分布在不同的章节，服务于不同的教学目的，所以为它们做注解和翻译的情况也就相应地各有不同。对于第四章中的三个故事，卫三畏的编排是先给出中文，然后是拼音，然后是逐字的英译，最后是符合英语习惯的翻译，如《种梨》中的第一句话：

> 有乡人货梨于市颇甘芳价腾贵
>
> yau heung yan fo li u shi po kom fong ka tang kwai
>
> was village man peddled plums in market rather sweet fragrant price rise dear
>
> Once there was a villager selling plums in the market which were rather sweet and fragrant, and the price was high.

又如《骂鸭》中的第一句话：

> 邑西白家庄居民某盗邻鸭烹之
>
> yap sai Pak ka chong ku man mau to lun ap pang chi
>
> city west white family hamlet lived commoner certain stole neighbor's duck cooked it
>
> On the west of the city in the hamlet of the White family

lived a certain commoner who stole his neighbor's duck and cooked it.[1]

到了第八章中的五个故事，情况发生了一些变化：卫三畏在给出中文后，只提供了拼音和逐字的英译，不再提供符合英语习惯的翻译，显然他是将这一工作留给读者去做练习。而到了最后的第十章，则连拼音和逐字的英译也不再提供，卫三畏只列出了中文原文让读者进行阅读和翻译。

这样的安排显示了此书由易而难、循序渐进、逐级提升的编写宗旨。从一开始提供示范译文到最后不再提供任何译文，卫三畏显然希望通过这些练习能够使学习者比较快地掌握汉语。如果像卫三畏所设想的那样，一个学习者通过前面的操练最终能够完成书末成段的中译英练习，那么他就算已经"大成"了。

《拾级大成》虽然选取了十七个《聊斋》故事，但真正翻译成英文且符合英语习惯的，只有《种梨》《曹操冢》《骂鸭》三篇。其中《种梨》《骂鸭》两篇后来又被他收入了《中国总论》一书之中。

《中国总论》出版于1848年，全书凡二十三章，全方位论述了中国的政治、经济、文化和社会状况。在第十二章《中国雅文学》中卫三畏比较全面地介绍了中国的诗歌、戏剧和小说的发展历史。在讲到短篇小说时，他这样写道："许多小说都是用纯粹的风格来写作的，特别是第16卷的《聊斋志异》，其内容的多样性和语言的表现力都是很突出的，值得那些想研究博大精深的汉语的人仔细研读。"[2]接着他展示了《种梨》《骂鸭》两个故事，以此来说明作者蒲松龄的奇思妙想和道德劝诫。

除了《骂鸭》《种梨》《曹操冢》，卫三畏完整翻译的第四个故事是

---

〔1〕 S. W. Williams, *Easy Lessons in Chinese*, pp.117, 121.

〔2〕 S. W. Williams, *The Middle Kingdom* (1848), Vol. 1, p. 561.

122

《商三官》（Revenge of Shang Sankwan），译文刊登在《中国丛报》第 18
卷第 8 期（1849 年 8 月）。在《译后小记》中卫三畏写道："商三官的这
种复仇行为在中国的道德家看来是值得称赞的，否则由于官员的疏漏或不
公正就会使罪犯逍遥法外而不受应有的惩罚。不管这件事是真是假，这个
故事说明中国人普遍认为父母之仇是必须要报的，在这一点上完全可以和
希伯来人以血还血的观点相比较。"[1]

　　通过对比《商三官》原文和译文可以发现，除了两处误译和两处删节
之外，卫三畏的翻译基本上忠实于原文。误译之一是将"天将为汝兄弟生
一阎罗包老耶"中的"阎罗包老"翻译为"Yen-lo-wang like Pau"。包拯
是我国历史上有名的清官，以断案公正、不畏权势著称。原文中"阎罗包
老"的意思是"像阎罗一样的包拯"，正确译文应该为"Pau, a Yenlo-like
judge"。误译之二是将"以其服凶，疑是商家刺客"译为"He guessed he
belonged to the clan of Shang from his dress"。根据上下文，这里"以其
服凶"的逻辑主语应该是"众人"，而非"孙淳"，所以是"they"，而
不是"he"；另外"服凶"是指"穿着丧服"，所以仅用"dress"是不准
确的，应该译为"mourning dress"。整句可以改译为："They guessed he
belonged to the clan of Shang from his mourning dress。"[2]另外还有两处明显
的删节，其中之一是原文中的"异史氏曰"，这和翻译《骂鸭》等三篇
时是相同的，取而代之的是一段《译后小记》，如上文所示。另外一处
的具体分析详见下文。

　　关于《聊斋志异》在国外的传播，长期以来国内学界普遍采用王丽娜
的研究成果。[3]她认为："最早发表《聊斋志异》单篇译文的译者是卫三

---

〔1〕 S. W. Williams, "Revenge of Shang Sankwan", *The Chinese Repository*, Vol. 18, pp.400−401.

〔2〕 详细分析参见李海军等：《〈聊斋志异〉英语译介研究（1842—1948）》，科学出版社 2019 年版，第
32−33 页。

〔3〕 如许多高校使用的袁行霈主编的"面向 21 世纪课程教材"《中国文学史》有关《聊斋》的章节便是如此，
详见该书第四卷，高等教育出版社 1999 年版，第 333 页。

畏。他的两篇英译文《种梨》和《骂鸭》，收在他 1848 年编著的两卷本《中国总论》第 1 卷中（第 693 至 694 页）。"[1]这一结论在 2008 年受到了挑战，王燕在该年《明清小说研究》第 2 期上发表了《试论〈聊斋志异〉在西方的最早译介》一文，认为德裔传教士郭实猎才是最早的译介者，因为他 1842 年就在《中国丛报》第 11 卷第 4 期上"简介了《聊斋志异》的九篇小说，比卫三畏翻译的两篇作品早六年，当为目前所知《聊斋志异》西传第一文"。[2]这篇文章题为 Liau Chai I Chi, or Extraordinary Legends from Liau Chai，九则故事分别是《祝翁》《张诚》《曾友于》《续黄粱》《瞳人语》《宫梦弼》《章阿端》《云萝公主》《武孝廉》。王燕的论文无疑很有价值。但从上文可以看出，卫三畏与《聊斋》的关系并不局限于《中国总论》，他在更早的时候已经翻译过《聊斋》中的作品。到底谁是西方世界《聊斋》的最早译者，还值得继续探讨。

卫三畏曾经在三种书刊上译介过《聊斋》中的故事，其中最早也最多的是 1842 年出版的《拾级大成》。由此可以修正王丽娜的结论，而且除了《种梨》和《骂鸭》，最早由卫三畏完整翻译成英文的还有《曹操冢》。另外，王丽娜所记《种梨》和《骂鸭》之译文在 1848 年版《中国总论》中的页码（第 693 至 694 页）实际上是 1883 年修订版中的，根据笔者所见 1848 年版是在第 561 至 562 页。

《中国总论》是汉学名著，也是卫三畏的代表作，所以比较容易受到关注。2003 年，程章灿在《也说〈聊斋志异〉"被洋人盗用"》一文中提到的第一部著作也是《中国总论》（其依据同样是王丽娜），他在考察了《聊斋》在西方的多种翻译后发现，"《种梨》在欧美译文中出现的频率几乎可以与最有名的《崂山道士》等篇相媲美。从这一点来看，说《种梨》

---

〔1〕王丽娜：《中国古典小说戏曲名著在国外》，学林出版社 1988 年版，第 214 页。

〔2〕王燕：《试论〈聊斋志异〉在西方的最早译介》，载《明清小说研究》2008 年第 2 期，第 215 页。

是在欧美国家（这里主要指英美法德）中最为流行的《聊斋志异》篇目之
一，应该是不过分的"。[1]《种梨》构思奇妙，语言生动，确实是《聊斋志
异》中的精品；《骂鸭》《曹操冢》《商三官》也都是《聊斋》中文学性
比较高的篇章，卫三畏选择这几篇进行全文翻译足以表明他的文学眼光。

　　《拾级大成》出版于 1842 年，郭实猎的文章也发表在 1842 年，要确
定谁是西文中最早的《聊斋》译介者有相当的难度。从王燕的论述中我们
知道，郭实猎的文章"没有标题，每段介绍一篇，大致粗陈梗概，可谓错
漏百出。我们只能从其叙述中大致猜测译介的究竟是哪一篇"。[2]实际情
况正是如此，在译介《聊斋》中的这九个故事时，郭实猎几乎对每一篇的
情节或主旨都做了"大刀阔斧"式的改动。我们以《祝翁》为例予以说明。

　　原文

　　　　济阳祝村有祝翁者，年五十余，病卒。家人入室理缞经，忽
　　闻翁呼甚急。群奔集灵寝，则见翁已复活。群喜慰问。翁但谓媪
　　曰："我适去，拚不复返。行数里，转思抛汝一副老皮骨在儿辈
　　手，寒热仰人，亦无复生趣，不如从我去。故复归，欲偕尔同行
　　也。"咸以其新苏妄语，殊未深信。翁又言之。媪云："如此亦复
　　佳。但方生，如何便得死？"翁挥之曰："是不难。家中俗务，
　　可速作料理。"媪笑不去，翁又促之。乃出户外，延数刻而入，
　　给之曰："处置安妥矣。"翁命速妆。媪不去，翁催益急。媪不忍
　　拂其意，遂裙妆以出。媳女皆匿笑。翁移首于枕，手拍令卧。媪
　　曰："子女皆在，双双挺卧，是何景象？"翁捶床曰："并死有何
　　可笑！"子女见翁躁急，共劝媪姑从其意。媪如言，并枕僵卧。

〔1〕程章灿：《也说〈聊斋志异〉"被洋人盗用"》，载《中华读书报》2003 年 9 月 24 日。
〔2〕王燕：《试论〈聊斋志异〉在西方的最早译介》，载《明清小说研究》2008 年第 2 期，第 220 页。

家人又共笑之。俄视，媪笑容忽敛，又渐而两眸俱合，久之无声，俨如睡去。众始近视，则肤已冰而鼻无息矣。试翁亦然，始共惊怛。康熙二十一年，翁弟妇佣于毕刺史之家，言之甚悉。异史氏曰："翁共妪有畸行与？泉路茫茫，去来由尔，奇矣！且白头者欲其去，则呼令去，抑何其暇也！人当属纩之时，所最不忍诀者，床头之昵人耳。苟广其术，则卖履分香，可以不事矣。"

译文

　　An old priest of Tau had died, and his spouse entered the house with great wailing. On a sudden they heard loud exclamations from the old man, and a crowd of people ran into the room where the body was laid out, and saw to their great surprise, that the dead man had revived. On being questioned about his resuscitation, he related, that on expiring he remembered his pledge of bringing with him a whole set of skeletons, and had revived in order to come back and fetch them, and expressed a wish that his wife might accompany him; after this he should die again. The old woman remonstrated against his intention of again leaving this world, as he had now acquired the means of enjoying its pleasures. But he was inexorable, and obliging his wife to lie down with him, notwithstanding she was supported in her remonstrances by the whole family, they both shut their eyes and began to sleep. On nearer inspection it was found that the eyelids of both husband and wife were already closed in death, and they never

126

came to life again.[1]

　　《祝翁》原文描述祝村一老翁去世，赴黄泉路上担心自己死后妻子的生活起居，于是死而复生，劝说妻子同自己一起离世。郭实猎的译述则对原文进行了比较明显的改写："首先，原文中的'祝翁'在译文中变成了'老道'；其次，原文中祝翁死而复生的原因是担心妻子在自己死后寒热仰人，译文中则改成了他在黄泉路上突然记起自己忘记带上整副尸骸，想回来取走它们；原文中祝翁劝说妻子同自己一起离世，译文则改成了妻子不同意陪同'老道'共赴黄泉，'老道'强迫妻子一起离开了人世。经过郭实猎的改写，译文中已经见不到原文所要凸显的夫妻情深，倒是'道士'能在生死之间自由往来，其不可思议的特异功能令读者印象深刻。"[2]

　　由此可知郭实猎的重点在"介"，而不在"译"。所以如果说最早的"译"者，应该还是非卫三畏莫属。另外王燕认为，卫三畏之所以关注《聊斋》是受到了郭实猎的影响，卫三畏"对于《聊斋志异》，乃至中国小说的看法，也在很大程度上继承了郭实猎的观点"。[3]这显然是把卫三畏最早翻译《聊斋》的时间误系于1848年而得出的结论。现在我们知道，卫三畏翻译《聊斋》的时间并不晚于郭实猎，两者之间有无影响，以及谁影响谁，就很难确定了。更值得指出的是，卫三畏对《聊斋》的文学价值有比较深入的体认，而根据王燕的看法，郭实猎"对于《聊斋志异》的文学成就视而不见、闭口不谈"。[4]所以这种影响即使存在，也不可能是卫三畏"在很大程度上继承了"郭实猎。实际上，郭实猎译介《聊斋》故事是出于批判中国人所信仰的儒家、道家思想的目的。他在《中国丛报》上

〔1〕Karl Gützlaff, "Liau Chai I Chi, or Extraordinary Legends from Liau Chai," *The Chinese Repository*, Vol. 11, pp. 204-205.
〔2〕李海军等：《〈聊斋志异〉英语译介研究（1842—1948）》，科学出版社2019年版，第20—21页。
〔3〕王燕：《试论〈聊斋志异〉在西方的最早译介》，载《明清小说研究》2008年第2期，第225页。
〔4〕王燕：《试论〈聊斋志异〉在西方的最早译介》，载《明清小说研究》2008年第2期，第222页。

的那篇文章共十五段，由两部分组成，前六段介绍《聊斋》，重点是说明小说中的"迷信"遮蔽了中国人的心智。后九段选译的九则《聊斋》故事基本上都是为其在论述文字中表达的主题思想服务的。"每一篇故事经过他有意识的操纵后，都包含了同他所批驳的'迷信'相关的内容。例如，《祝翁》中的'老道'具有自由控制自己和妻子生死的特异功能；《张诚》中'巫师'能招揽魂灵，使人起死回生；《续黄粱》中'朝廷命官'在梦中经历了轮回转世；《曾友于》中子孙祭拜祖先则兄弟亲善和睦，不祭拜祖先则兄弟失和；《瞳人语》中仙女可以使好色之徒方栋双目失明，而僧侣可以调解方栋与仙女的关系，使其眼睛复明；《章阿端》中那位丈夫可以自由地同漂亮女鬼打交道，并在其帮助下同已死的妻子团聚；《云萝公主》中主人公刚生下来就能够讲话，能够娶来去无踪的仙女为妻；《武孝廉》中的女鬼可以用一粒药丸救人于膏肓，也能够在很长时间以后从人的体内取出药丸。"[1]在郭实猎选译的九则故事中，除《祝翁》比较短小外，其他都有一定的篇幅，在一篇文章中全译它们不太现实，所以他只是大略译出每篇故事的梗概，同时根据自己文章主题的需要对故事情节进行改动。这种译述加改写的方式和卫三畏基本忠实于原文的翻译是相差很远的。

　　前文提到，卫三畏在翻译时也偶有删节，但他删节的目的却和郭实猎完全相反。一个最能说明问题的例子是《商三官》中的这个情节："暂以二人逻守之。女貌如生，抚之，肢体温软，二人窃谋淫之。一人抱尸转侧，方将缓其结束，忽脑如物击，口血暴注，顷刻已死。其一大惊，告众。众敬若神明焉。"这是该故事中最离奇怪异的情节，如果郭实猎看到，一定会被视为中国人"迷信"和"异教信仰"的又一个好例证，而卫三畏却删而不译，两人的差异一目了然。

　　卫三畏的档案现存美国耶鲁大学，其中有一份书单，记录了卫三畏购

---

[1] 李海军等：《〈聊斋志异〉英语译介研究（1842—1948）》，科学出版社 2019 年版，第 19 页。

买的数十种书籍，其中就有《聊斋志异》[1]，可惜其原书却未能保留，估计是在1856年底卫三畏所住的广州夷馆大火中被烧毁了。[2]他后来没有再翻译《聊斋》中的故事，似与此有关。

《聊斋志异》的版本情况非常复杂，卫三畏在《中国总论》中提到的是十六卷本，在更早的《拾级大成》中介绍蒲松龄的一段文字中也提到了该书的版本："《聊斋志异》是短篇小说集，常见的是十六卷本，作者蒲松龄是一位山东的杰出学者，他生活在康熙年间，他的序言系于1679年。这是一部具有完美风格的高超的作品，用纯正的汉语写成。"[3]据此我们推测卫三畏使用的翻译底本应该是青柯亭本，即乾隆三十一年（1766年）赵起杲刻本，或称"赵本"，该本此后有过许多翻刻本和重印本，在传播《聊斋》的过程中起过很大的作用。后来发现的更近于原本的铸雪斋抄本是十二卷，蒲松龄的稿本存世者已有残缺，大约也是十二卷，所以近人整理的会校会注会评本《聊斋志异》（张友鹤辑校，上海古籍出版社1962年第一版，1978年新一版，凡四册，简称三会本）仍作十二卷。青柯亭十六卷本与现在通行的十二卷本之间篇目对应的关系很混乱，但就卫三畏翻译的几篇的内容来看，它们之间在文字上并没有什么差异。

关于《聊斋志异》在西方的最早传播，蔡乾2022年的最新研究显示，可以追溯到1835年5月，英国《弗雷泽杂志》（*Fraser's Magazine*）第11卷第65期刊载了《聊斋志异》中《白于玉》一则的翻译，译文借该篇主人公吴青庵之名，重新拟题为《吴青庵的故事》（The History of Woo-Tsing-Yen）。《白于玉》译文本身没有标记译者，蔡乾推测可能是英国汉学家汤姆斯，但更大的可能性是德庇时。但无论是谁，都早于卫三畏和郭实猎，虽然就具体的篇目来看，《种梨》等四篇的英文首译者仍然是卫三畏。

---

〔1〕Samuel Wells Williams Family Papers, Series 4, Box 26.
〔2〕F. W. Williams, *The Life and Letters of Samuel Wells Williams*, p.242.
〔3〕S. W. Williams, *Easy Lessons in Chinese*. p. 157.

蔡乾由此指出："国内学者的视线似乎都集中在传教士汉学家在侨居地发表的汉学成果上，而忽视了汉学家所在国刊出的相关文章。"〔1〕这确实是一个重要的提示，其实英、法、德、美等国专门的中国和亚洲研究期刊早已进入国内研究者的视野，但像《弗雷泽杂志》这类非专业性刊物确实还有很大的研究空白点，非常需要关注与填补。

　　值得强调的是，《弗雷泽杂志》上的《白于玉》译文虽然基本呈现了一则中国神仙故事，但并非完全忠实。"译文在对小说原文的改写、删减和脚注补充说明中展现出了明显的道德情结，不但回避涉及性的描写，对于男女调情、甚至同性之间过于亲密的描写也多有弱化的处理。"〔2〕比较典型的一段如"白乃尽招诸女，俾自择。生颠倒不能自决。白以紫衣人有把臂之好，遂使被奉客。既而衾枕之爱，极尽绸缪。生索赠，女脱金腕钏付之。"这让我们想到前文提到的《商三官》片段："暂以二人逻守之。女貌如生，抚之，肢体温软，二人窃谋淫之……"卫三畏删减未译，一方面固然是这段情节离奇怪异，但也有可能是因为含有性的描写。19世纪的西方人，特别是传教士群体的道德观念是比较保守的。其实即使到了20世纪初依然如此。以著名的《洛布古典丛书》（ *Loeb Classical Library* ，1911年开始出版）为例，古希腊罗马作品中不乏色情和同性恋的描写，最初的英译版本在遇到这些描写时一般来用删减等模糊性方式处理，或者翻译成其他文字（如意大利文）。举一个简短的例子。罗马诗人卡图卢斯（Catullus）的诗集中有这样一句话，按照原文字面翻译应该是："我害怕你，你和你的阳具随时准备骚扰男孩子，不管他是好孩子还是坏孩子。"这句话在20世纪初的英文译者看来显然过于刺眼，于是将其柔化成："我害怕你，你和你的激情将给年轻人带来致命的伤害，不管他品质优良还是道德败坏。"〔3〕

---

〔1〕蔡乾：《再论〈聊斋志异〉在西方的最早译介》，载《明清小说研究》2022年第1期，第268页。
〔2〕蔡乾：《再论〈聊斋志异〉在西方的最早译介》，载《明清小说研究》2022年第1期，第276页。
〔3〕详见顾钧：《用古籍拯救世道人心——洛布古典丛书百年》，载《博览群书》2011年6期，第53~55页。

由此我们可以知道，译者对原文的删减改易并不只是一个语言问题，而是需要从翻译史、文化史的角度作更为深入的分析。

第二节　《谢小娥传》

《商三官》是《聊斋志异》中著名的女儿为父复仇的故事，这类故事卫三畏还翻译过另外一则，就是《谢小娥传》（Revenging of a Father's Death），刊登在《中国丛报》第 8 卷第 7 期。值得注意的是，虽然故事的情节完全相同，但卫三畏所用的版本不是唐代李公佐的《谢小娥传》，而是清代蓝鼎元所著《女学》。谢小娥的故事见于《女学·妇德篇》第九十章：

> 豫章谢小娥，八岁丧母，嫁历阳段氏。父与夫家常同舟。贸易江湖间。小娥年十四，父与夫俱为劫盗所杀，小娥亦被伤坠水，为他船所获。依妙果寺尼。梦父谓曰："杀我者，车中猿，门东草。"又梦其夫谓曰："杀我者，禾中走，一日夫。"小娥不能解，常书此语，广求智者辨之，历年不得。至元和八年，李公佐罢江西从事，泊舟建业，登瓦官寺阁。僧齐物为李述之。李凭槛书空，忽有所悟。令寺童疾召小娥。谓之曰："杀汝父者申蘭，杀汝夫者申春也。其曰'车中猿'者，车字之中乃'申'字，申非属猴乎？'草'下有'門'，'門'中有东，蘭字也。'禾中走'，是穿田过，亦"申"字。'一日夫'者，'夫'上更一画，下一日，是'春'字。其为申蘭、申春，明矣。"小娥恸哭再拜，书四字于衣，誓访二贼，以报其冤。更为男子服，佣保江湖间岁余，至浔阳郡，见纸榜子召佣者。娥应召，问其主，果申蘭

也。娥心愤貌顺，在兰左右，甚见亲爱。金帛出入之数，无不委之。每睹谢之衣物器具，未尝不暗泣。兰与春，宗昆弟也，春家在大江北独树浦，往来密洽。一日，春携大鲤兼酒诣兰。至夕群盗毕至，酣饮。既去，春沉醉卧于内室，兰亦覆寝于庭。小娥潜锁春于内，抽佩刀先断兰首，呼号邻人并至。擒春于内，获赃货数千万。初，兰、春有党数十人，暗记其名，悉擒就戮。时浔阳太守张公，善其孝节焉。小娥遂为尼以老。

卫三畏的译文如下：

In the district of Yuchang in Keangse lived Tseay Seaougo, who at eight years of age lost her mother. She afterwards married to Twan of the district Leihyang, and with her father and husband usually lived in the same vessel, in which they carried on a small trade from one place to another. When she was fourteen years old, both her father and husband were attacked and murdered by pirates; and Seaougo herself was also wounded by them and thrown overboard, but her life was saved by the people of another boat. She soon after entered the convent of Meaouko, and became a nun. In a dream, her father appeared to her and said, "the man who killed me, is—

車中猿，門东草

carriage midst monkey, door select plants

She dreamed again, and her husband appeared to her, who said,

132

"the man who killed me, is—

禾中走，一日夫

grain middle pass, one day husband

on awaking, she could not explain their meaning, and was continually writing and sending them abroad to find some wise enough to solve them; but for several years, her endeavors were unavailing. At last in the eighth year of the reign of Yuenho (A. D. 814), Le Tso, a man of some rank, who had formerly been a district magistrate in Keangse, anchored his barge at Keennee, and put up at the Wakwan monastery. The priests introduced this subject, and informed him fully concerning it. As Le was leaning against the railing, writing in the air with his finger, he suddenly ordered one of the waiting-boys in the house to run and call Seaougo; to whom, when she came, he said, "The man who killed your father was 申蘭 Shin Lan; he who killed your husband was 申春 Shin Chun. I thus explain it. That which is in the middle of 車 chay is 申 shin, and in the twelve horary characters, does not 申 shin correspond to 猿 yuen or 猴 how, a monkey? Put 門 mun below 草 tsaou (or contracted 艹), and put 柬 keen within 門 mun, and you have the character: 蘭 lan. The three characters 禾 中 走 ho chung tsow, grain middle pass, means passing through a field, and thus you again have 申 shin; add one stroke above 夫 foo, and 日 yih below it, and you have 春 chun. Thus their names are shown to be 申蘭 Shin Lan, and 申春 Shin Chun." Seaougo, weeping bitterly, thanked him for the explanation;

and, secretly writing the four characters in her dress, swore to find the two robbers in order to revenge their villainy. She accordingly dressed herself in male apparel, and hired herself out as a servant in the place where she before lived; and after a year, she came to the city of Tsinyang, and saw there an advertisement for a servant. She went to the house, and inquired for the master, who was no other than Shin Lan: this somewhat embarrassed her, but she betrayed no emotion. Here she became very much beloved by Shin Lan and all his household, taking the entire charge of the money and valuables which were received and disbursed, so that there was nothing which was not under her care. Whenever she saw the clothes and other articles of her father, she could not refrain from secretly weeping.

Now Shin Lan and Shin Chun were clansmen; and the latter's house was on the north side of the river in the village of Pihshuh, and constant communication was secretly kept up between them. One day, Shin Chun brought a large carp, with wine and delicacies to Lan's house, and in the evening, a large party of thieves came to carouse and drink. After the visitors had gone, Chun, who was very drunk, went to sleep in the hall, with a sheet over his head. Seaougo stealthily locked up Chun within his apartment; she then, with a large knife first cut off the head of Lan, and then crying with a loud voice alarmed the neighbors, who rushing in, aided her in securing Chun. They also seized the goods and money stored up in the house, amounting to several tens of thousands; and she also secretly handed in to government the names of their accomplices, amounting to several tens of persons, who were all arrested and executed. At the

134

same time, his excellency Chang, the prefect of Tsinyang, publicly praised her for this filial act, after which she reentered the nunnery for life.[1]

为了比较，我们可以看一下 2020 年出版的最新译文，以仇人申兰、申春的身份被揭示出来这段为例：

The one who killed your father is Shen Lan, the one who cilled your husband is Shen Chun. Take "the monkey in the carriage": the character for carriage (ju 車), when the top and bottom strokes are removed, becomes Shen (申). Moreover, Shen is associated with the monkey [in the system of twelve Earthly Branches]. That's why it was called "the monkey in a carriage." If the character for gate (men 門) is placed under the grass radical (艹), inside of which there is the character east (dong 東), then it becomes the character lan (蘭). Furthermore, to walk through the grain is to penetrate through the field (tian 田), and this also becomes the character shen (申). As for "a man for one day," when one adds a stroke on top of man (fu 夫), and below that there is a sun, this becomes the character chun (春). It is sufficient to know that the one who killed your father is Shen Lan and the one who killed your husband is Shen Chun.[2]

最新译文所据底本是鲁迅编《唐宋传奇集》中的李公佐《谢小娥传》，

---

〔1〕S. W. Williams, "Revenging the Death of a Father by a Daughter", *The Chinese Repository*, Vol. 8, pp. 345-347.

〔2〕Victor Mair & Zhenjun Zhang eds., *Anthology of Tang and Song Tales: The Tang Song chuanqi ji of Lu Xun* (Singapore: World Scientific, 2020), pp. 201-202.

与卫三畏所据中文底本稍有不同，如"車字去上下各一画"为后者所无，所以英译文有所不同，但除此之外，我们不难发现两者是相当接近的。唯一明显的差别在于"門东草"和"門柬草"。无论是《唐宋传奇集》还是卫三畏所依据的《女学》都是"門东草"，另外流传甚广的《李公佐巧解梦中言，谢小娥智擒船上盗》(《初刻拍案惊奇》卷十三）中也是"門东草"。但卫三畏却坚持翻译成"門柬草"：Put 門 mun below 草 tsaou and put 柬 keen within 門 mun，其正当性在于"蘭"里面是"柬"不是"東"。最早收录"蘭"的《说文解字》卷二对它的解释是："香草也，从草，闌声。"所以"蘭"是形声字，柬（闌）是声旁。中国古代小说属于通俗文学，文字不太讲究，因音形相近而传抄错讹的现象所在多有。卫三畏的翻译虽然没有尊重原文，但不是出于无心的错误，而是有心的改正，也彰显了他对汉字笔画的细心。

　　翻译完《谢小娥传》之后卫三畏又对《女学》进行了全面的译介，文章发表在《中国丛报》第 9 卷第 8 期，题名 Neu Heo。《女学》出自清初学者蓝鼎元，他广泛搜集了中国古代经史中关于闺门训诫之语，并博采事例予以说明。他在"自序"中说："天下之治在风俗，风俗之正在齐家，齐家之道，当自妇人始。"可见编写此书是出于传统的儒家思想。《女学》共六卷，首三卷为《妇德篇》，后三卷分别为《妇言篇》《妇容篇》《妇功篇》。卫三畏的文章首先翻译了蓝鼎元的《女学》"自序"，然后按照全书顺序依次介绍各篇内容，基本以主题加一个代表性故事的形式展开。如《妇德篇》中，卫三畏在介绍事夫之德时，选取了第十章元朝李忠义妻代夫死的故事，介绍事父母之德时，选取了第二十九章汉代淳于缇萦救父的故事，介绍敬身之德时，选取了第六十四章春秋鲁人秋胡戏妻的故事。

　　卫三畏对谢小娥故事的关注，很可能是他后来翻译《商三官》的动因。关于《商三官》的来源或所谓"本事"，虽然有清代王猷定所作《李一足传》之说[1]，但从很多角度来看，《谢小娥传》的影响似乎更大。当代研究者提出了两个方面的理由："其一，二者都可列入古代女子血亲复仇序列，换言之，其母体原型相同，血缘关系相近，表现在情节上，有很大的相似性，比如，父亲被杀、年龄幼小、复仇方式都为个人行为、为接近仇人都极尽一切办法打入对方内部、成功后都获得官方的宽宥，等等。除从母题原型的角度分析外，另一个更重要的依据是，《聊斋志异》创立了所谓的'异史氏曰'的评判体例，从渊源上看承袭了《史记》中'太史公曰'的传统，但无独有偶，《谢小娥传》中，作者李公佐以'君子曰'的方式表达了对谢小娥事迹的看法，并与其主观评判相结合，成为文章的一个部分，与《聊斋志异》《史记》中的体例不谋而合，可以看出，《谢小娥传》在由《史记》向《聊斋志异》体例演变过程中具有承上启下的痕迹，如果再考虑到情节上的一致，那么《商三官》的创作恐怕也就非完全出自虚构，一如作者其他篇章，当也改自前代；其二，《谢小娥传》在古代戏曲小说史上影响甚大，对其改编活动自唐至清初都未曾中断，比如唐李复言《尼妙寂》、南宋王象之《舆地纪胜》之'江南西路临川军'、明凌濛初《初刻拍案惊奇》之《李公佐巧解梦中言，谢小娥智擒船上盗》、清初王船山《龙舟会》等，影响之下，以致宋代欧阳修、宋祁等人以为实有其事采撷入《新唐书·列女传》中，所以对于这样一部具有广泛影响的作品，素以'才非干宝，雅爱搜神；情类黄州，喜人谈鬼'（《聊斋自志》）自许的蒲松龄同样不可能忽视，从接受学的角度看，也是完全有可能的。"[2]《谢小娥传》影响大、流传广，显然是卫三畏进行全文翻译的一个重要动因，他由此联想到《聊斋志异》众多故事中的《商三官》，说明他对《聊斋》以及整个中国文言小说史是相当熟悉的。

---

〔1〕朱一玄：《聊斋志异资料汇编》，南开大学出版社 2012 年版，第 101-102 页。
〔2〕朱仲东：《〈聊斋志异·商三官〉与唐传奇〈谢小娥传〉比较论略——兼及〈商三官〉本事问题》，载《蒲松龄研究》2011 年第 4 期，第 73 页。

关于《谢小娥传》以及唐传奇的早期翻译，目前国内学者只注意到了19世纪后期的情况，如何文静在《英语世界的唐代小说译介：翻译历史与研究现状》中认为："与其他传统文学品类或其他历史时期的小说作品相比，唐代小说在英语世界的翻译开始得较晚，直至19世纪后期才受到西方世界的关注。现有的史料显示，最早的唐代小说英译本是1877年刊登在《中国评论》第6期上的《南柯太守传》。此后数十年都未有新的译作产生，直至20世纪早期才陆续产生新的译本。"[1]19世纪早期的情况需要做进一步的考察，卫三畏对于谢小娥故事的翻译作为最早的译文，值得引起更多的关注。就谢小娥故事来说，有最早的唐代李公佐版本，也有《初刻拍案惊奇》中的《李公佐巧解梦中言，谢小娥智擒船上盗》，以及卫三畏所利用的蓝鼎元《女学》版本。有研究者指出，《中国丛报》上刊登的卫三畏译文的底本是《初刻拍案惊奇》中的故事，这显然是不对的。[2]

《谢小娥传》体现了中国人的孝道思想，这应该是卫三畏关注它的另外一个原因。此前他全文翻译过"二十四孝故事"，其中的主人公基本都是男性。谢小娥作为著名的女性，是一个很好的补充。她的杀人行为最终被官府宽宥，其故事甚至被欧阳修、宋祁等人以为实有其事采撷入《新唐书·列女传》，皆说明她是妇德的代表，是孝子的典范。

---

[1] 何文静：《英语世界的唐代小说译介：翻译历史与研究现状》，载《三峡大学学报（人文社会科学版）》2019年第6期，第110页。
[2] 宋丽娟、孙逊：《近代英文期刊与中国古典小说的早期翻译》，载《文学遗产》2011年第4期，第126页；宋丽娟、孙逊：《"中学西传"与中国古典小说的早期翻译（1735—1911）》，载《中国社会科学》2009年第6期，第190页。

第三节　历史演义小说

中国古代小说按照语言可分为文言和白话两类，按照篇幅则可以分为短篇和长篇。《聊斋志异》是文言短篇小说的代表作，而所谓中国小说"四大名著"则是白话长篇的典范。卫三畏在后者的译介上同样做出了贡献，他是第一个英译《三国演义》的美国人。在他之前，只有英国人马礼逊在《华英字典》（"孔明"词条）和德庇时在《汉文诗解》中做过这方面的尝试。

卫三畏对《三国演义》的翻译最早是在《拾级大成》之中。由于是帮助外国人学习汉语的教材，卫三畏对书中选取的例句采用了直译的方法。为了更好地说明这一点，可以将卫三畏译文与此前德庇时在《汉文诗解》中的译文作一对比：

原文

玄德曰：不容寇降是也，今四面围如铁桶，贼乞降不得，必然死战。

德庇时译文

It is right not to allow them to escape punishment, replied Lew-pei, — but hemmed in, as they now are, on every side, if they cannot obtain some terms, they will be desperate.

卫三畏译文

Untak said, Not to permit the rebels to submit is correct. Now they are hemmed in on all sides like an iron tube, and the rebels beg to submit; if they cannot, they will assuredly fight to the last. [1]

两相对比，不难发现，德庇时不但调整了语序，而且省译了个别字眼，如"铁桶"这一形象的说法，而卫三畏基本做到了紧跟原文，字字落实。

上章提到，《拾级大成》选材范围涵盖中国文学作品，除了《聊斋志异》，《三国演义》是《拾级大成》选取语料的另一重要来源。在《拾级大成》选译的四种小说（另外两种是《玉娇梨》《子不语》）中，《三国演义》所占比重最大，总计有 30 多页，大约相当于《拾级大成》全书八分之一的篇幅。具体情况是：第三章一个句子；第四章 68 个句子；第八章两个故事片段；第九章 29 个句子；第十章 29 个句子。[2] 其中比较集中的翻译出现在第八章汉译英练习中，该章从《三国演义》中选用了两个故事·第一个出自第十一回，题名"孔融之智"（Cleverness of Hung Yung），第二个出自第八回，题名"王允设计诱吕布"（Scheme of Wong Wan to Inveigle Lu Po）。后一个故事片段几年后被卫三畏收入了 1848 年出版的《中国总论》，放在《中国的雅文学》一章中，情况类似《种梨》《骂鸭》《曹操冢》。其实《曹操冢》也可以算是和三国有关的故事，在《聊斋》500 多篇小说中不算很有名，但还是得到了卫三畏的关注，也从另一个角度说明了他对三国故事的喜爱。

关于《三国演义》，卫三畏在初版《中国总论》中有一段描述："在中国文学当中，没有几部作品比陈寿（Chin Shau）的历史小说《三国志》（*The San Kwoh Chi, or History of the Three States*）更为著名，该书创作于公元 350 年左右。小说的场景被设置在中国北部，时间跨度是公元 170 年至

---

[1] John F. Davis, *On the Poetry of the Chinese* (Macao: East India Company Press, 1834), p. 167; S. W. Williams, *Easy Lessons in Chinese*, p. 201.

[2] 王燕：《19 世纪〈三国演义〉英译文献研究》，中国社会科学出版社 2018 年版，第 422 页。

317 年。那时有几个野心勃勃的首领，联合起来反对汉代的愚蠢君王。汉代被推翻之后，他们之间互相争斗，直到晋代重新统一了全国。由于这部作品具有双重属性，时间跨度又长，所以不像一般小说那样结构严谨。对于中国人来说，作品的魅力在于栩栩如生地描写了阴谋与反阴谋、战斗、围攻和撤退中的各种关系，在妙趣横生的情节中展现了各种人物的性格和行动。"[1]这里对小说内容和特点的介绍是颇有见地的，问题在于混淆了《三国志》和《三国演义》。遗憾的是，多年后卫三畏修订《中国总论》时，仍然没有能够改正这一错误，他在 1883 年版《中国的雅文学》一章中补充论述道："《三国志》就像司各特的小说那样，把当时的事件和人物植入了人们的头脑，比任何一部中国史书都更受欢迎。"[2]这里用来对比的司各特（Walter Scott）是英国著名的"历史小说之父"，代表作有再现 12 世纪英国政治和社会生活的巨著《艾凡赫》（*Ivanhoe*，1819 年出版），由此不难看出卫三畏对《三国演义》评价之高。"对于一向治学严谨的卫三畏来说，误把《三国演义》当成了《三国志》固然是一个不可原谅的错误，但这也从另一方面显示了《三国演义》的影响所及远远超过了《三国志》，以致西方学者博学如卫三畏者，竟也难辨个中究竟，以致犯下这样一个常识性错误。"[3]

卫三畏的错误很可能是受到了郭实猎的影响。郭氏在 1838 年发表了一篇题为《〈三国志〉评论》（Notice of the San Kwo Che）的长文，但一开篇就给人张冠李戴的感觉："在中国所有的文学作品中，很少有像《三国》（*San Kwo*）这样流行的。老人和青年都读它，学者表示钦佩，而文盲也发出赞扬，所有的阶层都认为它是古往今来最有趣的书。它的风格、语言和叙事方式无论怎样称赞都不为过，确实是一部杰作，在文学史上无与伦比，

---

[1] S. W. Williams, *The Middle Kingdom* (1848), Vol. I, pp. 544–545.

[2] S. W. Williams, *The Middle Kingdom* (1883), Vol. 2, p. 164.

[3] 王燕：《19 世纪〈三国演义〉英译文献研究》，中国社会科学出版社 2018 年版，第 406 页。

因此它被置于一个称为'十才子书'的系列之首。"[1] 显然，无论是标题中的《三国志》，还是文中的《三国》，郭实猎指的都是《三国演义》，这从他后文的讨论也同样可以明确看出来。郭文发表于《中国丛报》第7卷第5期（1838年5月），是英语世界最早关于《三国演义》的系统评论。卫三畏作为《中国丛报》的编辑和印刷者，一定读过这篇宏文，并受到了错误的引导，不像在《聊斋志异》的译介和评论上明显高出郭实猎一筹。

郭实猎文中提到的"十才子书"分别是《三国演义》《好逑传》《玉娇梨》《平山冷燕》《水浒传》《西厢记》《琵琶记》《花笺记》《捉鬼传》《驻春园》，这是清初到乾隆中叶逐渐形成和广为流行的文学概念，[2] 对于西方人的中国文学观也产生了重大影响。《好逑传》《玉娇梨》《平山冷燕》是最早被介绍到欧洲的中国小说，与此关系密切。它们不仅被翻译得较早，且有多种全译本，除了情节奇巧、文笔清秀外，相比于《三国》《水浒》的一大优势是结构精练、篇幅适中，更便于全文翻译。《三国演义》虽然名列第一才子书，但首个英文全译本要到1925年才面世，由于邓罗（C. H. Brewitt Taylor）的努力，《三国演义》成为中国四大古典小说中第一个拥有英文全译本的作品。卫三畏等早期汉学家只能翻译这类鸿篇巨制的一些部分，是完全可以理解的。

《拾级大成》与《中国总论》之外，卫三畏对《三国演义》的译介还体现在一篇文章中。该文题为《三合会誓词及其渊源》（Oath Taken by Members of the Triad Society, and Notices of Its Origin），载《中国丛报》第18卷第6期。三合会的名称和组织最早出现在嘉庆年间，是创始于乾隆年间的秘密组织天地会的一个分支，活跃于福建、湖南和两广地区。卫

---

[1] Karl Gützlaff, "Notice of the *San Kwo Che*", *The Chinese Repository*, Vol. 7, p. 233.
[2] "十大才子书"由顺治元年（1644年）首出，到乾隆中叶（1782年）前后经过了一百三十八年，才算最终排定，其间上榜书目不断变化，详见邓加荣《"十大才子书"的由来》，载《博览群书》2008年第2期，第72—75页。

三畏在文章开篇指出，虽然他很明白该会的性质是反清复明（subvert the present dynasty and place a native prince on the throne），但如何实现这一目的，以及人数、组织结构等还不是很清楚。[1]尽管如此，他根据已经掌握的材料探讨了三合会成员的誓词，以及这些誓词的渊源。其中入会誓词涉及桃园结义："吾人当吉凶与共，以求回复天地万有之明，灭绝胡虏，以待真命。吾人当虔拜天帝地皇，山河土谷之灵，六恶之灵，五方五龙之灵，以及无边际之神灵。创造以来，百事提倡，其古人所知而足为后代教训者，当传遗之。诸兄弟，今再导汝于忠义之中，吾人当以同生死誓于上天。今夜吾人各介绍数新信徒于天地会，仿桃园结义故事，约为兄弟，洪其姓，金兰其名，以合为一家。自入洪门之后，当一心同体，互相扶持，毋许有彼我之别。"[2]对此卫三畏评论道："此处提及的誓言在中国广为人知，桃园结义三人所发的誓言对三合会会员有所启发。"[3]为了让读者更为明了，卫三畏便在脚注中选译了《三国演义》第一回"宴桃园豪杰三结义，斩黄巾英雄首立功"中的相关内容，起于"那人不甚好读书，性宽和，寡言语，喜怒不形于色"，止于"祭罢天地，复宰牛设酒，聚乡中勇士，得三百余人，就桃园中痛饮一醉"。

　　卫三畏在翻译"孔融之智"和"王允设计诱吕布"时，基本采用直译的方法，"桃园结义"也延续了这一路径。比如最为核心的誓词：

原文

　　念刘备、关羽、张飞，虽然异姓，既结为兄弟，则同心协力，救困扶危；上报国家，下安黎庶。不求同年同月同日生，

---

[1] S. W. Williams, "Oath Taken by Members of the Triad Society, and Notices of Its Origin", *The Chinese Repository*, Vol. 18, p. 281.

[2][日]平山周：《中国秘密社会史》（修订本），商务印书馆 2017 年版，第 54 页。

[3] S. W. Williams, "Oath Taken by Members of the Triad Society, and Notices of Its Origin", *The Chinese Repository*, Vol. 18, p. 282.

143

只愿同年同月同日死。皇天后土，实鉴此心，背义忘恩，天人共戮！

译文

　　We, Liu, Kwan and Chang, although our surnames are unlike, do adopt each other as brothers, that with united heart and strength we may save our country from its dangers, and raise it from its distress, at once requiting his majesty and restoring peace to the blackhaired people. We were not born on the same day, but we wish to die together. O Imperial Heaven! O Queenly Earth! Look down into our hearts! If we abjure right and forget kindness, may heaven and men destroy us! [1]

　　可以看出，英文基本是中文的对译。有些逐字直译非但不显得生硬，反而能彰显原文词语隐含的意义，比如卫三畏将"黎庶"翻译为"黑发百姓"（the blackhaired people）就是一例"'黎'有'黑色'之意，'黎庶'即'黎民'，在古代确实可以理解为'黑发百姓'之意，如朱熹在解释《尚书·尧典》'黎民于变时雍'一句时说：'黎，黑也。民首皆黑，故曰黎民。'只是近现代以来，'黎庶'通常直接解释为黎民百姓，'黎'字本身的含义反被忽略不计。"[2] 又如"皇天后土"，卫三畏的翻译"O Imperial Heaven! O Queenly Earth!"也准确地把握了"皇"与"后"对"天"与"土"的修饰功能。

　　卫三畏对于《三国演义》的译介无疑加深了他对中国历史小说的认

---

〔1〕S. W. Williams, "Oath Taken by Members of the Triad Society, and Notices of Its Origin", *The Chinese Repository*, Vol. 18, p. 283.

〔2〕王燕：《19世纪〈三国演义〉英译文献研究》，中国社会科学出版社2018年版，第413—414页。

识，推动了他对《东周列国志》的翻译，这从他的"译者序言"中可以清晰地看出：

> 到目前为止，大约有二十部富于想象力的中国文学作品被翻译成了其他语言，包括戏曲、小说和诗歌的选段，只是除了《大明正德皇游江南传》，还没有其他成规模的历史小说得到译介。1845年，帕维（Theo Pavié）出版了《三国志》(《三国演义》)的一个法译本，大约四十四回，相当于原著三分之一的篇幅，该作是中国历史小说中流传最广的一部，是真正的天才之作，在普及历史知识方面发挥了重要作用，其中的人物和事件也成了民歌、故事和戏曲的常见题材……在中国读书人看来，《东周列国志》与《三国志》(《三国演义》)相比更接近历史真实，但作为一部小说则较为逊色。[1]

《大明正德皇游江南传》为清代何梦梅所著的白话长篇小说，演述明武宗游江南事，主要内容是武宗微服出宫，私往江南作冶游，遇李凤姐留恋不归，太师梁储奉太后命前往寻访。卫三畏在1849年曾对该书及其翻译情况做过如下评述："作为文学作品乏善可陈，情节平淡。如果我没有弄错的话，这是中国人翻译成欧洲语言的第一部小说，至少是目前所知翻译成英文的唯一一部。"[2]译者是何进善（Tsin Shen），书名为 The Rambles of the Emperor Ching Tih in Keang Nan，1843年在伦敦分两卷出版。作为历史小说，《大明正德皇游江南传》水平不高，正如卫三畏评价的那样。在这类作品中《三国演义》无疑是经典，《东周列国志》同样不容低估，它把

---

〔1〕S. W. Williams, "A Chinese Historical Novel", *New Englander*, Jan. 1880, p. 30.
〔2〕S. W. Williams, "List of Works upon China", *The Chinese Repository*, Vol. 18, p. 413.

春秋战国五百余年头绪纷纭的历史叙说得井然有序，而且津津有味，达到了很高的艺术成就。理雅各晚年任牛津大学汉学教授时编译了其中一些人物故事，包括养繇基、伍子胥、百里奚等。[1]他认为《东周列国志》虽然不如《三国演义》精彩，但叙事相当有趣味，并说这两部小说可与英国作家司各特的历史小说相媲美，和卫三畏可谓英雄所见略同。[2]

　　《东周列国志》的祖本是明代余邵鱼的《列国志传》，后经晚明文学家冯梦龙改编成一百零八回的《新列国志》，清乾隆时期蔡元放继续修订并加评语，遂名《东周列国志》。卫三畏是第一个将这部历史小说译成英文的西方人，这一工作完成于1853年6月至1854年7月陪同佩里将军出征日本期间，他的传记中有这样的记载："离开琉球以后，卫三畏又搬回了'波瓦坦号'（*Powhatan*）并于7月20日随船到了宁波。从开始出征日本直到现在，卫三畏的主要精力都放在中国历史小说《东周列国志》的翻译上。这本书共有十九回，密密麻麻地印在四开本大小的纸上，有将近330页。卫三畏要将它全部译成英文，这是他投入较长时间和较多精力的工作之一，也是他唯一不带任何目的做的一项纯文学性的尝试。值得一提的是，尽管时常遭受晕船的折磨，卫三畏还是克服了恶劣条件的种种影响，挤出时间来做这件事。"[3]实际上，《东周列国志》共一百零八回，以《周宣王闻谣轻杀，杜大夫化厉鸣冤》始，以《兼六国混一舆图，号始皇建立郡县》终。卫三畏全文翻译的是前十九回，其手稿今天仍能在耶鲁大学所藏他的档案中看到。[4]但卫三畏完成翻译后一直没有出版，直到他晚年退休返回美国后，才将其中第一、二回修改后发表在1880年1月的《新英

---

〔1〕丁大刚：《理雅各〈东周列国志〉的跨文化重写》，载《山东外语教学》2019年第1期，第109页。

〔2〕James Legge, "The Late Appearance of Romances and Novels in the Literature of China; With the History of the Great Archer, Yang Yu-chi", *Journal of the Royal Asiatic Society of Great Britain and Ireland* (Oct., 1893), p. 806.

〔3〕F. W. Williams, *The Life and Letters of Samuel Wells Williams*, p. 228.

〔4〕"Lieh Kwoh Chi", Samuel Wells Williams Family Papers, Series 2, Box 13.

146

格兰人》（*New Englander*）杂志上，英文标题为 A Chinese Historical Novel: Lieh Kwoh Chi, or The Records of the Feudal Kingdoms, with a translation of Chapters I and II。让我们看第二回"幽王烽火戏诸侯"中的一段译文：

原文

……遂不听郑伯之谏。大举烽火，复擂起大鼓。鼓声如雷，火光烛天。畿内诸侯，疑镐京有变，一个个即时领兵点将，连夜赶至骊山，但闻楼阁管籥之音。幽王与褒妃饮酒作乐，使人谢诸侯曰："幸无外寇，不劳跋涉。"诸侯面面相觑，卷旗而回。褒妃在楼上，凭栏望见诸侯忙去忙回，并无一事，不觉抚掌大笑。幽王曰："爱卿一笑，百媚俱生，此虢石父之力也！"遂以千金赏之。至今俗语相传"千金买笑"，盖本于此。

译文

In this way he rejected the counsel of the Earl of Ching. The signal-fires were straightway lighted, and the great drums beaten with deafening clamor; it was as if the thunder and lightning were striking against the vault of heaven. Throughout all the royal domain, the princes concluded that a sudden revolution had happened at Hao-king, the capital, and each of them speedily called in his quota of men and their officers, and hastened to Mt. Li by forced marches. On arrival, they heard only the music of pipes and flutes proceeding from the balconies, and the king and his consort drinking and making merry. He sent a messenger out to thank them all, saying, "Happily there is no banditti now abroad; I am sorry to have put you all to so much fatigue and travel." The princes looked into each other's faces in blank surprise, furled their standards and started back. Queen Pao leaned against the railing in the terrace, and when she saw them nonplussed, running here, there, and everywhere in complete perplexity, she rubbed her hands in ecstasy and burst out laughing. "How charming one hearty laugh makes you look, my dear," said the king, "this all comes from Duke Kwoh's wit." He then gave him the thousand taels. This incident furnishes the real explanation of the common proverb, "A thousand taels for a laugh."[1]

作为比较，我们选择 2021 年出版的王林海等人最新译文中的同一段：

Without accepting Zheng Boyou's advice, King You ordered servants to light the beacon firs and beat the drums. The sounds of drums were as loud as thunders, and the fires are as bright as sunshine. Dukes in King You's feudal states, all suspected that there might be coup attempts and muinies in the apital, Hao City. They went to the Lishan Mountain with their troops, finding out that King You was safe and was enjoying music with his Queen Bao. King You made his servants to award the dukes for their coming, saying, "We are lucky that there are no enemies. Thanks for coming." The dukes looked at each other in dismay and were all confused. Then they put their flags down and went back to their states. Seeing the dukes' embossing situation, Queen Bao laughed. King You said, "You are

---

[1] S. W. Williams, "A Chinese Historical Novel", *New Englander*, January 1880, p. 57.

so beautiful when smiling. I owe it to Shifu." Therefore, he granted Shifu a reward of a thousand piece of gold. The idiom "A smile is worth a thouand piece of gold" may originate from it.[1]

　　与卫三畏译文相比，王林海等人的英文表达不仅语言平淡无力，而且丢失了不少信息，如本段中最精彩的描写"褒妃在楼上，凭栏望见诸侯忙去忙回，并无一事，不觉抚掌大笑"，王译只以"Seeing the dukes' embossing situation, Queen Bao laughed"做了简单化处理，看不到诸侯"忙去忙回"、褒妃"抚掌大笑"的踪影，卫译则将它们完整地传达出来，特别是"she rubbed her hands in ecstasy and burst out laughing"生动地再现了褒妃千金一笑的瞬间。此外，王译"You are so beautiful when smiling"同样难以传达幽王"爱卿一笑，百媚俱生"的赞叹，卫三畏的"How charming one hearty laugh makes you look, my dear"无论是语气还是感情色彩上都是贴近原文的上佳传译。此外如"即时领兵点将""不劳跋涉"等语句的处理，卫译都明显优于王译。

　　卫三畏选择翻译《东周列国志》是因为"中国历史小说在西方几乎还是一个不为人所知的领域"[2]。确实，自18世纪以来，中国文学被翻译成西方文字的主要是戏剧、诗歌和才子佳人小说。19世纪早期英法两国的一些汉学家，如德庇时、儒莲、巴赞等把翻译的一大重点放在了元杂剧上，卫三畏也不甘落后，将元杂剧《合汗衫》完整翻译成了英文。

---

〔1〕王林海等译：《东周列国志》，燕山大学出版社 2021 年版，第 19 页。
〔2〕S. W. Williams, "A Chinese Historical Novel", *New Englander*, January 1880, p. 30.

第四节　元杂剧《合汗衫》

1849 年 3 月，卫三畏在《中国丛报》第 18 卷第 3 期上发表了元杂剧《合汗衫》的全译文（The Compared Tonic: A Drama in Four Acts），开启了美国学界的元杂剧翻译和中国戏曲研究的序幕。在卫三畏之前，只有欧洲人翻译过中国戏剧，如最早的《赵氏孤儿》法文译本，以及 19 世纪初英国汉学家德庇时翻译的《老生儿》（An Heir in His Old Age，1817 年）、《汉宫秋》（The Sorrows of Han，1829 年）。

《合汗衫》全译本的出现标志着美国人闪亮登场。如此重要的作品，国内学者已经有所关注，但都过于简略，甚至含有错误信息。如 2017 年李安光著《英语世界的元杂剧研究》一书附录《英语世界的元杂剧传播与研究系年表》中对这份译文作了这样的介绍："1849 年卫三畏选译评介张国宾的《合汗衫：四幕剧》（The Compared Tonic: A Drama in Four Acts），载《中国评论》（Chinese Review）第 18 卷，第 116—155 页。"[1] 这里除了把刊物弄错——不是《中国评论》而是《中国丛报》，更值得强调的是，作者没有明确说明，卫三畏的翻译不是直接来自中文，而是根据法国汉学家巴赞的译本 Ho-Han-Chan, ou La tunique confrontée 所作的转译。

法国在中国戏剧翻译方面一直处于领先地位。马若瑟 1731 年的《赵氏孤儿》译本可以说是开风气之先，此后则有法兰西学院第二任汉学教授儒莲，先后将《灰阑记》（L'histoire du cercle de craie）、《看钱奴》（L'esclave qui garde les richesses, ou L'avare）等全本翻译成法文。1832 年出版的《灰阑记》法译本是西方最早的中国戏剧全译本，1834 年儒莲又推出了《赵氏孤儿》（L'orphelin de la Chine）全译本，使西方读者在马若瑟节译本问世

---

[1] 李安光：《英语世界的元杂剧研究》，中国社会科学出版社 2017 版，第 256 页。另外该书第 53 页也有类似的介绍："美国的元杂剧译介与其汉学发展同步。早在 1849 年，'美国汉学之父'卫三畏就选译评介了张国宾的《合汗衫：四幕剧》，遂开了美国译介元杂剧的先河。"

一百年后终于看到了这出戏的全貌。另外他似乎也曾有翻译《合汗衫》的
计划："译名为《被对比的衬衫》(La chemise confrontée)。据儒莲《灰阑
记》'前言'，他在 1832 年已经完成此剧翻译，曾有出版设想。此剧未见
发表，也未见手稿留存。"〔1〕很可能译稿丢失，或只是有此计划，并未动手。

　　儒莲的前任、法兰西学院首任汉学教授雷慕沙对中国戏剧同样很感兴
趣，多次表示，"在中国人曾耕耘过的各文学类别中，令公众最有兴趣的
或许就是戏剧"。19 世纪初他曾经许诺为书商拉沃卡(Ladvocat)策划的
《德、英、中、丹麦等外国戏剧经典》(*Chefs d' œuvres des théâtres étrangers,
allemand, anglais, chinois, danois, etc.*)丛书翻译中国戏剧，可惜生前一直没有
机会完成。〔2〕

　　作为儒莲的弟子，巴赞是 19 世纪对中国戏剧最为投入的西方汉学家，
其翻译成就也最为引人瞩目。巴赞 1799 年出生于一个著名的医生世家，他
的弟弟巴赞(P. A. E. Bazin)是巴黎圣路易医院有名的皮肤病医生，并比
他更早出名，所以为了避免和他的弟弟名字混淆，他也常常被后世称为大
巴赞(Bazin Aîné)。巴赞最初学习法律，后来因对语言文学产生浓厚兴趣
而转向汉学，并成为儒莲的入室弟子。1839 年起他在巴黎东方语言学院开
设汉语课程，开始了作为汉学家的职业生涯。第一次鸦片战争后，法国政
府更加重视中法关系，正式设立汉学教席，巴赞担任教授直至 1863 年去
世。此后这一职务由儒莲兼任直至 1871 年。

　　巴赞不仅翻译了全本《合汗衫》(张国宾)、《货郎担》(佚名)、《窦
娥冤》(关汉卿)、《㑇梅香》(关汉卿)、《琵琶记》(高明)等剧目，还
为《元曲选》全部一百个剧本撰写了简介或剧情梗概(其中十三个剧本附
有节译)，大大丰富了西方人对于中国戏剧，特别是元曲的了解。

---

〔1〕李声凤：《中国戏曲在法国的翻译与接受(1789—1870)》，北京大学出版社 2015 年版，第 45—47 页。
〔2〕李声凤：《中国戏曲在法国的翻译与接受(1789—1870)》，北京大学出版社 2015 年版，第 32 页。

　　1838 年巴赞出版了《中国戏剧选》（*Théâtre Chinois*），收入了自己早年翻译的《㑇梅香》《窦娥冤》《合汗衫》《货郎担》四个剧本，并为之撰写了论述中国戏剧历史的长篇"导言"。这是西方人出版的首部中国戏剧集，"导言"也成为西方首篇中国戏剧通论，具有重要的历史意义。

　　在翻译实践上，巴赞在总结马若瑟和儒莲经验教训的基础上，确立了自己的原则。他在《中国戏剧选》"导言"结尾处写道："我们为自己设定了最严格的忠实标准，并尽可能再现原作者的典型表达方式。但是，为了使剧本阅读更流畅，我们冒昧地把重复段落放在脚注里。事实上，翻译不能拘泥于原文。我们认为，就方法而言，逐字逐句的直译和过去传教士那种摘译，都会给读者的理解造成障碍。"[1] 虽然没有点名，巴赞显然不赞成儒莲逐字逐句的"直译"，更反对马若瑟不译曲词的"摘译"，他本人的标准是忠实于原作但不拘泥于原文，同时又尽可能再现原文的表达方式，总之他试图尝试新的翻译方法并取得更好的效果。

　　巴赞的翻译策略和实践倍受卫三畏的关注，后者专门为他的《中国戏剧选》写了评论（Bazin's Théâtre Chinois），刊登在《中国丛报》第 18 卷上，《合汗衫》的英译文则附在书评之后。元杂剧《合汗衫》全名《相国寺公孙合汗衫》，写财主张义之子张孝友雪中救活陈虎，反被他夺妻陷害，一家人离散，十八年后张孝友之子长大成人才得以报仇雪恨，全家再次团聚。促成父子相认、祖孙团聚的重要信物是张孝友早年的一件贴身汗衫，这也是题目的由来。

　　为了便于比较，让我们以第一折开场张义一家人饮酒赏雪一段为例，将中、英两版本抄录如下（法译本略，只在下文进行比较时引用）：

---

[1] Antoine Bazin, *Théâtre Chinois* (Paris: A L'Imprimerie Royale,1838), p. lii.

原文

第一折

（正末扮张义，同净卜儿、张孝友、旦儿、兴儿上）（正末云）老夫姓张名义，字文秀，本贯南京人也。嫡亲的四口儿家属：婆婆赵氏，孩儿张孝友，媳妇儿李玉娥。俺在这竹竿巷马行街居住，开着一座解典铺，有金狮子为号，人口顺都唤我做金狮子张员外。时遇冬初，纷纷扬扬，下着这一天大雪。小大哥在这看街楼上，安排果桌，请俺两口儿赏雪饮酒。（卜儿云）员外，似这般大雪，真乃是国家祥瑞也。（张孝友云）父亲母亲，你看这雪景甚是可观，孩儿在看街楼上，整备一杯，请父亲母亲赏雪咱。兴儿，将酒来。（兴儿云）酒在此。（张孝友送酒科，云）父亲母亲，请满饮一杯。（正末云）是好大雪也呵！（唱）

【仙吕点绛唇】密布彤云，乱飘琼粉，朔风紧，一色如银。便有那孟浩然可便骑驴的稳。

（张孝友云）似这般应时的瑞雪，是好一个冬景也！（正末唱）

【混江龙】正遇着初寒时分，您言冬至我疑春。（张孝友云）父亲，这数九的天道，怎做的春天也？（正末唱）既不沙，可怎生梨花片片，柳絮纷纷：梨花落，砌成银世界；柳絮飞，妆就玉乾坤。俺这里逢美景，对良辰，悬锦帐，设华裀。簇金盘、罗列着紫驼新，倒银瓶、满泛着鹅黄嫩。俺本是凤城中黎庶，端的做龙袖里骄民。

（张孝友云）将酒来，父亲母亲，再饮一杯。（正末云）俺在这看街楼上，看那街市上往来的那人纷纷嚷嚷，俺则慢慢的饮

酒咱。^[1]

译文

Act First

Scene 1

(In the house of Chang)

Chang and his wife, Hiauyu and his wife, and Hing

Chang: My family name is Chang, my name I', and my style is Wan-siu, or Literary Flower. My native country is Nanking. My family consists of four persons, myself, my wife Chau, my son Hiauyu and his young wife Li Yu. In bamboo-twig alley, where I live, near Mahing street, I have opened a pawnbroker's shop, with the sign of a Golden Lion. This is the reason why everybody calls me Chang, the chief of the Golden Lion. Now, the winter is just setting in, the snow falls in large flakes, and everywhere drifts and covers the ground. My son in a room above, adjoining the window, and has prepared a table, and says I and my wife must go up and enjoy with him the sign of the falling snow, and take some cups of wine.

(He and his wife go up.)

Chau: The lustrous whiteness of this snow is the emblem of purity, I can not doubt but that it is a presage of happiness for the state.

Hianyu (perceiving his father): My father, my mother, see here: the azure tint of this snow is well worth looking at. While looking

---

〔1〕顾学颉选注:《元人杂剧选》,人民文学出版社 1956 年版,第 306-307 页。

up and down the street from this verandah, I have prepared a cup. Come, my parents, enjoy this charming sight. Bring the wine, Hing.

Hing: Here it is.

Hiauyu (presenting a stoup of wine): My father, I beg you to take a cup of wine.

Chang: These thick snow flakes, my son, are truly very beautiful.

(He sings): The clouds, like ruddy vapors, extend and group themselves on all sides; the large flakes whirl about in the air; the north wind blows violently; the sight loses itself in the silvery horizon. Who would be able, at such a time, to meditate calmly when on his horse, as Ming Haujen did?

Hiauyu: This snow, which comes so opportunely, is a happy presage; it affords us a pleasant prospect for winter.

Chang (He sings): We are now just at the commencement of the cold weather, and so you say the winter is here; well, on my part, I maintain it is spring.

Hiauyu: But, father, it is autumn now. How can you take this to be spring?

Chang (He sings): If it were otherwise, how could the blossoms of the pear, petal after petal, fall as they do? How could the flowers of the willow fly about so in eddies? The pear blossoms heap themselves to heaven like a waving tiara, and fall again to the earth. I have before my eyes a delightful prospect, it is the most fortunate moment of my life; draperies of embroidered silk are suspended for me, a rich carpet of flowers is spread beneath my feet; I am served to the full with delicate viands placed on dishes of gold; goblets of silver are handed me full of delicious wine. Though in reality, I am only a plebeian, a simple citizen of the Phoenix city, yet for all that, I seem to swim in luxury, and my robe to be ornamented with dragons.

Hiauyu: Bring the wine; drink another cup, father, mother.

Chang: From this high verandah, I can look along the whole street. I see a confused multitude of men in the market-place, coming and going, or stopping; I hear their tumultuous cries. Let us stay quietly in this little chamber, and leisurely drain a few cups of wine.[1]

《合汗衫》原剧为四折，"折"对应西方戏剧的"幕"（Act），但折之下不再细分，法译和英译则根据西方戏剧的习惯分为若干"场"（Scene）。这里将张家饮酒赏雪作为第一场，后面店小二向陈虎讨要房宿饭钱作为第二场。

在注释方面，英译比法译简略。就第一场来看，英译文注释只有一个，是关于唐代诗人孟浩然的，相传他有风雪骑驴寻梅的故事，元人曾将这个故事编为杂剧。卫三畏的注释写道："（孟浩然）是一位中国诗人，他一边骑驴一边构思诗歌。"[2]这个注释在法译文中也有。此外法译文还有八个注释是英译本所没有的，但值得注意的是，有几个法文注释被卫三畏直接合并到了英译正文中，如张义介绍自己"字文秀"，英译文是"my style is Wan-siu, or Literary Flower"，法译是"mon titre honorifique Wen-sieou"，然后又在注释中说明"文秀"的意思是文华（fleur littéraire）。又

---

[1] S. W. Williams, "The Compared Tonic: A Drama in Four Acts", *The Chinese Repository*, Vol. 18, pp. 116–117.

[2] S. W. Williams, "The Compared Tonic: A Drama in Four Acts", *The Chinese Repository*, Vol. 18, p. 117.

如"员外"，法文正文用了音译"Youen-wai"，然后在注释中加以解释，"这是对商人的一种尊称"。如果追根溯源就会发现，员外最初是古代官名，别于正额（正式编制之内）官员而言，历代都设有员外郎，后来官爵泛滥，社会上多以官名互相滥称，故有财势者皆被称为员外。卫三畏在文中直接翻译成了"chief"。另外，在"紫驼""鹅黄"的翻译上，卫三畏跟随法译做了意译"delicate viands（mets recherchés）; delicious wine（vin exquis）"。这两个负载着厚重中国文化元素的词确实不好处理。以"紫驼"为例，它是古代一种奢侈、名贵的食品，用骆驼峰（骆驼背上拱起的肉）制成。巴赞对此在法译文中做了专门的注释，还特别引用了杜甫《丽人行》一诗中的"紫驼之峰出翠釜"。[1]这类法语注释一方面说明了巴赞精深的汉学造诣和严谨的态度，但也是因为他把译本当作一种学术著作来对待，而卫三畏只是为了向英语读者介绍元杂剧。

卫三畏译本的最大贡献在于首次提供了一份全文翻译，此前英语世界的元杂剧译本，无论是从法译本转译的《赵氏孤儿》，还是德庇时翻译的《老生儿》《汉宫秋》都是节译本，都删去了唱词。从上面引文我们不难看到，卫三畏将唱词和对话全部进行了翻译。元曲的唱词基本就是诗，要把其中的意象、典故翻译出来非常不容易。卫三畏对于唱词的翻译基本是准确到位的，但并非毫无问题。上面那段译文中就出了一个大纰漏——"端的做龙袖里骄民"被翻译成了"and my robe to be ornamented with dragons"。根据顾学颉的解释，"凤城、龙袖，均指京城。宋代，住在京都的人享受许多特殊待遇，被称为'龙袖骄民'"。[2]卫三畏将之翻译成"我的衣袍上装饰着龙文"显然不对，衣服上有龙袖或者穿龙袍的只能是皇帝，"龙袖"这里是借指京城，也就是玉辇之下、天子脚下的意思。卫

〔1〕Antoine Bazin, *Théâtre Chinois*, p. 140.
〔2〕顾学颉选注：《元人杂剧选》，人民文学出版社 1956 年版，第 314 页。

三畏错误的源头是巴赞，他的译文是"mon habit est orné de dragons"。[1]巴赞对自己的汉语能力一直信心满满，但难免会出现失误。如果没有巴赞的译本，卫三畏应该可以胜任直接从中文英译《合汗衫》的工作，但借助法译本来转译无疑更为省时省力，关键在于不管前人的水平多高，都不能迷信。

唱词因为是诗，有很强的抒情功能，典型的如张义与妻子儿女在看街楼上享受良辰美景时咏叹大雪纷飞的那一段，使用了叠字（la réduplication）、暗喻（la métaphore）、托寓（l'allégorie）等多种修辞手法，在巴赞看来是最能打动人心的诗句，因此"必须要有看懂这类原文的能力，才能理解作品风格与人物境遇的一致性。戏剧诗从诗体这一角度来看，要远远高于《诗经》中的作品"。[2]巴赞为了抬高戏剧诗，简直要颠覆《诗经》的经典地位。当然这里更能看出他对自己能够"看懂原文诗句的能力"的自信心。平心而论，诗的其他部分都译得比较到位，但"龙袖"是个遗憾的错误。巴赞首先搞错了，卫三畏也紧跟其后。

卫三畏英译文除了每折（幕）分场次，还对原文做了一个加工，就是在第一折（幕）前增加了出场人物列表（Dramatic Personnel）：

> Chang I, a rich landholder
>
> Chau, his wife
>
> Chang Hiauyu, their son
>
> Li Yu-noo, wife of Hiauyu
>
> Chinpau, son of the two last
>
> Hing, a domestic of Chang I

---

[1] Antoine Bazin, *Théâtre Chinois*, p. 141.

[2] Antoine Bazin, *Théâtre Chinois*, p. xxxviii.

Chin Hu, adopted son of Chang and Chau

Chau Hingsun

A waiting boy in a tavern

The abbot of a Buddhist monastery

The steward of the monastery

Priests

Lai, a boy

Bowmen under the orders of Chau Hingsun

Li Chang, judge at Suchau

Lectors and policemen in his suite[1]

　　除了张义、张孝友、陈虎、赵兴孙等主要人物，次要人物如府尹李志乃至他的随从都列入名单，可谓无一遗漏。这样的列表当然也是法文本所包含的（Noms des personnages），是西方剧本必备的一个内容。但遗憾的是，巴赞以及卫三畏都没有说明中国戏剧中角色的名称，如该剧的主要人物张义（也是主唱）是"正末"，妻子赵氏是"净"，陈虎也是"净"，更明确的名称是"邦老"，也就是剧中扮演强盗的人。焦循《剧说》云："帮老之称……皆杀人贼，皆以净扮之，邦老者，盖恶人之目。"[2]

　　卫三畏不仅关注英文著作，也关注其他文字的汉学著作，曾做过详细的梳理（详见本书第七章）。法国作为汉学大国，在 19 世纪拥有最多的专业汉学家，其大量成果也是众所瞩目的。卫三畏对他们在中国文学方面的成就尤为钦佩，1845 年他从广州返回美国探亲途经巴黎，在那里购买了一批法国汉学著作，巴赞的《中国戏剧选》是其中重要的一册，西方最新的

---

〔1〕S. W. Williams, "The Compared Tonic: A Drama in Four Acts", *The Chinese Repository*, Vol. 18, p. 116.
〔2〕顾学颉选注：《元人杂剧选》，人民文学出版社 1956 年版，第 314—315 页。

戏剧研究成果引发了他高度的热情。不仅如此，他在巴黎期间还特地拜访了巴赞。卫三畏在当年 8 月 25 日给裨治文的信中写道："我受到了巴赞先生的多方照顾，他的不辞劳苦和诸多好意让我感到很不好意思，他使我对巴黎的访问了无遗憾。"[1]个人之间的交往显然也是促使卫三畏写作书评并根据巴赞法文本进行英译的一个动因。

　　翻译中国文学对于当时的西方汉学家来说无疑是一个"尖端"领域，这首先要求译者精通汉语，而仅这一点就已经很难做到，法国学者能够迎难而上，在这样一个具有高难度的领域大显身手，本身就说明他们的汉学造诣高人一等。英美汉学家中只有德庇时在文学翻译上可以向法国人提出挑战，当卫三畏写这篇评论文章时，德庇时的英译《老生儿》《汉宫秋》已经出版。但德庇时的译本有一个重大缺陷——不译曲词。对此，巴赞在《中国戏剧选》导言中给予了批评："他一定程度上模仿了马若瑟的做法，更注重口头对话的简单再现，而不是对抒情段落的解读，因为后者需要努力、智慧和对中国古代风俗习惯的深入了解……我们乐于承认英国汉学家的贡献，但也许他太不相信自己的能力了，以至于效仿马若瑟删去了曲词，他本应忠实地把它们翻译出来。"[2]巴赞对于曲词的重视无疑是非常正确的，包括元杂剧在内的中国古代戏剧乃是"戏曲"，以唱为主，对话则相对次要（所以称为"宾白"），这同西方的话剧差别很大。"元杂剧的曲文主要是抒情，展示剧中人物复杂的内心世界与激烈的情感表现。它既要充分展示人物的内心世界，使其情感得到淋漓尽致的表现，还必须让不同文化层次的观众，通过曲文深入人物的内心世界，理解人物的情感表现。曲文承担了既塑造人物又让观众认识人物的双重任务，这就促使元曲家无不竭尽

〔1〕S. W. Williams to E. C. Bridgman, 25 August 1845. 顾钧、〔日〕宫泽真一主编：《美国耶鲁大学图书馆藏卫三畏未刊往来书信集》（第 19 册），广西师范大学出版社 2012 年版，第 457 页。
〔2〕Antoine Bazin, *Théâtre Chinois*, pp. xlviii–xlix.

160

全部才情进行曲文的创作。"[1]另外元杂剧的艺术体例是一人主唱，而此人一般是剧中最重要的人物，不译曲文无疑大大减损了原作的形态。总之，就包括元杂剧在内的中国戏曲来说，只译对话不译唱词近于舍本逐末。

但德庇时的汉语能力不容低估，1829 年也就是《汉宫秋》节译本问世的当年，他发表了《汉文诗解》一文。此文不仅讲解了中国诗歌韵律对仗等形式上的要求，还参照欧洲的诗歌类别介绍了中国各类诗歌的情况，并且引用了数十首完整的诗歌词曲作为例证。其中除了《诗经》此前有译文可以参考，其他如杜甫《春夜喜雨》、欧阳修《远山》《红楼梦·西江月》以及《长生殿·闻铃》中的《武陵花》等，此前均未被翻译成西文，译文完全出自德庇时之手，可见他对中国诗词并非不能领会和翻译。

马若瑟精通汉语，能用中文写作，水平显然在德庇时之上，但是他不翻译曲词的原因在于其翻译策略，一位研究者指出："马若瑟的翻译策略是基于同时代法国一般读者的理解与接受水平的，他根据自己对中西文化差异的了解，根据作品可能被理解的难易不同，做出删减、修改、增补的不同处理，尽量使读者可以轻松、顺畅地把握作品的基本信息。"[2]以这个思路同样可以理解德庇时，他把戏剧看作一种新奇的通俗文学读物，认为唱段的价值只在于悦耳（正如中国老话不说"看戏"而说"听戏"），而文辞对西方人来说则不免过于晦涩，因而不值得翻译。[3]

两种不同的翻译策略有助于我们一窥两类汉学家——专业和业余的差异：马若瑟与德庇时虽然一为传教士，一为商人，但他们都长期在华生活，中国对他们来说是一个当下的存在，他们翻译的期待读者是每一个希望了解中国的西方人；而巴赞以及他的老师雷慕沙、儒莲等学院汉学家则完全不同，他们一生从未来过中国，而且觉得无此必要，因为他们不是把中国

〔1〕田同旭：《元杂剧通论》（上册），山西教育出版社 2007 年版，第 59 页。
〔2〕李声凤：《中国戏曲在法国的翻译与接受（1789—1870）》，北京大学出版社 2015 年版，第 69 页。
〔3〕John F. Davis, *Laou-seng-urh, or, An Heir in His Old Age* (London: John Murray, 1917), p. xlii.

当作一个现实的、可以交流的对象，而是一种已死的古代文明，他们只将戏剧小说当作和经史子集一样的文献，完全忽视它们作为通俗文学的消遣娱乐功能，所以全文翻译是必需的。从这个角度我们也可以更好地理解卫三畏，他无疑属于马若瑟、德庇时一类，他的作品以及刊载他作品的《中国丛报》都是面向欧美普通读者的。这里可以再举一个例子来说明。关于《合汗衫》这出戏的标题，卫三畏只是简单地在英译文上写了《相国寺公孙合汗衫》几个汉字。巴赞则做了一个详细的注释，先解释什么叫"汗衫"，然后写道："这出戏的'正名'（le titre correct）是《相国寺公孙合汗衫》，'题目'（l'argument abrégé）是《东岳庙夫妻占玉玦》。"〔1〕这显然是学院派汉学的特色。巴赞用的底本来自臧懋循《元曲选》，此剧还有另外两种传本：一是《元刊杂剧三十种》本，题目正名为"马行街姑侄初结义，黄河渡妻夫相抱弃。金山院子父再团圆，相国寺公孙汗衫记"；二是脉望馆钞校内府本（《古今杂剧》），题目正名为"金沙院子父再团圆，相国寺公孙合汗衫"。〔2〕

就中国戏剧的英译本来看，卫三畏之前直接从原文翻译的是德庇时的《老生儿》和《汉宫秋》，但都是省略唱词的节译本，从这个角度来看，卫三畏的《合汗衫》全译本就显得意义重大了，它不仅是美国最早的元杂剧全译本，而且是整个英语世界最早的。卫三畏以全译本的方式来处理《合汗衫》，表明了他对中国文学美学价值的某种欣赏，这是有别于德庇时的，后者认为"获取中国内情最有效的方法之一，是翻译中国的通俗文学，主要是戏剧与小说"〔3〕，可见完全是出于实用的目的。

卫三畏译文前的一段文字主要是对巴赞《中国戏剧选》的评论和自己对中国戏剧的看法，其中的观点自然在很大程度上借鉴了巴赞。但无论如

〔1〕Antoine Bazin, *Théâtre Chinois*, p. 137.

〔2〕顾学颉选注：《元人杂剧选》，人民文学出版社1956年版，第313-314页。

〔3〕J. F. Davis, "Observations on the Language and Literature of China", *Chinese Novels*, p. 9.

何，这是美国人关于中国戏剧的最早论述，值得全文翻译，以飨读者：

> 法国汉学家在中国文学的广泛领域所作的努力值得高度赞扬，与英美学者在同一领域的微薄工作形成了强烈反差。无论是法中之间的贸易量，还是法国人在中国居留的人数，与英美相比都要少得多。法国对于中国的关注很大程度上应该归功于从路易十四时代起法国政府的支持，皇家图书馆丰富的中文藏书则为研究提供了便利的条件。在文化之都巴黎，这样一批藏书自然会引发人们去探究其中的内容。一批有进取心的东方学者如傅尔蒙（Étienne Fourmont）、雷慕沙和圣马丁（A. J. Saint Martin）做出了榜样，激发其他人群起效仿，汲取他们的经验教训，把汉学的范围扩展到此前鲜为人知的领域。
>
> 这里讨论的《中国戏剧选》是一个实例，表明付出艰辛的劳动就能在中国文学领域作出优异的成绩。我们非常感谢巴赞先生这位和蔼可亲的博学之士，他给我们带来了阅读中国戏剧的乐趣。他的"序言"使选集更具价值，其中介绍了中国戏剧史，展示了许多关于中国戏剧起源以及表演娱乐的有趣信息。根据他的论述我们知道，公元720年左右在唐玄宗的宫廷中首次出现了戏剧演出，梨园弟子们的歌舞表演是为了给达官贵人提供娱乐。唐玄宗十分注意乐工的组织和乐曲的安排，并请文人和艺人协助他的戏剧创作和表演。和上古宗教仪式上的乐舞完全不同，这类表演从娱乐逐渐堕落为放荡，最终招致了惩罚。唐朝覆亡后的动荡几乎不可能给文人和演员任何创作的机会，直到11世纪的宋朝以及它的后继者元朝，戏剧在中国才逐渐达到了高峰。
>
> 巴赞从中选译四部作品的剧作集是《元人杂剧百种》，其中的五部作品已被西方学界普遍关注，它们是《赵氏孤儿》《老生

儿》《汉宫秋》《灰阑记》《㑇梅香》。最后一部《㑇梅香》的译者正是巴赞。他还告诉我们，元朝活跃着 81 位男作家和 4 位女作家，他们一共创作了 460 部戏，其中一位至少写了 60 部。这些作家的主要目的是通过彰善惩恶来提升观众的道德意识，在他们的戏中，正直、孝顺、勤勉的人最终都会获得荣誉和善报，结局总是一成不变地让美德获胜、让邪恶被唾弃。尽管这些道德剧对中国人的行为影响有限，但在这样一个国家里，剧作家不去迎合他们同胞的喜好，乃是一件令人鼓舞的事情。

在中国戏剧当中，主要人物通常都体现了某种道德情操，正如我选译的《合汗衫》中的张义那样。关于中国戏剧的这一特点，巴赞指出："中国人不仅赋予戏剧表演以道德功能，还设计了一种达到此目的的方法，即让一个人物在音乐的伴奏之下用带有抒情和夸张意味的语言传达所需表现的主题。他处于作者和观众之间，有点像古希腊剧院的唱诗班，区别在于他加入戏剧行动，通常是戏剧的主角。每当大事发生或是灾难降临，他都会停下来唱一段，以此打动观众。如果他在剧中死了，这个任务就由其他人物来完成。他不仅吟唱，而且唱词中会引用圣贤的格言、哲学家的训诫，或者来自历史和宗教的例证，这是一个显著的特征。通过这一设计，中国人 12 世纪就认识到了几个世纪后维加（Lope de Vega）在论述新戏剧艺术时提出的原则。"

中国戏剧中的唱词多种多样，作家在合适的时机安排剧中人物演唱，巴赞先生对此进行了论述，他还说明了中国戏剧的场次问题，认为与欧洲戏剧颇为相似。"中国每一部戏都有规律地由四折（四幕）组成，有时前面有一个楔子（序幕或开场白），其中主要人物登场即会自报家门，介绍故事的背景，或叙述一些观众感兴趣的前因。在元代戏剧里，序幕是对话式的，有时也念诗，但在唐代，它是由一个报幕的演员念诵的，有些像古罗马普劳图斯（T. M. Plautus）剧作的序幕。当一出戏由楔子和四折组成时，楔子用来介绍剧情，当省略楔子时，第一折就包含了开场白的功能，第二折情节进展，持续到第三折，第四折完成对罪恶的报应和对罪犯的惩罚。中国戏剧不分场，和我们的传统不同。但每个人物的出入都用'上''下'来表示，在一旁自言自语叫作'背云'。楔子和前三折一环套一环，连接紧密，最后一折为表现整出戏的道德教训常常会做别样的安排。"

希望上述介绍有助于理解以下这出戏《合汗衫》，它是《中国戏剧选》中的四出之一，作者是 13 世纪一位聪明的女性张国宾。这出戏的主要目的是宣扬孝道，展现对恶行的揭露和惩罚，另外就是让观众看到扶困济贫的回报，以及官府对良善行为的嘉许。[1]

这段文字中有一些地方值得关注。一本四折加楔子，四套宫调一人主唱到底，这是元杂剧的基本构成形式。"四折"即四幕戏的形成，一般认为是承袭宋金杂剧的旧制。元人陶宗仪《南村辍耕录》云："院本、杂剧，其实一也。国朝院本、杂剧，始釐而二之。"[2]所谓"楔子"，取意于木工用语。由于元杂剧四折体例限制太严，一些情节难以在四折中表现，遂加楔子。楔子剧情短小，但在体例上与"折"是平列的，为一本杂剧的重要组成部分。通例一本杂剧安排一个楔子，置于四折之前，属全剧的序幕或开场戏，作为剧情的开端。楔子也可灵活使用，有时放在全剧的中间，称为"过场戏"，用以衔接补充剧情，如无名氏《介子推》的楔子安排在三、

〔1〕S. W. Williams, "The Compared Tonic: A Drama in Four Acts", *The Chinese Repository*, Vol. 18, pp. 113–116.

〔2〕陶宗仪：《南村辍耕录》，中华书局 1959 年版，第 306 页。

四折之间。有时一本杂剧可以出现两个楔子，如金仁杰《东窗事犯》，开头一个楔子，二、三折之间又安排一个楔子。一本四折是元杂剧规范的体例，但偶有突破者，如最早传播到欧洲的《赵氏孤儿》就是五折，此外关汉卿《五侯宴》、白朴《东墙记》都是五折。王实甫《西厢记》、吴昌龄（杨讷）《西游记》分别为五本二十折、六本二十四折的多本戏。[1] 元杂剧在折之下不再细分，不像西方戏剧在每幕之下再分场，为了适应西方读者的习惯，巴赞和卫三畏将《合汗衫》每折分为若干场，如第一折分为五场，主要根据场景和人物的变化，比如第一场地点在张家，场景是张义一家人喝酒赏雪，第二场地点在旅店里，场景是店小二向陈虎讨要房宿饭钱。

　　对于比较文学研究者来说，上面引文中的一些观点是饶有兴味的，特别是"中国人 12 世纪就认识到了几个世纪后维加在论述新戏剧艺术时提出的原则"。维加是文艺复兴时期西班牙最重要的诗人剧作家。他于 1609 年发表诗体论文《当代编剧的新艺术》（Arte nuevo de hacer comedias en este tiempo），主张戏剧要弘扬荣誉和美德。荣誉指人们的美好理想和正当权利，美德指争取和维护荣誉的英雄主义品质。中国戏剧（以及中国文学）历来重视载道，宣扬忠孝节义，其中孝为百善之先，在中国传统道德教化中影响巨大，对此卫三畏深有体认。巴赞翻译的《中国戏剧选》中收入了四出戏，为什么卫三畏单单选了《合汗衫》？估计一方面固然是他看到了翻译戏剧的难度，《合汗衫》相较于其他三个剧本在文字上要简单一些，更主要的应该还是"这出戏的主要目的是提倡孝道"，卫三畏早在 1837 年就将《二十四孝》全文翻译成了英文，那是故事的形式，时隔多年后翻译《合汗衫》则是让普通西方读者通过戏剧的形式了解中国人最为看重的一种美德。

　　上面引用文字中有一个错误，即卫三畏介绍《合汗衫》的作者是"13

---

[1] 田同旭：《元杂剧通论》（上册），山西教育出版社 2007 年版，第 62—70 页。

166

世纪一位聪明的女性张国宾"，这显然是不对的，根据钟嗣成《录鬼簿》，张国宾是和关汉卿、马致远、王实甫一样活跃于大都的男性作家。顾学颉《元曲选》指出："张国宾，一作张国宝（"宾"与"宝"字形近而误），艺名张酷贫（"国宾"二字的谐音），元代著名戏曲演员，任教坊勾管，工于杂剧编撰，著杂剧五种，现存《合汗衫》《薛仁贵衣锦还乡》《罗李郎大闹相国寺》三种。"[1]可以补充的是，他的职位"教坊勾管"在元代职官体系中属于从八品。另有学者指出，"卫三畏从何处得知张国宾是女性剧作家不得而知。《太和正音谱》中将张国宾列入'娼夫之词'，并指出：'娼夫自春秋之世有之，异类托姓，有名无字，赵明镜讹传赵文敬，非也；张酷贫讹传张国宾，非也'。'娼夫'在元明时指男性优伶，故张国宾应为男性剧作家。卫三畏此处介绍有误。"[2]这里的分析很有道理，根据钟嗣成《录鬼簿》的记载，元曲家共 152 位，其中 75 位为散曲作家，杂剧作家为 82 位，均为男性。中国直到明清时代才出现了个别女戏剧家，如叶小纨、王筠、刘淑曾。王、刘是清代人，叶是明代人（确切说是明末人，生于 1613 年），是迄今所知中国历史上有剧作传世的女戏曲家的起点。古代戏曲作家性别比例上的失调，不可谓不严重。杂剧发达于元代，关汉卿、王实甫、马致远、白朴、郑光祖等一大批男性作家赫然构成了元杂剧创作的辉煌高峰，但收入《元曲选》和《元曲选外编》的 160 多部杂剧作品，竟然没有一部可以明确指认为出自女性之手。对此状况，谭正璧在《中国女性文学史》中指出："因为中国保守的'正统'文学界素不以戏曲、弹词为文学，所以女性戏曲家和弹词家都很难发现……应看到戏曲、弹词作为叙事体文学需反映广阔的社会和人生，而有文化的妇女皆被封建绳索捆绑于丰富的政治、社会生活之外，裹足于幽阁深闺之内，缺乏深入生活、

---

[1] 顾学颉选注：《元人杂剧选》，人民文学出版社 1956 年版，第 314 页。
[2] 李玉辉、潘明军：《美国汉学界中国戏曲研究之发端——从 19 世纪中期到 20 世纪 30 年代》，载《中华文化论坛》2022 年第 2 期，第 112–113 页。

观察社会和了解人生的条件，巧妇难为无米之炊，无怪乎她们于此勉为其难。"[1]的确，"男主外，女主内"的伦理训条和社会现实严重束缚了古代中国女性的双足和心灵，被局限于闺阁绣楼之小小天地的她们只能写些诗词歌赋。即便明清时期出现了个别女戏曲作家，出于她们之手的剧作也大多免不了在闺门生活、个体情感中兜圈子。而且即使她们写出了戏剧作品，要指望当时社会为之提供出版和演出的机会也是难上加难。《录鬼簿》作为最早的元曲作家传记中没有女性的身影，也就不奇怪了。

卫三畏认为元代已经出现女戏剧作家的判断是太过于乐观了，他错误的源头显然是巴赞，巴赞把"娼夫"一词译作"Courtisane"（妓女），后来在《元代》一书里，他再次说明张国宾等四位"娼夫"剧作家为妓女。[2]

第五节　《春园采茶词》

茶叶是中国的特产，也是最重要的出口商品之一，卫三畏在《中国丛报》第8卷第3期（1839年7月）上发表过一篇专门的文章（Description of the Tea Plant），介绍了中国各种茶叶的名称、种植和烤制方法，以及国内消费和出口情况。作为对这篇文章的补充，他在《中国丛报》下一期（第8卷第4期）推出了三十首《春园采茶词》的译文（A Ballad on Picking Tea in the Gardens in Springtime, in Thirty Stanzas），目的显然是为了使西方读者更清楚地了解茶叶种植和加工的情况。该词共三十首，作者是海阳亦馨主人李亦青，卫三畏以中英对照的方式全部加以翻译，其中第一首和第四首是这样的：

---

〔1〕谭正璧：《中国女性文学史·女性词话》，上海古籍出版社 2012 年版，第 26–27 页。
〔2〕Antoine Bazin, *Le Siècle des Youên* (Paris: Imprimerie Nationale, 1850), p. 364.

168

原文

> 侬家家住万山中，
>
> 村北村南尽茗丛，
>
> 社后雨前忙不了，
>
> 朝朝早起课茶工。
>
> 双双相伴采茶枝，
>
> 细语叮咛莫要迟，
>
> 既恐梢头芽欲老，
>
> 更防来日雨丝丝。

英译

> Our household dwells amidst ten thousand hills,
>
> Where the tea, north and south of the village, abundantly grows;
>
> From chinshay to kuhyu, unceasingly hurried,
>
> Every morning I must early rise to do my task of tea.
>
> In social couples, each to aid her fellow, we seize the tea twigs,
>
> And in low words urge one another, "Don't delay,
>
> Lest on the topmost bough, the bud has even now grown old,
>
> And lest with the morrow, come the drizzling, silky rain." [1]

卫三畏在译文之前有一小段说明，告诉读者七言绝句的一些特点，

---

[1] S. W. Williams, "A Ballad on Picking Tea in the Gardens in Springtime", *The Chinese Repository*, Vol. 8, pp. 196−197.

"每行七个字，由四行组成，第一行、第二行、第四行彼此押韵"，并特别
强调，在原诗中每一句的主要停顿是在第四、五字之间，次要停顿在第二、
三字之间。他以第一首为例展示了这种押韵和停顿：

> Nung kea, kea choo, wan shan chung,
>
> Tsun nan, tsun pih, tsun ming tsung,
>
> Shay how, yu tseen, mang puh leaou,
>
> Chaou chaou, tsaou he, ko cha kung.[1]

以字母拼注的方式来展示中国诗歌的节奏和韵律，能够给西方读者
带来一种直观感受，也更易于他们理解。此外，卫三畏还在文中引用了英
国汉学家德庇时关于中国诗歌停顿和对仗的论述。所以，卫三畏的初衷虽
是运用此组诗歌为中国茶文化的文章做一补充，但他对三十首诗歌的全篇
翻译以及对韵律节奏的介绍，无疑从一定程度上推动了中国诗歌在西方的
传播。当然，卫三畏充分意识到了以诗译诗的难度，表示自己在这里做的
"只是将原文的意思表达出来"，而不是试图将中文原作翻译成地道的英
文诗歌。如果说翻译小说、戏剧的难度已经很大，那么诗歌的翻译则是难
上加难，卫三畏敢于尝试，本身就勇气可嘉，同时也展示了对于汉语能力
的自信。后来卫三畏又将这三十首诗的译文收入了 1848 年版《中国总论》
上卷（第 577-581 页），但只有英文，没有中文对照。

　　有意思的是，这三十首诗后来在《采茶词》（Tea-Picking Ballad）的
标题之下出现在德庇时 1870 年出版的《汉文诗解》增订版之中，同样是
中英对照的形式。德庇时在译文前面的介绍文字中写道："我在《19 世纪
上半叶中国研究在英国的兴起与发展》一文中曾说，《中国丛报》第 8 卷

---

[1] S. W. Williams, "A Ballad on Picking Tea in the Gardens in Springtime", *The Chinese Repository*, Vol. 8, p. 195.

170

上刊登了一篇中国诗歌的高质量译文，诗的主题是春天在山中采茶，年轻姑娘吟唱的歌谣描绘出景物、气候以及她的内心感受，呈现出自然有趣、欢乐而近于天真的形象。此后茂叟（W. T. Mercer）先生（牛津大学硕士）也做了翻译，文字雅洁，很好地表达了原诗的意思和风格，我将它们一首一首抄在下面，中英文对照。《中国丛报》上的那位译者说原诗来自绿茶种植地区的一位商人，印在一种极为精致、饰有花边的红笺上。他还说在解释中国诗歌的结构时，参考了我《汉文诗解》最初的版本。但是我在文章第一部分对中国诗歌结构的详细解释对于这类简单通俗的民歌来说有些过于复杂了，这三十首诗歌本身的清新流畅非常适合采茶的场景。"[1] 显然，德庇时当时并不清楚这三十首诗的首译者是卫三畏，这也不奇怪，因为当时《中国丛报》上一般不特别标注作者或译者的名字，此篇最后只标示了"W"，收入 1848 年版《中国总论》时也只是说明"来自《中国丛报》第8卷"。[2]

《19 世纪上半叶中国研究在英国的兴起与发展》（The Rise and Progress of Chinese Literature in England, during the First Half of the Present Century）是德庇时早年的一篇文章，后来和其他 8 篇文章共同收入 1865 年出版的《中国杂记》（Chinese Miscellanies: a collection of essays and notes）一书。该文全面梳理了早期英国人在学习汉语、研究中国文化和翻译典籍方面的贡献，在讲到诗歌的部分提到了《中国丛报》的这三十首诗歌的翻译。

《中国丛报》上的这三十首《采茶词》的译者为卫三畏，应该是很明确的，但有学者提出了另外的看法：

---

〔1〕J. F. Davis, *The Poetry of the Chinese* (London: Asher and Co., 1870), p. 67.

〔2〕S. W. Williams, *The Middle Kingdom* (1848), Vol. 1, p. 581.

这组诗的原文与英译最早于 1840 年发表在《中国丛报》第 8 卷的"中国诗歌"栏目里。译者茂叟曾是英国驻香港总督府的高级职官，后执教于牛津大学，本名 W. T. Mercer，生于 1822 年，卒于 1879 年。1835 年前后，茂叟任职香港殖民地大臣（The colonial secretary）期间，因工作关系接触到不少从事中英贸易的商人，其中包括徽商。据译文前所附编者按，说明茂叟自一位徽州茶商处得到这组诗之时，写在"一种极为精致，印有花边的红笺上"——大约是茶商将这组诗的书法作品作为礼物送给了茂叟。徽商大多通文墨，读书明理，至于这位送礼的茶商是否就是原作者，此处没有述及。茂叟生平嗜茶，得到这组诗之后甚为喜爱，便亲自动手译成英文。刊发时配有原文，作者是"海阳亦馨主人李亦青"。据研究明清徽商的当代学者唐力行先生介绍，李亦青当是屯溪知名茶号李祥记的主人。[1]

这里说《中国丛报》上三十首诗的译者是茂叟，不知根据何在。在《汉文诗解》中，德庇时介绍完《中国丛报》上刊载的译文之后，明确地说"此后茂叟先生也做了翻译，文字雅洁"（a very neat English version has since been made by Mr. W. T. Mercer）。另外，根据上面引文可知，茂叟生于 1822 年，那么 1839 年（引文中说 1840 年是不准确的）他在《中国丛报》发表翻译时才十七岁，还未成年，恐怕太过于年轻了。另外，上面引文又说他 1835 年（也就是十三岁）前后任职香港，恐怕就更不对了。

根据学者们的研究："《汉文诗解》一书最早全文发表于 1829 年的《英国皇家亚洲学会会刊》（*Transactions of the Royal Asiatic Society of Great Britain and Ireland*）第 2 卷（第 393-461 页），同年在伦敦出版单行本，

---

[1] 江岚：《英译〈春园采茶词〉与茶文化的西行》，载《汉学研究》2015 年秋冬卷，第 573 页。

英文名为 *On the Poetry of the Chinese*，页面顶端有楷体'汉文诗解'四字，
下附拉丁文书名。1834 年，澳门东印度公司出版社再次出版此书，书名未
加改动。1870 年，伦敦阿谢尔出版公司又一次出版增订版，英文名改为
The Poetry of the Chinese。与此前版本相比，1870 年版《汉文诗解》扩充了
引述诗篇，增加了萧纲的《江南弄》、王涯的《送春词》及三十首《春园
采茶词》。"[1] 据此可以推测，茂叟《采茶词》译文应该完成于1870年之前，
1839 年《中国丛报》刊载卫三畏译文之后。

　　比较卫三畏和茂叟的译文可以发现，前者基本是直译，而后者则经常
意译，试图更贴近西方读者的阅读口味。如第一首茂叟的译文如下：

> Where thousand hills the vale enclose, our little hut is there,
> And on the sloping sides around, the Tea grows everywhere;
> And I must rise at early dawn, as busy as can be,
> To get my daily labour done, and pluck the leafy tea.[2]

　　颈联"社后雨前忙不了"这句，卫三畏译为"From chinshay to kuhyu,
unceasingly hurried"，其中"春社"和"谷雨"用了拼音"chinshay"和
"kuhyu"，这在茂叟看来显得过于生搬硬套，不利于英美读者理解，于是
他将原诗前后的句意糅合在一起，译为"我必须黎明即起，忙忙碌碌，完
成每天采茶的任务"，干脆将"社后雨前"的词意省略掉，但也没有过于
偏离原意。

　　另外和卫三畏的译文比较还可以发现，茂叟注意到了押韵（there/
where, be/tea），给人感觉似乎更有诗味，卫三畏的译文则显得直白。但从

---

〔1〕王燕、房燕:《〈汉文诗解〉与中国古典诗歌》，载《文艺理论研究》2012 年第 3 期，第 46 页。
〔2〕J. F. Davis, *The Poetry of the Chinese*, p. 68.

贴近原文来说，则卫三畏做得更好。"north and south of the village"显然比"on the sloping sides around"更符合"村北村南"的意思。"万山"卫三畏用了"ten thousand hills"，而茂叟是"thousand hills"，虽然这里原文显然带有文学夸张的意味，但卫三畏的译文无疑更为忠实。

第四章　奠基之作：《中国总论》

　　1844 年，卫三畏作为传教士印刷工在中国已经工作了十一年，按照美部会规定，每十年可以休假一次，而父亲每况愈下的身体状况更增加了他回国的愿望，可是资金紧张的美部会却无法提供他回程的费用，于是卫三畏只有耐心等待。机会突然来到，这是由美国商人祢结理（Gideon Nye）慷慨提供的，他建议卫三畏陪伴他经过埃及和欧洲回国，但后来他本人由于业务的羁绊直到卫三畏到达美国后才离开广州。祢结理与卫三畏一样，都于 1833 年来到中国，早已是关系亲密的朋友。为了表示对祢结理的感谢，卫三畏将 1848 年出版的《中国总论》献给了他。[1]

　　法国学者考狄（Henri Cordier）在权威性的《西人论中国书目》（Bibliotheca Sinica）中将《中国总论》放在第一部分《中国总说》的第一类"综合著作"中，[2]这是放入这一类别中的第一部美国著作，从这个意义上讲，将《中国总论》说成是美国汉学兴起的标志，应该是符合事实的。《中国总论》无疑是卫三畏最具代表性的著作，也是 19 世纪美国汉学的标杆之作。但它并非早早就在卫三畏的计划之列，而是带着不少因缘际会的成分。当然，不管有多少外在的机缘，卫三畏此前积累的中国经验和汉学研究才是关键所在，用"十年磨一剑"来形容这本书的问世是再恰当不过的。

---

〔1〕Gideon Nye, *The Morning of My Life in China 1833—1939* (Canton, 1873), p. 36; 卫三畏的献词如下："To Gideon Nye, Jr., of Canton, China: a testimonial of the respect and friendship of the author."。

〔2〕Henri Cordier, *Bibliotheca Sinica* (Paris: E. Guilmoto, 1904), p. 85.

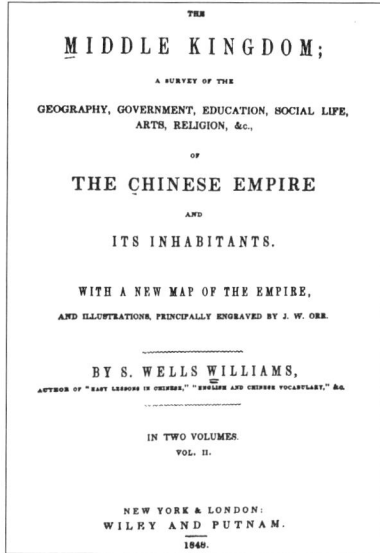

《中国总论》英文书名页

《中国总论》中文书名页

第一节　小型百科全书

1844 年 11 月，卫三畏独自踏上了归国的旅途，主要目的是省亲，同时也是为柏林工匠奥古斯特·拜尔豪斯的中文活字筹措经费。卫三畏和这套活字的关系，比起他赞助戴尔活字更为直接而密切。若无卫三畏的鼎力支持，"柏林字"恐怕难以问世。追根溯源，卫三畏和拜尔豪斯的缘分来自戴尔活字。第一次鸦片战争结束后，传教士的中文印刷不再受清政府的限制，因此对西式中文活字的盼望更为殷切，不料戴尔却于 1843 年 10 月在澳门病逝，伦敦会是否愿意继续完成他未竟的活字事业一时不能确定。

当时由法国工匠勒格朗在巴黎所造的中文活字虽然已达到实用的程度，但采用的是拼合式，即将汉字的部首与另一半拆开分铸两个活字，排版时再拼合成字，一个部首活字可拼合成许多不同的汉字，以致字形显得怪异，卫三畏难以认同。而卫三畏手中有的那套东印度公司活字，在使用的过程中由于各种原因遗失了很多，急需增补，特别是字体较小的一套，由于字数少而使用率高，增补量尤其多。在这种情形之下，卫三畏对于新的中文活字的期待，自然从前途未卜的戴尔活字转移到适时出现的柏林活字上。1844 年年中，拜尔豪斯将自己铸造的一些活字样品，寄给同是德国籍的在华传教士郭实猎，郭将之转给卫三畏，卫三畏感觉赏心悦目，有意购买。1844 年年底卫三畏离华前夕写信和拜尔豪斯联系，才知道拜氏欠缺资金，只铸造了活字样品而已。拜尔豪斯的原定计划是打造 3000 个字模，以此生产出 2 万个活字。卫三畏觉得拜氏的活字优美，要价不高，于是再度发挥以前帮助戴尔的热忱，决定促成柏林活字的铸造，愿意负担一半经费，同时请拜氏向当地政府申请另一半经费。

在得知普鲁士政府拒绝补助而拜氏仍愿继续铸造后，卫三畏决定继续想办法。他知道当时美部会经费困难，于是向对中文活字很感兴趣的美国长老会秘书娄睿（Walter Lowrie）寻求合作，由美部会和长老会合作订购柏林活字字模，双方各出一半费用，而美部会的那一半费用就由卫三畏个人承担。这项计划得到美部会认可后，卫三畏和娄睿交涉并达成协议：双方合购柏林字模，各付 1300 元的经费，字模交给长老会在中国的印刷所使用，美部会或卫三畏需要活字时由长老会供应。但好事多磨，柏林活字直到 1857 年年初才告完成，从 1859 年起在长老会位于宁波的"华花圣经书房"使用。后来这套活字用于卫三畏《汉英韵府》的印刷（详见本书第六章）。这自然是后话，也是卫三畏始料未及的。[1]

　　为了完成这一计划，卫三畏一回到老家就积极活动，很快在家乡父老中筹集到了 600 美元，但资金还是有所短缺。于是他决定在家乡和附近地区发表一系列演讲，主要内容是中国的历史和现实。此时中国的大门刚刚打开，这激起了有识之士对中国的兴趣，加上卫三畏对中国的情况甚为了解，演讲取得了不错的效果，不少地方都向他发出邀请。当时交通工具已经极大地发展了，这为卫三畏接受不同地区的邀请提供了便利，他可以在几天之内辗转两三个城市，演讲地点于是从其家乡附近扩展到克利夫兰、布法罗等纽约州和俄亥俄州的多个重要城镇。[2]每到一处，他都会把握一切机会向那里的听众介绍中国的情况，使他们更多地了解这个东方大国。在这段时期的书信中，有一封（1846 年 3 月 3 日致继母）特别显示了他乐此不疲的热情："正如我所期望的那样，这里的许多人对我和我的工作都表示出了兴趣。我与他们的相处十分愉快，他们多次付给我酬金。我希望我所谈到的关于中国和中国人的情况，能在听众心中激起一些对中国人的精神生活的同情，而不是仅仅满足他们的好奇心……昨天晚上我在大教堂演讲，连自己都没想到我竟然讲了两个半小时。我在这里的所有演讲都长

---

〔1〕苏精：《卫三畏与中文活字》，载《印刷文化》2020 年第 1 期，第 62–63 页。

〔2〕F. W. Williams, *The Life and Letters of Samuel Wells Williams*, pp. 146–147.

达两个小时，而且听者众多。"[1]到1846年年底，卫三畏已经做了超过百场讲座。

在卫三畏之前，伯驾也曾利用1840年回国休假的机会发表有关中国问题的演讲，同样非常成功。但伯驾没有通过演讲来获取收入的压力，场次很少，时间也短。更重要的是，伯驾作为最早的美国来华医学传教士，其话题基本围绕"中国对医疗的迫切需要"，以及如何通过医疗打破中国人的偏见以获取对外国人的信任。[2]卫三畏演讲的话题则要广泛得多，而且有筹款的任务在身，不得不承受重复演讲的疲倦和四处奔波的劳累。尽管如此，演讲的过程却使他多年积累起来的有关中国的知识系统化了。更重要的是，他对自己有了新的认识——在美国没有人比他更了解中国。"虽然不是大学里的专家，但他丰富的中国经验是无与伦比的，谁曾在中国生活过十年？谁学会了汉语并每天和中国人交谈？谁又读过中国文学、宗教、哲学的著作，采集过中国的植物的标本？"向美国听众全面地介绍大洋彼岸的中国，卫三畏感受到了一种"舍我其谁"的骄傲，同时更激发了一种责任感。他在中国时常常感叹中国人对于外部世界的无知和排斥，回到美国后同样感到美国人的视野需要拓展。[3]1846年年底卫三畏决定将演讲内容付诸文字，为此他来到纽约，除了偶尔外出继续发表演讲，一直专心写作，整个过程是颇为顺利的。他在1847年9月27日给未婚妻的信中写道："我怀着愉快的心情在写我的书，想争取早日完成。在写作过程中，我也遇到了一些难题，受到了一些打扰，但总的来说还算顺利。每当我写完一页，看到离大功告成以及与你相见的日子越来越近时，我就感到非常

---

[1] S. W. Williams to Mother, 3 March 1846. 顾钧、[日]宫泽真一主编：《美国耶鲁大学图书馆藏卫三畏未刊往来书信集》（第19册），广西师范大学出版社2012年版，第472页。

[2] [美]爱德华·V.吉利克：《伯驾与中国的开放》，董少新译，广西师范大学出版社2008年版，第88—89页。

[3] John R. Haddad, *The Romance of China: Excursions to China in U.S. Culture, 1776—1876* (New York: Columbia University Press, 2008), p. 175.

高兴，而这一工作本身也是有积极作用且让人愉快的。在遣词造句上，我力求精益求精。对于语句的感情色彩和表达方式，我总要再三斟酌，不过这对我的写作进度并没有太大影响。只有做到行文的简明扼要、通顺畅达，我自己才会满意，写作的过程对我来说是一种愉快的享受。"[1]卫三畏用差不多一年时间完成了全文。这本脱胎于他讲演稿的著作就是《中国总论》，1848年年初由威利和帕特南公司（Wiley & Putnam）印刷出版。

此前卫三畏曾和多家纽约的出版社联系，但都遭到冷遇，一个重要原因是《中国总论》为上下两卷，长达1200多页（上卷590页，下卷614页）。这样的篇幅对于读者来说确实显得庞大，卫三畏为此解释道："中华帝国的疆域比我们国家更宽广，人口是我们的数倍，认识到这些也许就不会觉得本书分量太大了。"[2]确实，该书的篇幅和中国的广大是完全匹配的，读它就相当于周游整个中国。全书的23个章节如下：（1）全国区划与特征（General Divisions and Features of the Empire）；（2）东部各省地理（Geographical Description of the Eastern Provinces）；（3）西部各省地理（Geographical Description of the Western Provinces）；（4）边疆地理（Geographical Description of Colonies）；（5）人口与统计（Population and Statistics）；（6）中国博物志（Natural History of China）；（7）中国法律与政府机构（Laws of China and Plan of Government）；（8）司法（Administration of the Laws）；（9）教育与科举（Education and Literary Examinations）；（10）中国语言的结构（Structure of the Chinese Language）；（11）中国经典文献（Classical Literature of the Chinese）；（12）中国雅文学（Polite Literature of the Chinese）；（13）中国人的建筑、服饰与饮食（Architecture, Dress and Diet of the Chinese）；（14）中国人

---

[1] S. W. Williams to Wife, 27 September 1847. 顾钧、［日］宫泽真一主编：《美国耶鲁大学图书馆藏卫三畏未刊往来书信集》（第20册），广西师范大学出版社2012年版，第41页。

[2] S. W. Williams, "Preface", *The Middle Kingdom* (1848), p. xiv.

180

的社会生活（Social Life among the Chinese）；（15）中国工艺（Industrial Arts of the Chinese）；（16）中国科学（Science of the Chinese）；（17）中国的历史与纪年（History and Chronology of China）；（18）中国宗教（Religion of the Chinese）；（19）基督教在中国人之中（Christian Missions among the Chinese）；（20）中国商业（Commerce of the Chinese）；（21）中国的对外交往（Foreign Intercourse with China）；（22）鸦片战争的起因（Origin of the War with England）；（23）战争的进程与中国的开放（Progress of the War and Opening of China）。不难看出，《中国总论》介绍了中国的政治经济、历史文化和社会状况，几乎涵盖了中国所有重要的方面，将其书名定为"总论"是很贴切的。

卫三畏对于《中国总论》的章节安排显然动过一番脑筋，"他搜集、安排、展现信息时都遵循科学模式"[1]，这使全书具有很强的内在逻辑性，大致可以分为四个层次：物质层次（第一至六章）；制度层次（第七至九章）；精神文化层次（第十至十八章）；现实层次（第十九至二十三章）。不难看出，这样的谋篇布局由表入里，层层深入，体现了系统性和完整性。

第一章《全国区划与特征》介绍了中国的位置、疆界、山川河流的分布以及五大民族。卫三畏指出，"China"是外国人对中国的称呼，其名称的由来是灭六国而统一中国的"秦"，中国人对自己国家的称呼是"天下""四海"或"中国"（Middle Kingdom），这也是他为什么选择后者作为题目的原因。卫三畏在这一章还提到了中国的一些宏大工程，认为它们是"无与伦比的"，特别是长城和大运河，而这主要得益于中国人力资源的丰富。[2]

在以下三章中卫三畏介绍了清朝的18个行省和边疆地区（满洲、蒙

〔1〕John R. Haddad, *The Romance of China: Excursions to China in U.S. Culture, 1776—1876*, p. 180.
〔2〕S. W. Williams, *The Middle Kingdom* (1848), Vol. 1, pp. 25—27.

古、新疆、西藏）。对这些地区的论述主要包括位置、人口、区划、河流、湖泊、山脉、物产、交通、主要景点、风土人情、谚语等，比如对江苏省的介绍是这样开始的："该省因省会江宁府和最富有的城市苏州的首字而得名，东面临海，北邻山东，西接安徽，浙江在其南面，面积约45000平方英里。大片平原几无阻隔，散布着湖泊沼泽，两条大河流经省境，这是富饶的源泉，然而河水泛滥也会造成麻烦，将低地变成难以耕种的沼泽。江南是中国最美丽富饶的地区。"[1]在18个行省中卫三畏对直隶、江苏、浙江、福建、广东介绍较为详细，在边疆地区中，对新疆着墨较多。

在所有这些行政区中最重要的无疑是直隶，因为首都北京位于这个行省之内，卫三畏对这个首善之区给予了详细的介绍，紫禁城和其他皇家建筑更是他描绘的重点，并附有一幅详尽的北京平面图和多张北京景点的插图，为研究近两百年的帝都留下了宝贵的资料。现代学者就有据此研究北京城当时的空间布局和防卫情况的。[2]南京作为旧都也得到了详细的介绍，卫三畏对著名的报恩寺瓷塔很感兴趣，做了这样的描绘："它呈八角形，分九层，底层周长120英尺，往上则逐层递减。塔基10英尺高，由12级台阶连接到地面，从塔基到塔顶需要使用螺旋式的楼梯，共190级。整座塔连塔基共261英尺，内部用砖构造，外层则用瓷片镶嵌，主要是绿色、红色、黄色和白色的瓷片。每一层都有飞檐，上面覆盖绿瓦，角上挂有铃铛。塔身内部的壁龛中放置了众多镀金的雕像，显得十分炫丽。整座建筑完成于1430年，花费了十九年的时间。"[3]这座塔是永乐皇帝为报答母后大恩而建造的，到他的儿子即位后才完工。可惜这座瓷塔后来毁于太平天国运动，卫三畏的详细记录可以为重建提供参考。

---

[1] S. W. Williams, *The Middle Kingdom* (1848), Vol. 1, p. 80.

[2] Alison Dray-Novey, "Spatial Order and Police in Imperial Beijing," *The Journal of Asiatic Studies*, Vol. 52, No. 4 (Nov., 1993), p. 889.

[3] S. W. Williams, *The Middle Kingdom* (1848), Vol. 1, pp. 82-83.

182

南京之外江南最重要的城市是有"人间天堂"之称的苏州和杭州，刚刚开放的上海当时还只是一个小镇，"与江苏省的其他城镇相比建筑简陋，房子基本上都是砖瓦结构，街道很狭窄，白天挤满了人"。广州和澳门是卫三畏生活多年的城市，当然不会略过，特别是对自己居住的夷馆给予了详细的描述。卫三畏特别指出，英语中用"Canton"指称广州，"是'广东'的讹称，按葡萄牙方式拼写，广州市民自己通常称之为'广东省城'，或简称'省城'"。[1]香港在成为英国租界地后大兴土木，人口也大量增加，卫三畏估计 1845 年 6 月已经达到 25000 人。[2]

为了给读者一个更清晰的中国地理概念，卫三畏还特地请纽约专业的绘图师制作了一幅《中华帝国地图》（*Map of the Chinese Empire*），折叠后附在《中国总论》上卷中。能够随书附上一幅精确的地图是卫三畏的夙愿，而在当时要做到这一点绝非易事，因为沿海五个口岸虽然开放（五座城市的小地图放在大地图的四角），但中国的大部分国土都还处在外国人的足迹之外。地图的绘制参考了当时可以找到的各种材料，包括早年天主教传教士参与绘制的《皇舆全览图》。《中国总论》的这幅地图后来被多种地图册收入，成为很长一段时间内标准的中国地图。卫三畏后来在梳理西方有关中国著述的一篇文章中列出了《中国总论》，对于其内容、价值只字不提，只说"本书附有一张中国地图，其中区域的划分和名称的使用完全根据清政府的规定"。[3]由此不难看出他对这幅地图的重视。美国地理学会（American Geographical Society）在卫三畏去世后的讣告中高度评价了他在中国地理学上的贡献，特别表扬了他在书中所附的地图有着与《中国总论》相差无几的重要性（Of hardly less importance than the book was the

---

[1] S. W. Williams, *The Middle Kingdom* (1848), Vol. 1, p. 128.
[2] S. W. Williams, *The Middle Kingdom* (1848), Vol. 1, pp. 88, 137, 142.
[3] S. W. Williams, "List of Works upon China", *The Chinese Repository*, Vol. 18, p. 420.

map of all China which accompanied it）。[1]

　　第五章关于中国的人口，卫三畏用力颇多。人口众多是中国给人的主要印象之一，但到底有多少，则一直众说纷纭。卫三畏查阅了中国文献和西方学者已有的著作，包括《文献通考》《大清会典》《大清一统志》和小德金、麦都思、马礼逊等人的研究报告。在文中卫三畏列出了明代洪武二十六年（1393 年）以来的"中国历代人口调查统计表"以及 1710 年以来的"十八省面积、人口密度、人口数、财政收入对照表"，虽然不少西方人士对中国的统计表示怀疑，但卫三畏认为在无法进一步确证的情况下应该以清政府的 21 次人口统计为准，其中 1711 年、1753 年、1792 年、1812 年 4 次的数据尤为可信。根据 1812 年的统计，中国的人口数是362 467 183。[2]这一数字意味着中国几乎拥有当时世界约三分之一的人口，卫三畏从耕地面积、食物结构、政治环境、生育观念、海外移民等多个角度进行分析后，认为这是可以接受的，"如果予以否认，我们能够采用的只剩下充满疑点和假设的材料了"[3]。更有意义的是，卫三畏通过对 1792 年至 1812 年间中国人口增长速度的推算，在 1848 年时就估计 19 世纪后期中国人口将达到四亿五千万，对此他颇为自信，特别在全书"序言"中予以说明："我关于中国人口所作的最高估计，有理由相信是站得住脚的，因为依据是所有调查资料中最可信赖的。"[4]果然，这一数字后来不断被西方人引用作为权威的结论，甚至影响到中国人自己产生了"四万万五千万同胞"的说法，"在面临亡国灭种的紧要关头利用它来激励中国人自强、团

---

〔1〕"Samuel Wells Williams, LL. D., Late Corresponding Member of the Society", *Bulletin of the American Geographical Society*, No. 2 (1884), p. 189.

〔2〕S. W. Williams, *The Middle Kingdom* (1848), Vol. 1, p. 209.

〔3〕S. W. Williams, *The Middle Kingdom* (1848), Vol. 1, p. 229.

〔4〕S. W. Williams, "Preface", *The Middle Kingdom* (1848), Vol. 1, p. xvi.

184

结"。[1]这后面一层影响是卫三畏始料未及的。

中国的自然资源一直是卫三畏关心的课题，在第六章《中国博物志》中他用简明扼要的语言说明了中国的矿物、动物、植物。他在写这一章时可以利用的资源是最为丰富的，不仅有此前在《中国丛报》上发表的博物学系列论文，还有并未写成文字的实地经验，如他写鱼类的部分就利用了与广州渔民一起生活时收集的各种鱼类标本。1836 年他将 200 多种这类标本寄回美国，存放在史密森学会博物馆里供参观和研究。[2]

在接下来的第七章《中国法律与政府机构》和第八章《司法》中，卫三畏全面介绍了以清朝为中心的中国司法和行政管理体制。《大清律例》在他看来是一部颇为完备的法典，而清政府各行政部门也能做到分工明确、各司其职。卫三畏一一介绍了十三个重要部门：内阁、军机处、吏部、户部、礼部、兵部、刑部、工部、理藩院、督察院、通政司、大理寺、翰林院，另外对光禄寺和钦天监也做了简单的描述。在介绍完中央政府之后，卫三畏将话题转向地方政府，首先解释了总督与巡抚的差别和联系，这确实是一个时常困扰外国人的问题，接着依次介绍了督抚之下的各级官员。在第八章中，卫三畏以大量事例分析了清朝的政治环境和官员的生存状态，提到的要员包括内阁大学士长龄、内阁学士桂森、两江总督陶澍、两广总督松筠，还有林则徐、耆英等。卫三畏对林则徐的才能评价甚高，"没有人比他更精力充沛，诚实正直了"[3]。在清朝官员中，外国人比较熟悉的除林则徐外，就是耆英了。耆英是《望厦条约》谈判时的中方代表，与卫三畏有过直接交往，另外他在清政府弛禁基督教上发挥过关键作用，卫三畏

---

〔1〕孔陈焱：《卫三畏与美国汉学研究》，上海辞书出版社2010年版，第117页。关于各章内容更详细的评述，参见该书第 111–146 页。

〔2〕F. W. Williams, *The Life and Letters of Samuel Wells Williams*, p. 367. 史密森学会博物馆（Museum of the Smithsonian Institute）1846 年成为美国国家博物馆。

〔3〕S. W. Williams, "Preface", *The Middle Kingdom* (1848), Vol. 1, p. 362.

在《中国总论》中放入了他的一幅画像。[1]从总体上说，卫三畏认为清朝的地方管理是令人羡慕的，因为两百多年来一直比较太平。当然乡绅和族长在中国的地方管理（特别是农村基层管理）上发挥的作用是不容忽视的，对此他也给予了一定篇幅加以介绍。

在第九章中卫三畏详细描述了中国的科举制度，认为它在维护中国的政治稳定方面卓有成效，使各个社会阶级都有上升的空间和进入统治阶层的机会。卫三畏认为中国古代教育着重道德修养，指出"孝"在中国启蒙教育中的至高地位。他向西方读者介绍了《三字经》《百家姓》《千字文》《幼学诗帖》《孝经》《小学》这六种最重要的蒙学读物，对中国人普遍重视教育表示了赞赏。

对于自己钻研多年、颇有心得的汉语，卫三畏的介绍显得言简意赅、深入浅出。他在第十章中论述了中国汉字的起源、构造、发音和注音、字形变化、书写工具、官话与方言、汉语语法、文体、汉语学习方法等，同时对西方学者如雷慕沙、马礼逊、麦都思等人的汉语研究成果也做了简要的回顾。卫三畏在对汉语语言特点的介绍中特别提到了一位美国学者杜彭寿（Peter S. Du Ponceau）。杜氏首次使用词素（lexigraphic，一个字代表一个词）文字来描述汉语的特征，以区别于字母（alphabetic）文字，另外他认为汉语也是一种音节（syllabic）文字，因为每一个汉字都代表一个音节。[2]对此卫三畏均表示赞同。杜氏从来没有来过中国，也从不认为自己是汉学家，他只是通过阅读马礼逊、雷慕沙等人的著作从而获得了一些关于汉语的知识，但作为语言哲学家，他利用自己丰富的普通语言学和比较语言学知识来研究汉语，得出了颇为独到的见解。杜氏是美国最早研究东

---

〔1〕后来有传教士为了宣扬基督教，冒充耆英写了一篇《祷天神祝文并序》，该文被黏进《榕园全集》（李彦章著）中，后来被揭发为伪作，卫三畏专门写了文章讨论此事，详见 S. W. Williams, "The Yung Yuen Tsiuen Tsih", *The Chinese Repository*, Vol. 20, pp. 340-344。

〔2〕"Letter from Peter S. Du Ponceau to John Vaughan, Esq. on the Nature and Character of the Chinese System of Writing," *Transactions of the Historical and Literary Committee of the American Philosophical Society*, Vol. 2 (1838), p. 36.

方语言的学者，早于来华的传教士，但也是 19 世纪唯一一位依靠书本来研究汉语的学者。[1]在结束本章之前，卫三畏告诉读者，汉语并不像想象的那么难学："从上面的论述中我们可以看到，只有经过多年的练习，才能熟悉数量众多的汉字，清楚地发出那些区别细微而且短促的单音节，写一手清晰优雅的文章。这对于希腊语、拉丁语、英语以及其他已经定型的语言来说是一样的，都必须付出辛苦的劳动。学习汉语只是需要花费更多时间来记忆汉字而已。"[2]

在接下来的第十一、十二两章中卫三畏对中国古代文化经典做了比较全面深入的探讨，也最能体现他作为一位汉学家的成就。这将在下一节专门论述，此处不赘。

在下卷的一开始，卫三畏论述了中国的建筑、服饰、饮食以及社会生活的其他方面。其中最让他津津乐道的是中国的饮食，因为它与西方人的习惯差异很大。卫三畏发现中国人的饮食结构偏于植物性，水产品消费量大，他认为这是中国人口密度大的缘故。他还发现由于盐由政府专卖，使老百姓大量用葱类做调味品。

其后的第十五、十六两章论述了中国在工艺和科技方面的成就。卫三畏首先介绍了农耕技术，因为农业在各行业中处于首位，是中国历代政治稳定的基础和政府收入的保障。此后卫三畏介绍了渔业、冶金等行业。茶叶是中国的特产，卫三畏在第十五章中用不小的篇幅介绍了茶叶的品种以及生产流程，还把茶叶贸易与美国的波士顿倾茶事件相联系。他还注意到中国各地饮茶方式的地区差异，追溯了茶叶西传的历史，并用科学术语分析了茶叶的化学成分，说明饮茶的好处。各行各业的手艺人也是卫三畏本章描写的对象。在第十六章《中国科学》中，卫三畏主要介绍了中国古代

[1] John Pickering, "Peter S. Du Ponceau LL. D.", *Journal of the American Oriental Society*, Vol. 1 (1843—1844), pp. 161–173.

[2] S. W. Williams, *The Middle Kingdom* (1848), Vol. 1, p. 498.

的数学、天文、立法、地理、军事、医药等。在近代西方科技迅速发展的背景下，卫三畏颇能客观地看待中国古代的科技发明和工艺生产技术。他承认中国文明对近代西方的贡献，指出诸如指南针、瓷器、火药等均早于欧洲好几个世纪，"是人类最聪明、最有价值的心灵连续数代辛劳的结果"。[1]

对于中国历史的叙述被放在了第十七章。我们知道，明清之际的来华传教士特别关注中国历史，因为它无法完全纳入《圣经》的时间框架。这一问题到 19 世纪已经不那么重要，同样，关于汉语是不是"巴别塔"建造之前就存在的古老语言的问题也无人再提及，[2] 19 世纪的汉学家感兴趣的不再是寻找汉语的普世性而是汉语的词汇和语法。西方的汉学研究已经显示出从想象、"索隐"走向具体、实证的态势。中西对照是卫三畏叙述中国历史的方法，这样既可以帮助西方人理解，同时也便于卫三畏借此发表自己的意见。他对秦始皇焚书坑儒予以严厉批评，称为"如此野蛮而愚蠢的行为"。他把汉朝与罗马帝国相提并论，称赞东、西两大帝国的并世强盛。他高度评价唐太宗，认为李世民可以和印度皇帝阿克巴、罗马皇帝马可·奥勒留、法兰克国王查理曼相媲美。很多地方显示出卫三畏颇具史识，如他认为武则天的弄权、残暴形象很大程度上是"由于史家和民间传说诋毁她的品德"（her character has been blackened in histories and popular tales）；宋朝皇帝"比唐朝相距甚远"，但学术成就使宋代成为中国最伟大的朝代之一；蒙古征服中原后政府组织松散，但忽必烈疏浚大运河表明了他的睿智和开明。对于明清两代，卫三畏作了比较以后认为，"满人的治理更有生气"。本章末还附上了与西方主要帝王对照的《明清两代帝王表》（Emperors of Last Two Dynasties）。卫三畏发现，中国历代帝王（从大禹到道光）平均的统治时间为十九年左右，而英国（从征服者威廉到维

---

〔1〕S. W. Williams, *The Middle Kingdom* (1848), Vol. 1, p. 458.

〔2〕关于 19 世纪前西方学者对汉语的"普世性"研究，可参见 James Knowlson, *Universal Language Schemes in England and France 1600—1800* (University of Toronto Press, 1975)。

多利亚女王）则为二十二年，欧洲历史上其他王国的数据与此接近。[1]

在第十八、十九两章中，卫三畏论述了中国的宗教和基督教在华传播史。他指出儒释道在中国长期共存，互不干扰，但中国人的宗教情感相对淡薄，三教可以在同一个人身上并存。他进而认为中国人真正的宗教是祖先崇拜，这才是维持人心的关键所在。近代基督新教入华是卫三畏亲身参与的事件，也是他论述的重点。按照国别和差会，他分别介绍了各传教团体的活动，对早期一些重要的组织如"恒河外方传教会""医务传教会""在华实用知识传播会"和"马礼逊教育会"给予了更多的关注。为了追根溯源，他在参考明清耶稣会士相关著述的基础上，梳理了天主教从唐代以来在华的发展过程。

第二十章《中国商业》主要讲近代中国的外贸，重点是鸦片和鸦片贸易。第二十一章则重视历史，梳理了从远古到 1834 年东印度公司对华贸易垄断结束前的中外关系，特别关注元代和明末清初两个时期，对中西往来的重要事件和人物如张骞通西域、柏朗嘉宾携带教皇信件出使蒙古等做了细致的梳理。

卫三畏在《中国总论》的最后两章对于鸦片战争前中外交通的状况以及由鸦片贸易造成的中英战争进行了详细的描绘。由于鸦片战争的重要性，他给予了两章篇幅。其中一章专门分析原因，另一章详细叙述进程与结果。本书将在下一章对鸦片战争问题进行讨论，此处不赘。

从共时性的角度看《中国总论》，卫三畏力求做到的是全面，正如一位评论者所说："这部著作是关于中国最详细完整的论述，包含了一个人想知道的所有内容。"[2]从历时性的角度来看，卫三畏则注意做到古今结合。最后的几章基本是谈当下的问题，前面的章节也常常在介绍完历史后转入对现状的描述。比如在讨论中国文学时，他不仅介绍了李白和苏轼，也引

〔1〕S. W. Williams, *The Middle Kingdom* (1848), Vol. 2, pp. 212–229.
〔2〕"The Middle Kingdom," *Christian Review*, Vol. 13, No. 50 (June 1848), p. 271.

用了一位姓马的病人在接受白内障手术后所写的一首诗，诗中表达了自己重获光明的喜悦和对来自"花旗国"的伯驾大夫的赞美。伯驾的眼科医院是早期新教在华最成功的事业之一。

卫三畏能够在短短一年内写出这样大部头的著作，原因是多方面的。首先他在中国已经生活了整整十年，特别是经历了鸦片战争前后中国的深刻变化，具有丰富的感官认识。此外他利用工作之余的时间不断地研究汉语和中国社会文化，积累了越来越多的理性认识。在具体写作中，他则充分利用了中外文的一手和二手资料，融汇古今，形成了当时内容最为丰富的中国研究专著。

一、对中国典籍的使用

汉学研究首先要利用中文文献。根据《中国总论》的内容顺序，将其中涉及的主要中文资料统计列举如下。地理方面：《大清一统志》以及各种地方志；人口统计方面：《文献通考》《纲鉴易知录》《大清会典》；博物方面：《山海经》《本草纲目》《植物名实图考》；法律和政府方面：《大清律例》《大清会典》；教育和科举方面：《孝经》《三字经》《百家姓》《千字文》《小学》《女诫》《女学》；儒道思想方面：《四书》《五经》《道德经》《庄子》；语言文学方面：《说文解字》《玉篇》《康熙字典》《五车韵府》《元音统韵》《楚辞》《东周列国志》《三国演义》《水浒传》《聊斋志异》；历史方面：《左传》《史记》《汉书》《后汉书》《三国志》《魏书》《资治通鉴》；科学方面：《算法统宗》《紫薇山房数学》《数理精蕴》。可见卫三畏搜集资料的范围之广，阅读量之大。

卫三畏善于利用各种中文工具书，比如撰写第十一、十二章时充分利用了《四库全书总目》。该书由永瑢、纪昀等撰，共二百卷，是在编纂《四库全书》基础上完成的，乃中国古典目录学的集大成之作。卫三畏称之为"最好的向导","因为它涵盖了整个文献领域,对中国最优秀的书籍提供了完整而简明的梗概"。[1]《四库全书总目》按经、史、子、集四部分类法编排。其中经部分为十类:易类、书类、诗类、礼类、春秋类、孝经类、五经总义类、四书类、乐类、小学类。卫三畏据此安排了《中国总论》第十一章的顺序。他首先介绍了《易经》,说明了两仪生四象、四象生八卦的原理。对于乾、坤、巽、震、坎、离、艮、兑这八卦,则一一解说了其内涵。难能可贵的是,卫三畏意识到了《易经》的复杂性——不只是一部占卜书,也是一部哲学著作。此后他对"五经"和"四书"做了详略不等的介绍。

不仅如此,卫三畏还对使用的资料进行了分析和评论。比如在有关中国地理的章节中,卫三畏提到了中文地方志如《苏州志》《浙江志》《广东通志》:"其数量之多、内容之详,是其他任何语种所不能比拟的,全国所有略具规模的县和镇,每一地区和省,都有自己的地方志……其总量在中国文献中估计仅次于伦理道德类书籍,一座图书馆收藏一万册这样的书不是难事",同时卫三畏也指出,不少地方志"包含大量传闻和无关紧要的内容",学术价值不高,但"任何一个准备撰写中国地理著作的人都不应该忽视这些资料"。[2]

二、对《中国丛报》的使用

《中国丛报》含有大量的观察报道和研究论文,卫三畏作为该刊编辑和印刷者是最熟悉不过的,所以《中国总论》在每一章中对《中国丛报》都多有引用,统计结果如下:第一章三处,第二章十二处,第三章六处,

---

〔1〕S. W. Williams, *The Middle Kingdom* (1848), Vol. 1, p. 502.
〔2〕S. W. Williams, *The Middle Kingdom* (1848), Vol. 1, p. 44.

第四章两处，第五章三处，第六章六处，第七章八处，第八章十三处，第九章九处，第十章三处，第十一章三处，第十二章四处，第十三章四处，第十四章六处，第十五章两处，第十六章四处，第十七章三处，第十八章十处，第十九章五处，第二十章三处，第二十一章七处，第二十二章十处，第二十三章六处。以第十四章《中国人的社会生活》为例，全章共有引文注释十一处，直接引用《中国丛报》的就占了六处，超过了一半。

卫三畏在他引之外也自引。在写作《中国总论》之前，他已经在《中国丛报》上发表过一系列文章，其中中国地理、政区方面 16 篇，民族特性和民俗文化方面 21 篇，博物学（自然史）方面 15 篇，科技工艺方面 11 篇，语言、文学方面 14 篇。这些文章都为他写作《中国总论》有关章节作了良好的准备。

我们先以地理为例予以说明。卫三畏编写的《中国的省府州县》从 1844 年 6 月开始在《中国丛报》连载，直到 10 月，共 5 期，11 月又以"附录"的形式对前 5 期进行了增补。这 6 期的内容将中国所有县级以上的行政区按照英文字母顺序做了系统的梳理，从厦门（Amoy）开始，到河南荥阳（Yungyang）结束。条目的具体情况可以看下面两个例子：

茶陵（Chaling），所属省份：湖南，所属州府：长沙府，经纬度：北纬 26° 53′ 40″，东经 113° 23′ 03″。

浙江省（Chehkiang），北面是江苏，东面是海，南面是福建，它有十三个府，纬度是北纬 27° 30′ 到 31° 15′，经度是东经 118° 到 120°。面积大约是 39150 平方英里，人口数是 26 256 784，约每平方英里 671 人。[1]

---

[1] S. W. Williams, "Provinces, Departments & Districts in China", *The Chinese Repository*, Vol. 13, pp. 321, 323.

　　在说明编写目的时，卫三畏写道："中国沿海省份的地理概况在《中国丛报》前面几期中已经刊载过，我们打算继续这一工作，将其延伸至其他省份。但不断有读者要求获取中国行政区域的名录，这使我们推迟出版其他各省的地理概况，而先给出按照字母顺序排列的名单，从这期开始连载。"〔1〕这里所说的《中国丛报》刊载的各省地志是指裨治文所写的一系列文章：从第 11 卷第 2 期到第 12 卷第 2 期，分别介绍了浙江、江苏、安徽、江西、直隶、山东、山西、福建、广东等省的地理情况。此外，《中国丛报》还刊登过马儒翰的《中华帝国的行政区》（Political Division of the Chinese Empire，第 4 卷第 2 期）、裨治文的《中国十八省的名称》（Names of the Eighteen Provinces of China，第 11 卷第 1 期）。这些也都为卫三畏写作《中国总论》地理部分提供了参考。

　　地理属于物质层面，我们再举一个精神层面的例子。1842 年 8 月卫三畏在《中国丛报》第 11 卷第 8 期发表《孔子生平概要》（Sketch of the Life of Confucius）一文。对孔子世系、从政、周游、入周考察、问礼老子、与国君问对、与弟子问答等一生事迹作了概述，展示了孔子的精神风貌。在这篇文章中，卫三畏对孔子的思想作了如下的总结："在人类历史上所有道德家中，就受尊敬程度和学说的影响力而言，无人能够超过孔子。他的哪怕片言只语和无关紧要的行动，都和他的重要言论和行为一样受到了极大的关注，影响了人类的一个庞大的群体。孔子的学说渗透到了每个中国人的思想之中，并且通过人影响了整个国家的管理结构。"〔2〕该文已经

---

〔1〕S. W. Williams, "Provinces, Departments & Districts in China", *The Chinese Repository*, Vol. 13, p. 320.

〔2〕S. W. Williams, "Sketch of the Life of Confucius", *The Chinese Repository*, Vol. 11, p. 412.

被国内学者关注并有所引用，[1]但没有明确指出其作者是卫三畏以及所依据的中文文献。据卫三畏自己交代，他写这篇文章主要参考了《圣庙祀典图考》的后两卷。《圣庙祀典图考》为清人顾沅编撰、孔继尧绘图，共五卷，收录孔子及由汉至清历代配祀孔庙者（包括孔子弟子及历代名儒）144 人之画像与小传。

三、对西方汉学家的引用

除了中文文献，卫三畏还参考了为数不少的西文书籍，这从《中国总论》的注释中可以窥见一斑。从早期的安文思、李明、宋君荣到当代的马礼逊、米怜、麦都思、德庇时都在他的引用范围之内，另外 19 世纪欧洲的专业汉学家克拉普洛特、雷慕沙、儒莲、毕瓯等人的著作也是他的重要参考资料。[2]从 18 世纪以来，法国一直执西方汉学之牛耳，卫三畏对法国学者的成果一向非常关注，1844 年回美国途中他经过巴黎，在那里买了不少相关的汉学书籍，在卫三畏的档案中有一份购书清单，其中包括雷慕沙的《亚洲杂纂》、儒莲翻译的《孟子》等书。[3]这些对于他理解中国思想文化显然是大有助益的。另外他购买的毕瓯 1842 年在巴黎出版的《中华帝

---

[1] 张涛已经注意到该文并作了如下引用："中国皇帝的尊孔占据了《中国丛报》较多篇幅，显示孔子在中国政治与思想体系中的主宰地位。《中国丛报》注意到，孔子离世不久，即被鲁哀公（前 494 年—前 468 年在位）追封为'尼父'，并在学校张贴孔子肖像。孔子后来还被其他帝王称作'先圣'和'万世师表'等，其直系后代在历朝都是贵族。"（张涛：《来自异国的圣人——孔子在早期美国》，商务印书馆 2019 年版，第 129 页）这里的引用有两个问题，一是没有指出本文的作者是卫三畏，另外也没有说明该文只是在最后讲到孔子死后的哀荣。

[2] 李明（Louis Le Comte，1655—1728），法国来华耶稣会士，著有《中国现状新志》（*Nouveaux Mémoires sur l État présent de la Chine*，1696 年）；宋君荣（Antoine Gaubil，1689—1759），法国来华耶稣会士，有关中国著译作品达 80 部之多，常被称为"18 世纪最伟大的汉学家"；克拉普洛特（H. J. Klaproth，1783—1835），法国汉学家，曾长期在俄罗斯和普鲁士从事研究，著有《亚洲笔记》（*Mémoires relatifs à l'Asie*，1826 年）等；毕瓯（Edouard C. Biot，1803—1850），法国汉学家，曾将《周礼》翻译成法文，1851 年出版。

[3] Samuel Wells Williams Family Papers, Series 2, Box 14.

194

国市镇词典》(*Dictionnaire des villes dans l'empire Chinois*)，对于他确定各地的经纬度具有很高的参考价值。

以第十七章《中国的历史与纪年》为例，其中引用的主要西文著作包括 18 世纪的《中华帝国全志》以及 19 世纪 30 年代出版的郭实猎《中国简史》、法国汉学家颇节《中国史地与文学概论》，以及英国学者穆瑞《中国历史与现状概览》。[1]

不难看出，卫三畏广泛吸收了此前西方积累起来的关于中国的知识，并与自己的研究进行了有效的综合。《中国总论》不仅是美国汉学的开创之作，也是对整个西方汉学的一次总结。

另外值得一提的是，《中国总论》中共有 39 幅插图，包括广州街景、衙门审案、中式轿子、寺院和尚等，大都来自法国游记《开放的中国》(*La Chine ouverte*)，该书 1845 年在巴黎出版，其中收录了法国著名画家博尔热(M. Borget) 1838 年旅居广州时的大量作品。

从上文可以看出，卫三畏撰写《中国总论》的过程中充分利用了三方面的资料，从数量上看，他引用《中国丛报》上的文章是最多的，这不难理解，他负责《中国丛报》的印刷和编辑工作，对其中的内容最为熟悉，而且他本人在上面也发表过大量的文章。

对于卫三畏来说，《中国总论》是他此前汉学研究的一个总结，但绝不是终结，他对于很多问题的研究还在继续。比如在地理方面，从 1849 年 10 月开始，他陆续写了若干篇文章，介绍贵州、云南、湖北、湖南、陕西、四川、甘肃、河南等省以及黑龙江、黄河、珠江、长白山的地理情况。

---

[1] Hugh Murray, *An Historical and Descriptive Account of China* (Edinburgh: Cabinet Library, 1836); George Pauthier, *Chine, ou description historique, geographique, et littéraire de ce vaste empire* (Paris, 1839).

以贵州为例，原先在《中国的省府州县》中作为一个条目只有短短七行，[1]
其下属的府州县则按照字母顺序散见各处。这篇专门介绍贵州地理的文章
则长达 8 页，不仅内容集中，而且信息量大。又如中国制度的长期稳定，
其原因一直萦绕在卫三畏头脑中："为什么他们的制度不仅没有陷入衰败，
而且这个民族在其所称的 40 多个世纪历史里未被他族取代？难道是语言和
文学凝聚了这个民族的团结力量？还是说宗教信仰和统治阶级为这个节俭、
勤劳和务实的民族提供了自由和安全？"多年的思考最后集中体现在 1880
年发表的《中国制度的永久性》一文中，正如该文题目所示，卫三畏重点
探究了中国制度能够长期存续的原因：其一，地缘优势。中国有着天然的
地理防御，"帝国的安全在很大程度上归功于它的地理孤立，即使强大的
入侵军队在历史上也难以通过陆路到达"。其二，有效的政府管控。中央
政府始终提防土地的高度集中，出台保障生命财产的法律，吸收圣贤教育
和宗教文明有关道德教化的知识，提倡孝道作为社会的伦理基础。其三，
语言文学的统一。语言文学的统一提升了中国人的民族凝聚力，还奠定了
全国性科举制度的基础，从而为所有阶层打通了知识和权力的流通渠道。[2]

第二节　中国典籍述论

　　就狭义的汉学研究而言，《中国总论》的第十一、十二章最值得关注。
这两章简明扼要地评述了中国古代经史子集的全貌，并对重点文本配以摘

---

[1]"贵州省的北边和西北边是四川，东边是湖南，南边是广西，西边是云南。它下属 12 个府、1 个州和 3
个厅。它位于北纬 2440′到 2010′，北京往西 710′到 1240′。它的面积大约是 64554 平方英里，人口数为
5 288 210，大约每平方英里 82 人。本省多山，南部大量山区居住着苗族部落。" S. W. Williams, "Provinces,
Departments & Districts in China", *The Chinese Repository*, Vol. 13, p. 429.

[2] S.W. Williams, "The Perpetuity of Chinese Institutions", *The North American Review*, Vol. 131, No. 286 (Sep.,
1880), pp. 205-222. 该文后来又刊载于《教务杂志》1882 年第 13 卷。

要翻译。

　　第十一章主要讨论"五经"和"四书"。在五经中卫三畏最关注的是《书经》。"《书》者，政事之纪也。"（《荀子·劝学篇》）作为中国最早的政事史料汇编，《书经》的基本内容是君主的文告和君臣的谈话记录。卫三畏首先介绍了《书经》中的六种体式：典（imperial ordinance）、谟（plan）、训（instruction）、诰（imperial proclamation）、誓（vow）、命（mandate），然后分析了其内容，认为"《书经》包含所有中国人价值观评判的根源；此书是他们的政治体制、历史、宗教仪式以及兵法、音乐、天文的基础"。[1] 确实，《书经》一直被儒家奉为"五经"之首，自汉代立为学官以来，备受尊崇，成为整个中国古代社会最重要的教科书。

　　《书经》"所展示的德性是极端完美的"，也让卫三畏最受感动，"它以人民的福祉为基础树立了治理的原则，如果能够实行的话，可以保证普遍的昌盛"。为此他摘译了《大禹谟》中的两段作为说明：

原文

　　（1）禹曰："於！帝念哉！德惟善政，政在养民。水、火、金、木、土、谷惟修，正德、利用、厚生、惟和，九功惟叙，九叙惟歌。戒之用休，董之用威，劝之以九歌，俾勿坏。"

　　（2）皋陶曰："帝德罔愆，临下以简，御众以宽。罚弗及嗣，赏延于世。宥过无大，刑故无小。罪疑惟轻，功疑惟重。与其杀不辜，宁失不经。好生之德，洽于民心。"

英译

　　（1）Yu answered: "Ah! Prince, think carefully! Virtue is the

---

［1］S. W. Williams, *The Middle Kingdom* (1848), Vol. 1, p. 505.

basis of good government; and this consists, first, in procuring to the people the things necessary for preservation, i.e. water, fire, metals, wood, and grain. The ruler must think also of rendering them virtuous, and preserving them for whatever can injure life and health. These nine points ought to be the subject of songs; when you would teach, employ eulogiums; when you would govern, employ authority. These nine songs serve to animate, and it is thus that the people are preserved."

（2）Kauyau answered: "...If a prince punishes, the punishment passes not from the parents to the children, but if he bestow rewards, they reach to descendants. In regard to involuntary faults, he pardons them without inquiring whether they be great or small, but willful offences, although apparently trifling, are punished. In the case of doubtful faults the punishment is light, but a service rendered, though doubtful, receives a large recompense. He will rather not execute the laws against criminals than punish an innocent person. A virtue that delights in preserving the lives of the subjects, gains the hearts of the people..." [1]

近二十年后，英国汉学家理雅各于1865年出版了《书经》全译本（*The Shoo King, Book of Historical Documents*），我们看一下他对这两段的翻译：

（1）Yu said, "Oh! think (of these things), O Ti. The virtue (of the ruler) is seen in (his) good government, and that government

---

[1] S. W. Williams, *The Middle Kingdom* (1848), Vol. 1, p. 505.

in the nourishing of the people. There are water, fire, metal, wood, the earth, and grain,—these must be duly regulated; there are the rectification of (the people's) virtue, (the tools and other things) that supply the conveniences of life, and the securing abundant means of sustentation,—these must be harmoniously attended to. When the nine services (thus indicated) have been orderly accomplished, that accomplishment will be hailed by (the people's) songs. Caution them with gentle (words), correct them with the majesty (of law), stimulate them with the songs on those nine subjects, —in order that (your success) may not suffer diminution."

（2）Kao-yao replied, "Your virtue, O Ti, is faultless. You condescend to your ministers with a kindly ease; you preside over the multitudes with a generous forbearance. Punishments do not extend to (the criminal's) heirs, while rewards reach to (succeeding) generations. You pardon inadvertent faults, however great, and punish purposed crimes, however small. In cases of doubtful crimes, you deal with them lightly; in cases of doubtful merit, you prefer the high estimation. Rather than put an innocent person to death, you will run the risk of irregularity and error. This life-loving virtue has penetrated the minds of the people, and this is why they do not render themselves liable to be punished by your officers." [1]

对比一下可以发现，两人的译文虽然在用词、句式上稍有不同，但意思基本相同，卫三畏的翻译应该说是质量上乘的。存在差异的是"与其

〔1〕James Legge, *The Sacred Books of the East* (Oxford: Clarendon Press, 1879), Vol. 3, pp. 47–49.

杀不辜，宁失不经"这句，卫三畏译为"He will rather not execute the laws against criminals than punish an innocent person"；理雅各译为"Rather than put an innocent person to death, you will run the risk of irregularity and error"。这里"不经"指"不遵守常法"，整个句子的意思是"与其误杀无罪的人，宁可放过不遵守常法的人"。[1] 理雅各理解为帝舜自己冒着"不经"的风险不去误杀无罪的人，偏离了原文的意思，卫三畏的翻译回译为中文是"宁可放过罪犯，也不用法律制裁无罪之人"，无疑是更为准确的。从总体上说，理雅各的《书经》全译本是贴近原文的高质量翻译，但并非每句都是如此。

　　在卫三畏之前，美国人当中只有传教士汉学家文惠廉（William J. Boone）翻译过《书经》，他为了讨论中国上古的天文学，英译并重点分析了《尧典》中的这段文字："乃命羲和，钦若昊天，历象日，月星辰，敬授民时。分命羲仲，宅嵎夷，曰旸谷。寅宾出日，平秩东作。日中，星鸟，以殷仲春。厥民析，鸟兽孳尾。申命羲叔，宅南交，曰明都。平秩南讹，敬致。日永，星火，以正仲夏。厥民因，鸟兽希革。分命和仲，宅西，曰昧谷。寅饯纳日，平秩西成。宵中，星虚，以殷仲秋。厥民夷，鸟兽毛毨。申命和叔，宅朔方，曰幽都。平在朔易。日短，星昴，以正仲冬。厥民隩，鸟兽鹬毛。帝曰：'咨！汝羲暨和。期三百有六旬有六日，以闰月定四时，成岁。允厘百工，庶绩咸熙。'"[2] 文惠廉的文章发表于《中国丛报》第 9 卷第 8 期（1840 年 12 月），是卫三畏的重要参考文献之一。但该文正如它的题目（Astronomy of the Shoo King）所示，只涉及《书经》中的天文学，卫三畏的文字则是美国人首次对《书经》全部内容的论述。

　　在"四书"中，卫三畏关注的重点是《论语》和《孟子》。关于前

---

〔1〕李民、王健：《尚书译注》，上海古籍出版社 2004 年版，第 31 页。

〔2〕William J. Boone, "Astronomy of the Shoo King", *The Chinese Repository*, Vol. 9, pp. 573−586.

者他写道："《论语》，即孔子语录，共二十篇，是他的学生对他言行的记录，就像鲍斯韦尔为约翰逊博士所做的那样。但《论语》不是按照年代编排的，有些部分比较简略，颇费思量。这部著作向国人宣示圣人敏锐的洞察力，使他们能得到良好的教育，受到有益的影响。作为改革者和导师，他的事业一开始就力图恢复'古人'的准则。"[1]确实，孔子生活在一个礼崩乐坏的时代，一直希望恢复古代文化，他曾说："周监于二代，郁郁乎文哉！吾从周。"（《论语·八佾》）所以要真正把握孔子的思想，必须了解他的生平。从公元前551年出生到公元前479年去世，卫三畏以较长的篇幅陈述了孔子一生的坎坷经历，特别是他周游列国却无法推行自己仁政理想的遭遇，字里行间流露出对他品行的尊重。卫三畏特别提到，孔子善于利用临时出现的事情说明有用的道理，"头脑灵活"，见罗雀者而警告弟子"君子慎其所从"就是如此。[2]另外卫三畏还完整引用了童蒙读物《东园杂记》的一则轶事，讲述神童项橐为难孔子，而孔子却惊呼"后生可畏"，表现了不耻下问的美德。[3]最后卫三畏以"孔子以前，既无孔子；孔子以后，更无孔子；孔子孔子，大哉孔子！"的赞语结束了这段介绍文字。

孔子学说在汉代成为中国古代思想文化的核心，对此卫三畏作了这样的评述："孔子哲学最大的特点是对尊长的服从，以及温和正直地和同辈人交往。他的哲学要求人们在现实世界中，而不是从一个看不见的神灵那里寻找约束力，而君主也只需要在非常有限的范围内服从一个更高的裁判。从子女对父母的责任、荣誉和服从出发，孔子进而向人们灌输妻子对丈

---

〔1〕S. W. Williams, *The Middle Kingdom* (1848), Vol. 1, p. 519. 鲍斯韦尔（James Boswell）为18世纪英国文豪塞缪尔·约翰逊所写的《约翰逊传》（*Life of Johnson*，1791年）被视为西方现代传记的开山之作。
〔2〕《孔子家语·六本》中有这样的记载：孔子见罗雀者，所得皆黄口小雀。夫子问之曰："大雀独不得，何也？"罗者曰："大雀善惊而难得，黄口贪食而易得。黄口从大雀则不得；大雀从黄口亦不得。"孔子顾谓弟子曰："善惊以远害，利食而忘患，自其心矣。而独以所为为祸福，故君子慎其所从。以长者之虑，则有全身之阶；随小者之戆，而有危亡之败也。"
〔3〕张涛：《来自异国的圣人——孔子在早期美国》，商务印书馆2019年版，第87页。

夫、臣民对君主、大臣对国王的责任，以及其他社会责任。孔子认为，政治的清白必须建立在个人正直的基础上，在他看来所有进步的开始都蕴藏在'认识你自己'之中。毋庸置疑，他的许多思想是值得赞扬的。就是与希腊和罗马圣人的学说相比，他的作品也毫不逊色，并在两个方面大大超出：一是其哲学被广泛应用于他所生活的社会，二是其哲学突出的实用性质。"[1]这段论述十分准确也很精辟，抓住了以"礼"和"仁"为核心的孔子思想的精髓。确实，与同时代的西方思想家相比，孔子学说的"实践理性"色彩十分明显，它的最大特点，正如李泽厚先生所总结的那样，"不是用某种神秘的热狂而是用冷静的、现实的、合理的态度来解说和对待事物和传统"，它是一种"理性精神或理性态度"。[2]对此，卫三畏也有深刻的认识。在《中国总论》出版两年前，卫三畏撰写了一篇《孔子生平概要》，其中特别揭示了孔子向老子请教的故事，以及两人思想的差异，"老子反对过于介入世俗事务，他是像佛教徒那样的安静主义者，而孔子则希望人们努力将彼此变得更好"。[3]在这篇英语世界最早的孔子传记中，卫三畏一再表示孔子是一位"伟人"（a great man）。

"子不语怪力乱神"（《论语·述而》），在 19 世纪早期，卫三畏并非唯一认识到这一点的人。1830 年与裨治文一道抵达广州的雅裨理对孔子和儒家思想颇为关注，在 1834 年出版的日记中多有论述，但他对孔子不信上帝而只尊崇圣人大为不满，特别引用《中庸》第二十二章为证："唯天下至诚，为能尽其性；能尽其性，则能尽人之性；能尽人之性，则能尽物之性；能尽物之性，则可以赞天地之化育；可以赞天地之化育，则可以与天地参矣。"确实，圣人作为德行高尚之人，可以引导民众逐步形成真诚的优秀品质，最终还可以赞天地之化育，与天地并列为三。在雅裨理看来，这

---

〔1〕S. W. Williams, *The Middle Kingdom* (1848), Vol. 1, p. 530.
〔2〕李泽厚:《中国思想史论》(上)，安徽文艺出版社 1991 年版，第 34 页。
〔3〕S. W. Williams, "Sketch of the Life of Confucius", *The Chinese Repository*, Vol. 11, p.416.

样的学说是在"吹捧凡人，直到他与上帝比肩"，因此严重误导了中国民众的思想。[1]雅裨理作为来华传教士产生这样的看法不奇怪，同为传教士的卫三畏虽然难免基督教的偏见，但明显更为宽容和公允。他同样注意到这样一个事实：孔子学说对中华民族的文化——心理结构产生了深刻而持久的影响力，而这种影响力在其他民族文化中是很难找到的。卫三畏将这种现象归结为中国人对教育的重视："中国伟大的立言者对其同胞的良好影响要远远超过西方的圣人们，如柏拉图、塞内加、亚里士多德。直到今天仍是这样……对全民进行教育的重要性在孔子之前就得到承认，并且得到很好的实行，而在同一时期其他国家还没有这样的制度……《礼记》中写道：'古之教者，家有塾，党有庠，术有序，国有学。'就我所知，这比同时代的犹太人、波斯人、叙利亚人都要优越得多。"[2]这完全符合历史事实。如果从汉武帝元朔年间中国建立最早的学校算起，中国的教育至少有长达两千年的历史，而在这两千年中，儒家经典一直是古代中国教育的最重要内容。

卫三畏对于孟子的看法则更为锐利："在许多方面，他展现了思想的原创性、目标的灵活性、观点的广博性，比孔子还要胜过一筹，完全可以认为是亚洲所产生的最伟大的人物之一。"[3]众所周知，孟子是孔子之后最重要的儒家思想大师，他虽然被认为是接续孔子道统的传人，但在不少方面都发展了孔子的思想。卫三畏对孟子的政治哲学尤为佩服，花了相当大的篇幅予以介绍，在最后一段写道：

　　　　孟子反复强调，人民是至高无上的，他警告国君，必须使

---

〔1〕David Abeel, *Journal of a Residence in China and the Neighboring Countries from 1830 to 1833* (New York: Leavitt, Lord & Co., 1834), pp. 69-72.

〔2〕S. W. Williams, *The Middle Kingdom* (1848), Vol. 1, p. 421.

〔3〕S. W. Williams, *The Middle Kingdom* (1848), Vol. 1, p. 521.

人民愉快并且得到好处，"不以仁政，不能平治天下"（《离娄上》）。他指出，"失天下也，失其民也，失其民者，失其心也；得天下有道，得其民，斯得天下矣"，作为国君应该"所欲与之聚之，所恶勿施尔也"（《离娄上》）。他还认为，"善政不如善教之得民也"（《尽心上》）。有个国君问他，该不该图谋征服邻国的领土，他回答说："取之而燕民悦，则取之……取之而燕民不悦，则勿取。"（《梁惠王下》）他支持推翻不能关心人民福祉的国君，并以商周两代的创建者为例证明这一主张的正当性："君有大过则谏，反覆之而不听，则易位。"（《万章下》）[1]

确实，孟子总是坚持臣民有权反对不公道的统治者。"君君，臣臣，父父，子子。"（《论语·颜渊》）孔子多次论及上下之间的权利和义务，但更多是偏于下对上，孟子则不然，他认为，臣子和君王之间的关系应该是对等的："君之视臣如手足，则臣视君如腹心；君之视臣如犬马，则臣视君如国人；君之视臣如土芥，则臣视君如寇雠。"（《离娄下》）这种观点从中国古代集权政治的角度来看无疑是石破天惊的。卫三畏对于孟子的人格同样相当佩服："亚洲人特别是中国人常常被认为是奴性和卑怯的，孟子则大异其趣，他似乎做好了为信仰牺牲一切的准备。'生，亦我所欲也，义，亦我所欲也。二者不可得兼，舍生而取义者也。生亦我所欲，所欲有甚于生者，故不为苟得也；死亦我所恶，所恶有甚于死者，故患有所不辟也。'（《告子上》）"[2]舍生取义、勇往直前确实是孟子精神的闪光点，无怪卫三畏把他看作亚洲的伟人。

经学一直是古代中国学术的中心，对此卫三畏在《中国总论》第十一

---

〔1〕S. W. Williams, *The Middle Kingdom* (1848), Vol. 1, p. 525.
〔2〕S. W. Williams, *The Middle Kingdom* (1848), Vol. 1, pp. 525–526.

章中给予了详细的论述。在第十二章中，他用几乎同样的篇幅讨论了中国学术文化的其他三大门类：史学、诸子学、文学。在史学方面，卫三畏对中国的官修史书——到宋代的"十七史"和到清代的"二十二史"给予了高度评价，认为是"亚洲最好的连续不断的历史记录"。在史家中，除了著名的二司马——司马迁和司马光，卫三畏还特别提到了马端临和他的《文献通考》："该书共 348 卷，是一部体大思精的著作，它对于和政府管理有关的所有事情进行了研究，涵盖历代王朝，时间跨度近四千年……它对各类著作做了耐心的研究和公正的比较，对重要的事件以及大量的历史事实和观点进行了全面的考证和辨伪。"卫三畏由此发出这样的赞叹："一个国家能够拥有这样的著作，真使我们刮目相看。"[1]确实，《文献通考》虽然并非十全十美，但"其条分缕析，使稽古者可以案类而考，又其所载宋制最详，多宋史各志所未备，案语亦多能贯穿古今，折衷至当"[2]，是研究中国元代以前典章制度的一部重要工具书。卫三畏后来参考《文献通考》中关于扶桑、女国、文身、大汉、侏儒国、长人国、琉球等地的考证，撰写了《扶桑考》（Notices of Fu-Sang）一文，发表于《美国东方学会学报》1885 年卷，成为他晚年的一篇代表作。

在接下来的部分中，卫三畏对儒家、兵家、法家、农家、医家、天文算法、术数、艺术、小说家、释家、道家等诸子百家做了简要的介绍。其中他最为关注的是李时珍的《本草纲目》，这在前文第二章讨论中国博物学时已经多有引证。

在文学方面，卫三畏介绍了中国的诗歌、戏剧和小说。他首先提到了屈原，认为他是中国文学创作中最早的一位诗人。但从文学史发展的角度看，卫三畏则进一步指出在中国更为家喻户晓的是李白、杜甫和苏轼三人。

---

[1] S. W. Williams, *The Middle Kingdom* (1848), Vol. 1, p. 549.

[2] 永瑢等：《四库全书总目》，中华书局 1965 年版，第 697 页。

他还特别摘抄了李白杯酒戏权贵的故事以增加阅读的趣味。值得注意的是，卫三畏将屈原的代表作《离骚》翻译为 Dissipation of Sorrows（驱散忧愁）。对于"离骚"两个字的理解，特别是"离"的意思，历来众说纷纭。最具代表性的是两派意见，一派以班固为代表，他在《离骚赞序》中明确指出："屈原初事怀王，甚见信任。同列上官大夫妒害其宠，谗之王，王怒而疏屈原。屈原以忠信见疑，忧愁幽思而作《离骚》。离犹遭也；骚，忧也，明己遭忧作辞也。"简而言之，"离"就是"罹"，"离骚"就是"遭忧"。后世如颜师古、朱熹、钱澄之、段玉裁、王念孙、朱骏声等均持此说。另外一派以王逸为代表，他在《楚辞章句》认为："屈原执履忠贞而被谗邪，忧心烦乱，不知所愬，乃作《离骚经》。离，别也。骚，愁也。经，径也。言己放逐离别，中心愁思，犹依道径，以风谏君也。"也就是说，"离骚"是离别的忧愁，这里"离"的意思是"离别"，不再是"遭受"，与班固的观点几乎正好相反。明代汪瑗《楚辞集解》、近人姜亮夫《重订屈原赋校注》均赞同此说。从英文翻译来说，两派皆有支持者，1878 年庄延龄（E. H. Parker）将《离骚》翻译成英文时，采用的标题就是 The Sadness of Separation，而 20 世纪下半叶以来影响最大的霍克思（David Hawkes）译本则以 On Encountering Trouble 为题。[1] 当代学者钱锺书在考察有关"离骚"的各种理解后提出了自己的观点，他既不赞成班固的"遭忧"，也不认可王逸的"放逐离别，中心愁思"。针对后者他写道："'离骚'一词，有类人名之'弃疾''去病'或诗题之'遣愁''送穷'；盖'离'者，分阔之谓，欲摆脱忧愁而遁避之，与'愁'告'别'，非因'别'生'愁'。"[2] 按照钱锺书的意见，"离骚"用英语来表达就是"Departing from trouble"，这和卫三畏的"Dissipation of Sorrows"基

---

[1]顾钧:《"离骚"的四种翻译方法》，载《文汇学人》2022 年 4 月 3 日。
[2]钱锺书:《管锥编》，中华书局 1986 年版，第 583 页。

本是一致的。

　　对于中国小说，卫三畏的讨论比较全面，文言、白话、长篇、短篇都
有所论及，还将自己早年翻译的《三国演义》"王允设计诱吕布"片段和
《聊斋志异》中的《种梨》《骂鸭》两则故事收入。他特别关注到了清代
流行的小说，指出其常见的模式是："男主人公往往是一个年轻书生，性
情和顺，学养丰厚，求取功名的道路上总会遇上各种障碍和厄运。女主人
公也精通文学，希望找到一个在才华上可以般配的人。然而一旦真正碰到
这样一个人，各种各样的困难便接踵而至。当然，最后双方都幸运地越过
了这些障碍。"〔1〕这里所说的显然是才子佳人小说，它从明人话本小说发展
而来，又受到了明人传奇的影响，清初以来作者众多，影响也日渐广泛。
这类小说的主要特点，如当代学者所概括："才子必定要有才貌双全的佳
人为偶，于是外出访求，'游婚姻之学'；才女也必定待才子而后嫁，于是
个人和家长乃至朝廷都要试才选婿，也就往往引出权豪的构陷，又有无才
小人拨乱其间……权豪由于为子女提亲被拒绝而进行构陷，才子佳人大都
难免为避害而易名迁徙之苦，故事也就曲折起来。"〔2〕应该说，卫三畏的论
述抓住了这类小说的特色。在卫三畏的叙述脉络中，《红楼梦》也被视为
才子佳人系列中的一种，只是成就更高而已。〔3〕

　　这里值得深究的是卫三畏对 literature 的认识，它不是我们现在所理解
的"文学"，而是基本相当于"文献"。《中国总论》第十一章（Classical
literature of the Chinese）基本对应于中国四部分类法中的"经"，第十二
章（Polite literature of the Chinese）基本对应于史、子、集。这样的理
解方式在 19 世纪早期是比较通行的。如马礼逊 1825 年所著《中国杂记》

---

〔1〕S. W. Williams, *The Middle Kingdom* (1848), Vol. 1, p. 563.

〔2〕袁行霈主编：《中国文学史》（第 4 册），高等教育出版社 1999 年版，第 307 页。

〔3〕关于卫三畏中国文学观的详细讨论，参见张宏生《卫三畏与美国汉学的起源》，载《中华文史论丛》第
80 辑（2004 年）。

中专门有一部分谈论 Chinese literature，将之分为十一类，除了"四书五经"、历史、诸子，还包括地理、医学、天文、宗教（佛道）著作。[1]又如裨治文 1841 出版的《广东方言中文文选》"序言"中有一节论述 Chinese literature，范围涵盖"全部中国书籍"（all Chinese books）。[2]可见马礼逊、裨治文心目中的"中国文学"几乎囊括了一切文类，呈现出最为广泛的意涵。卫三畏可以说是接续了他们的传统，但这并不等于他对于狭义的"中国文学"没有认识。恰恰相反，他在提到"集"时使用了 belles lettres（纯文学）这个英文词与之对应，可见他很清楚文学具有和其他话语形式不同的美学特征。[3]更值得注意的是，他在第十二章的论述中嵌入了中国传统子部与集部中并不包含的戏剧作品以及《红楼梦》《今古奇观》等白话小说，且篇幅不少，这说明他的文学观不完全被中国传统所局限，已经具有现代色彩了。[4]

在卫三畏之前，欧洲学者对于中国古代文献的基本情况已经有所了解，在编写各个公私图书馆或藏书机构的汉籍目录时也有所论及，如傅尔蒙编《法国皇家图书馆中国书目》（1742 年）、克拉普洛特编《柏林皇家图书馆汉语、满语图书与手稿目录》（1812 年）、阿瓦库姆编《圣彼得堡图书馆亚洲分馆藏书目录》（1843 年）等。真正全面考察中国典籍概况的是法国第一位专业汉学家雷慕沙，他曾以《文献通考》为底本对中国各类文献进行了初步的研究，收入他去世后于 1829 年出版的《亚洲杂纂》第 373 至 426 页。此后最重要的著作是英国汉学家伟烈亚力撰写的《中国文献解题》（*Notes on Chinese Literature*, 1867 年），该书按照经、史、子、集

---

[1] Robert Morrison, *The Chinese Miscellany* (London: S. McDowall, 1825), pp. 34–37.

[2] E. C. Bridgeman, "Introduction", *Chinese Chrestomathy in the Canton Dialect*, p. xvi.

[3] S. W. Williams, *The Middle Kingdom* (1848), Vol. 1, p. 542.

[4] 张源：《美国早期汉学视野中的中国文学观念：从裨治文的〈中国丛报〉到威尔逊的〈中国文学〉》，载《北京大学学报（哲学社会科学版）》2020 年第 6 期，第 72 页；黄卓越：《19 世纪汉学撰述中的 literature：一个概念措用的历史》，载《清华大学学报（哲学社会科学版）》2019 年第 1 期，第 84 页。

四部分类体系对所收录的 1745 种文献逐一进行叙录，极大地推动了西方汉学文献学的发展。[1] 值得注意的是，伟烈亚力也是用 "Chinese literature" 来指称中国文献，可以说是接续了卫三畏《中国总论》第十一、十二章的传统。卫三畏对中国文献的梳理介于雷慕沙与伟烈亚力之间，在英语世界具有开创之功。

　　卫三畏对于中国古代文献数量之多、内容之丰富给予了积极的评价，认为是"人类辛勤工作的不朽功业"（a stupendous monument of human toil），[2] 对于其中的诸多杰作也给予了充分的肯定，比如《史记》："这部伟大的著作共一百三十卷，像古希腊希罗多德的《历史》一样，是中国信史的开端，作者记叙了历代帝王的世系、在位时间发生的大事，以及有关音乐、天文、宗教仪式、度量衡等方方面面的情况……《史记》分为五个部分，其编排方式为后世史著提供了范例，但只有少数作品能在叙述生动和取材严谨上与它媲美。"[3] 作为"史家之绝唱，无韵之《离骚》"，《史记》确实是无与伦比的。值得注意的是，这里卫三畏将司马迁与西方最早的历史学家希罗多德放在一起比较，相当具有启发性，对于西方读者来说也感觉亲切。这样的比较在卫三畏的论述中不时出现，比如在讨论《中庸》时，他指出这是一篇杰作："作者的目标在于说明人类美德的特征，揭示一个理想'君子'应该行为得当、不走极端。正如赫西俄德的忠言：'你要把握好尺度，在诸事中适当是最佳原则。'"[4] 赫西俄德是荷马之后古希腊最早的诗人，以长诗《工作与时日》《神谱》闻名于后世，上面的那句

---

〔1〕《中国文献解题》对每种文献的题录包含中文书名、书名罗马字母注音、外文书名、著者生平、内容大要、校雠整理情况，部分重要作品还论述了相关的历史事件、中国文化典故等内容。详见李真、左亚楠：《从〈中国文献解题〉看伟烈亚力对中西文献学交流的贡献》，载《北京行政学院学报》2021 年第 5 期，第121–122 页。目前所见文章对《中国文献解题》所载书籍的数量多作 2000 余种，根据该书所附书名索引所做的统计，证实确切数量为 1745 种。详见胡优静：《英国 19 世纪的汉学史研究》，学苑出版社 2009 年版，第 36 页。
〔2〕S. W. Williams, *The Middle Kingdom* (1848), Vol. 1, p. 585.
〔3〕S. W. Williams, *The Middle Kingdom* (1848), Vol. 1, pp. 543–544.
〔4〕S. W. Williams, *The Middle Kingdom* (1848), Vol. 1, p. 517.

忠言出自《工作与时日》的第 694 行。

第三节　学术价值与影响

从学术史的角度来看，《中国总论》出版的重大意义在于它一举奠定了美国汉学的基础。而对于当时的普通读者来说，则使他们获得了有关中国最新且全面的知识。《中国总论》出版后很快成为美国社会广为人知的"中华帝国手册和历史书"[1]，美国人终于不需要通过其他国家的著作来了解中国了。

早在独立战争之前就有一些美国人表现出对中国的兴趣，最著名的莫过于杰出的学者和政治家富兰克林了。他对于中国的热情虽然比不上法国的伏尔泰和德国的莱布尼茨，但他很赞赏中国的道德哲学、政府管理和农业技术。与 18 世纪的许多美国人一样，富兰克林关于中国的知识完全来自书本，来自欧洲人的著作。从《马可·波罗游记》《利玛窦中国札记》到安森的《环球旅行记》，从柏应理的《中国哲学家孔夫子》到杜赫德的《中华帝国全志》，欧洲进口的各类著作长期以来成为美国人了解中国的唯一信息来源。18 世纪末中美直接贸易关系建立后，美国商人开始把他们在中国的所见所闻记录下来，美国人终于有了自己的信息来源。美国出版的最早一部关于中国的著作出自范罢览（Andrew E. van Braam）之手。范氏出生于荷兰，1758 年被荷兰东印度公司派往中国，在澳门和广州先后工作了十五年，他早在 1777 年就表现出对美国的兴趣，1783 年英美签订《巴黎和约》宣告美国正式独立后，他移居到美国并于次年成为美国

---

[1] James M. Bailey, "Samuel Wells Williams, L. L. D.," *Journal of the American Geographical Society of New York*, Vol. 16 (1884), p. 189.

公民。此后他又重新效力于荷兰东印度公司，在广州出任代理人。1794 年
范罢览作为荷兰德胜使团的一员，前往北京庆祝乾隆登基六十周年。这次
特别的经历为他提供了写作素材。1797 年，他的著作被从荷兰文翻译成法
文在费城出版，书名是《1794—1795 年荷兰东印度公司赴中华帝国使团纪
实》(*Voyage de l'ambassade de la compagnie des Indes orientales Hollandaises, vers
l'empereur de la Chine, dans les annees 1794 & 1795*)。这本书出版以后没有引
起什么反响，究其原因，一是它为法文著作，在以英语为主要语言的美国
自然不容易打开市场，更重要的是，就在同一年，斯当东出版了广受欢迎
的《英使谒见乾隆纪实》(*An Authentic Account of an Embassy from the King
of Great Britain to the Emperor of China*)。英国的马戛尔尼使团在荷兰使
团前一年出发，虽然没有达到与中国建立正式关系的目的，但产生了几部
名噪一时的纪实作品，作为副使的斯当东的这一部以其记录之翔实最为知
名。[1] 此后美国商人又出版了几部作品，均反响平平。[2] 其中最值得一提
的是 1847 年面世的《山茂召日记》(*The Journals of Major Samuel Shaw, the
First American Consul at Canton*)。作为 1784 年第一艘到达中国的美国商船
"中国皇后号"的商务代理人和最早的美国驻华代表，山茂召的日记提供
了美国人关于中国的最早记录，但由于多种原因直到作者去世后才出版。
该书的内容包括编者约瑟夫·昆西（Joseph Quincy）撰写的山茂召生平以
及山茂召的四篇日记：《第一次广州之行》（"中国皇后号"首航中国）、
《第二次广州之行》《槟榔屿之行》与《返回广州与回国之行》。这部日记
的出版并没有改变欧洲人的著作在美国大行其道的状况。

　　19 世纪以来，欧洲来华传教士凭借他们熟练的汉语技能和丰富的中国
经验写出了多部有影响的作品。郭实猎于 1831 年至 1833 年不顾清政府的

---

〔1〕此外广受欢迎的还有使团成员巴罗（John Barrow）于 1804 年出版的《中国游记》(*Travels in China*)。
〔2〕Owen Aldridge, *The Dragon and the Eagle: The Presence of China in the American Enlightenment* (Detroit, MI:
Wayne University Press, 1992), p. 268.

禁令三次沿中国海岸航行，其冒险经历曾以日记的形式在《中国丛报》上连载，1834 年结集出版，受到热烈的欢迎。[1] 此后德庇时推出了《中国人》（1836 年），麦都思出版了《中国：现状与未来》（1838 年），为希望了解中国的西方人士提供了重要的信息来源。两书各有侧重，麦都思在书的前一部分介绍了中国的历史文化，后面更大的篇幅则描述了基督教在中国以及东南亚的传播。[2] 德庇时则给予中国全面的介绍，全书分二十一章，内容如下：（1）早期欧洲与中国的交往；（2）英国与中国的交往；（3）英国与中国的交往（续）；（4）地理概况；（5）中国简史；（6）政府管理与法制；（7）中国人的性格与习俗；（8）风土人情；（9）风土人情（续）；（10）城市：北京；（11）城市：南京与广州；（12）宗教：儒教；（13）宗教：佛教；（14）宗教：道教；（15）语言与文学；（16）文学（续）；（17）艺术与发明；（18）科技；（19）自然资源和物产；（20）农业和各类数据；（21）商业。在说明自己的写作目的时，德庇时说："我们在中国的利益大于任何欧洲大陆国家，但到目前为止英国还没有一部全面系统的论述中国的书籍……杜赫德《中华帝国全志》仍然是唯一的信息来源。但这部在不少方面确实颇有价值的著作问世已经整整一个世纪了，它的很多内容早已过时，对于一个不熟悉中国的人来说，区分哪些是可靠和有用的信息，哪些是偏见、歪曲和无稽之谈，是很不容易的。"[3]《中国人》出版后受到西方人士的好评。[4]

---

〔1〕除日记外，该书还收入了郭实猎的两篇文章：《中国的宗教》（ Religions of China ）、《基督教在中国》（ Christianity in China ），参见 Karl Gützlaff, Journal of Three Voyages along the Coast of China in 1831, 1832 & 1833 (London: Frederick Westley and A. H. Davis, 1834)。

〔2〕章节如下：（1）历史和地域；（2）人口；（3）人口普查；（4）关于人口的思考；（5）文明程度；（6）政府管理与法制；（7）语言与文学；（8）宗教；（9）天主教传播史；（10）新教在广州的传播；（11）新教在广州的传播（续）；（12）新教在马六甲的传播；（13）新教在巴达维亚的传播；（14）沿中国海岸航行；（15）中国海岸航行纪实；（16）在山东北部的活动；（17）在山东南部的活动；（18）在江苏的活动；（19）在浙江、福建的活动；（20）后来的活动；（21）中国所需要的人才；（22）在中国传教的迫切需要。

〔3〕John F. Davis, The Chinese (London: Charles Knight & Co., 1836), Vol. 1, pp. 1-2.

〔4〕E. C. Bridgman, "A General Description of the Empire of China", The Chinese Repository, Vol. 5, p. 280.

　　德庇时的《中国人》成为卫三畏必须面对的最重要的"前文本"，因为它是当时英语世界几乎唯一一部全面描述中国情况的作品。从某种意义上来说，《中国总论》价值的大小就在于它比《中国人》前进了多少。卫三畏在"前言"中没有回避这个问题："有人认为，在德庇时爵士系统而简明的著作出版后很快再推出一部全面论述中国的书是没有必要的，《中国人》是值得大力赞扬的一部著作，我在写作中常常克制自己不去频繁地征引它，并简略地论述它已经详细讨论过的部分。但这本书出版于十年前，那时中国还是一个不容易接近的国家，美国人即使读过这本书，了解的也是那个时期的情况，面对今天中国的开放，美国人会对中国产生更浓厚的兴趣，也会很乐意了解那场带来中国开放的战争的前因后果。"[1]确实，鸦片战争虽然没有彻底改变中国社会的性质和中国人的生活方式和思维习惯，但大大改变了中国和西方的关系。卫三畏抓住这个契机大做文章，在整合前人成果的基础上充分运用自己的知识和经验实现突破和创新，终于完成了《中国总论》这部后来居上的著作，正如一位评论者所说，"这是美国最好的对中国的介绍，是作者的一座丰碑"。[2]更有意义的是，《中国总论》出版后受到了欧洲人士的关注和欢迎，并被翻译成了德文、西班牙文。它使西方世界在中国问题上首次听到了美国的声音，改变了美国长期以来依赖欧洲了解中国和一味跟随欧洲汉学的局面。

　　在《中国总论》之前欧洲已经出版了多部综合性的中国研究著作，卫三畏曾做过比较系统的梳理：

　　（1）巴洛斯（John de Barros）《亚洲旬年史》（1560 年）

　　（2）达克鲁斯（Gaspar da Cruz）《中国志》（1569 年）

---

〔1〕S. W. Williams, *The Middle Kingdom* (1848), Vol. 1, p. xvi.

〔2〕"Review of *The Middle Kingdom*," *Christian Review*, Vol. 13, No. 50 (1848), p. 296.

（3）门多萨（J. G. de Mendoza）《中华大帝国史》（1585 年）

（4）马尔多纳多（J. B. Maldonado）《中国简史》（1621 年）

（5）法拉苏萨（Faria e Sousa）《葡萄牙发现亚洲史》（1639 年）

（6）曾德昭（Álvaro de Semedo）《中华大帝国志》（1641 年）

（7）卫匡国（Martino Martini）《中国上古史》（1659 年）

（8）基歇尔（Athanasius Kircher）《中国图说》（1667 年）

（9）纳瓦雷特（D. F. Navarette）《中华帝国史》（1676 年）

（10）安文思（G. de Magalhães）《中国新志》（1688 年）

（11）李明（Louis Le Comte）《中国现状新志》（1696 年）

（12）杜赫德（J. B. Du Halde）《中华帝国全志》（1735 年）

（13）德尔贝洛（Barthelemy D'Herbelot）《东方全书》（1777 年）

（14）格鲁贤（Jean-Baptiste G. A.Grosier）《中国通典》（1785 年）

（15）温特博特姆（William Winterbotham）《中华帝国的历史、地理与哲学》（1795 年）

（16）钱德明（Joseph-Marie Amiot）《中国杂纂》（1797—1814 年）

（17）布列东（M. Breton）《中国服饰与艺术》（1811 年）

（18）马礼逊（Robert Morrison）《父子对话：中国的历史和现状》（1824 年）

（19）瑟南古（Etienne P. de Senancour）《中国历史概述》（1825 年）

（20）郭实猎（Karl Gützlaff）《中国简史》（1834 年）

（21）德庇时（J. F. Davis）《中国人》（1836 年）

（22）穆瑞（Hugh Murray）《中国历史与现状概览》（1836 年）

（23）郭实猎（Karl Gützlaff）《中国的开放》（1838 年）

（24）麦都思（W. H. Medhurst）《中国：现状与未来》（1838 年）

（25）瓦恩斯（E. C. Wines）《中国一瞥》（1839 年 ）

（26）颇节（G. Pauthier）《中国史地与文学概论》（1839 年 ）

（27）博尔热（Auguste Borget）《中国和中国人》（1839 年 ）

（28）杜尔班（Fortia D'Urban）《中国及其周边》（1840 年 ）

（29）杜尔班（Fortia D'Urban）《中国上古史》（1840 年 ）

（30）李太郭（G. T. Lay）《实际的中国人》（1841 年 ）

（31）吉德（Samuel Kidd）《中国》（1841 年 ）

（32）科纳（M. Corner）《图文中国史》（1842 年 ）

（33）赖特（G. N. Wright）《中央帝国》（1843 年 ）

（34）尼克（O. Nick）《中国开门》（1845 年 ）

（35）英国圣经公会《中国人》（1845 年 ）

（36）马丁（R. M. Martin）《中国政治、商业与社会》（1847
年 ）[1]

　　两百多年间陆续问世的这三十六本著作水平参差不齐，有些对卫三畏
撰写《中国总论》具有参考价值，有些则质量一般，甚至比较低劣。如对
温特博特姆所著《中华帝国的历史、地理与哲学》，卫三畏的评论是："作
者对中国了解很少，粗制滥造。很可能是书商想利用马戛尔尼使团访华的
热度来赚钱。"又如对布列东所著《中国服饰与艺术》的评论是："本书没
有太多价值，书中的很多图片由两位曾在法国生活过的北京人提供，所以
在不少细节方面和在广州绘制的图片存在差异。作者从未来过中国，所以
对图片所作的说明文字中有不少错误。"有无来过中国、有无中国经验是卫
三畏衡量上述著作的标准之一，如对英国圣经公会《中国人》的评论是：
"这本小书为英国圣经公会所编，编者从未来过中国，很少有书含有这么

---

[1] S. W. Williams, "List of Works upon China", *The Chinese Repository*, Vol. 18, pp. 416–420.

多错误，传达如此多的错误印象。"[1]当然，作者（编者）没有中国经验，也可以产生好的作品，比如门多萨的《中华大帝国史》，该书1585年首版一经在罗马问世，便在欧洲引起了轰动。仅在16世纪末的最后十多年间，该书即先后被译成拉丁、意、英、法、德、葡等多种文字，共发行46版，堪称盛况空前。[2]该书全面论述了中国政治经济、历史文化、宗教风俗等各个方面的情况，不仅代表了16世纪西班牙汉学研究的最高成就，也体现了16世纪欧洲人的中国观。门多萨没有踏上中国土地而能写出影响如此广泛的史著，主要是充分利用了同时代人有关中国的报道和研究成果，再加上个人卓越的才华。另外一部和《中华大帝国史》情况相似的是《中华帝国全志》，该书共四卷：第一卷主要论述中国的历史与地理，第二卷主要论述中国的制度、风俗、物产、语言，第三卷主要论述中国宗教、哲学、医学、文学，第四卷主要论述中国周边民族的历史与地理。该书1736年由法国耶稣会士杜赫德编写完成，实际上是将17世纪以来法国来华耶稣会士的报告、书信编辑整理而成此书。此书很快成为当时欧洲人认识中国的一部大全式手册。但卫三畏对该书评价一般："虽然编者从来没有来过中国，但是该书取材于当时最可靠的材料，所以一直被认为是关于中国最全面的描述。这部庞大著作的部分内容价值不大，而其他部分则已经过时。"相比而言，卫三畏对其姐妹篇——格鲁贤《中国通典》更为肯定："在很多方面该书比杜赫德编写的《中华帝国全志》要好，无关紧要的内容较少，编排更合理，讨论了不少《全志》没有涉及的话题，也包含了《全志》问世后半个世纪以来的诸多新信息。"[3]《中国通典》分上、下两部，上部论述中国的地理地貌、主要城市、人口民族、水陆交通、地方物产、动植物、中医药材等。下部关注中国的政治军事、宗教习俗、语言文学、科学

---

[1] S. W. Williams, "List of Works upon China", *The Chinese Repository*, Vol. 18, pp. 418, 420.

[2] Donald F.Lach, *Asia in the Making of Europe* (Chicago: University of Chicago Press, 1971), Vol. 1, p. 742.

[3] S. W. Williams, "List of Works upon China", *The Chinese Repository*, Vol. 18, p. 418.

技术等。格鲁贤和杜赫德一样没有来过中国，但是他一直与 20 多位来华耶稣会士联系紧密，同时不断从欧洲各国科学院、图书馆获取有关中国的信息，正是在此基础上他编写完成了《中国通典》（*Description générale de la Chine*），于《中华帝国全志》问世整整五十年后的 1785 年出版，此后多次重印，并于 1788 年和 1789 年被翻译成了英文和德文。

与欧洲早期的综合性著作相比较，我们可以看出卫三畏《中国总论》的两个特点。第一，《中华大帝国史》《中华帝国全志》《中国通典》都是利用二手材料编辑而成的，实际上是前代和同时代人关于中国著述的汇总。它们的编者都没有来过中国，而且不懂中文。而卫三畏精通中文，《中国总论》完全是他根据本人的阅读和所见所闻创作的。正如他在 1848 年版序言中所说："本书几乎每一部分的资料来源都是亲自观察和对当地权威性典籍的研究"（personal observation and study of native authorities）。[1] 所以这部书是用第一人称来叙述的，充分显示出美国汉学从一开始就带有非常强烈的个人色彩。第二，门氏、杜氏、格氏都是用一种赞美的态度来写中国，欧洲汉学是在"中国热"的背景下产生的。而美国汉学产生于鸦片战争以后，这也就决定了美国汉学家不可能再带着完全赞美的眼光看待中国，也不可能再将注意力完全集中于中国的古代文明。中国的变革和近代化问题逐渐成为关注的焦点。如《中国总论》中就辟专章讨论了"中国的开放"问题。这些都预示了美国汉学的现代形态——20 世纪以费正清（John K. Fairbank）为代表的"中国研究"的出现和壮大。

利用二手材料进行编著是一种类型，另外一种类型就是个人写作。在欧洲早期的作品中，卫三畏非常认可安文思和李明的著作。这类个人化写作到 19 世纪后基本成为唯一的类型。与表中列出的 19 世纪著作相比，《中国总论》首要的特点是规模宏大、内容丰富。马礼逊《父子对话：中国的

---

[1] S. W. Williams, "Preface", *The Middle Kingdom* (1848), Vol. 1, p. xvi.

历史和现状》、郭实猎《中国简史》主要讨论中国历史，麦都思《中国：现状与未来》主要梳理基督新教在中国的传播过程。另外，卫三畏的作品持论比较公允，内容安排合理，这也是他总结前人教训的结果。他分析基德出版于 1841 年的《中国》（*China*）时写道："本书作者曾在马六甲传教七年，此后于 1832 年返回英国，并被任命为伦敦大学学院中文教授，作者对诸如中国哲学、法律、教育、文学论述较多，但总体来说这是一本学究气而非实用性的著作，在很多读者想要知道的问题上用墨很少，而用来攻击别人观点和错误的文字太多。"在 19 世纪的所有著作中他评价最低的是郭实猎的两部，前文已经提及他对郭著《中国的开放》的批判，他对《中国简史》同样很不看好："这是一部草率之作，几乎没有什么价值，只是干巴巴地罗列了一些事件，很可能是关于中国的著作中最枯燥的一种。如果我们给历史的定义是探寻行动的原因，揭示影响民众行为和国家命运的力量，那么本书不能算一部历史。"[1] 卫三畏评价最高的是德庇时的《中国人》，这是他参考最多、也是最想超越的一部前期著作。

《中国总论》出版后产生了广泛的影响，几个月内就第二次印刷，到 1857 年已经四次印刷。[2] 它不仅改变了欧洲汉学著作一统天下的局面，还反哺欧洲汉学，同时对欧洲普通读者了解中国起到了一定的作用。卫三畏 1858 年 7 月 31 日日记有这样的记载："一艘奥地利驱逐舰'诺瓦腊号'（*Novara*）到了上海。这艘供给充足的舰艇是来执行科学考察任务的。我想，它一定配备了进行各项研究所需的一切先进设备。舰艇上的海军将领今天告诉我，我的《中国总论》一书已被译成了德语，在德国还颇有名气。这是我以前不知道的。这样看来，通过我的书了解中国的人比我原先期待的要多。而且，就像那位海军准将所说，他们从书中了解到的都是事

---

〔1〕S. W. Williams, "List of Works upon China", *The Chinese Repository*, Vol. 18, pp. 418–419.

〔2〕Henri Cordier, *A Catalogue of the Library of the North China Branch of the Royal Asiatic Society* (Shanghai, 1872), p. 53.

实。"[1]除了德文，《中国总论》还被翻译成了西班牙文。

　　《中国总论》出版后很快得到了美国学界的认可，鲍留云1848年2月10日给卫三畏的信中说，他读了纽约各大报纸的书评，发现虽然有人抱怨《中国总论》篇幅过于庞大，但对其内容都给予了高度肯定。[2]1848年夏天位于纽约州的联合学院（Union College）授予卫三畏荣誉法学博士学位。[3]对于为什么授予他这一学位，有学者指出："卫三畏笔下对中国法制情况的描述成为以后西方人研究中国法律问题的重要原始资料，直接对制定对华政策产生影响。"[4]实际上，卫三畏在写作《中国总论》之前所发表的百场讲演已经为他赢得了美国学界的关注，1846年他被美国民族学会（American Ethnological Society）选为会员，此后一年多经常参加在学会创始人阿尔伯特·加勒廷（Albert Gallatin）家里举行的例会，并发表了题为《中华帝国的现状》（The Present Position of Chinese Empire）的学术报告。[5]回到中国后卫三畏一直和该学会保持密切的联系，并且不断将自己的作品和《中国丛报》寄送到学会。他的不少观点被加勒廷、约翰·巴特里特（John Bartlett）等人种学家作为重要的信息加以引用。巴特里特在《人种学的进步》（The Progress of Ethnology）一文中指出，随着《中国总论》的出版，卫三畏的名声已经传播到欧洲，特别是在语文学方面被认为是最具权威性的专家。[6]

　　卫三畏对于中国思想文化的研究同样具有启发性，比如他对孟子的高度评价，受到了汉学家马森（Mary G. Mason）的关注。在1938年出版的

---

〔1〕F. W. Williams, *The Life and Letters of Samuel Wells Williams*, p. 282.

〔2〕Samuel Brown to S. W. Williams, 10 February 1848. 顾钧、〔日〕宫泽真一主编：《美国耶鲁大学图书馆藏卫三畏未刊往来书信集》（第23册），广西师范大学出版社2012年版，第32页。

〔3〕F. W. Williams, *The Life and Letters of Samuel Wells Williams*, p. 162.

〔4〕孔陈焱：《卫三畏与美国汉学研究》，上海辞书出版社2010年版，第119页。

〔5〕该报告后发表于1848年出版的学会通讯（*The Transactions of the American Ethnological Society*）第2卷。

〔6〕John R. Haddad, *The Romance of China: Excursions to China in U. S. Culture, 1776—1876*, p. 175.

《西方的中华帝国观》（*Western Concepts of China and the People*）一书中，马森指出，"一般地说来，西方人更尊重孟子"，并直接引述卫三畏的话，把孟子称为"亚洲最伟大的思想家之一"。马森的这部著作主要研究 19 世纪下半叶西方的中国观，据初步统计，该书直接引用《中国总论》达 64 处之多，并肯定卫三畏"对中国宗教作了准确和相对公正的研讨"。[1]从中不难看出卫三畏对西方汉学和西方中国观的影响。

　　《中国总论》在中国受到关注要晚于西方。根据笔者初步的检索，最早在文章中提到卫三畏的中国人是鲁迅。他在《华盖集续编·马上支日记》中提到了"威廉士的著作《中国》"[2]，指的就是卫三畏的《中国总论》。有资料显示，《中国总论》曾被安冈秀夫翻译成日文，鲁迅读过日文本，但是否看过英文原作不能确定。鲁迅关注《中国总论》，就像他关注明恩溥（Arthur Smith）的《中国人的特性》（*Chinese Characteristics*）一样，主要是为了研究中国的国民性。真正把这部著作当作汉学著作来研究始于莫东寅的《汉学发达史》。该书给美国汉学的篇幅非常有限，在描述美国汉学起源时作者写道："美国完成独立在 1783 年（乾隆四十六年），及释奴战终，统一南北之集权政府成立，已在 19 世纪中叶（1865 年，同治四年）……其注意禹域，视欧人晚甚。其国民尚科学重实用，于中国历史文献之研究，初极忽视……卫三畏……其《中国总览》（*The Middle Kingdom*，1848 年）一书，凡两巨册二十六章，叙述中国历史地理人民政治文学社会艺术等概况，后由其子为复刊，流传甚广，为美人中国研究之见端。"[3]这段论述虽然简单，而且有一些错误，但说明《中国总论》在 20 世纪已经进入了中国学者的视野。

---

〔1〕［美］马森《西方的中华帝国观》，杨德山等译，时事出版社 1999 年版，第 301、286 页。

〔2〕鲁迅：《鲁迅全集》（第三卷），人民文学出版社 1981 年版，第 330 页。《鲁迅全集》的注释中将这本书的出版年代写成 1879 年，不确。版本如本文中所写：1848 年初版，1883 年修订版。

〔3〕莫东寅：《汉学发达史》，北平文化出版社 1949 年版，第 141 页。

　　一个更具学术性的例子是张星烺，他在《中西交通史料汇编》中引用了 1245 年教皇与蒙古大汗的两封通信，其资料来源是《中国总论》第二十一章《中国对外关系》。卫三畏在介绍通信背景时写道："蒙古人在成吉思汗及其继承人的率领下，在地中海和里海之间的地区四处扩张，令教皇和欧洲各国君主对自身的安全大感恐惧，于是决定派遣两名使节，其中一名方济各会修道士柏郎嘉宾带上了给拔都汗的信件。"[1] 相较而言，张星烺介绍背景时给出的历史时代更为具体："勃拉奴克劈尼（按：即柏郎嘉宾），意大利人，以 1245 年（宋理宗淳和五年，蒙古六皇后摄政五年）4 月 16 日，离法国里昂城，奉教皇使命，请蒙古人在欧洲境内止事杀戮。"[2] 张星烺编著的《中西交通史料汇编》1930 年作为《辅仁大学丛书》第一种问世以来饱受赞誉，是中国 20 世纪的一部学术名著。全书共六册，分为九编：（前编）上古时代之中外交通，（第一编）古代中国与欧洲之交通，（第二编）古代中国与非洲之交通，（第三编）古代中国与阿拉伯之交通，（第四编）古代中国与亚美尼亚之交通，（第五编）古代中国与犹太之交通，（第六编）古代中国与伊兰之交通，（第七编）古代中国与中亚之交通（上下），（第八编）古代中国与印度之交通。张星烺主要利用了中国上古至明代的丰富史料，并佐以外国学者的论著，完成了这一极具学术价值的工作。张星烺对于《中国总论》的引用出现在第一编《古代中国与欧洲之交通》的第五章《元代中国与欧洲之交通》。

　　值得一提的是，最早知道《中国总论》出版的中国人很可能是耆英。第二次鸦片战争之后，清廷与英、法、俄、美四国公使展开《天津条约》谈判，耆英是中方代表之一，卫三畏在 1858 年 3 月 12 日日记中写道："今天耆英和列卫廉先生再次见面，地点在离河岸不远的一座庙里，我和丁韪

〔1〕S. W. Williams, *The Middle Kingdom* (1848), Vol. 2, p. 424.
〔2〕张星烺编注：《中西交通史料汇编》，中华书局 2003 年版，第 284 页。

良先生作陪。耆英问起了伯驾、马儒翰和另外一些人的情况。当我们告诉他,我们用达盖尔银版法摄制了一张他的肖像并放在《中国总论》一书中的时候,他毫不掩饰地表示他非常想看一看。我们答应送他一本。他一开始还以为这本书是中文的,后来当他听说美国人也知道他的时候,他显得更加高兴了。他用自己的筷子给我们每人夹了一些菜。最后,在宾主和睦融洽的气氛中,我们告辞了。他显然对我们这次拜访很满意。"[1]但这是卫三畏和耆英的最后一次见面,很快耆英擅自回京,咸丰帝令其自尽。

和学术影响相比,《中国总论》对于美国民众的影响更大,也更有意义。它改变了长期以来中国的负面形象。

卫三畏在《中国总论》"前言"中说,他写这部书的目的之一,在于"剥离中国人和中国文明所被给予的那种奇特而无名的可笑的印象"。[2]18世纪欧洲大陆特别是法国的中国热(chinoiserie)虽然影响了美国的一些人士如富兰克林等,但总体上对美国民众的影响很小。美国从更深的文化根源上来说更接近英国。根据钱锺书的研究,英国在17、18世纪"对中国的兴趣只是偶发的、半心半意的、处于'冷漠中心'的边缘"[3],其对中国的好感主要集中在对于中国物品的喜好,而非对于思想文化的欣赏。18世纪末美国建国时欧洲的"中国热"已经基本上过去了。这股"中国热"在很大程度上归功于法国来华耶稣会士对中国的赞美,他们写的大量书信和著作给欧洲带去了一个文明昌盛的中国形象。但18世纪下半叶以来,随着耶稣会士影响的减弱,特别是1773年耶稣会的解散,中国形象开始走向负面。卢梭、孟德斯鸠、亚当·斯密对于中国的批判逐渐取代了莱布尼茨、伏尔泰对于中国的赞美,成为主流的看法,这种看法到了黑格尔那里

---

[1] F. W. Williams, *The Life and Letters of Samuel Wells Williams*, pp. 267–268.

[2] S. W. Williams, "Preface", *The Middle Kingdom* (1848), Vol. 1, p. xiv.

[3] Qian Zhongshu, "China in the English Literature of the Seventeenth Century," in Adrian Hsia, ed., *The Vision of China in the English Literature of the Seventeenth and Eighteenth Centuries.* (Hong Kong: The Chinese University Press, 1998), p. 30.

得到了进一步的理论综合。在黑格尔看来，以中国为代表的东方文明没有
"世界精神"的自由展现和发展，中国"客观的存在和主观运动之间仍然
缺少一种对峙，所以无从发生任何变化，一种终古如此的固定的东西代替了
一种真正的历史的东西"，总之中国的历史是停滞的，处于整个世界历史的
局外。[1]除了黑格尔等哲学家的理论推演，还有来自实地考察的个人经验，
其中 1793 年马戛尔尼使团成员巴罗、斯当东的出使报告、日记等影响深
远，他们的文字记录表明，"处于工业化过程中高度自信的西方现在以一
种与他们的先辈完全不同的眼光看到了一个正在衰落的中国，而不久之前，
其先辈们看到的是一个正处于鼎盛时期的帝国"。[2]在这样的舆论大背景
下，中国形象开始从正面走向负面。而随着鸦片战争的爆发，中国形象更
是一落千丈，美国人在欧洲特别是英国的影响下逐渐形成了"一种以轻蔑
和厌恶的口气谈论中国人的风气"。[3]

　　如前章所述，美国商人和外交官虽然涉足中国最早，但他们不懂汉
语，而且常常来去匆匆，这就决定了他们对于中国的认识必然是肤浅的。
山茂召在首次广州之行的日记中批评中国政府"在所有文明国家中最为压
制民众"，而中国人则个个"崇拜偶像并沉溺于迷信"。[4]山茂召显然开
了一个坏头。此后美国商人对中国的看法虽然各不相同，但总的来说，批
评远远多于赞扬。他们向美国民众传递的是这样一个中国形象：政府管理

---

〔1〕［德］黑格尔：《历史哲学》，王造时译，上海书店出版社 1999 年版，第 122-123 页。傅吾康（Wolfgang
Franke）在《19 世纪的欧洲汉学》一文中指出："黑格尔对中国历史的负面评价被后来欧洲的学者视为权威，
尤其是在德国，一直延续到 20 世纪中叶。甚至在 20 世纪的 60 年代，据笔者印象，当德国一所大学在讨论是
否设立中国历史的教席时，仍因为黑格尔的中国没有历史这一站不住脚的观点而遭到否决。"张西平编：《欧
美汉学研究的历史与现状》，大象出版社 2006 年版，第 120 页。
〔2〕Colin Mackerras, *Western Image of China*, second edition (Oxford: Oxford University Press, 1991), p. 43.
〔3〕William Speer, "Preface", *The Oldest and the Newest Empire: China and the United States* (Hartford, CT: S. S.
Scranton & Company, 1870), p. 4.
〔4〕Joseph Quincy, ed., *The Journals of Major Samuel Shaw* (Boston: WM. Crosby & H. P. Nichols, 1847), pp.183,
195.

无序、社会停滞不前、老百姓迷信而狡猾。[1]商人对中国的批评,与其说源于中国本身,不如说出于利益的得失。费正清在分析早期中美贸易时指出:"美国在中国的商业利益总是带有很大的想象和希望的成分。"[2]希望越大,失望也就越大。所以,在失望之余,商人们对中国多有批评也就不难理解了。正因如此,他们的批评并不激烈,更多的只是嘲笑。而一旦在商业利益上得到了满足,他们对中国的看法就会向好的方向转变。与商人相比,外交官更为放言无忌。19世纪30年代罗伯茨(Edmund Roberts)和罗森伯格(W. S. W. Ruschenberger)被美国政府派往亚洲进行贸易谈判,在匆匆访问广州、澳门后罗伯茨在日记中写道:"中国人要么吸食鸦片,要么饮用烈酒来麻痹自己,赌徒到处可见。他们还是一群贪食者,飞禽走兽无一不成为他们饕餮的对象,实际上一切让其他民族恶心的陆地和海洋中的生物都为他们所喜食。"[3]罗森伯格则给中国下了这样的评语:"在那儿商人欺骗同胞和外国人;在那儿语言不足以表达生活的共同意图;在那儿道德的卫护者是卑鄙小人;在那儿孔夫子虽然受到很大的尊敬,但经不起推敲,除非了解他所处时代的无知才能原谅他作品的贫乏。"[4]在评论罗伯茨、罗森伯格这类走马观花但又大发议论的美国人时,卫三畏略带讽刺地说:"在很长一段时间里,人们所能读到的关于中国的书籍是由这些来去匆匆的观光者提供的。他们一下子来到一个陌生的地方,看到很多陌生的事情,听到的事情则更加闻所未闻,就会染上这种情况下容易犯的坏毛病——提笔就写,从十二开的小册子到大八开的三大卷。"[5]在这样的时代

---

[1] S. C. Miller, *The Unwelcome Immigrant* (Berkeley, CA: University of California Press, 1969), p.36.

[2] John K. Fairbank, *The United States and China*, fourth edition (Cambridge, MA: Harvard University Press, 1979), p.324.

[3] Edmund Roberts, *Embassy to the Eastern Courts of Cochin-China, Siam and Muscat* (New York: Harper & Brothers, 1837), p. 151.

[4] W. S. W. Ruschenberger, *A Voyage round the World* (Philadelphia: Carey, Lea & Blanchard, 1838), p. 431.

[5] S. W. Williams, "Review of *China Opened*", *The Chinese Repository*, Vol. 8, p. 85.

224

风气中，熟悉中国的卫三畏显然觉得有必要纠正国人的看法。

与由于无知而对中国产生偏见的美国人相比，由无知而对中国漠然置之的人可能更多。这可以解释为什么《中国总论》在被威利和帕特南公司接受之前会遇到种种挫折，许多出版商拒绝这部著作的理由就在于担心它无法引起人们的兴趣，甚至认为用两大册的篇幅这样郑重其事地谈论中国是一件很荒谬的事。这部书出版后受到热烈欢迎的事实，又说明 19 世纪上半叶的美国人并不缺少了解欧洲以外世界的愿望，他们缺少的只是一本好的入门书。19 世纪 40 年代随着鸦片战争的爆发，特别是中美《望厦条约》的签订，越来越多的美国人开始关注中国，《中国总论》的出版是适逢其时的。

18 世纪末以来形成的负面的中国形象，很大程度上是基于对中国的片面认识和意识形态虚构，卫三畏的《中国总论》全面展示了中国的历史文化以及当下的政治经济状况，对于改变简单、偏狭的中国观起到了重要的纠正作用。正如一位读者所言，"读完上下两册，你会感觉到这是出自一位中国人的朋友之手，整部作品体现了善意和公正的原则，中国人存在的缺点和问题没有引发作者的敌视和嘲笑，而是激发他更努力地去分享知识和真理。"[1]它之所以受到广泛的欢迎，除了内容广博，还在于其活泼多样的风格。《中国总论》是在演讲基础上整理成书的，因此保留了不少口语的色彩。卫三畏对于中国的各种事情都娓娓道来，绘声绘色，给人活灵活现之感。如在介绍结婚当天迎亲场景时写道："福建的习俗和其他地方不太一样，有自己的特色。吉日一到，客人们来到新郎家庆贺，同时轿夫、乐队在准备好后就向新娘家进发了。队伍的最前面是一只烤猪，预防路上有潜伏着的恶魔来袭击，让这些恶鬼去抢猪肉吧，这样队伍就能平安通过。新娘这时在家里打扮起来，她穿上最好的衣服，戴上最珍贵的珠宝。她原先少女时代的发辫用头饰绾起来，戴一顶像伞一样的大帽，垂到双肩，罩

---

[1] H. Blodget, "Samuel Wells Williams", *The New Englander*, Vol. 8 (March, 1885), p. 171.

住全身。花轿到了之后，她坐了进去，轿门由她母亲锁上，钥匙交给傧相由其在到达后交给新郎。"[1]这样的描写无疑能让人产生一种身临其境之感。

第四节　修订版的贡献

在《中国总论》出版二十年后，美国又出版了三部全面论述中国情况的著作：卢公明（Justus Doolittle）的《中国人的社会生活》（*Social Life of the Chinese*，1867 年）、倪维思（John L. Nevius）的《中国与中国人》（*China and the Chinese*，1868 年）以及施惠廉（William Speer）的《最老与最新的帝国——中国与美国》（*The Oldest and Newest Empire: China and the United States*，1870 年）。[2]卢公明长期在福州传教，倪维思的传教地点是

---

[1] S. W. Williams, *The Middle Kingdom* (1848), Vol. 2, pp. 56–57.

[2]《中国人的社会生活》为上下两册，上册除《导言》外，共分十八章：（1）农业和家居生活；（2）订婚与结婚；（3）订婚与结婚（续）；（4）婚后生活与子女问题；（5）治疗疾病的迷信方式；（6）死亡、悼念和埋葬；（7）死亡、悼念和埋葬（续）；（8）祖先牌位和祠堂；（9）和尚、道士和儒生；（10）民间信仰的神祇；（11）民间信仰的神祇（续）；（12）满清官员；（13）满清官员（续）；（14）国教；（15）科举考试；（16）科举考试（续）；（17）科举考试（续）；（18）中国趣闻。下册共分十九章：（1）习俗与节日；（2）习俗与节日（续）；（3）习俗与节日（续）；（4）个人和大众迷信；（5）商业习俗；（6）功德和慈善行为；（7）功德和慈善行为（续）；（8）社会习俗；（9）社会习俗（续）；（10）社会习俗（续）；（11）杂谈中国人的观念和行为；（12）杂谈中国人的观念和行为（续）；（13）符咒和先兆；（14）算命；（15）鸦片和鸦片吸食；（16）中国人和圣经中的习俗；（17）传教问题；（18）传教问题（续）；（19）北京景观。《中国与中国人》共分二十八章：（1）中华帝国概观；（2）中华帝国概观（续）；（3）孔子和儒学；（4）科举和学校；（5）政府机构；（6）中国宗教；（7）佛教；（8）佛教（续）；（9）道教；（10）祭祀与礼仪；（11）宗教间的关系和影响；（12）关于神灵的迷信和风水学说；（13）占卜的不同方法；（14）汉语；（15）中国的慈善机构；（16）中国的道德宣传；（17）社会风俗；（18）节日和娱乐活动；（19）对中国人性格和中国文明的总体评估；（20）西方国家与中国的交往；（21）太平天国起义；（22）传教士在中国的生活；（23）传教的各个组织和不同方法；（24）传教的结果；（25）中国信徒的性格和经历；（26）罗马天主教在中国；（27）中华帝国现状和问题；（28）结论。《最老与最新的帝国——中国与美国》共分二十三章：（1）导言；（2）中国人的起源和人种；（3）地理、植物和动物；（4）社会生活、娱乐、节日；（5）早期父系社会；（6）奥古斯都时代的中国；（7）中古时代的中国；（8）元代；（9）明代；（10）清代；（11）康熙与乾隆；（12）道光与鸦片战争；（13）鸦片战争的结果；（14）美国与中华帝国的关系；（15）中国与美洲大陆在古代的联系；（16）中国的移民；（17）中国劳工；（18）中国的政府管理；（19）在加州的中国社群；（20）提交美国国会的谏书；（21）中国移民的宗教信仰；（22）美国的荣耀；（23）中国人的未来。

226

山东登州，而施惠廉的传教对象是生活在加州的中国劳工。这三部著作都
取材于作者自身的经历和对中国社会以及中国人的观察，与卫三畏《中国
总论》情况类似。但无论从讨论范围、权威性还是详尽程度上来看，三部
著作都不如《中国总论》。尽管如此，它们对于加深美国人对中国的了解
还是颇有价值的。三部著作中最重要的是卢公明的《中国人的社会生活》。
卢公明是美部会传教士，1850 年 5 月抵达福州。在榕期间，他对福州人的
社会生活产生了浓厚的兴趣，通过与社会各阶层的交往以及亲自参加当地
的各种民间活动，他掌握了大量第一手资料，并陆续将之写成文章，1861
年至 1864 年以《略记中国人》(Jottings about the Chinese) 为题陆续发表
在香港的《中国邮报》(China Mail) 上。1864 年卢公明短期回美国期间，
在热心朋友们的鼓励之下，决心将这些文章结集成册，在改写已有部分的
同时又增写了三四个章节，完成了他的这部代表作。[1]该书以福州地区中
国人的社会生活为描写重点，同时也广泛涉及中国人的宗教信仰、政府管
理、教育事业和商业活动，其中关于科举考试的三个章节尤其为人所称道。
在这三个章节中，卢公明不仅记录了考生从参加考试直到考试结束的整个
流程，还揭露了考试中出现的不良风气，甚至细及点点滴滴的"有趣"现
象，[2]其翔实程度超过了卫三畏在《中国总论》中对科举考试的描写。但
从总体上来说，这部著作没有超越《中国总论》。

多年过去后，"德庇时的《中国人》已经难得一见，《中国总论》成
为唯一的经典"。[3]实际上它不仅是中国研究专家们的标准参考书，而
且被不少学校采用为教科书，多次印刷。但是另一方面，随着时间的推
移，《中国总论》中一些信息的不完整性和论述的不准确性也逐渐显露出
来。1876 年卫三畏离开北京时就萌发了修改旧作的想法，毕竟三十年过去

---

〔1〕Justus Doolittle, "Preface," *Social Life of the Chinese* (New York: Harper & Brothers, 1867), p. i.
〔2〕详见林立强：《美国传教士卢公明眼中的清末科举》，载《国际汉学》第10辑（2004年），第230—238页。
〔3〕"Review of *The Middle Kingdom*," *The China Review*, Vol. 12 (July 1883—June 1884), p. 196.

了，中国已经发生了很大的变化。如果从他到中国的那一年算起，四十三年已经过去，今昔对比，卫三畏不胜感慨："1833 年我初抵广州时，我和另外两个美国人被作为'番鬼'（洋鬼子）报告给行商，并接受他的管理。1874 年作为美国驻华公使馆参赞，我陪同艾忭敏阁下面见同治皇帝，公使先生在完全平等的基础上向'天子'呈递了国书。"[1] 按照外交礼仪，艾忭敏在递交国书时发表了简短的"颂词"，由卫三畏当场翻译成中文："美国驻华奉使大臣艾忭敏奉伯理玺天德旨恭代贺皇帝陛下，忆贵国更睦悠久，愿祝陛下鸿祚无疆，遐龄永享，欣看德政日新，艺翻素谱，且喜陛下赤子身莅美国者六万余人，技学均优，更比他邦愈敦，益见两国永缔坚固，彼此相交尤重也，兹使臣恭呈为全权大臣之国书于皇帝陛下。"[2] 对于卫三畏来说，这无疑是难忘的一幕。中国的变化当然不止政治方面，社会生活的方方面面都发生了程度不同的变化。另一方面，卫三畏对中国的了解和认识也同样今非昔比。1876 年离开北京时，他已成为在中国生活工作时间最长的外国人，从资历上来说超过了其他所有的英美传教士和外交官。

　　修订工作花去了卫三畏七年的时间，是当初演讲加写作时长的两倍。这其中有多个原因，首先卫三畏毕竟已经六十多岁，视力严重下降，精力也大不如从前；另外，作为耶鲁首任汉学教授各种学术和社会活动占据了他大量的时间；而更为重要的是，他的修改不是小修小补，"1200 多页的稿子几乎每一页都需要进行修正和扩充，为此必须查阅几百本书，这实在是一项繁杂的工作，一个身体好得多的人也要投入全部的精力"。[3] 这样大规模改造的结果首先可以从字数上看出来：修订版几乎是原书的两倍。晚年的卫三畏可以说已经功成名就，却花费这么多的精力和时间来从事修订工作，原因何在呢？他的传记作者这样告诉我们："由于《中国总论》

---

〔1〕S. W. Williams, "Preface", *The Middle Kingdom* (1883), p. xiv.

〔2〕陶德民编：《卫三畏在东亚：美日所藏资料选编》，大象出版社 2016 年版，第 507 页。

〔3〕F. W. Williams, *The Life and Letters of Samuel Wells Williams*, p. 439.

已经成为当时这个领域的权威（这让它的作者相当吃惊），卫三畏决心通过修订使作品与它的声名相符合。在出版商及时地宣布新版本即将问世之后，还有一些人继续购买旧版本，这一事实或可说明人们对这样一本书的持久和迫切的需求。"〔1〕显然，《中国总论》已经成为一个品牌，卫三畏希望通过修订来保持和扩大它的影响力。但是，修改有时并不比新写容易，如何增减，如何取舍，都是需要考虑和解决的问题。

修订版《中国总论》于 1883 年 10 月面世，和 1848 年初版一样也分为两卷，共计 1600 页。初版的二十三章增加到现在的二十六章。新增加的三章是：（第二十四章）太平军起义（The Taiping Rebellion）；（第二十五章）第二次英中战争（The Second War between Great Britian and China）；（第二十六章）中国近事（Narrative of Recent Events in China）。这三章近 200 页的内容使现实问题在《中国总论》中占的比例大大提高，现代中国的形象在古代中国的背景中更加凸显出来。原先各章的变化程度不等，有的基本信息未变，有的则重新编写。开头关于中国地理情况的几章基本上属于这两极之间的中间状态，有修改，也有保留。当初卫三畏对一些地方的描述（比如长城）是来自书本和耳闻，而现在则可以结合实地的考察。对于北京的描述从原先的 15 页增加到了 22 页，在原有的北京地图之外又增加了安定门城楼、孔庙和黄寺的插图，另外在上卷的目录之前还附上了一幅天坛的彩色插图。关于圆明园，卫三畏在新版中加上了这样一句："但所有这一切景观都在 1860 年被英法联军摧毁，留下的废墟至今仍然触动着中国官民的排外情绪。"〔2〕南京的报恩塔也在 1856 年毁于太平天国战争。1852 年美国传教士泰勒（Charles Taylor）访问了这座著名的建筑并在《中国五年》（Five Years in China）一书中进行了详细的描绘，卫三畏在新

---

〔1〕F. W. Williams, *The Life and Letters of Samuel Wells Williams*, p. 458.
〔2〕S. W. Williams, *The Middle Kingdom* (1883), Vol. 1, p. 80.

版中参考了这部著作并将它推荐给对该建筑有兴趣的读者。关于广州的描述，1883 年版也在 1848 年版的基础上有所增加，特别是对那里科举考试的场景着墨颇多。卫三畏在介绍中国教育情况的第九章中还附上了一幅北京贡院的插图，也是旧版所没有的。与这些老城市相比，上海、香港的变化要大得多。昔日人烟稀少的小镇现在已经成为华洋杂处的商埠。香港在 1845 年时只有 25000 名居民，现在则迅速增加到 13 万人。从全国的情况看，中国的人口变化不大，1881 年的官方数字是 3 亿 8 千万人，所以新版中关于人口统计的一章也就没有太多的变化。关于博物学的章节则几乎是完全重写的，卫三畏对这一领域的了解在过去的若干年中已经大大增加，而其他学者的相关成果也为他所关注。卫三畏对博物学一直比较偏爱，这一部分的内容在 1848 年版中本来就已经非常充实，现在重写后则更加丰富，从原先的 56 页增加到 84 页，并且增加了插图。此外其他章节也都有大小不同的修改。

卫三畏在新版中引用了两百多位作者的相关著述，原先过多依赖《中国丛报》的情况得到了根本的改变。以第十四章《中国人的社会生活》为例，1848 年版全章共有引文注释十一处，直接引用《中国丛报》就占了六处，超过了一半。而 1883 年版的第十四章共有引文注释二十处，直接引自《中国丛报》者五处，只占四分之一。[1] 卫三畏在修订时还充分利用了不少最新的科学考察报告，例如第一章关于中国西北戈壁的形成参考了德国人李希霍芬（Von Richthofen）的研究，第三章关于海南岛和琼州（海口）的地理情况参考了英国人泰因特（E. C. Taintor）和丹尼斯（N. B. Dennys）的考察，第四章关于西藏鸟类的分布则利用了法国人大卫（Armand David）的论文。[2] 初版中关于北京气候的描述很简单，新版则较为丰富和具体，

---

[1] 孔陈焱：《卫三畏与美国汉学研究》，上海辞书出版社 2010 年版，第 107 页。
[2] S. W. Williams, *The Middle Kingdom* (1883), Vol. 1, pp. 18, 176, 243.

卫三畏参考弗列希（H. Fritsche）的《北京的降雨量和降雪量》（The Amount of Rain and Snow in Peking）一文写道："年雨量的最高值是 16 英寸，集中在七、八两个月，雪很少，积在地上大约两三天，大半被风吹走而不是融化。"[1]这也从侧面展示了包括美国在内的整个西方中国研究水平的提升。

1848 年时"四书"只有柯大卫的英文全译本，此时理雅各的皇皇巨译《中国经典》（The Chinese Classics）已于 1861 年至 1872 年陆续出版，不仅包括"四书"，还有《尚书》《诗经》《春秋》等多部经典。中国的宗教和传教问题也吸引了更多传教士的关注，艾约瑟和丁韪良都出版了颇有影响力的著作，所有这些著作都成为卫三畏的重要参考。

这里我们只以《诗经》为例。在 1848 年版中，卫三畏在介绍和翻译部分《诗经》篇目时参考的是一份拉丁文本的《诗经》，该译本由法国耶稣会士孙璋（Alxander de la Charme）于 1733 年完成，原稿收藏于巴黎国家图书馆。1830 年，德裔汉学家朱利斯·莫尔（Julius von Mohl）对之进行编辑后出版，书名为《孔夫子的诗经》（Confucii Chi-king sive liber carminum）。卫三畏参考这个译本翻译了《秦风·兼葭》《小雅·谷风》《邶风·凯风》等篇，在此之前美国人当中只有娄理华翻译过《周南·关雎》《周南·卷耳》两首，两人可谓美国诗经学的开创者。

1871 年理雅各出版了《诗经》散体译本，1876 年又推出了韵体译本，无论是对原文的理解还是英文的表达都体现了很高的水准。卫三畏在 1883 年修订版中讨论《诗经》时，直接采用了理雅各韵体译本中的《召南·甘棠》《邶风·雄雉》《大雅·瞻卬》等篇。唯一由卫三畏自己翻译的只有《邶风·静女》，基本是意译，与理雅各的直译风格很不相同。中国近代文人苏曼殊最早注意到了两者的差异，在 1908 年编译的《文学因缘》（东京齐

---

[1] S. W. Williams, *The Middle Kingdom* (1883), Vol. 1, p. 51.

民社）中收入了卫三畏和理雅各两种不同风格的《静女》译文。[1]这也能够说明《中国总论》的影响。

可以说，卫三畏修改《中国总论》时担心的不再是信息不够，而是如何控制信息，使自己的著作不至于篇幅过长。正如他的传记作者所说："如果对每一个事件都做详细的梳理将使这本书的容量大大增加，由此会造成使用的不便。舍弃那么多积累起来的学识，再把其余的压缩在一个狭小的空间内，这又不能不让他感到悲伤（对任何作者来说都是悲伤的），但他还是坚决遵循了切合实际的目标。对于许多主题他只是说明了范围，然后便一笔带过，而有些则在给出参考书目后完全省略。尽管这样做导致了某些不和谐，以及因为新旧引文不同而偶尔产生的不衔接，但总体效果是令人满意的。"[2]确实，新版问世后，立刻获得了众多好评，不少读者赞美它是"里程碑式的著作"，"对中美之间的互相了解做出了重大的贡献"。[3]

与多年前屡遭出版商拒绝完全不同的是，新版的推出十分顺利，查尔斯·斯克莱布诺家族公司（Charles Scribner's Sons）在推出新版前就大做广告，予以宣传："中国沿海口岸的开放和外国公使进驻北京使中国的历史和现状备受人们关注，卫三畏博士的大著充分利用了此前有关中国的各类信息，但是他对诸多方面的讨论更充分、更精确，超过了以往所有人，这是基于他对中国文献渊博且精微的研究以及与中国官员的广泛交往……《中国总论》初版面世以来的三十五年当中，中国的思想文化发生了很大的变化，特别是与其他国家的关系被建立在新的基础之上，加上最近出现的移民问题，都使本书新版的问世具有了极为重要的意义。"[4]

---

〔1〕朱少璋编：《曼殊外集——苏曼殊编译集四种》，学苑出版社 2009 年版，第 7-8 页。

〔2〕F. W. Williams, *The Life and Letters of Samuel Wells Williams*, p. 459.

〔3〕E. Wentworth, "Williams's *Middle Kingdom*", *Methodist Quarterly Review*, Vol. 66 (1884), pp. 526-527.

〔4〕陶德民编：《卫三畏在东亚：美日所藏资料选编》，大象出版社 2016 年版，第 649 页。

　　如果说在出版过程中有什么问题的话，首先就是 1848 版的出版社威利和帕特南公司认为自己对于修订版还有一定的权益，于 1881 年 12 月向查尔斯·斯克莱布诺家族公司提出协商，但问题很快就在卫三畏出面澄清的情况下得到了解决。[1]另外一个问题则出现在卫三畏和查尔斯·斯克莱布诺家族公司之间。尽管卫三畏对旧版做了重大的修改，但在"前言"的初稿中，他只是作了轻描淡写的交代，这自然引起了出版商的不满，后者在给卫三畏的信中这样写道：

　　　　"前言"这样写很可能会引起读者的误解，使他们无法正确了解我们修订再版这部书的目标和所做的工作。您的大著在近四十年的时间里一直是这个领域的经典，而您称之为"浅见"（a superficial view），这是不恰当的。同样不恰当的是，您把一些章节说成是"在篇幅允许的范围内提供的尽可能准确的信息"，而实际上它们是最为权威的论述。但最重要的问题还是您的"前言"几乎没有强调增加和修订部分的重要性，谈老的部分太多，而谈新的部分太少。[2]

　　出版商似乎很难欣赏和接受作者的虚怀若谷。卫三畏不愿意自吹法螺，但也不得不考虑出版商的利益，于是请儿子卫斐列来修改自己的"前言"，我们现在看到的这篇"前言"就是父子合作的产物。实际上，卫三畏对自己的不足从不讳言，《中国总论》新版虽然在旧版基础上做了很多增补，但卫三畏仍然认为不少内容有待充实，比如在论述以朱熹为代表的宋代新儒家时写道："中国哲学家曾经以自由而敏锐的精神讨论了道德、

[1]"Charles Scribner's Sons to S. W. Williams, 5 Dec. 1881," Samuel Wells Williams Family Papers, Series 1, Box 7.

[2]"Charles Scribner's sons to S. W. Williams, 12 July 1883," Samuel Wells Williams Family Papers, Series 1, Box 7.

政治、宇宙起源等主题，这类著作迄今为止外国人研究得很不够，今后值得深入进行。"[1]

　　和初版一样，1883 年第二版《中国总论》问世后被西方不同的出版社多次再版。此外，2000 年日本景仁文化社、2016 年中国郑州大象出版社再版了此书。新版产生的影响毫不次于初版。1895 年澳大利亚记者莫理循（George Morrison）在其《中国风情》（*An Australian in China*）一书中引用了《中国总论》关于鸦片的论述；1901 年，时任上海南洋公学历史教员的英国人列文华兹（Charles S. Leavenworth）出版了关于第二次鸦片战争的专著，书中开列的第一本中国历史参考书就是《中国总论》；美国学者赖德烈在出版于 1917 年的《早期中美关系，1784—1844》（*The History of Early Relations between The United States and China, 1784—1844*）中多次引用《中国总论》，认为该书"不失为了解中国的标准参考书"，"尤其是在传教史、外交史等方面，很多内容都来自作者的亲身经历"。[2]当代德国学者于尔根·奥斯特哈默（Jürgen Osterhammel）在考察明末以来西方人的中国著述后指出，《中国总论》是"成就最大，在盎格鲁 - 萨克逊文化圈中流传最广的一本"，"在《中国总论》修订版（1883 年）出版后的半个世纪里，再没有出现一部作品，能够像利玛窦、谢务禄、李明、巴罗和卫三畏等人的著作那样，从一个具有代表性的视角来描述中国在世界上的地位。"[3]

　　由于卫三畏晚年身体欠佳，卫斐列在修订工作中给予了父亲很大的帮

---

〔1〕S. W. Williams, *The Middle Kingdom* (1883), Vol. 1, p. 683.

〔2〕莫理循：《中国风情》，张皓译，国际文化出版公司 1998 年版，第 46 页；Charles S. Leavenworth, *The Arrow War with China* (London: Sampson Low, Marston & Co., 1901), p. 222; Kenneth S. Latourette, *The History of Early Relations between The United States and China, 1784—1844* (Yale University Press, 1917), p. 199. 详见孔陈焱：《卫三畏与美国汉学研究》，上海辞书出版社 2010 年版，第 101 页。

〔3〕［德］于尔根·奥斯特哈默：《中国与世界社会：从 18 世纪到 1949》，强朝晖译，社会科学文献出版社 2019 年版，第 39 页。谢务禄即明代葡萄牙来华传教士曾德昭。

234

助。卫三畏在序言中作了这样的交代："1882 年 3 月我完成了修订工作，准备联系出版社，但这时我的身体不行了，局部瘫痪使我无法继续工作。我的儿子卫斐列此前看过全稿，这时承担了后续的出版工作。我对他能够做好稿子的编辑加工相当有信心，因为他了解中国的情况，对哪些资料权威可靠也心知肚明。整本书的编校都很完善，特别是最后三章他做了认真的修补，为此还专门研究了最近中国发生的政治事件。"[1] 修订《中国总论》是卫三畏晚年最主要的工作，他的生命和活力似乎也与这项工作联系在了一起。1883 年 10 月新版问世后不久他的身体和精神状态均急转直下，很快于 1884 年年初去世，结束了作为"美国第一位伟大的汉学家"[2] 丰富多彩的一生。

卫三畏于《中国总论》初版问世前的 1847 年 11 月与萨拉·沃尔沃斯（Sarah Walworth）结婚，婚后育有三子二女，卫斐列是最小的一个，在修订《中国总论》的过程中他逐渐成长起来。卫斐列 1857 年 10 月出生于澳门，在中国生活十二年后返回美国接受中学和大学教育，1879 年毕业于耶鲁大学，此后赴德国和法国深造，1881 年回美国后协助父亲修订《中国总论》，1883 年至 1885 年任耶鲁图书馆助理，此后担任一家刊物的编辑，1893 年回耶鲁执教，主要讲授以中国为中心的东方历史，一直到 1925 年荣休。另外他还积极参与了雅礼学会的各项事务，为增进耶鲁和中国的关系做了大量工作。[3] 在卫三畏的五个孩子中，他是唯一继承了家学，又接替父亲职位的人，拥有当时美国最好的私人中文藏书。他的代表作《卫三畏生平与书信》、《蒲安臣与第一个中国使团》（ *Anson Burlingame and the First China Mission to Foreign Powers*，1912 年）对于研究 19 世纪中美关系史上的

---

〔1〕S. W. Williams, "Preface", *The Middle Kingdom* (1883), Vol. 1, p. xiii.

〔2〕Kenneth S. Latourette, "Samuel Wells Williams", *Notes on Far Eastern Studies in America*, No. 12 (Spring 1943), p. 6.

〔3〕卫斐列生平见《美国人名辞典·历史卷》相关词条，参见陶德民编《卫三畏在东亚：美日所藏资料选编》，大象出版社 2016 年版，第 45 页。

这两位重要人物具有开创性的贡献。卫斐列早年在中国的岁月大部分是在北京美国驻华使馆度过的，从小就对蒲安臣这位父亲的顶头上司不陌生。蒲安臣作为第一位进驻北京的美国公使，一直提倡对中国采取"合作政策"（cooperative policy）。根据他的定义，该政策主要内容如下："签订条约的各国同意在实际问题上采取一致行动；一起维护条约中规定给予他们的利益，但同时决心对这些条约做出宽松的解释；决心维持外国模式的海关制度，并且支持它的管理，维持其国际化；同意不在通商口岸占据租界，永不威胁中国的领土完整。"这是一个用和平外交代替暴力的政策，自从提出后一直为各国所奉行。[1]卫三畏对这一政策一直非常支持，而对于蒲安臣代表清廷出使西方各国更是给予了高度的评价，在《中国总论》第二十六章《中国近事》中，卫三畏概述了蒲安臣从 1867 年 11 月被任命为"特派钦差办理中外交涉事务重任大臣"至 1870 年 2 月在彼得堡突然去世期间的外交活动和成果，这也成为卫斐列后来进行专题研究重要的参考资料。

最后值得一提的是，1897 年卫斐列"鉴于《中国总论》梓行半个世纪后，一部好的中国史依然难求"[2]，将《中国总论》（修订版）中的历史部分抽取出来，添加上 1883 年以来中国发生的最新事件，以《中国历史》（*A History of China*）为题独立成书出版，出版社依然是查尔斯·斯克莱布诺家族公司。该书经学者们遴选于 2015 年由帕拉拉出版社（Palala Press）再版，理由是其"对于了解作为人类文明组成部分的中国具有重要的文化价值"[3]。

---

〔1〕F. W. Williams, *The Life and Letters of Samuel Wells Williams*, p. 359.

〔2〕F. W. Williams, "Preface", in S. W. Williams, *A History of China* (New York: Scribner's Sons, 1897), p. v.

〔3〕详见该书封底。

第五章　中国近代史研究

作为美国汉学的开山之作，《中国总论》对中国各方面的情况做了全面的阐述。从内容上来看，该书有两个明显的特点，体现在一头一尾。一是开头对中国地理的论述相当详细，占全书的四分之一。这显然是因为卫三畏认识到中国文明的产生和发展与地理特征的影响有很大的关联，对地理的论述是《中国总论》的基础。第二点是现实关怀强烈，体现在第十九至二十三章（修订版第十九至二十六章）关于鸦片战争及以后重大事件的论述。这一部分集中反映了卫三畏对于近代中国政治和中外关系的思考，也最能体现出他和学院派专业汉学家的差异。他目睹了两次鸦片战争、太平天国运动，亲身参与了《望厦条约》《天津条约》的谈判。他的印刷工作、外交活动是近代中国历史的组成部分，他带着个人印记的著作不仅是宝贵的史料，更是开创性的研究。

第一节　鸦片战争

对于近代中国来说，鸦片战争无疑是最具有历史意义的事件。"18 世纪时，中华帝国仍然属于大国之列，同时也是其自身代表的东亚世界秩序的中心。从鸦片战争起，中国逐渐被拖入了帝国主义列强主导的秩序之中，并从此失去了自主行动的决定权。"[1]卫三畏在 1848 年版《中国总论》中用最后的第二十二章《中英鸦片战争》和第二十三章《战争的发展与中国的开放》来写鸦片战争。他对于战争的过程描绘得很详细，本身就是非常重要的史料。在战争中我们可以看到清朝官兵的奋力反抗：

> 英军向北进军的目标是长江口，6 月 16 日，舰队到达吴淞口，他们面对的防御工事——沿着堤岸修建的土塘在黄浦江的西岸延伸足足有 3 英里，配有 134 尊火炮……守军是经过精选的，由陈化成统率。中方将士抱着守卫上海的虚幻希望并以此激励自己。英军舰队刚到预定位置就立刻开火，双方炮战约两个小时。中国军队的发炮技术和效果比以往见到的都要好。英军登陆进入西岸上塘时，守军勇敢地与之较量，战死者约百人……陈将军精神抖擞地指挥着部队，以自己的英勇献身精神激励将士们。当敌军进入炮台时，陈的副手建议弃守，陈拔剑对着他，说："我信任你是看错了人！"他继续鼓励士兵还击，亲自装火药，发射回旋炮。他多处受伤，倒在炮台墙边，朝着皇宫的方向垂头而死。皇帝给予这位英勇的烈士以崇高的荣誉，在他的家乡和牺牲处建庙。上海城隍庙有他穿官服的坐像，人们在像前烧香。[2]

1842 年 6 月的吴淞战役发生在鸦片战争晚期，是最为惨烈的军事冲突之一。与此前多次战斗中纷纷临敌哄散的情况完全相反，清军此次的表现相当英勇。参战的英国海军舰长利洛（Grannille G. Loch）后来回忆说：

---

[1]［德］于尔根·奥斯特哈默：《中国与世界社会：从 18 世纪到 1949》，强朝晖译，社会科学文献出版社 2019 年版，第 3 页。
[2] S. W. Williams, *The Middle Kingdom* (1848), Vol. 2, pp. 553–554.

238

"中国官兵士气比任何时期更为旺盛，作战技术也好。"[1]这当然和西炮台指挥官、江南提督陈化成平时的训练和战时的身先士卒有直接关系。根据中方史料记载，他在战前就以这样的言辞激励将士："即至万无可为时，幸弗有一人临阵逃避，此尔等之所以报国，即尔等之所以报我也。"待到炮台失陷，面对副将周世荣"事不可为矣，请速行"的逃跑主张，他"拔剑叱之曰：'庸奴，误识汝。'"[2]卫三畏这里的记叙实事求是，非常感人。清军阵亡人数根据后来的确切统计是陈化成以下八十八人，与卫三畏所说的"约百人"接近。后世许多记述鸦片战争的论著，如《道光洋艘征抚记》《中西纪事》《夷氛闻记》等，将吴淞之战的失败归罪于两江总督牛鉴、徐州镇总兵王志元的逃跑，他们当时在离陈化成的西岸土塘战场不远的宝山县城和小沙背，如果给予及时的支援，此次战役可能会是另外一个结果。当代学者经过对战斗实际经过的细致分析发现，清军自始至终处于不利的态势，并不存在获胜之机。"鸦片战争之后的著作家们，之所以将吴淞战败的责任加之于牛鉴、王志元，是因为他们不了解吴淞的地理形势和清军的布防，不了解英军的攻击方向和兵器性能；更重要的是，他们对陈化成英勇殉国的景仰和对牛鉴、王志元苟且偷生的鄙视……这种爱憎强烈的忠奸矛盾的叙说，更符合当时和后来人们的心理状态和思维习惯，更富有戏剧性，因而得到了广泛的传播和普遍的接受。"[3]

我们看到，卫三畏对陈化成的英勇抗击、以死殉国给予了高度评价，但同时他很清楚中英双方军事实力的差距，明确地指出，清军守卫上海只是一个虚幻和不切实际的希望（delusive hope）。显然他没有感情用事，而是秉持了史家实事求是的态度。吴淞之战是整个鸦片战争期间最重要的事

---

〔1〕Grannille G. Loch, *The Closing Events of the Campaign in China* (London: John Murray, 1843), p. 132.
〔2〕王蓬常：《陈化成将军年谱（四）》，载《上海文博论丛》2006年第3期，第67页；王蓬常：《陈化成将军年谱（五）》，载《上海文博论丛》2006年第4期，第70页。
〔3〕茅海建：《天朝的崩溃——鸦片战争再研究》（修订版），三联书店2014年版，第435页。

239

件之一，但后来不少西方的中国史著作对此都语焉不详，著名的《剑桥中国晚清史》对吴淞之战竟然只字未提，只说"未设防的上海在6月19日发现已经被放弃"。[1] 从这个角度来看，《中国总论》的记录更加弥足珍贵。

卫三畏不仅关注大的战役和著名的人物，对于战争中的小细节和小人物同样有所关注。与浴血奋战的清军官兵形成对比的，是一些胆小怕死的民众：

> 在长江北岸仪征县所见到的，和镇江府的可怕情景形成了奇异的对比。英军战舰"复仇神号"（Nemesis）的来到引起了不小的惊恐。傍晚时分，一个中国人带着礼物前来，想了解是否有进攻仪征的意图。英军告诉他，只要给战船送肉类和粮食，就不会有军事行动，而且送来的物品照价付款。次日一早，这个人送来供应品……7月21日，此人让一个男孩送信约请船上的英国人到他家做客。仪征县城居民的恐惧逐渐消失了，安民告示说英军不会伤害安分守己的平民。此人还请了一大帮亲戚朋友来作陪。宴席自始至终可以听到镇江府的炮声，但中外人士其乐融融，听若无闻。在英国人回船的路上还特别安排了一项服务：每个军官身旁都有一个人跟着打扇子。[2]

这里记录的是仪征盐商颜崇礼的丑行。鸦片战争前后出现了不少汉奸，根据当代学者的研究，大致可以分为五种类型：转卖鸦片者、接济逆夷者、煽惑百姓者、充作内应者、贿夷乞降者。[3] 颜崇礼显然属于第五种

[1] 费正清、刘广京编：《剑桥中国晚清史》（上卷），中国社会科学院历史研究所编译室译，中国社会科学出版社1985年版，第199页。
[2] S. W. Williams, *The Middle Kingdom* (1848), Vol. 2, p. 563
[3] 白纯：《鸦片战争前后的汉奸问题初探》，载《南京政治学院学报》2000年第3期，第63-65页。

类型。鸦片战争中的汉奸问题一直为学界所忽视，直到近年才略有改观。卫三畏早在 1848 年便有所关注和记录，是非常难能可贵的。费正清曾评价卫三畏是天才的业余历史学家，[1]确非过誉。

在描绘整个鸦片战争过程之外，卫三畏对这一重大事件本身也进行了反思：

> 鸦片是收缴了，没有发生死亡事故，也没有人遭到危害，但英国政府认为有义务为箱子中的东西而偿还她的臣民……考察因这一项贸易而起的战争，宣战是为了取回英国商务监督所交之物的损失，因此，这是一次鸦片战争（an opium war），显然是非正义（unjust）的战争。再者，这是一场不道德的争夺，当我们考察两国的立场，不能隐瞒这样的事实：真正发动战争的是大不列颠这样的首屈一指的基督教强国，强加于异教国家之上。中国人正致力于扫除如此为害人民的罪恶，结果付诸东流。中国人正是以这样的眼光看待这场战争，正直的史家也将会如此。另一方面，每个对中国怀着好意的人都能感受到，战争不仅为了取回鸦片，而且有高得多的主旨……中国皇帝、官员和人民全都相信自己的强大坚不可摧，自以为使人生畏，在学识、力量、财富、领土等方面都比他国高超得多，他们之中无人感觉需要从外国学习或取得什么……天朝大国的假想，礼仪的强制施行，是比北京北面石砌长城更高的城墙将他们围困起来。似乎唯有武力才是这道屏障的有效摧毁者。从这一观点来看，为了迫使中国政府接受西方列强和她地位相等的看法，至少，使之对待别国子民同本国人

---

[1] John K. Fairbank, "Assignment for the '70s," *American Historical Review*, Vol. 74, No. 3 (Feb., 1969), p. 864.

民一样，*也许可以说战争又是必要的。*[1]

卫三畏这里的态度耐人寻味，一方面他指出英国发动鸦片战争是不道德、非正义的（卫三畏英文原著中 unjust 用了斜体以示强调）。另一方面他又认为战争是必要的。这自然和他对鸦片贸易的态度结合在一起，他反对鸦片贸易，但同时又希望中国开放。这两种颇为矛盾的态度基本可以代表早期美国来华传教士的倾向。

鸦片贸易是近代中西关系的一个重要问题。中国人对鸦片并不陌生，制造鸦片的罂粟早在唐代的文献中就提到过，但只是用来入药。吸食鸦片的方法是从 17 世纪以来传入中国的吸食烟草的方法发展而来的。一般说来，服用鸦片的其他国家人民都是把鸦片从口吞食到胃里去，唯有中国人采用吸食的方法。外国鸦片流入中国始于 18 世纪初葡萄牙人的贩运，开始时每年只有几百箱，但随着中外贸易特别是中英贸易的扩大，鸦片的进口量越来越大，到 1836 年已经达到每年两万箱之巨。[2]英国商人无疑是鸦片贸易的罪魁祸首，美国商人也是参与者。有学者考证，美国人从土耳其倒卖鸦片到中国始于 1805 年前后，"广州方面最早期的进口数字如下：1805—1806 年度 102 箱；1806—1807 年度 180 箱；1807—1808 年度 150箱。"[3]此后美国商人的对华鸦片走私活动更加猖獗。旗昌洋行（Russell and Company）、普金斯洋行（Perkins and Company）、琼记洋行（Augustine Heard and Company）等大公司都在广州从事过鸦片贸易。在林则徐禁烟以前，美国商人的鸦片走私活动已经渗透至天津等北方港口城市。美国商人在中国染指鸦片走私之初，美国官方的政策是放任自流，因为鸦片贸易可

〔1〕S. W. Williams, *The Middle Kingdom* (1848), Vol. 2, pp. 424–425.

〔2〕［美］马士：《中华帝国对外关系史》（第一卷），张汇文等译，上海书店出版社 2006 年版，第 192–208页。

〔3〕［美］泰勒·丹涅特：《美国人在东亚：十九世纪美国对中国、日本和朝鲜政策的批判的研究》，姚曾廙译，商务印书馆 1959 年版，第 102 页。

以一定程度上减少美中贸易逆差，缓解美国因现银大量外流而造成的银根紧缩。[1]鸦片的泛滥给中国社会带来了深重的灾难并严重威胁着清朝的统治。

当鸦片走私活动在中国猖獗泛滥之时，最先认识到其重大危害与严重后果并极力予以谴责的是早期美国来华传教士。他们首先意识到，鸦片贸易有悖于基督宗教的伦理道德，一定会殃及整个对华传教事业。其次，他们目睹鸦片对中国家庭和社会的巨大冲击，那些鸦片成瘾的受害者就在他们的身边。1840 年卫三畏在给美部会的年度报告中写道："我们在室内，在户外，在生活琐事中，在传教事业中，都遭遇到鸦片的影响。尽管我们做了非常清楚的规定，将沉迷于这种嗜好的人排除在我们使用的仆役的行列之外，尽管我们已有的仆役也受到这种规定的约束，但甚至在我们的监督之下，他们的承诺和对被开除的恐惧也敌不过这种嗜好的诱惑。我们之中有些人也遇到这种尴尬的情况：我们所能找到的最好的教师因其影响而变得蠢笨无能。"[2]对于卫三畏来说，鸦片吸食者给他造成的最大困扰出现在第一次作为翻译陪同佩里将军远征日本的行动中，他聘请了中国人薛先生作为助手，由于安排匆忙他并不了解薛的底细，开船后不久发现他吸鸦片成瘾，由于过量吸食结果在美日谈判正式开始前一个月去世。佩里和卫三畏不得不临时再从上海找人来代替他。在海葬薛先生的当天，卫三畏在日记中写道："其实自从到达冲绳岛的那霸后，他的健康状况就一直没有起色。虽然我们尽心尽力地照顾他，他还是精神不振，食欲全无。这次远行他把鸦片烟具带在了身边，不过他坚持说自己一点鸦片烟也没有带。我不许他抽，他就把它混在一种药丸中大量吞服。他管这种药丸叫'养身

---

[1]陈才俊：《早期美国来华传教士与美国对华鸦片贸易政策》，载《世界宗教研究》2011 年第 1 期，第 123 页。

[2]吴义雄：《在宗教与世俗之间——新教教士在华南沿海的早期活动（1807—1851）》，社会科学文献出版社 2022 年版，第 192 页。

丸'。他死的时候形容枯槁，呻吟中夹杂着口齿不清的呓语，一会儿念叨家事，一会儿念叨钱财……在此之前，我还从未看过吸食鸦片者临死之前的情形。真没想到这种毒品居然能让人变得如此神志不清、意志薄弱、丧失理智。他死前的样子惨不忍睹，十分吓人。"[1]这样的经验让卫三畏再次寻找助手时格外谨慎，他后来看中了罗森，一方面固然因为他学识渊博，更重要的是他"不抽鸦片"（no opium smoker）。[2]

　　在美国来华传教士中，裨治文率先就鸦片问题发声，在其主持编辑的《中国丛报》上发表多篇文章，如《中国的鸦片贸易史》（History of the Traffic in Opium to China）、《欧洲、中国和印度的罂粟生产》（Cultivation of the Poppy in Europe, China and India）、《论供应中国市场的鸦片制造》（On the Preparation of Opium for the Chinese Market）、《鸦片贸易危机》（Crisis in the Opium Traffic）等，揭露鸦片对于中国社会的危害。他还在《一个盲人乞丐对鸦片的抗议》（A Blind Beggar's Remonstrance against the Use of Opium）等文章中向读者展示了中国人对烟瘾祸害的看法。此外，他翻译了一篇题为《洋烟之毒十论》（Foreign Opium a Poison：Illustrated in Ten Paragraphs）的文章，作者是"江苏省江宁县的一位文人"，该文通过骇人听闻的例证痛斥了鸦片如何"耗尽人体的精气和骨血、劳民伤财，又如何导致淫乱与践踏法律"。[3]卫三畏同样持激烈批判的态度，在书信中将鸦片贸易称为"罪恶的勾当"（wicked traffic）[4]，在《经营鸦片理应处决》（Strangulation for Keeping an Opium Shop，《中国丛报》第6卷）等文章中对清政府的禁烟政策表示支持。卫三畏后来在《中国总论》

〔1〕F. W. Williams, *The Life and Letters of Samuel Wells Williams*, p. 190.

〔2〕F. W. Williams, *The Life and Letters of Samuel Wells Williams*, p. 206.

〔3〕E. C. Bridgman, "Foreign Opium a Poison：Illustrated in Ten Paragraphs", *The Chinese Repository*, Vol. 7, pp. 107−109.

〔4〕S. W. Williams to Father, 26 April 1841. 顾钧、〔日〕宫泽真一主编：《美国耶鲁大学图书馆藏卫三畏未刊往来书信集》（第19册），广西师范大学出版社2012年版，第314页。

第二十一章中花了数页篇幅记录了清廷官员的禁烟主张，并给予积极的评价，特别是内阁学士朱嶟、兵科给事中许球等人对于鸦片贸易合法化的强烈反对。他还详细描述了林则徐虎门销烟的过程，称之为"世界历史上独一无二的事件"（a solitary instance in the history of the world）。[1]卫三畏对林则徐的才能一直评价很高，1874 年他在回忆自己早年经历时写道："在1837 年到 1838 年间，中国政府开始卓有成效地打击鸦片贸易……林则徐被任命为反鸦片的钦差大臣，在此之前他曾任江苏巡抚，他在《京报》上的文章已经使人们注意到了这位才能卓越的人物。马礼逊博士曾告诉我，林关于洪水对江苏影响的报告是他读过的最切中肯綮的公文之一。"[2]

　　美国在华传教士不仅在舆论上谴责对华鸦片走私活动，而且在行动上支持林则徐的禁烟运动。1839 年 6 月 15 日，裨治文应邀前往虎门观看鸦片销毁实况，旋即他便在《中国丛报》上发表了一份极为详尽的考察报告。报告称："我们反复检查过销烟程序的每一个环节，他们在整个工作中所体现的细心和忠实程度远远超乎我们的预想。"裨治文撰写了带有很多细节的报告，旨在向西方人士阐明中国政府禁烟的鲜明态度与坚定决心，打消鸦片走私者的侥幸心理。[3]伯驾作为最早的美国来华医学传教士，不仅积极支持林则徐的禁烟行动，还提供了一份可以治疗吸食鸦片者的药方。

　　美国在华传教士的言论和行动，特别是《中国丛报》上登载的数十篇长短不一的揭露鸦片贸易恶劣影响的文章，对大洋彼岸美国人反对鸦片贸易的舆论起到了重要的导向作用。泰勒·丹尼特曾这样评价："已经在中国工作了上十年的美国传教士们的报告，在美国鼓动起人们对帝国境内慈善事业越来越浓厚的兴趣，他们那些关于鸦片贸易种种弊害的报告乃是形

---

〔1〕S. W. Williams, *The Middle Kingdom* (1848), Vol. 2, p. 518.

〔2〕S. W. Williams, "Canton prior to 1840", *The Shanghai Budget and Weekly Courier*, 23 January 1873, p. 6.

〔3〕E. C. Bridgman, "Crisis in the Opium Traffic", *The Chinese Repository*, Vol. 8, pp. 57–83.

成舆论的一个有力因素。"[1]传教士们关于日趋恶化的危机的叙述也使很多美国人相信，英国人是不可信任的，这场冲突不过是英国在世界范围内大肆侵略的又一个表现。

　　受到传教士言论和文章的影响，美国政府多次强调反对鸦片贸易的立场。1840年，美国总统泰勒（Zachary Taylor）命令海军准将加尼（Lawrence Kearny）率领东印度舰队前往中国，以保护美国在华侨民利益。同时他还肩负一项重要使命，即阻止一切美国人参与对华鸦片贸易。加尼一到澳门，第一个行动就是通知美国驻粤副领事，令其向美国商人公告政府对于鸦片走私的政策。加尼的公告被刊登在《中国丛报》显著的位置，并张贴于美国领事馆。更能说明问题的是《望厦条约》。1844年7月3日在澳门附近望厦村签订的该条约明确规定："合众国民人凡有擅自向别处不开放之港口，私行贸易及走私漏税，或携带鸦片及别项违禁货物至中国者，听中国地方官自行办理治罪，合众国官民均不得稍有袒护。"[2]此外，美方还表示将设法禁止别国船只冒用美国旗帜做不法贸易。由此可见英、美两国政府在对华鸦片贸易问题上迥然不同的态度与政策。

　　美国传教士来华的初衷是传播基督教，但英美商人的鸦片走私活动却对传教造成了极大的负面影响。关于这一点，1847年抵达上海的晏玛太（Matthew Tyson Yates）曾深有体会地指出："中国人何以如此强烈反对一切外国人，因为他们分不清楚其国别。他们说：'外国人把鸦片带入我们国家，造成成千上万的同胞死于非命，导致所有阶层陷入贫穷，最后还引发了战争。现在他们竟然要来教给我们一个新的宗教。让他们先去教导他们自己的百姓吧！'"[3]晏玛太虽然描述的是鸦片战争之后的情状，但实际

---

[1] [美] 泰勒·丹涅特：《美国人在东亚：十九世纪美国对中国、日本和朝鲜政策的批判的研究》，姚曾廙译，商务印书馆1959年版，第89页。

[2] 王铁崖编：《中外旧约章汇编》（第一册），上海财经出版社2019年版，第52页。

[3] Charles E. Taylor, *The Story of Yates the Missionary as Told in His Letters and Reminiscences* (Nashville, TN: Southern Baptist Convention, 1898), p. 59.

上自从鸦片进入中国，中国人对西方的抵触心理就已经存在了。卫三畏对此深有同感，1851 年他在《中国丛报》上发表《评〈鸦片贸易论〉》（Review of *An Essay on Opium Trade*）一文，试图解释在中国新开放港口传道效果甚微的原因，特别强调"基督教与鸦片走私联系在一起而声名狼藉"。[1]

显然，卫三畏等人反对鸦片贸易的一个重要理由是为了传教。同样出于传教的目的，他们又赞成战争，因为它打破了禁教政策，使传教士们可以先在沿海口岸，然后深入中国内地传教。鸦片战争前传教工作受到多方面的限制，最早的伦敦会传教士马礼逊直到来华七年后才为第一个信徒施行了洗礼，此后到他去世（1834 年）的二十年间，经他皈依的信徒也是寥寥可数。不仅如此，学习汉语同样困难重重，1814 年马礼逊向打算开展中文培训的东印度公司董事会提出如下建议："中国老师因为要冒生命危险才敢来教授中文，来了之后他们不敢随便离开，所以培训部门必须供给他们食宿，并要有配套的应变方法，必要时可以帮助他们逃脱中国官府的缉捕，不至于有被杀头的危险，如果公司不做出这些安排，我想是无法找到好的中文老师的。"[2]这种情况到马礼逊 1834 年 8 月于广州去世后也没有改变。整整一年后的 1835 年 8 月，卫三畏在给美部会秘书安德森的信中写道："眼下我们在广州的工作受阻，因为巡抚根据皇帝的命令正在调查，是否有当地人参与了两本基督教书籍的制作，这两本书被福建巡抚送到了北京。这道命令引起了恐慌，我们的中文老师立刻离开了我们。"[3]在这样的情况下，卫三畏等人虽然在广州多年，但无论是汉语水平还是汉学研究均无法像他们期望的那样显著提升。了解这一背景，就能理解传教士们盼望中国大门敞开的迫切心情了。

---

[1] S. W. Williams, "Review of *An Essay on Opium Trade*", *The Chinese Repository*, Vol. 20, p. 485.
[2] E. A. Morrison, *Memoirs of the Life and Labours of Robert Morrison*, Vol. 1, p. 397.
[3] S. W. Williams to R. Anderson, 20 August 1835. 顾钧、[日] 宫泽真一主编：《美国耶鲁大学图书馆藏卫三畏未刊往来书信集》（第 19 册），广西师范大学出版社 2012 年版，第 114 页。

　　日本虽然没有和美国发生军事冲突，但也是在武力胁迫下打开大门
的。佩里指挥的美国东印度舰队"在 1853 年远征日本时由四艘军舰组
成，将士近一千人，次年，舰队由九艘军舰组成，将士近两千人，运
转自如的巨大'黑船'两次出现时，都对日本官民的心理造成极大冲
击"。[1] 比日本早十多年，中英之间兵戎相见。《剑桥中国晚清史》提
到 1848 年版《中国总论》，一方面称赞它是同类书籍中"最有影响的
一部"，另一方面也指出"此书直接反映了 1833 年以来驻广州外国人的
经验，特别是表达了早期传教士的观点"。[2] 从有关鸦片战争的几个章
节来看，这一见解可谓切中肯綮。如果不强调传教士身份，只以 19 世纪
30 年代"驻广州外国人的经验"来看，中国的开放也是当时约三百人的
期望，他们住在广州城外珠江岸边占地仅 8 英亩（相当于一座大金字塔
的底座）的商馆里，不允许带女性家属，除了去澳门不能随便离开，且
种种行动均受到当地官员的监管。卫三畏曾记录过这样一件让人哭笑不
得的事情："东印度公司曾花了很多钱在珠江边建了一座花园，面积大
约半英亩。这座精心护理的花园给人们在夏天提供了一个很好的散步场
所，因为四周都有围墙，所以不会受到乞丐和商贩的侵扰。公司的员工
曾试图把围墙向外延伸，将江岸冲积形成并在水位较低时露出水面的土
地纳入花园的范围。在这么做之后不久的一天早晨，广东巡抚突然出现
在商行门口，并带着一大帮随从，当中好几个人带着铲子，他们就用这
个工具将花园的这块新增加的土地铲入河中，这样公司的游乐场所又被
恢复到原来的大小。"[3] 这类限制显然无法让人感到愉快。随着对中国文
化的深入理解，卫三畏意识到，中国人对于社会地位的排列顺序是士农

---

〔1〕陶德民编：《卫三畏在东亚：美日所藏资料选编》，大象出版社 2016 年版，第 833 页。

〔2〕[美] 费正清、刘广京编：《剑桥中国晚清史》(上卷)，中国社会科学院历史研究所编译室译，中国社会科学出版社 1985 年版，第 666 页。

〔3〕S. W. Williams, "Canton prior to 1840", *The Shanghai Budget and Weekly Courier*, 23 January 1873, pp. 4–5.

工商，加上本来对异族就一直抱有优越感，所以外国来的商人只能是最受鄙视的对象。希望改变这种现状的，除了冒充商人的传教士，还有和中国人做生意的真正的商人。

如何看待鸦片战争，是中国近代史的重大问题。在 1840 年 8 月英国军舰开到离北京不远的天津时，道光皇帝和他手下的大臣还不承认中英之间发生了"战争"，而只认为是"冲突"，或者更倾向于认为是一场"边衅"。"即使是在英国人用当时最新的军事技术打败缺乏训练、指挥混乱的中国军队时，英国人在中国朝廷的文件中仍然被看作'丑类''匪类''强盗''贼寇''叛贼'（偶尔也被称作'横逆'）——这些都是用来指反抗清政府仍在坚定地作为其核心观念的世界秩序的犯上作乱者，而这些犯上作乱者都是不能长久的。在中国统治者眼里，英国的犯上作乱不过是又给他们多添了个麻烦，与中国政府那时正在镇压的其他内乱和边患相比，不值得大惊小怪。"[1]然而此后的一百多年，鸦片战争已经从一次不起眼的"边衅"转变成为中国近代历史悲惨的开端。它在中国的历史教科书和中国人的意识中逐渐具有两个重大的意义：一是西方入侵中国，迫使中国沦为半殖民地半封建社会的开端；二是中国反抗帝国主义侵略，寻求民族解放和富强的开端。但海外学者如费正清则较早地提出了新的看法，根据他20 世纪 50 年代多次阐发的"冲击－回应"（impact-response）理论，近代中国之所以能摆脱传统的束缚，走上现代化的道路，主要依靠西方的冲击，而鸦片战争则是这一冲击的开始。[2]该论点在国际上和中国国内引起了很大的争论，在此基础上有学者提出"传统－现代"（tradition-modernity）模式、"帝国主义"（imperialism）模式、"中国中心"（China-centered）

---

[1]［英］蓝诗玲：《鸦片战争》，刘悦斌译，新星出版社 2015 年版，第 14 页。
[2]详见费正清与华裔学者邓嗣禹合编的 *China's Response to the West: A documentary Survey, 1839—1923* (Cambridge, MA: Harvard University Press, 1954)。

模式等，以解释近代中国历史发展的动因。[1]

　　作为学术问题，鸦片战争的意义还可以继续讨论下去。对眼前来说重要的是，卫三畏上述引文中已经含有了"侵略"和"现代化"两种模式的表述。他说，"为了迫使中国政府接受西方列强和她地位相等的看法，至少，使之对待别国子民同本国人民一样，也许可以说战争是必要的"。从后来中国历史发展来看，事情确实如他所预言。特别是19世纪60年代以后，清政府逐渐放弃了天朝上国的观念，将自己视为世界大家庭的一员，允许西方国家在北京建立使馆，并设立总理衙门处理对外事务，1867年更是破天荒地向国外派出了第一个正式的外交使团，团长是卸任的美国驻华公使蒲安臣，正是卫三畏以前的顶头上司。

　　对于今天的中国近代史研究者来说，卫三畏留下的各种有关鸦片战争的文献可能是更为重要的。19世纪初，由于清政府推行禁教政策，对传教士的活动实行严格的控制，传教活动只得在秘密状态下展开。这样的困境迫使他们必须直面现实，《中国丛报》特设《时事报道》（Journal of Occurrence）专栏，其重要原因在此。卫三畏为这个专栏写过不少有关中外时事的报道，《中国总论》对19世纪中国政治、外交等方面的异常关注，也是出于这样的历史背景。

　　除了《中国丛报》上的专栏文章，卫三畏还在当时写给家人的书信中记录了鸦片战争前后的情况，同样具有重要的史料价值。比如1839年4月3日他在致父亲的信中描述了林则徐虎门销烟前外国人的情况：

　　　　自从上次写信以来，事态又严重了许多，现在在广州的外国人都成了被严密监视的犯人。更糟的是没有食品供应，也没有

---

[1] Paul A. Cohen, *Discovering History in China: American Historical Writing on the Recent Chinese Past* (New York: Columbia University Press, 1996), p. x.

中国仆役可以帮忙。如果我们被允许到市场上购买东西，那么即使没有人帮忙，日子也还不至于太难过，但是在广州我们离开当地仆役是无法生活的。为了彻底结束鸦片贸易，皇帝从北京派来了一位钦差，具有非凡的权力，他要求外国人交出在中国的所有鸦片，价值在 200 万英镑左右，而商人们也同意这么做。我们已经被团团围住，没有物品能够进入商行，两百个外国人受到饥饿的威胁，除非我们服从钦差的命令交出他们要的人，否则包围将持续下去。但是如果我们交出这个人，他生存的希望是十分渺茫的。士兵们在商行门前警戒，阻挡我们与外界交往，信件只能在极其困难的情况下才能送到城外的黄埔和澳门，所有的船只都被扣留在黄埔，他们也无法得到食品，但比我们的日子好过。[1]

中方要求交出的人是大鸦片贩子颠地，后来受到义律的保护得以逃脱。林则徐在 3 月 24 日封锁商馆，采取的措施包括撤退仆役和断绝供应。4 月 12 日他收到英国商人上交的第一批鸦片后，准许仆役回商馆工作，5 月 2 日，林则徐认定缴烟工作如期完成，便撤销了对商馆的封锁，前后约四十天。1839 年 6 月 3 日，根据道光帝的谕令，林则徐在虎门共销毁鸦片 19176 箱又 2119 袋，实重 2 370 000 斤。这个数字占 1838 年至 1839 年季风季节运来中国鸦片总额的六成左右。[2]为了展示自己禁烟的决心和大清国威，林则徐专门邀请了一些外国人前来观看，他的日记中提到了裨治文等美国人："今日巳时，京夷带其女眷与卑（裨）治文、弁孙等，同驾小船，由师船带至虎门，在池上看视化烟，并至厂前，以夷礼摘帽见，令员弁传

---

〔1〕S. W. Williams to Father, 3 April 1839. 顾钧、〔日〕宫泽真一主编：《美国耶鲁大学图书馆藏卫三畏未刊往来书信集》（第 19 册），广西师范大学出版社 2012 年版，第 226 页。
〔2〕茅海建：《天朝的崩溃——鸦片战争再研究》（修订版），三联书店 2014 年版，第 104 页。

谕训诫，犒赏食物而去。"[1]卫三畏的书信中对此也多有记述，因为这是清政府高级官员第一次正式和美国人打交道，也表明美国早期来华传教士已经在中国官民中具有了一定的影响力。另外前文曾引述过的《1840 年前的广州》记录了这一时期的一件逸事，发生在虎门销烟之后："裨治文先生在虎门待了一两天，林钦差希望他给义律船长捎一封信，博士同意了，条件是让他知道信的内容，因为他不愿意像一个普通邮差那样捎信。钦差很快同意了裨治文的要求，但是当博士前去辞行时，信还没准备好，所以这封信也就没有送出去。但是林钦差确实给英国女王写了一封不同寻常的信，这表明他完全了解自己所处的复杂局面以及难以从这种局面中解脱出来的无助状态。他要求女王结束鸦片贸易。"[2]林则徐给义律的信现在已经无法确定，但根据当时的情况，很可能是要求英商以"货即没官、人即正法"的格式具结。

林则徐给英国女王的信后来广为人知，就是著名的《檄谕英吉利国王书》。裨治文译文（Lin's Letter to the Queen of England）刊登于《中国丛报》1839 年 5 月号。这是该信最早的英译本，裨治文之所以第一时间在《中国丛报》上公开发表，很可能是他认为即使文书不能经由正常渠道送达，也能通过每月寄往英国的《中国丛报》让英国朝野得知。后来的实际情况是，因缺乏外交途径，1840 年 1 月林则徐安排"托马斯·库茨号"（Thomas Coutts）船长将此信带回英国，但英国外交部因事先知道了其内容而拒绝接受，这更加证明了裨治文的远见。[3]但《中国丛报》刊载译文时

---

[1]［清］林则徐:《林则徐集·日记》，中山大学历史系中国近代现代史教研组中山大学历史系中国近代现代史研究室编，中华书局 1962 年版，第 343 页。

[2] S. W. Williams, "Canton prior to 1840", *The Shanghai Budget and Weekly Courier*, 23 January 1873, p. 8.

[3]［美］雷孜智:《千禧年的感召——美国第一位来华新教传教士裨治文传》，广西师范大学出版社 2008 年版，第 160—161 页。"托马斯·库茨号"船长瓦那（Warner）出发前还于 1840 年 1 月 18 日签署了将信带给女王的保证书，参见 Arthur Waley, *The Opium War through Chinese Eyes* (London: George Allen & Unwin Ltd., 1958), p. 93。

未提供中文原文，最早提供中英对照文本的是卫三畏 1842 年出版的《拾级大成》。值得注意的是，卫三畏不仅提供了信的中文本，其英文翻译也并不是照抄裨治文译本，试举两例：

原文

乃有一种奸夷，制为鸦片，夹带贩卖，诱惑愚民以害其身而谋其利。

以天朝力振华夷，何难立制其命，而仰体圣明宽大，自宜告诚于先，且从前未用公文移会，贵国王一旦严禁，则犹得诿为不知。

裨治文译文

But there is a tribe of depraved and barbarous people, who, having manufactured opium for smoking, bring it hither for sale, and seduce and lead astray the simple folk, to the destruction of their persons, and the draining of their resources.

To the vigorous sway excised by the celestial court over both the civilized and the barbarous, what difficulty presents itself to hinder the immediate taking of life? But as we contemplate and give substantial being to the fullness and vastness of the sacred intelligence, it befits us to adopt first the course of admonition. And not having as yet sent any communication to your honorable sovereignty,—should severest measures of interdiction be all at once enforced, it might be said, in excuse, that no previous knowledge thereof had been possessed.[1]

卫三畏译文

　　But there is a tribe of depraved and barbarous people, who, having manufactured opium for smoking, surreptitiously bring it hither for sale, seducing and leading astray the simple folk, in order to destroy their bodies and drain their resources.

　　To the vigorous sway excised by the celestial court over both the civilized and the barbarous, what difficulty can there be to hinder immediately taking their lives? But as we contemplate and give substantial being to the fullness and vastness of the sacred intelligence, it befits us to adopt first the course of admonition. Moreover, as we have not yet sent any public communication to your majesty, —should these severe interdicts be all at once enforced, you might say, in excuse, that you had no previous knowledge of them.[2]

　　在第一段中，裨治文将"夹带贩卖"译为"bring it hither for sale"，意思是清楚的，卫三畏增加了一个副词"surreptitiously"（偷偷摸摸，不正当地），则将"夹带"的含义和盘托出。第二段中，"从前未用公文移会"的是中方（we have not yet sent any public communication to your majesty），"犹得诿为不知"是英方（you had no previous knowledge of them），卫三畏译文明确地使用了"we"和"you"，比裨译的表达更为清

---

〔1〕E. C. Bridgman, "Lin's Letter to the Queen of England", *The Chinese Repository*, Vol. 8, pp. 10−11.

〔2〕S. W. Williams, *Easy Lessons in Chinese*, pp. 244−246.

断。我们看一百多年后英国汉学家韦利对这句话的翻译，也是将中英双方标示出来："Your Majesty has not before been thus officially notified, and you may plead ignorance of the severity of our laws."[1]

卫三畏在《拾级大成》这本汉语教材的第十章"阅读及翻译练习"中收入了林则徐致英女王的信，其目的是让学习者熟悉这类官文的体裁形式，以达到触类旁通的效果。在众多同类官文中选择这一篇，再次表明了他对鸦片贸易的反对和对清政府禁烟的支持。直到晚年，卫三畏的这一立场依然没有改变，"中国政府真诚地希望发展除鸦片之外的其他一切贸易，但英国政府目光短浅、自私自利拒绝合作，吸食者成为这一罪恶的最大牺牲品。"[2]1877 年卫三畏在《我们与中华帝国的关系》一文的开头就对英国的贸易政策予以了如此严厉的抨击，因为它使基督教国家的形象一落千丈，让基督教的传播失去了道义的支持。从这个意义上也可以更好地理解《望厦条约》第一款："嗣后大清与大合众国及两国民人，无论在何地方，均应互相友爱，真诚和好。"[3]可见从一开始中美双方就力图建立一种不同于中英之间的更为和谐的关系。卫三畏和裨治文、伯驾都参与了条约的谈判，第一款也充分体现了他们的愿景。

最后值得关注的是一份重要文献。《中国丛报》1842 年第 11 卷分 11 期连载了《中国十年大事回顾》（Review of Public Occurences in China duiring the Last Ten Years），通过编年的形式，较为完整地记叙了 1832 年至 1841 年中英关系的发展变化。第一期主要叙述 1832 年英商和广州地方政府的一些冲突，以及律劳卑来华初期的活动，第二、三期主要介绍律劳卑与广东地方官员的往来，摘录了他们之间的大量通信，以及律劳卑与英国国会就解决在华争端的书信；第四期介绍律劳卑之后英国在华商务总监

〔1〕Arthur Waley, *The Opium War through Chinese Eyes*, p. 30.
〔2〕S. W. Williams, *Our Relations with the Chinese Empire* (San Francisco, 1877), p. 6.
〔3〕王铁崖编：《中外旧约章汇编》（第一册），上海财经大学出版社 2019 年版，第 47 页。

罗宾森和义律早期的活动；接下来的第七至九期主要叙述义律出任英国商务总监后和广东政府的若干交涉，特别是因鸦片贸易问题与邓廷桢、林则徐的交涉。第十、十一期报道了 1840 年至 1841 年鸦片战争的进程。这十年中英关系大致经历了三个重要阶段：东印度公司对华贸易垄断结束后英国对华政策的转变；鸦片战争前中英关于鸦片贸易的冲突；鸦片战争。该文基本将这十年的历史清晰地展现出来，厘清了中英关系发展的脉络。由于这一回顾是以年月为序记叙中英关系事件，在涉及相关事件时，又将相关资料一并录入，所以该文完全可以看作有关这十年研究的最早的资料汇编。由于没有署名，其作者一直不确定，根据吴义雄的看法，很可能出自卫三畏之手。[1]

　　近代中国学者罗家伦很早就指出："研究鸦片战争的人，不能不参考当时广州英［美］国人出版的定期刊物，共 240 号，名叫 '*Chinese Repository*'，这是一种重要的史料。"[2]这句话到今天仍然适用，只是就外文文献来说，在参考资料中还可以加上《中国总论》等当时参与这一事件的美国人著作。实际上，卫三畏一直对鸦片贸易以及由此产生的中外冲突保持着密切的关注。在 1883 年修订版《中国总论》第二十五章中，他特别提到了英国传教士和商人将鸦片输入中国内地和西南、西北边疆地区的情况，并对"马嘉理事件"引发的长达十八个月的中英《烟台条约》谈判过程进行了详细的描述，借此谴责鸦片贸易对于中国的危害和对国际关系的破坏。

---

〔1〕吴义雄：《时势、史观与西人对早期中国近代史的论述》，载《近代史研究》2019 年第 6 期，第 93 页。

〔2〕罗家伦：《研究中国近代史的意义和方法》，载《国立武汉大学社会科学季刊》第 2 卷第 1 期（1931 年），第 141 页。

256

第二节　《瀛环志略》评介

《瀛环志略》是近代中国学术史上的一部名著，卫三畏是最早给予关注并进行评论的西方人。《瀛环志略》出版于 1848 年，与《中国总论》正好同一年，前者是中国人对西方的研究，而后者是西方人对中国的研究，这两部重要著作同时出现，无疑大大加深了中西之间的互相理解。

《瀛环志略》作者徐继畬字健男，号松龛，乾隆六十年（1795 年）生于一个官宦家庭，从小就爱读书，关注时事。十九岁山西乡试第四，三十二岁中进士，被授予翰林院编修。以后陆续任陕西道监察御史、广西浔州知府、福建延建邵道道台、汀漳龙道道台、两广盐运使、广东按察使。道光二十三年（1843 年）迁福建布政使，驻厦门，兼办通商事务，开始了解世界地理，为《瀛环志略》撰述之始。道光二十六年（1846 年）任福建巡抚，后因英人入城问题与闽省官绅意见不合被弹劾。咸丰元年（1851 年）入京降补太仆寺少卿，次年秋简放四川乡试正考官，回京途中因福建巡抚任内迟报起解军犯官案被革职。回山西后主讲平遥超山书院，以束脩为生。同治四年（1865 年）被再度启用，回京任总理各国事务衙门行走，协办通商事务，同治六年（1867 年）任总管同文馆事务大臣。同治八年（1869 年）乞休，同治十二年（1873 年）病逝。

徐继畬自 1843 年开始编写《瀛环志略》，经过五年辛苦耕耘，终于在 1848 年付梓，两年后又刻印一次。该书全面地叙述了当时世界各大洲八十多个国家的情况。全书共分十卷。卷一、卷二论述地球的基本知识和东亚、南洋以及大洋洲的情况；卷三为印度及中亚各国概况；卷四至卷七介绍欧洲各国，包括英国、法国、意大利、俄罗斯、奥地利、普鲁士、希腊、比利时、荷兰、西班牙、葡萄牙、丹麦、瑞典、瑞士等十几个国家；卷八至卷十为南北美洲情况，重点是美国。就全书来看，对亚洲、欧洲的叙述最为详细，约占全书三分之二的篇幅。当时世界上的主要国家在本书中都有论述，内容则包括地理位置、疆域政区、山脉河流、地形气候、经济物产、民族风俗、人种肤色、历史沿革等。《瀛环志略》的一大特色是反映了近代地理科学的概念，如以四大洲（亚细亚、欧罗巴、阿非利加、亚墨利加）和五大海（大洋海、大西洋海、印度海、北冰海、南冰海）来划分当时的世界，与中国以往文献中以"东南洋""西南洋""小西洋""大西洋"等地理观念相比，要科学得多。另外在介绍各国之前先论述一洲的概貌，然后根据不同的地理位置将一洲划分为若干区域，各区之下再按国分述，体现了最新的区域地理概念。地图的运用是《瀛环志略》的又一大特色。徐继畬明确表示："地理非图不明，图非履览不悉。大块有形，非可以意为伸缩也。"[1]全书即以图为纲展开叙述，共收图四十二幅，包括东半球、西半球的全图和各洲各国的分图。地图多描摹自西方的地图册，虽然比较粗糙，但勾勒的大致形状和位置都比较准确，是当时中国出版物中最好的。书中有不少对地形的生动描述，显然出于对地图的观察。如描绘美洲的形状："北土形如飞鱼，南土似人股之著肥裤，中有细腰相连。"描绘意大利的形状："斜伸于地中海，似人股之著屐者。"[2]地图表达直观，最容易给人准确的地理知识。直到清朝康熙年间纂修《古今图书集成》，中国人还把"一臂国""三身国"之类视为"边裔"，列为"西方未详诸国"。这类传说的长期存在无疑是正确认识外部世界的巨大思想障碍，通过翔实的内容和直观的地图，《瀛环志略》全面纠正了长期流传的种种荒诞不经的认识，使国人的"天下"观念得到了极大的延伸，起到了巨大的思想启蒙作用。[3]

对于这样一部重要著作，卫三畏给予了高度关注，专门撰写了一篇长

---

〔1〕徐继畬：《瀛环志略校注》，宋大川校注，文物出版社 2007 年版，第 9 页。

〔2〕徐继畬：《瀛环志略校注》，宋大川校注，文物出版社 2007 年版，第 289、194 页。

〔3〕关于《瀛环志略》内容和特色，详见潘振平《〈瀛环志略〉研究》，载《近代史研究》1988 年第 4 期，第 74—76 页。

达25页的书评，载于1851年4月号《中国丛报》。在此之前的1850年7月，发行于美国波士顿的《传教先驱》月刊发表了另一篇关于《瀛环志略》的短评（A New Chinese Geography），可以看作西方世界最早的，但作者弼莱门（Lyman B. Peet）主要的关切是基督教传教事业如何从这部书的刊行和流传中获益。[1] 相比之下，卫三畏在第二年发表的篇幅更长的评论文章则较为注重《瀛环志略》的学术意义，可以说是第一篇真正意义上的学术书评。

卫三畏的文章标题很长："*Survey of the Maritime Circuit, a Universal Geography* by His Excellency Su Ki-yu of Wutai in Shansi, the present Lieutenant-governor of Fukkien. In 10 books. Fuhchau, 1848"（《瀛环志略》，一部世界地理书，现任福建巡抚、山西五台人徐继畲阁下所著。书分十卷。福州1848年版）。卫三畏一开头就对该书做了总体评价："用'在正确的方向上迈出的一步'来评价它是恰如其分的，我们希望它成为此后同类作品的先导，通过刊行这类著作，中国的官绅和民众将得以了解地球上其他国家的位置、资源和产品。"他接着介绍了该书"杰出作者"的个人情况，简述了徐继畲1843年后的经历，并引用美国传教士雅裨理对徐继畲的评价："他是我见过的中国高级官员中最富有探索精神的人（the most inquisitive Chinese of a high rank I have met）"。[2] 接着卫三畏用了大约14页，也就是文章的大部分篇幅撮要说明了《瀛环志略》各卷的内容。在介绍书中关于欧洲大陆、英国和美国的部分时，卫三畏摘译了他认为重要的涉及西方政治、经济、文化、风俗的段落，其中英国又是重点。徐继畲在卷七《欧罗巴英吉利国》部分首先对英国早期的历史做了介绍，此后比较详细地论述了英国近代的发展，特别是殖民扩张及其背后的动因：

---

[1] 吴义雄：《西方人眼里的徐继畲及其著作》，载《清史研究》2009年第1期，第22页。本节论述参考了该文。

[2] S. W. Williams, "*Universal History* of Su Ki-yu", *The Chinese Repository*, Vol. 20, p. 169.

> 英吉利复然三岛，不过西海一卷石。揆其幅员，与闽广之
> 台湾、琼州相若。即使尽为沃土，而地力之产，能有几何？其骤
> 致富强，纵横于数万里外者，由于西得亚墨利加，东得印度诸部
> 也……五印度在中国西南，即所谓天竺佛国。英人于康熙年间，
> 在孟加拉购片土，造屋宇，立埔头。乾隆二十年，灭孟加拉，乘
> 胜蚕食印度诸部。诸部散弱不能抗，遂大半为其所役属……其地
> 在后藏西南，由水程至粤东，不过两三旬。盖英人之属地，久已
> 近连炎徼，而论者止知其本国，以为在七万里之外也。[1]

第一次鸦片战争后，清政府被迫打开国门，但在此之前，西方列强早已觊觎这片土地，而绝大多数中国人对此一直毫无所知，以为英国还"在七万里之外"。这类描写正如卫三畏所说，是值得高度赞扬的，"徐继畬冲破了黑暗的无知（dark ignorance），尽管他接受的教育也是残缺不全的，但是他一直努力摸索，翻检中外人士的各类书籍，力图把握中国之外其他国家的情况"。[2]另外，卫三畏认为徐继畬很重视中外比较，但又不是出于猎奇，比如对于英国婚俗的关注："英吉利之俗，男女婚配皆自择定，然后告父母。至婚配之日，耶稣教师诫以善言，为之祈福。男以戒指约于女指，亲宾送之入房，欢宴而散。其俗，男女皆分父母之产，男不得娶妾，犯者流之七年，男恒听命于女，举国皆然。"[3]这里对于男女自由恋爱婚配，以及财产分割、不得娶妾的描述，都迥异于中国的婚姻习俗与制度，对于阅读此书的国人来说无疑是振聋发聩的。《瀛环志略》绝不仅仅是介绍中国之外各国的地理状况，它同时展示了很多新的观念，推动了中国的思想变革。

---

〔1〕徐继畬：《瀛环志略校注》，宋大川校注，文物出版社 2007 年版，第 259-260 页。
〔2〕S. W. Williams, "Universal History of Su Ki-yu", The Chinese Repository, Vol. 20, p. 173.
〔3〕徐继畬：《瀛环志略校注》，宋大川校注，文物出版社 2007 年版，第 262 页。

260

　　卫三畏充分肯定《瀛环志略》的价值，"为了正确评价这部书所取得的进展，应该将它与此前中国流行的地理书，以及中国人所具有的关于外国的知识做一比较"。卫三畏挑出来的比较对象是他在广州书肆里看到的地图，它们"不仅极为无知，而且极端错误"，"图中的中国十八行省竟然比其他所有国家的面积大十八倍，万里长城将它们与沙漠戈壁区隔开来，在沙漠的另一边，俄罗斯在地图的北部从东到西伸展开来，山脉、河流和湖泊点缀其间，明显只是为了使地图显得优美如画。在地图西部，从北到南是一个大洋，英国、法国、荷兰、葡萄牙、果阿、波斯和印度从北到南大大小小排列着。在地图东部和南部画着一些岛屿，是中国人熟悉的诸如日本、琉球、吕宋、爪哇、马六甲、苏门答腊，此外就是地图东南角的安南、暹罗、缅甸等国以及一些不易辨别的地名"。据卫三畏说，钦差大臣琦善在大沽口和义律谈判时，企图用这样的地图向后者证明"英国要想战胜中国这样一个面积巨大的强国是完全无望的"。甚至在广州这样一个和西方人打交道达两百年之久的城市，人们对于那些洋商所来自的国家的了解并不比中国其他地区的人多。总之，"在中国地理学没有被当作一门学问，中国人绘制的地图充满了传闻和猜测，没有一幅是通过三角测量法得到的。中国人拥有的最准确的地形测量还是 1705 年至 1712 年来华耶稣会士完成的，但后来的版本却为了政治目的进行了修改"。[1]卫三畏在这里描述的状况，相当大的程度上反映了当时中国社会在地理科学方面的知识水平。他指出在评估徐继畬的贡献时必须考虑他所处环境和知识基础，是非常公允的。以此作为参照系，具有四十余幅精确地图的《瀛环志略》无疑标志着中国地理学的重大发展。

　　当然《瀛环志略》不可避免存在一些问题，如将一些地名相混淆，地图没有经纬线，以及一些事实性错误等。对此卫三畏也没有完全回避。在

〔1〕S. W. Williams, "*Universal History* of Su Ki-yu", *The Chinese Repository*, Vol. 19, pp. 172–173.

混淆地名这个问题上，他举了原书中有关美国罗德岛的例子：

> 洛哀伦国（一作律爱伦，又作尔罗暧伦，又作罗德岛，又作罗底岛）在麻沙朱色士之南，西界干捏底吉，东南距大西洋海，幅员如中国之一中县，在合众国为最小。明崇祯九年，麻沙朱色士人罗查威廉谪居于此，鸠众开垦，遂成小部。康熙二年，归英吉利，后归合众国。土产铁煤，会城曰波罗威士顿。城外有海港曰新港，港内有小岛，其国以岛为名。哀伦译言岛，洛哀伦，译言岛部也。岛上建楼，高十余丈，楼顶作小屋，围以玻璃，每夜燃灯数十，以导海舶避礁石，合众国港口皆效之。户口不繁，而贸易工作与麻沙朱色士相埒，棉花尤良。地平坦无水磨，海滨多建楼，高六七丈，借风激轮为磨，以屑谷麦。设正副统领各一。居民十万八千零。南怀仁《宇内七大宏工记》，有"罗德岛铜人，高三十余丈，一手持灯，两足踏两山脚，海舶出其裆间。铜人内有旋梯，人由旋梯至其右手，燃灯以引海舶"，即此岛也。建楼燃灯，事本寻常，乃怀仁造为铜人之诞说。而云三十余丈，不知此铜人何由而铸，亦何由而立也，亦可谓荒唐之极矣。[1]

这里徐继畬将美国的罗德岛州与希腊的罗德岛混为一谈了。南怀仁所说的"铜人"是岛上的太阳神巨像，乃古代世界七大奇迹之一。整座巨像高三十三米，一个脚趾头就需要两个成人合抱，它以大理石制成，再以青铜包裹。这座巨像建在罗德市（希腊文：Ρόδος，英文：city of Rhodes）通往地中海的港口，形象为一个手举火炬、脚踩两岸的巨人。火炬的功能是作为灯塔，昼夜不熄，为过往的船只导航。建造巨像据说花费了十二年时

---

[1]徐继畬：《瀛环志略校注》，宋大川校注，文物出版社 2007 年版，第 304—305 页。

间，公元前 282 年完工，后于公元前 226 年的一次地震中被毁。巨像在原址躺了近千年，后来去向不明。卫三畏通过这个例子说明徐继畬吸收了多方面的信息，但对于信息的鉴别做得还不够到位。他后来在《中国总论》第二十一章《中国的对外交往》中还提到过这个例子。

需要强调的是，卫三畏在指出《瀛环志略》不足之处时，没有表露出任何不敬或轻视的态度，而是实事求是地说明其中存在的问题。他特别声明，徐著的缺憾"是与用西方语言写的地理书相比时才存在"，但这种比较是"不公平的"，正如用《大清一统志》的最新版本来批评当时西方有关中国的著作不够准确一样。他在文章的结论部分强调："考虑到作者的教育背景和地位，《瀛环志略》是用心钻研、公正坦率和丰富学识的崇高丰碑。它也是鸦片战争给中国人带来的刺激所产生的最初果实之一。我们认为，它将在很大程度上打破中国官员和学者们的傲慢自大，消除他们的愚昧无知，向他们证明中国并非地球上唯一的文明国家。"[1]

对于自己书中存在的问题，特别是面对的种种困难，徐继畬本人最为心知肚明，他在《凡例》（共十三条）中有详细说明，其中第十条是关于地名的翻译："泰西各国语音，本不相同。此书地名，有英吉利所译者，有葡萄牙所译者。英人所译，字数简而语音不全，葡人所译，语音虽备，而一地名至八九字，佶屈不能合吻。如花旗之首国，英人译之曰缅，葡人译之曰卖内（卖读如美，内读如呢）。今姑用以纪事，无由知其孰为是非也。"[2]这里所谓的"花旗之首国"就是美国东北部的缅因州。另外，和地名一样，国名的翻译也不统一，徐继畬的解决方法是将所有的译名都罗列出来，如卷九《北亚墨利加米利坚合众国》一开始，他就把美国在当时所有的译名都呈现出来："米利坚（米一作弥，即亚墨利加之转音），或作

〔1〕S. W. Williams, "*Universal History* of Su Ki-yu", *The Chinese Repository*, Vol. 20, p. 192.
〔2〕徐继畬：《瀛环志略校注》，宋大川校注，文物出版社 2007 年版，第 12 页。

美利哥，一称亚墨理驾合众国，又称兼摄邦国，又称联邦国，西语名奈育士迭。"[1]对于其他国家，他也是同样的做法。卫三畏全文翻译了《瀛环志略》的"凡例"，可以看作对徐继畬勇于克服困难的最高褒扬。

卫三畏充分肯定《瀛环志略》，一方面是认识到了它对于中国人开眼看世界的意义，另一方面也是因为徐继畬对于外国人的开放态度。实际上，他之所以能够完成《瀛环志略》，正是得益于西方人，特别是美国传教士雅裨理的指教，如卷一一开始介绍地球时，徐继畬就承认自己对于赤道以南地区的全新认知来自雅裨理：

> 北冰海人人知之，南冰海未之前闻。顷阅西洋人所绘地球图，于南极之下注曰南冰海，以为不通华文，误以北冰海例之称之也。询之米利坚人雅裨理，则云："此理确凿，不足疑也。"赤道为日驭正照之地，环绕地球之正中。中国在赤道之北，即最南滨海之广东，尚在北黄道限内外。较之北地，寒暖顿殊。遂以为愈南愈热，抵南极而石烂金流矣。殊不知日驭所行，乃地球正中之地。由闽广渡海而南，水程约五六千里，而至婆罗洲一带，乃正当赤道之下，其地隆冬如内地之夏初。然再南而至南黄道限之外，其气渐平。再西南而至阿非利加之岌朴，则已见霜雪。又再西南而至南亚墨利加之铁耳聂离，已近南黑道，则坚冰不解，当盛夏而寒栗。由此言之，南极之为冰海，又何疑乎？中国舟行不远，以闽广为地之尽头，遂误以赤道为南极，固宜其闻此说而不信也。[2]

---

[1] 徐继畬：《瀛环志略校注》，宋大川校注，文物出版社 2007 年版，第 298 页。
[2] 徐继畬：《瀛环志略校注》，宋大川校注，文物出版社 2007 年版，第 1-2 页。

　　《瀛环志略》全书提及雅裨理达九次之多，而作为《瀛环志略》底稿的《瀛环考略》引用雅裨理观点则多达十次。[1]卫三畏对于这些地方都特别留意，在书评中反复强调。显然，他非常重视徐继畬与雅裨理的关系，多次引证雅裨理的日记来说明二人的交往对写作《瀛环志略》的重要意义。[2]

　　卫三畏全文翻译了徐继畬的"自序"，认为从中可以看出他的"勤奋、仔细、热情"，另外也可以充分展示徐继畬和外国人（特别是雅裨理）交往与该书写作之关系：

A geography without maps can not be plain, and minute maps can not be drawn if persons do not go and examine the region. The world has a certain form, and its various indentations and projections can not be learned by merely thinking about them. The Occidentals are clever in traveling to remote parts, and as their ships wander over the four seas, on reaching a place, they take out a pencil and there draw a map of it, so that their maps alone are worthy of credit. In the year 1843, I was at Amoy on public duties, and there became acquainted with an American named Abeel, who was a scholar well acquainted with western knowledge, and able to converse in the dialect of Fuhkien. He had with him a book of maps beautifully drawn, but unhappily I did not know their characters; I had ten or more sheets of them copied, and then asked Abeel to translate them for me; I thus partially learned the names of each country, thought

〔1〕李志刚：《从〈瀛环考略〉探究徐继畬与雅裨理牧师之交游》，见任复兴主编《徐继畬与东西方文化交流》，中国社会科学出版社1993年版，第236-239页。

〔2〕S. W. Williams, "Universal History of Su Ki-yu", *The Chinese Repository*, Vol. 20, p. 170.

I was so hurried I could not find time to learn them thoroughly. The next year I was again at Amoy, when I saw two maps on rollers which his honor the prefect Koh Yung-sang had purchased; one of them was about three feet, the other nearly two feet large, and both were more complete and fine than the book Abeel had, and were accompanied with several volumes in Chinese by foreigners. I also sought for all kinds of writings on this subject, and if their style was not clear and such as scholars would admire, I made extracts from all of them upon slips of paper of what was worthy of being retained; and whenever I saw men from the West, I improved the opportunity to ask them concerning the accuracy of my notes, and to learn respecting the shape of every country beyond our frontiers, and their present condition; in this way I gradually ascertained an idea of their boundaries, which I attached to the maps, and with the verified selections I made from the various writings I had, I formed chapters, which gradually grew into the size of volumes. If I met with a book or a newspaper, I added, corrected, and altered my notes, sometimes revising them many ten times. In this way have I done from 1843 till now, for five years, winter and summer, in the intervals of official duties, making this pursuit my relaxation and amusement, and hardly omitting a day in which I did not do something at it. My friend Chin Sz'pu, the treasurer, and Luh Chun-ju the judge of Fuhkien, seeing the result of my labors, begged me to preserve the sheets carefully, and they afterwards corrected un-classical expressions and divided the whole into ten books. Other official friends also borrowed it to examine, and many begged me get it printed, calling the performance Ying Hwan Chi Lioh, or General Survey of the Circuit of the Seas. This is a brief explanation of the manner in which the work was produced."[1]

中文原文

　　地理非图不明，图非履览不悉。大块有形，非可以意为伸缩也。泰西人善于行远，帆樯周四海，所至辄抽笔绘图，故其图独为可据。道光癸卯，因公驻厦门，晤米利坚人雅裨理，西国多闻之士也，能作闽语，携有地图册子，绘刻极细，苦不识其字，因钩摹十余幅，就雅裨理询译之，粗知各国之名，然匆卒不能详也。明年再至厦门郡，司马霍君蓉生购得地图二册，一大二尺余，一尺许，较雅裨理册子尤为详密，并觅得泰西人汉字杂书数种，余复搜求得若干种，其书俚不文，淹雅者不能入目。余则荟萃采择，得片纸亦存录勿弃。每晤泰西人辄披册子考证之，于域外诸国地形时势，稍稍得其涯略。乃依图立说，采诸书之可信者，衍之为篇，久之积成卷帙。每得一书，或有新闻，辄窜改增补，稿凡数十易。自癸卯至今，五阅寒暑，公事之余，惟以此为消遣，未尝一日辍也。陈慈圃方伯，鹿春如观察见之，以为可存，为之删订其舛误，分为十卷。同人索观者多，怂恿付梓，乃名之曰：《瀛环志略》。而记其缘起如此。

　　确实，在当时中国人（更不用说中国官员）对于外国人抱有反感和敌意的情况下，徐继畲能够主动和西方人接触，不耻下问，是难能可贵的。

　　在徐继畲的"自序"前面，还有时任闽浙总督刘韵珂以及刘鸿翱、彭

---

[1] S. W. Williams, "*Universal History* of Su Ki-yu", *The Chinese Repository*, Vol. 20, p. 171.

蕴章、鹿泽长几位友人的序言，对于徐继畬的为人和《瀛环志略》都给予了充分的肯定。由于刘韵珂等人的序言比较长，卫三畏没有翻译，只译了刘鸿翱"序"后面陈庆偕的"跋"作为代表：

The Kingdoms of the world are very extensive. Those regions which lie beyond the genial influence of our sway, our eyes and ears have not reached, nor are our descriptions worth examining, and thus people are generally deceived about them; and if one wished to discriminate respecting these statements, there was nothing to trust to. H. E. Su Ki-yu ruling in Fuhkien, and planning to govern his jurisdiction peaceably, and at the same time be mild to those from afar, obtained a map drawn by the Occidentals, which he translated very clearly; he also corrected the misstatements in the records and histories of those regions. He continued these researches for five years, and completed the General Survey of the Maritime Circuit, in which are fully given the topography and conditions of every country, with notices of their roads, districts, manners, characters of the inhabitants, and productions. One leisure day he showed it to me, and on looking it over only once, I perceived that even desert wilds and remote corners and bye-places, as well as the kingdoms of the world, were all described as plain as the lines on the palms of the hand; it was like lighting a lamp in a dark room. Further, whatever was strange and incredible, and the blundering nonsense of ancient and modern books were in this work all carefully revised, and reduced to verity. I saw with wonder the accuracy of his observations, and his remarks so perspicuous. His Excellency did

268

not grudge the most minute research and thorough collation of his materials, and the accumulated labors of months and years have resulted in this work; his fitness for accomplishing such a task is not seen in his love for the wonderful, but in his discrimination of what is proper. I am happy in being of any service in revising it, and have much pleasure in contributing this addenda on the completion of his labors. A careful note, written by Chin King-kiai of Hwui-ki in Chehkiang, Sept. 1848. [1]

中文原文

地舆广矣，重译之外，耳目所不及，无稽之说，群起而簧鼓之，欲折以理，无由也。松龛中丞治闽，政通人和。旁及柔远之略，得泰西人所绘地图。反复询译，参以史录所纪，订其舛误，阅五年成《瀛环志略》一书，凡各国之沿革建置，与夫道里风俗人情物产咸备焉。暇日出以相示，披读一过，觉荒陬僻壤，无不如指掌纹，如烛幽寐。而又于奇奇怪怪之中，芟夷古今荒唐之说，归于实是，以是叹见闻果确，理无不通。而公之不惮旁搜博采，积岁月以成此书者，非公之好奇，正公之精于穷理也。庆偕幸与参订之役，谨跋简末，以志服膺。道光戊申八月，会稽陈庆偕谨跋。

总体上来说，卫三畏对《瀛环志略》给予高度评价，认为这是鸦片战争后中国开放的一个良好结果，这和上文论述的他的中国近代史观是一致的。他在书评最后提出两点希望，一是徐继畬能够有机会修订再版此书，

---

[1] S. W. Williams, "*Universal History* of Su Ki-yu", *The Chinese Repository*, Vol. 20, p. 172.

二是中国上至皇帝，下至普通百姓，能够认真阅读此书，像作者一样开眼看世界。

　　一般认为，对于中国近代开眼看世界有两本书特别重要，一是《瀛环志略》，一是《海国图志》，"中国士大夫之稍有世界地理智识，实自此始"。[1]《海国图志》是魏源以林则徐《四洲志》为基础完成的。该书详细叙述了世界各地和各国历史政治、风土人情，主张学习西方国家的科学技术，提出了"师夷长技以制夷"的中心思想。《海国图志》初版五十卷，道光二十三年（1843年）在扬州刊刻，此后魏源不断增补，六十卷本于道光二十七年（1847年）问世。但该书刊行后，在当时却未受到传教士和其他在华西方人的好评。《中国丛报》1847年10月发表过一篇书评，对这部著作基本采取了否定的态度，与卫三畏高度赞扬《瀛环志略》截然相反。[2]这里面当然有书评作者郭实猎本人的偏见，但也折射出不少值得深思的问题。吴义雄在解释这一现象时指出："当林则徐在广东为《四洲志》蒐集各种资料时，因鸦片问题引起的中英冲突给那里的中西关系带来了敌对的气氛。身为英国政府雇员的郭实猎在为《海国图志》撰写评论、并认定林则徐为其作者时，必定对当时广东的政治氛围记忆犹新。继承林则徐的志业而撰成《海国图志》的魏源，虽未被西人当作像林则徐那样的敌人，但他未与西人有过直接的交往，他的名字对于在华西人来说是陌生的。与此相反，西方人与徐继畬有过多次的直接交往，而且这些交往的友好格调超出了西人长期以来形成的对于中国官员、特别是高级官员的态度的预期。西人与徐继畬的交往发生在五口通商后的福建，较之鸦片战争前后在广东上演的历史剧，那里的中外交往已经采用了截然不同的脚本。"[3]郭实猎将《海国图志》的作者误认为是林则徐，一方面固然是由于他的疏漏，但从

〔1〕梁启超：《中国近三百年学术史》（新校本），商务印书馆2017年版，第383页。
〔2〕Karl Gützlaff, "Review: *Hai Kwoh Tu Chi*", *The Chinese Repository*, Vol. 16, pp. 417–424.
〔3〕吴义雄：《西方人眼里的徐继畬及其著作》，载《清史研究》2009年第1期，第26页。

一方面看也说明魏源的不为人所知。

　　《海国图志》与《瀛环志略》各有其贡献和价值，但就对待西方文化的态度而言，徐继畲显然比魏源更为开明和宽容。《海国图志》中"以夷攻夷""师夷长技以制夷"等表述是众所周知的，从不断出现的"夷"字说明魏源仍然没有完全摆脱"天朝上国"的传统观念，但《瀛环志略》中很少使用"夷"，也很少使用"胡""狄"等带贬义的字眼，而更多地使用"泰西""西洋""西国"等中性术语，在对外国官职的称呼上，同样使用了"统领""王"等不带任何偏见的词汇，可以说基本抛弃了"以尊临卑"的心态。这在当时国人中是异常先进的，卫三畏在书评中注意到了这一点，并给予充分的肯定。这应该也是《瀛环志略》更受当时西方人关注的原因之一。

　　当然，西方人对于徐继畲的关注并不始于卫三畏的这篇书评。此前1843 年 6 月号《中国丛报》的《时事报道》栏目就登载了一则消息："3 月 3 日星期五，新任广东按察使徐继畲抵达广州，接替尸位素餐的孔继尹。"这则消息在英文中夹印了徐继畲的中文名字。他离去的消息也登在《中国丛报》同一号同一栏目："5 月 31 日，徐继畲调任福建布政使，黄恩彤由江苏按察使改任广东按察使。徐继畲在此间的短暂任期是令人满意的。"《中国丛报》的编者进而评论说，徐继畲升任福建布政使是一件好事，因为他要接替的曾望颜"出生于广东，从小生活在对外国人怀有偏见的氛围之中，一直反对给予外国人任何权益"。编者认为徐继畲如果进京陛见，"或许将有机会消除皇帝对外国人的误解"。[1]

　　前文提到的雅裨理日记曾以《厦门及其居民：鼓浪屿纪事》（Notices of Amoy and Its Inhabitants, Extracts from a Journal of Rev. D. Abeel at Kulang Su）为题分三次刊登在《中国丛报》第 12 卷第 5 期、第 13 卷第

---

〔1〕"Journal of Occurrences", *The Chinese Repository*, Vol. 12, pp. 328, 333.

2 期和第 5 期上。1842 年厦门对外国人开放后，雅裨理是最早在鼓浪屿活动的美国传教士。1844 年 12 月他因健康状况恶化离开厦门，1846 年 10 月在美国病逝。《中国丛报》第 16 卷第 1 期（1847 年 1 月）的《时事报道》栏目刊登了他去世的消息。[1] 为了表示纪念，他的侄子威廉森（G. R. Williamson）编写了《回忆雅裨理》（*Memoir of Rev. David Abeel, D. D., Late Missionary to China*）一书，1848 年在纽约出版，卫三畏专门写了书评，刊登在《中国丛报》第 18 卷第 5 期（1849 年 5 月）。

　　雅裨理的日记主要是他 1843 年至 1844 年在福建，特别是厦门活动的记录，其中提到了和徐继畬的交往。根据日记我们知道，徐继畬 1843 年就任福建布政使后不久即于当年 11 月被派往厦门办理通商事务和勘定外国人活动区界址。这次机会促成了他和雅裨理的相识相交，使他获得了撰写《瀛环志略》的大量信息。两人显然都很重视这段关系。徐继畬不仅在《瀛环志略》的"自序"中强调了雅裨理的帮助对撰写该书的重要性，而且在书中多次引用后者的观点作为立论的依据，上文关于"南冰海"的一段即是显例。雅裨理也将他与徐继畬交往的过程在日记中详加记载，并及时选择其中重要的内容在《中国丛报》上公开发表。从这几篇日记中我们可以看到一个很显著的事实，即徐继畬积极地、孜孜不倦地向外国传教士和其他人士探询世界知识。雅裨理在 1844 年 1 月 27 日的日记中写道："我们已经见过他几次……他是我们见过的最能追根究底的中国高级官员。在他问过许多关于外国的问题后，我们准备带给他一册地图集，向他展示他感兴趣的那些地方的范围。他对此愉快地表示同意。在一个下午的时间里，我们尽可能多地向他提供各种信息。"雅裨理记录的与徐继畬的又一次直接交往发生在 1844 年 2 月 19 日，当天是中国农历甲辰年正月初二。徐继畬再次来到厦门解决外国人的居留地问题。"在获悉他返回厦门后，我们前

─────────────────

[1] "Journal of Occurrences", *The Chinese Repository*, Vol. 16, p. 56.

往拜访，整个过程特别愉快。"[1]这是目前所见徐继畬与西方人直接交往的最早的文字记载。从中可见他对于世界知识不是被动地从传教士那里接受，而是主动地去探求。可资比较的是林则徐。1850 年两名英国人来到福州，欲租城内神光寺居住，这是英国人首次进入福州城，刚刚卸任云贵总督回乡养病的林则徐闻讯后组织士绅上书时任福建巡抚的徐继畬，要求驱逐英人，而徐则采取了相当温和的态度。[2]作为近代开眼看世界的先驱，林则徐 1839 年到广州后组织人力陆续翻译了一些西方报刊和书籍，如著名的《四洲志》就是摘译自英国地理学家幕瑞所著的《世界地理大全》，表现出对于西学的渴求。但林则徐对西人一直采取居高临下和提防的态度，卫三畏见过他一面，感觉是他比较"高傲"和"自负"，[3]这和同为清廷高官的徐继畬差别颇大。

卫三畏后来在《中国总论》中多次提到徐继畬，称之为中国官员中"善于思考的人"[4]。1873 年徐继畬去世后，卫三畏正在美国休假，得知这个消息后，他在一次讲演中这样说：

> 总理衙门中有一位官员，今已去世，1849［1846］年他曾任福建巡抚，出版过描述异域地理、历史的著作，其中的事件主要来自他对雅裨理与马儒翰的问询。由于对外国过于推崇，该书的出版使他遭到了贬谪，约在 1852 年他回到故乡以教书为业。十三年后，这个叫徐继畬的人被召回朝廷重新为主上服务，原因正是当初他被贬的理由——对外国人的精深了解。他这样的人才是开始与外国人打交道的北京政府急需的。在我的建议下，美国政府

---

[1] David Abeel, "Notices of Amoy and Its Inhabitants", *The Chinese Repository*, Vol. 13, pp. 236–237.

[2] 由于对《南京条约》第二款的解释存在歧义，外国人在五处通商口岸的活动范围是只限于港口还是可以进入城内，各地做法不一。1845 年英国外交官进入福州城，但一般民人被拒之城外。

[3] S. W. Williams, "Canton prior to 1840", *The Shanghai Budget and Weekly Courier*, 23 January 1873, p. 8.

[4] S. W. Williams, *The Middle Kingdom* (1883), Vol. 2, p. 575.

送给他一幅精美的华盛顿肖像。总统曾是他所著《瀛环志略》中颂扬的对象，蒲安臣先生作为驻华公使的最后一个任务就是把肖像赠送给他。不久，徐因病辞职，回乡后又过数年去世。[1]

卫三畏提到的徐继畬政治生涯的起伏，体现了 19 世纪中期中国对于外国态度的转变。徐继畬在《瀛环志略》中盛赞华盛顿，这无疑让美国人感到兴奋。1853 年在宁波的美国传教士向正在建造中的华盛顿纪念塔赠送了一块花岗岩纪念碑，碑上全文引用了这段文字。卫三畏在书评中将之翻译成英文如下：

It is evident that Washington was a remarkable man. In devising plans he was more decided than Chin Shing or Wu Kwang; in winning a country he was braver than Tsau Tsau or Liu Pi. Wielding his four-footed falchion, he extended the frontiers thousand of miles, and then refused to usurp the regal dignity or transmit it to his posterity, but first established rules for an elective administration. Where in the world can be found such a public spirit! Truly, the sentiments of the three dynasties have all at once unexpectedly appeared in our day! In ruling the state, he promoted and fostered good customs, and did not depend on military merit; in this he differed from all other nations. I have seen his portrait; his air and form are grand and imposing, in a remarkable degree. Ah! Who would not call him a hero?[2]

---

〔1〕F. W. Williams, *The Life and Letters of Samuel Wells Williams*, pp. 417–418.

〔2〕S. W. Williams, "*Universal History* of Su Ki-yu", *The Chinese Repository*, Vol. 20, pp. 189–190.

中文原文

　　华盛顿，异人也。起事勇于胜广，割据雄于曹刘，既已提三
尺剑，开疆万里，乃不僭位号，不传子孙，而创为推举之法，几
于天下为公。其治国崇让善俗，不尚武功，亦迥与诸国异。余见
其画像，气貌雄毅绝伦，呜呼，可不谓人杰矣哉！米利坚合众国
之为国，幅员万里，不设王侯之号，不循世袭之规，公器付之公
论，创古今未有之局，一何奇也！泰西古今人物，能不以华盛顿
为称首哉！

　　刻着这段文字的长方形纪念碑后来被放置在华盛顿纪念塔第十层内
壁，和世界各国和美国各州的近两百方祷文、石刻一起表达了对于华盛顿
的敬仰之情。徐继畬对于华盛顿的赞美，不仅在于他领导美国打赢了独立
战争，更在于他奠定了美国民主政治的基石。在《瀛环志略》中，徐继
畬还在多处描述了他对于资产阶级民主共和制度的认识，如在英国部分：
"都城有公会所（按：即议院），内分两所，一曰爵房，一曰乡绅房（按：
即上议院和下议院）。爵房者，有爵位贵人及耶稣教师处之。乡绅房者，
由庶民推择有才识学术者处之。国有大事，王谕相，相告爵房，聚众公议，
参以条例，决其可否，复转告乡绅房，必乡绅大众允诺而后行，否则寝其
事勿论……大约刑赏征伐条例诸事，有爵者主议，增减课税，筹办帑饷，
则全由乡绅房主议。此制欧罗巴诸国皆从同，不独英吉利也。"[1]徐继畬之
所以对美英两国的制度了解得如此详细，和他在厦门结识雅裨理有很大的
关系，此外英国首任驻福州领事李太郭（George T. Lay）及其继任者阿礼
国（Rutherford Alcock）也对徐继畬产生了影响。

---

[1] 徐继畬：《瀛环志略校注》，宋大川校注，文物出版社 2007 年版，第 258 页。

　　卫三畏在书评中说，除了雅裨理，徐继畬在写作《瀛环志略》过程中还得到了其他外国人的帮助，但没有明确指出是哪些人。从上引讲演可以知道，他认为其中之一是马儒翰。但这一看法可能存在问题，吴义雄指出："马儒翰是英国来华传教士马礼逊的长子，当时是少数较为精通中国语言文化的西方人之一。当徐继畬在广州任职之时，担任英国香港政府中文秘书和司库的马儒翰正往来于香港与广州之间，与钦差大臣耆英及其助手黄恩彤进行海关税则及其他相关问题的谈判。就后来的《五口通商章程》及所附《海关税则》的条款进行讨价还价，是在此期间马儒翰的首要任务，他与徐继畬的接触很可能是比较短暂的。而在《五口通商章程》等条约签订后不久，马儒翰就因病去世，故徐继畬与他没有进一步的接触。事实上，徐继畬在《瀛环志略》的序言中也没有提及马儒翰。"[1]根据美国学者龙夫威（Fred W. Drake）的考证，徐继畬在福建交往的外国人确实不止雅裨理一位，还包括英国驻厦门领事记里布（Henry Gribble）、与雅裨理一同到厦门的文惠廉、美国传教医生坎明（William H. Cumming）、美国长老会传教士合文（James C. Hepburn）、英国驻福州领事李太郭及其继任者阿礼国等。[2]实际上，徐继畬结识雅裨理带有一定的偶然因素，他们最初见面的机缘是1844年1月徐继畬会见英国首任驻厦门领事记里布时，雅裨理担任了翻译。但在此后的交往中，雅裨理却发挥了别人无法比拟的作用，而徐继畬对雅氏之帮助也未尝有所忘怀。《瀛环志略》初版问世二十年后（1868年），他在为丁韪良《格物入门》一书作序时写道："泰西之学始于利马窦之东来……余顷待罪闽中，因公至厦门，晤米利坚人雅裨理，广见博闻之士也，能作闽语。余暇辄引与长谈，于泰西各国古今形势，粗知大

---

〔1〕吴义雄：《西方人眼里的徐继畬及其著作》，载《清史研究》2009年第1期，第26页。

〔2〕详见 Fred W. Drake, *China Charts the World: Hsu Chi-yu and His Geography of 1848* (Cambridge MA: Harvard University Press, 1975), Chapter 3。

276

略，至格物之学，未暇及也。"〔1〕可见徐继畬不仅对西方的历史地理感兴趣，也希望学习自然科学。对于像他这样的高官，尚不论 19 世纪 40 年代，就是 19 世纪 60 年代，有如此旺盛求知欲者也是凤毛麟角。

值得注意的是，卫三畏在书评中还提及一个中国人：

> 他来自香山，那时刚刚在旅居美国四年后回国。他在美国学习英语，读、写都还算不错。这位年轻人当时是英国皇家战船"都鲁壹号"（*Druid*）船长士密的翻译，但他对本国语言及厦门方言的知识都很贫乏，以致外国人和中国官员对他的翻译都不满意。我们认为这位年轻人很可能曾受徐按察使的召唤，翻译他从纽约带回来的地理书和历史书的纲要，他大可用自己的方言进行口译。〔2〕

对于这样一个有历史意义的人物，近代史学者已经有所关注，但一直没有找到这位年轻人的更多资料，但相信卫三畏不会无端杜撰这样一个故事。正如一位学者所言："这则史料证明徐继畬为了其著作的准确性，利用了一切可以利用的条件——包括这位为敌国军方服务的年轻人。但将他从英国人身边召走，利用他的语言能力和携带的书籍为开眼看世界的志业服务，我认为这并不是应加以指责的行为。对徐继畬来说，这位在历史的烟尘中隐没了姓名的年轻人的价值，在于他的英语知识以及他所带回的地理、历史书。也就是说，徐继畬看中的仍是他所带来的域外文明。"〔3〕卫三畏可能是从与徐继畬或这个年轻人有所接触的传教士那里获取这一信息的。但无论如何，这段文字对我们了解《瀛环志略》的写作过程不无帮助。

---

〔1〕徐继畬"序"，见［美］丁韪良《格物入门》，同治戊辰（1868 年）同文馆版，第 1 页。
〔2〕S. W. Williams, "Universal History of Su Ki-yu", *The Chinese Repository*, Vol. 20, p. 170.
〔3〕吴义雄：《西方人眼里的徐继畬及其著作》，载《清史研究》2009 年第 1 期，第 28 页。

《瀛环志略》问世后很长时间内一直不受重视，书中对西方国家的赞扬甚至招致了一些士大夫的不满。如李慈铭认为徐继畬"轻信夷书，动辄铺张扬厉"，曾国藩则批评《瀛环志略》有"张大英夷"之嫌。[1] 所以该书出版后的十余年中，只由红杏山房于道光三十年（1850年）重印过一次，其流传和影响范围有限。卫三畏读到的应该就是这个版本。[2] 直到19世纪60年代随着"洋务运动"的兴起，《瀛环志略》才开始受到重视，徐继畬也时隔十三年被再度启用，出任新设的洋务机构总理衙门的官员。同治五年（1866年）总理衙门重刻《瀛环志略》是一个重大转折点，从此该书闻名遐迩，成为朝廷内外了解世界概况的必读书，对于同治、光绪两朝的洋务派、维新派以及中国同盟会会员都起到了巨大的启迪作用。

从时间节点上看，卫三畏早在1851年《瀛环志略》尚未被中国人关注的时候即认识到徐继畬其人其书的重大价值，并给予高度评价，充分展示了他独到的眼光和判断力。更有意义的是，同治六年九月二十四日（1867年10月21日），即将离任的美国驻华公使蒲安臣根据美国总统和国务卿的指示，将一幅华盛顿肖像赠给了徐继畬，卫三畏作为参赞与总理衙门的所有官员出席了这次赠送仪式，见证了徐继畬和《瀛环志略》所受到的海内外共同的高度认可。

卫三畏在书评中没有提及的一点是《瀛环志略》对于裨治文《美理哥合省国志略》的参考。该书1838年出版后，裨治文利用一切机会将之赠送给有影响力的中国高层官员，如林则徐、耆英等。所以虽然徐继畬没有提到和裨治文的交往，但对于裨著很可能是了解的。当代学者龙夫威经过仔细研究后发现，尽管徐著美国部分的文字与裨著存在差异，但徐继畬在

---

[1] 潘振平：《〈瀛环志略〉研究》，载《近代史研究》1988年第4期，第82页。
[2] 卫三畏在修订版《中国总论》第二章《东部各省地理》中提到："1850年徐继畬巡抚出版了一部地理纲要，更准确，内容也较广泛。"S. W. Williams, *The Middle Kingdom* (1883), Vol. 1, p. 50.

很大程度上接受了裨治文在书中向中国读者宣传的观念。[1]《美理哥合省国志略》分上下册，上册"概说"是关于全国的情况，下册"各省分说"是各州的情况。上册二十七卷中裨治文用五卷的篇幅来介绍美国的国政，其中第一部分《国领：内外大宪衙门》说明了美国联邦政府和地方州政府的组织形式。裨治文强调，统领（总统）由全民选举，任期只有四年，任期结束后，"如无贤于他者，公举复任"，首领（州长）的行政权限仅涉及州内事务，其人选也由民众在该州居民当中选举产生。[2]这些论述无疑有助于徐继畬认识美国和西方的政治体制。

第三节　中国移民问题

卫三畏晚年最重要的社会工作是反对美国的排华浪潮，维护华人的利益。与耶鲁其他许多教授不同，卫三畏一生的大部分时间不是在研究室和图书馆中度过的，中国不仅是他的研究对象，也是他的第二故乡。作为耶鲁教授，他对于移居美国的华人给予了高度的关注，在美国排华运动中为中国人辩护。

1848 年美国西海岸发现金矿，吸引大量中国劳工加入淘金者的行列。到 1851 年年底，人数已经达到 25000 名。但是他们的不断涌入引起了有排外偏见的美国白人的不满并不断遭到攻击。中国移民潮因此一度回落，其后于 1865 年又高涨起来，因为这一年美国要修筑贯通全国的铁路，需要大量人手，中国劳工很快成为这一浩大工程的主力。据统计，1865 年至 1869 年，中央太平洋铁路公司所雇的全部"一万名铁路工人之中，十分之九是

---

[1] John K. Fairbank, ed., *The Missionary Enterprise in China and America*, p. 101.
[2]［美］雷孜智：《千禧年的感召——美国第一位来华新教传教士裨治文传》，尹文涓译，广西师范大学出版社 2007 年版，第 129–130 页。

中国人"。[1]在修建穿越内华达山区的中太平洋铁路时，由于大雪崩和塌方而遇难的华工就有上千人。但是每一段铁路修筑好了以后，中国劳工马上便被辞退，连做养路工的份儿都没有。此后他们大都从事美国白人不愿意做的工作，如当洗衣工、餐厅杂役等，但还是不断地受到排挤与打击。加州是中国劳工最集中的地区，也是美国排华势力最强大的地区。1877年，加州发生了经济危机，造成美国工人失业者增多。为了转移目标，加州政府嫁祸于中国劳工，诬称华工工价低廉，夺去了美国工人的就业机会，并以此为借口对中国劳工加以压制。加州的反中国劳工运动，不久就影响到了美国各地。[2]中国劳工辛勤付出，为加州乃至整个美国的发展做出了巨大贡献，却遭到如此不公的对待，这不能不激起国内外正义人士的愤怒与同情。黄遵宪就曾以诗歌的形式沉痛而真实地讲述了中国劳工为美国创造巨大财富，却被限、被逐的情况，美国作家如马克·吐温等在一些作品中也表达了对中国劳工的同情。[3]

　　1875年卫三畏返回美国休假时就已经注意到了排华的浪潮。1876年返回北京后他不断关注事态的发展。从1876年4月开始，加州的排华分子将排华法案上诉到美国国会。在此之前，他们一再要求在加州立法中加入排华条款，但受到加州法院的阻止，于是他们将问题提交到华盛顿，寻求支持。对于卫三畏来说，排华是"耻辱而轻率"（disgraceful and inconsiderate）[4]的行为，禁止中国人移民美国完全违背了1868年7月中美两国签订的《蒲安臣条约》，其中的第五条明确规定："大清国与大美国切念民人前往各国，或愿常住入籍，或随时来往，总听其自便，不得禁阻，为

---

[1]［美］泰勒·丹涅特：《美国人在东亚：十九世纪美国对中国、日本和朝鲜政策的批判的研究》，姚曾廙译，商务印书馆1959年版，第457页。
[2]陈翰笙主编：《美国与加拿大华工》，中华书局1984年版，第1—9页。
[3]详见黄遵宪《人境庐诗草》卷四之《逐客篇》、马克·吐温的书信体小说《哥尔斯密士的朋友再度出洋》（*Goldsmith's Friend Abroad Again*）等作品。
[4] F. W. Williams, *The Life and Letters of Samuel Wells Williams*, p. 414.

是现在两国人民互相来往，或游历，或贸易，或久居，得以自由，方有利益。"[1]条约还同意"清政府得在美国各埠设立领事"，以保护包括出国侨民在内的所有中国人的利益（虽然事实上中国直到 1878 年才设立领事）。卫三畏希望通过温和的抗议与坦率的说明改变被蒙蔽的国人对中国人的偏见，这种愿望也成为他决定辞职回国的理由之一。

　　返回美国后卫三畏不顾年老体弱，为反对排华做了很多切实可行的事情。他首先从身边做起，致信亲友，揭露排华分子的荒谬无知，说明自己反对排华的理由，希望亲友不要被蒙蔽，保持理性和良知。他于 1878 年 2 月 21 日给朋友祢结理的信中这样说明排华者的荒唐："加州和内华达州反对中国人的意图在国会中表现出来，一打最具党派性的议案被提了出来。来自阿拉巴马州的雪莱先生建议把 125000 名中国人圈在美国一个无人的区域，'离白人居住区越远越好'，在那儿分配给他们每人 40 亩田地，不许擅自离开，除传教士外任何美国人不允许进入这一 7800 平方英里的封闭区，否则处以取消特许经营权和不少于五年的监禁，且不能假释。我们终于发现什么是不可饶恕的罪恶——至少对美国人来说。该提案是几个相似提案中的一个，每个都是驱逐中国移民的不光彩行径。中国人在十八个月当中只增加了 600 人，然而按照这些恐华分子的思路，你会认为，在美国的每一个中国人都有巴亚尔的能量、参孙的气力、阿提拉的暴躁。"[2]1877 年 2 月，卫三畏还直接致函排华最厉害的加州议会，驳斥排华者的谬误。

　　在 1878 年至 1879 年排华高潮时期，卫三畏非常关注美国国会的反应，

〔1〕王铁崖编：《中外旧约章汇编》（第一册），上海财经大学出版社 2019 年版，第 242 页。同治七年六月初九日（1868 年 7 月 28 日）中美在华盛顿签署《续增条约》。当时代表中方的是"特派钦差办理中外交涉事务重任大臣"、前美国驻华公使蒲安臣。所以这个作为《天津条约》的续约也被习惯称为《蒲安臣条约》。
〔2〕S. W. Williams to Gideon Nye, 21 Feburary 1878. 顾钧、〔日〕宫肃真一主编：《美国耶鲁大学图书馆藏卫三畏未刊往来书信集》（第 22 册），广西师范大学出版社 2012 年版，第 230—231 页。巴亚尔（Bayard）是中世纪法国名将，被称为"无畏骑士"；参孙（Samson）是《圣经·士师记》中的犹太领袖，拥有天生神力；阿提拉（Attila）是古代亚欧大陆匈人的领袖，在西方历史上常被称为"上帝之鞭"，是残暴和野蛮的同义词。

甚至亲自旁听，注意正反两方的言辞，还特别记录一些重要的排华谬论作为自己反击的材料。卫三畏善于演讲，应邀在纽黑文等地做了多场有关中国移民的报告，以自己丰富的中国经验和知识向公众说明中国人真实的特点。对当时疯狂叫嚣排华的加州州长布莱恩（John Blaine）等人，他则经常在报纸上和演讲中公开批判他们的无知和荒谬。在 1879 年 3 月 1 日给弟弟的信中，他高兴地谈到，自己"反驳布莱恩错误言论的文章让本地最有教养的人都感到满意"（my article against Blaine's erroneous statements has pleased the best people here）[1]。

　　除了写文章、讲演，卫三畏还领导了一次成功的集体抗议。1879 年 2 月 21 日他向时任美国总统海斯（Rutherford B. Hays）送交了由他起草、耶鲁大学全体员工签名的请愿书，呼吁总统否决 1879 年年初国会提出的限制中国移民的议案。19 世纪 70 年代，加州和附近的几个州多次尝试单独立法排华，但这些地方性法律被美国最高法院判定违宪而无法生效，这促使加州议员们想方设法在美国国会游说通过一部全国性的排华法律。1876 年，国会成立了特别委员会调查中国移民问题，在西部反华势力的推动下，众议院于 1879 年 2 月通过了一项限制中国移民的法案（众议院 2423 号法案），规定到达美国的船只，每艘所载的中国乘客不得超过十五人，因此又被称为《十五旅客法案》（Fifteen Passenger Bill）。卫三畏在请愿书一开始就说明移民是不可剥夺的人权，《蒲安臣条约》对此有明确的规定，"条约的签订只是保证中国人和美国人一样可以自由移民，但并没有促使大量中国人离开故土移居美国"，所以对此进行限制是毫无道理的。卫三畏接着又列举了多个理由，包括中国政府很可能会采取报复性措施对待在华美国人，以劝说海斯否决这一法案，他在最后写道："我们不准备援引其他理由，

---

[1] S. W. Williams to R. S. Williams, 1 March 1879. 顾钧、［日］宫泽真一主编：《美国耶鲁大学图书馆藏卫三畏未刊往来书信集》（第 22 册），广西师范大学出版社 2012 年版，第 277 页。

比如美国一再声明向所有国家的人民敞开国门，我们也不准备讨论影响劳动和工资关系的供求法则，我们同样不想强调法案可能会给太平洋沿岸国家之间不断增长的贸易和交往带来的消极影响，因为在某种程度上，这些您必定都很清楚。但是作为结论，我们恳请您从一个国家的荣耀和良好的信誉出发，从当事两国相应的权利、知识和文明出发，在各种情况下优先考虑美国的同时，对这一问题进行最审慎的斟酌。"[1]受到卫三畏以及其他具有良知的人士的影响，海斯以违背《蒲安臣条约》为理由否决了《十五旅客法案》，卫三畏的义举得到了正直白人和众多华人的赞赏。

卫三畏对《蒲安臣条约》有着特别的感情，1869 年中美两国互换签字文本后，他以代理美国驻华公使的身份发出通告（Proclamation）："在《天津条约》基础上增订的这八项条款与条约本身具有同样的效力，现在印发给所有相关人士参照执行。美国侨民和访华的美国公民都必须严格遵守此项条约，从而推动两国业已存在的友好关系。"[2]无论是在个人的文章和讲演中，还是在集体签署的请愿书中，《蒲安臣条约》都是卫三畏反对排华最有力的武器。

在反对排华的过程中，卫三畏完成了对当时和后世影响深远的《中国移民》（Chinese Immigration）一文，总结了自己在华和回国后的经验，目的在于"说明这种移民的起因、性质、前景，以及移民的行为和权利，从而得出对这一问题的明智看法"。[3]该文于 1879 年 9 月 10 日在萨拉托加举办的社会科学联合会（Social Science Association）会议上宣读，后来由纽约的查尔斯·斯克莱布诺家族公司出版。"和卫三畏的其他作品一样，构成该文特点的是谨慎的判断和鞭辟入里的分析，而不是激越的感情和丰

〔1〕S. W. Williams to Rutherford B. Hays, 21 Febuary 1879. 陶德民编：《卫三畏在东亚：美日所藏资料选编》，大象出版社 2016 年版，第 636 页。
〔2〕陶德民编：《卫三畏在东亚：美日所藏资料选编》，大象出版社 2016 年版，第 503 页。
〔3〕S. W. Williams, *Chinese Immigration* (New York: Charles Scribner's Sons, 1879), p. 4.

富的想象。我们不知道除了在这份不到 50 页的温和的小册子里，这个重要的问题还能在什么地方得到更公允和全面的讨论，也不知道反对者们还能在什么地方被更有效地挫败。"[1]总之，该文可以视为卫三畏对于中国移民问题最大的文字贡献。

为了写好《中国移民》，卫三畏查阅了大量文献，包括美国国会辩论记录、加州排华法案、美国海关中国移民数据，同时结合自己的汉学知识和亲身经历，从历史、道德、法律等多方面驳斥了排华分子的谬误。第一，针对排华分子一概称中国移民为蒙古人的荒唐说法。卫三畏指出，中国的主体民族是汉族，并非北方的蒙古族，而出国华工基本来自华南的广东和福建两省；实际上中国人安土重迁，社会舆论并不鼓励甚至反对移民。第二，卫三畏从华人移民数据上驳斥了"黄祸论"。根据统计，来美华人的增幅根本不能与白人相比，"过去二十五年的华人移民总数，还达不到半年内欧洲移民抵达纽约港的平均值"；根据官方数据，1855 年至 1877 年移居美国的华人约 20 万，"按照这样的速度，50 万华人定居在我们广袤的土地上至少得花一百年"，因此那种认为"中国移民占领太平洋沿岸"的说法完全是耸人听闻。第三，针对排华者以"华工窃取财富和就业，多方面渗透把持美国经济"的借口，卫三畏针锋相对地指出，欧洲移民携带回家的财富至少是中国移民的两倍，华工"通过自己的勤劳和付出，给这个国家增加了财富"，在商业、铁路和农业等方面做出了重要贡献。[2]

卫三畏在文章中逐条驳斥布莱恩等排华分子的谬误，他为自己的同胞竟然如此恶劣无理地对待弱势的中国人感到脸红，对他们公然践踏美国"立国精神"更是怒火中烧。他痛斥了国人由于无知而产生的排华言论和

---

[1] F. W. Williams, *The Life and Letters of Samuel Wells Williams*, p. 428.
[2] S. W. Williams, *Chinese Immigration*, pp. 1–30. 对于《中国移民》一文更为全面的分析，详见李彬《白鸽长音：卫三畏与美国排华运动》，载《全球史评论》第十五辑，第 160–164 页。本节论述参考了该文，以及李彬《卫三畏与晚清华工出国》，载《基督宗教研究》2018 年第 1 期。

284

行动：

　　当加州的法庭想用立法来反对中国人时，它将中国人等同于印第安人的简单态度是颇为古怪的……它把现存最古老国度的臣民和一个从未超越部落关系的种族相提并论；把一个这样的民族——它的文学早于《诗篇》和《出埃及记》，并且是用一种如果法官本人肯于学习就不会误叫作印第安语的语言写就，而它的读者超过了其他任何民族的作品——与最高的写作成就仅是一些图画和牛皮上的符号的人群混为一谈；把勤奋、谨慎、技艺、学识、发明等所有品质和全部保障人类生命和财产安全的物品等同于猎人和游牧民族的本能和习惯。它诋毁了一个教会我们如何制作瓷器、丝绸、火药，给予我们指南针，展示给我们茶叶的用处，启迪我们采用考试选拔官员的制度的民族；把它和一个轻视劳动，没有艺术、学校、贸易的种族归为同类，后者的一部分现在还混迹于加州人中间，满足于以挖草根过活。[1]

　　这里卫三畏用赞美的口吻列举了古代中国几乎所有对于人类文明的重大贡献，从文学成就、科技发明到科举制度。但无知产生偏见，而要消除偏见不是一朝一夕就能奏效的。卫三畏的一人之力虽然扭转不了整个国家的形势（美国国会于1882年5月6日最终通过了《排华法案》），[2]但他作为当时对中国最了解的美国人已经尽了自己最大的努力，耶鲁全体员工在请愿书上签名的事实也充分说明了他作为美国首位汉学教授的成功和影响力。

――――――――――――――――――――――――

[1] S. W. Williams, *Chinese Immigration*, p. 31.
[2] 1943年12月17日，美国总统罗斯福签署法令，正式废除了《排华法案》，历时61年，这一臭名昭著的法案正式成了历史。2012年6月18日，美国众议院全票表决通过，正式以立法形式就1882年通过的《排华法案》道歉。

　　其实，卫三畏关注中国移民和华工问题早在 19 世纪 50 年代就开始了。1851 年 12 月 25 日他在给弟弟的信中写道："移居加州的中国人已经达到约一万人，其中大部分是广东人。移民秘鲁的也已有两千人。一项为修筑横穿巴拿马地峡铁路而输送劳工的计划已经启动，因为据说爱尔兰劳工适应不了巴拿马的气候。一艘艘轮船满载着中国劳工开往巴拿马和卡亚俄（Callao），还有大批移民自己掏钱乘船去旧金山，费用是每人 60 美元。移民中没有女性……但是这些可怜的劳工并没有成为移民，只要想想他们去干的可怕的活儿就能明白这一点。不过对中国人来说，这仍是一条特殊的移民途径。只要有活儿可干，有钱可挣，哪怕收入再微薄，他们也愿意去。我听说在所有的移民当中，中国人是最听话的。他们性情温和，工作勤奋，服从管理……我希望这些前往美国的成千上万的劳工能带给中国一些好处。"[1]卫三畏始终对华工的勤劳、守本分抱有好感和同情，对于自由移民也持一种谨慎的乐见其成的态度，他所不能接受的是非自由的苦力贸易。

　　当时华工在向美洲移民过程中，由于各种原因其中有一些被苦力贩子拐卖到古巴、秘鲁等地，而澳门正是最为猖獗的集散地。卫三畏 1850 年 6 月在《中国丛报》上首次向外国人报道了秘鲁苦力移民："在秘鲁种植园工作的中国苦力已经引起了许多注意。金星门附近已经有几百人被鼓动组织起来运往利马。对于苦力的需求正在不断增长。"[2]随着苦力贸易的发展，卫三畏不久又接到了相关消息。1850 年 9 月，《中国丛报》再次报道了中国苦力移民美洲的情况，这次报道的篇幅大大增加。卫三畏详细记录了秘鲁华工出国的过程，包括目的地、工期、工价、伤亡情况等，特别提及了"蒙太古夫人号"（*Lady Montagu*）上高达百分之四十的死亡率。[3]

---

〔1〕S. W. Williams to F. Williams, 25 December 1851. 顾钧、[日]宫泽真一主编：《美国耶鲁大学图书馆藏卫三畏未刊往来书信集》（第 20 册），广西师范大学出版社 2012 年版，第 154 页。

〔2〕S. W. Williams, "Emigration of Chinese to America", *The Chinese Repository*, Vol. 19, p. 344.

〔3〕S. W. Williams, "Emigration of Chinese to America", *The Chinese Repository*, Vol. 19, pp. 510−511.

286

不断出现的华工出国特别是苦力贸易现象引起了卫三畏的关注，他认真思考了这一现象背后的原因："鸦片贸易使中国越来越穷，生活在社会底层的人只能靠偷盗、抢劫为生，或者向外移民以求生路。"[1]鸦片战争加剧了白银外流和华南农村的贫困化，成为社会动乱和苦力移民的重要原因。卫三畏的认识是有道理的。此外还可以从政治、社会和技术等层面做进一步的剖析。在政治层面上，清政府迫于英国压力而准其在中国境内设领居住，形成了西方人在中国沿海港口城市享有特权的政治架构，而且，由于中国法律对外国从中国招募劳动力没有任何限制，西方国家得以在中国沿海一带大肆招募华工。在社会层面上，中国南方社会经济下滑，内争不断，民生凋敝，大量百姓流离失所。在技术层面上，西方国家新型船只的出现，改变了海洋运输的经济结构，先是方型帆索结构的船只，接着很快就出现了蒸汽船，由此，跨洋航行无论是在航向把握还是便利程度上都大为改善。[2]另外值得一提的是，鸦片贸易和苦力贸易关系密切，不少鸦片商和苦力商是合二为一的，如英国怡和洋行、德记洋行、丹拿洋行等。卫三畏本人坚决反对鸦片贸易，曾经痛责英国的鸦片政策与对华战争，更尽力劝阻自己身边的师友吸鸦片。

卫三畏1857年成为美国驻华外交官后，参与处理了一些中外苦力案件，不再只是苦力贸易的旁观者了。虽然夹在各国政府、商人等不同的政治和利益集团之间，卫三畏不可能完全按照自己的想法行事，但总体上来说，他一直致力于建立中美联合查船打拐的模式以减刹拐风。1860年年初他返回美国休假前，还利用在澳门的最后几个星期处理了一艘美国商船参与贩卖劳工以及绑架劳工运往秘鲁的罪恶活动。卫三畏得知自己同胞的这一恶劣行径之后既震惊又愤怒，他立刻采取行动协助中方截获了准备出发

---

[1] S. W. Williams to F. Williams, 20 July 1850. 顾钧、[日]宫泽真一主编：《美国耶鲁大学图书馆藏卫三畏未刊往来书信集》（第20册），广西师范大学出版社2012年版，第132页。
[2] [美]孔飞力：《他者中的华人：中国近代移民史》，李明欢译，江苏人民出版社2020年版，第105页。

的船只，并主持审问了涉案人员，被强行掳来的中国劳工最终都获得了自由，并被送回了家。[1]

卫三畏反对苦力贸易的最好的体现是他一生唯一的中文出版物——1859 年撰写的《对卖身异国者的警告》。这份小册子描绘了被骗华工的悲惨命运，揭露拐匪的各种卑劣手段，尤其强烈批判了葡萄牙拐匪和其手下的中国帮凶，劝告人们不要贸然出洋做工。小册子共印刷了 6 次，两个星期内 6000 册被散发一空，产生了广泛的影响。

卫三畏在《中国移民》一文中同样谈到了苦力贸易，着重分析了它和自由移民的区别。卫三畏指出苦力贸易源于古巴、秘鲁和英国，而早期美国华工是自由移民。实际上，是否自由主要取决于如何筹措移民经费。根据当代学者的研究，主要有四种类型：（1）能够依靠自家财力支付所有费用的移民享有充分的自由；（2）通过赊借船票以及向商家、中介借债的移民，在抵达目的地之后以打工收入或经营利润清还债款，其自由程度次于第一类；（3）通过签订契约或合同贷得移民费用，根据相关契约他们必须在特定期限内为国外雇主无偿工作以偿还债务，其期限大约为三至五年，也有的长达八年；（4）被强迫或被欺骗上了苦力船，并被迫签下卖身契约，完全处于其主人的控制之下，毫无人身自由，处境与奴隶几乎没有区别。如果粗分，第一、二类是自由移民，第三、四类则属于契约劳工，其生存状态可以称之为"准奴隶制"。[2]

卫三畏的中美之间无苦力贸易的观点产生了深远的影响，成为海外美国华工历史研究的主导意见之一。[3]但当代中外学者发现，美国南部种植

---

[1] 更全面的分析，详见李彬《卫三畏与晚清华工出国》一文，特别是第二部分《苦力案件的处理者》。

[2]［美］孔飞力：《他者中的华人：中国近代移民史》，李明欢译，江苏人民出版社 2020 年版，第 110-111 页。

[3] 如美国华人史研究专家、斯坦福大学柯立芝（Mary R. Coolidge）以及美国华裔学者左永秋（Kil Young Zo）等人，都受到了卫三畏的影响，认为晚清时期来美的华人是自由移民。详见李彬：《白鸽长音：卫三畏与美国排华运动》，载《全球史评论》第十五辑，第 162 页。

园是存在契约华工制度的，卫三畏的观点有片面之处。尽管如此，作为最早的苦力贸易反对者和自由移民的支持者，卫三畏的言行和文章在今天看来仍然具有重要的价值。

第六章　集大成者:《汉英韵府》

　　卫三畏一生汉语研究的最高成就是出版于 1874 年的《汉英韵府》。该书中文书名页内容如下:"卫三畏廉士甫编译,《汉英韵府》,沪邑美华书院铜版梓行,同治甲戌年镌。"英文书名页内容如下:"A Syllabic Dictionary of the Chinese Language,arranged according to the Wu-fang Yuen Yin, with the pronunciation of the characters as heard in Peking, Canton, Amoy, and Shanghai, by S. Wells Williams, LL. D.;取之精而用之宏诚哉斯语兹集诸书大旨以成是书无非期为博雅君子之一助尔。Very true it is, that a careful selection of expressions must precede their extensive use remembering this, and in the hope of affording some aid to scholars, the purport of many books has been here brought together into one. Shanghai: American Presbyterian Mission Press,1874."英文副标题的意思是:根据《五方元音》编排,并附注北京、广州、厦门、上海诸地字音。

　　英文书名页上那段中英对照的题名可以说是一种自我宣传。这里说的"诸书",显然是指在此之前已经出版的汉外字典,其中刊出最早、影响最大的莫过于马礼逊的六卷本《华英字典》,尤其是第二部分(第四、五卷),由于这一部分主要参考了明末韵书《五车韵府》,所以也常常被称为"马礼逊版《五车韵府》"。卫三畏在"序言"中提到,马礼逊字典出版后的半个世纪当中,又有麦都思、裨治文、江沙维、小德金等多位汉学家编纂过类似的字典。可惜除了马礼逊之作,这些字典的印量都很小,影

SYLLABIC DICTIONARY

OF THE

CHINESE LANGUAGE;

ARRANGED ACCORDING TO THE WU-FANG YUEN YIN,

WITH THE

PRONUNCIATION OF THE CHARACTERS AS HEARD IN PEKING, CANTON, AMOY, AND SHANGHAI.

BY S. WELLS WILLIAMS, LL.D.

服之楠而用之宏韻蔑斯語在集諸書大旨以成是雷無非期焉摭雅君子之一助爾

"Very true it is, that a careful selection of expressions must precede their extensive use remembering this, and in the hope of affording some aid to scholars, the purport of many books has been here brought together into one."

SHANGHAI:
AMERICAN PRESBYTERIAN MISSION PRESS.
1896.

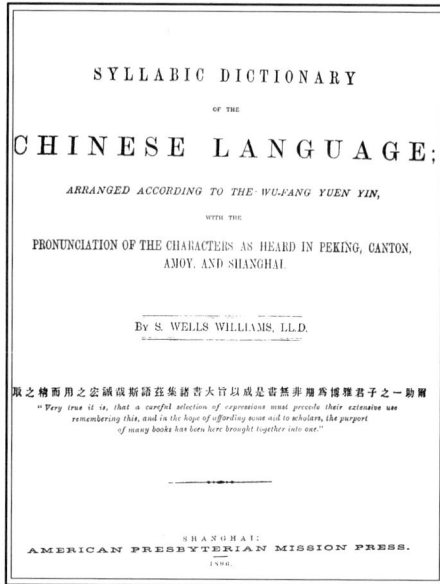

《汉英韵府》英文书名页

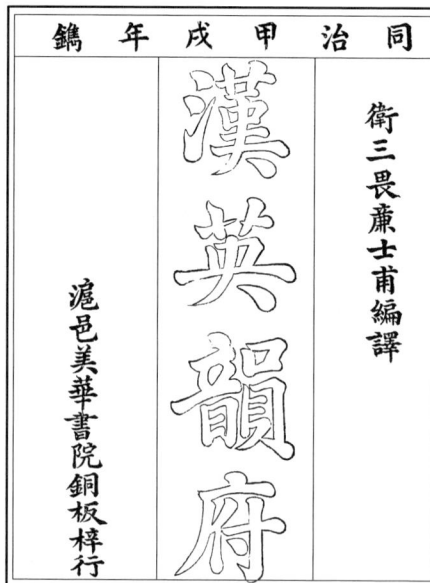

同治甲戌年鐫

漢英韻府

衛三畏廉士甫編譯

滬邑美華書院銅板梓行

《汉英韵府》中文书名页

响也有限，而其间学习汉语的西方人却与日俱增。卫三畏在前人基础上努力往前推进，取得了巨大的成功。"其后的很多汉英词典都在体例或者内容上借鉴了《汉英韵府》，如季理裴和富善的词典，都在字目后标注该字在《汉英韵府》中的页码，以便人们参照，这足以说明《汉英韵府》的影响力。"[1]

第一节　旧作翻新

《汉英韵府》脱胎于卫三畏编写的另外一部字典——《英华分韵撮要》，该书中文书名页的内容是："卫三畏廉士甫编译，《英华分韵撮要》，羊城中和行梓行，咸丰丙辰年镌"；英文书名页的内容是："Ying Wa Fan Wan Tsut Iu, A Tonic Dictionary of the Chinese Language in the Canton Dialect, by S. Wells Williams, Canton: Printed at the Office of the Chinese Repository, 1856"。在讨论《汉英韵府》之前，我们有必要先了解一下这部字典。

《英华分韵撮要》出版于1856年，刚刚印刷完成便遭遇到因中英冲突而造成的火灾。在这场灾难中藏于印刷所的《中国丛报》、裨治文的《广东方言中文文选》以及卫三畏的《英华韵府历阶》等书刊全部被毁，只有《英华分韵撮要》得以幸存，使卫三畏六年的辛勤劳作没有白费。[2]1849年开始动手时，他只是想为初学者编一本汉英词汇手册，与几年前出版的英汉词汇手册《英华韵府历阶》配合使用。但随着工作的进展，他逐渐意

---

[1] 董方峰、杨洋：《汉语教学史上一部不应被遗忘的著作——卫三畏的〈汉英韵府〉》，载《国际汉语教学动态与研究》2008年第2期，第64页。美国传教士汉学家富善（Chauncey Goodrich）1891年出版了《中英袖珍字典》（*A Pocket Dictionary and Pekingese Syllabary*），加拿大传教士汉学家季理裴（Donald MacGillivray）于1911年推出了《华英成语合璧字集》（*A Mandarin-Romanized Dictionary of Chinese*）。

[2] *Report of the American Board of Commissioners for Foreign Missions* (Boston: 1857), p. 120.

292

识到，编写一本完整的字典更有价值。于是他改变了初衷，在原先工作的基础上开始进行全面的增补，同时找来了当时能够入手的所有汉外字典，希望在继承前人的基础上有所突破。

　　当时通行的汉英字典中收字最多的是马礼逊《华英字典》的第一部分以及麦都思的《汉英字典》，均在 4 万个字以上。麦都思在 1842 年至 1843 年编写的《汉英字典》（*Chinese and English Dictionary*）收录了《康熙字典》中除"没有标示读音和没有解释意思"的个别字以外的几乎所有汉字。每个汉字的罗马字母拼音沿用马礼逊的方案，"不是因为它是最好的方案，而是因为它已经被普遍采用，采用这一方案可以避免混乱"。[1]为了使这本收录了 4 万多字的字典不至于过于庞大，麦都思只给出了每个字最基本的意思，所以基本可以看作马礼逊《华英字典》第一部分的简本。

　　由于有这两部字典的存在，卫三畏觉得没有必要再编写同样部头的大字典，因为这样的字典虽然洋洋大观，但从实际使用的角度来说却不太方便。另外，他也认识到，作为上述两部字典基础的《康熙字典》收字固然全面，但"44400 字中有 15000 左右是异体字和已经废弃的字，而在剩余的 3 万字当中，有足足三分之二是地名、人名，都是一些在阅读中难得一见的字"。[2]所以他决定删繁就简，而且这样做也并非无先例可循。马礼逊字典的第二部分《五车韵府》和麦都思的《福建方言字典》收字均在 12000 左右，而当时已经出版的其他汉外字典，如小德金的《汉法拉丁字典》、江沙维的《汉葡字典》等都只选常用字，收字数目在 11000 至 13000 之间。卫三畏觉得在这个基础上还可以进一步精简，他最后选定了 7850 个汉字，"这样就可以把一本汉语字典的关键部分压缩在一个很小的空间里，使它尽可能既实用又便于随身携带，让使用者在学习常用字时感

---

〔1〕W. H. Medhurst, "Preface", *Chinese and English Dictionary* (Batavia, 1843), p. 3.

〔2〕S. W. Williams, "Preface", *A Tonic Dictionary of the Chinese Language*, p. v.

到方便"。[1]这是卫三畏的编写目的之一，也是这部字典的汉语名称突出"撮要"的原因。

《英华分韵撮要》的编写花费了卫三畏整整六年的时间，一方面是因为字典规模比较大，另外也是因为他无法专心于此。在印刷刚刚完成后的1856 年 10 月，他在一封给弟弟的信中写道："回想这些年以来，虽然有许多事情要做，我却从不曾因此停止词典的编写，对此我自己都感到非常惊讶。由于刚写完就马上付印，所以我连检查、订正的时间也没有。但是我只能这么做，否则很可能就不想把它印刷出来了。"[2]这其中当然有卫三畏的谦虚之词，实际上，在关系字典质量的字词释义方面，他下了很大的功夫，不仅力求对常见字的释义更为准确，而且在前人比较忽略的生物、医药、法律、诗歌等词汇方面给予了较多的篇幅，这固然有他个人的兴趣所在，但也是为了与前人的著作有所区别。试举马礼逊、麦都思、卫三畏字典中的同一个条目为例来说明：

> 鲤 The carp fish. Le yu teaou lung mun 鲤鱼跳龙门 the carp
> has jumped into the dragon's gate-is applied to literary men who
> have made rapid advances in rank. Shwang-le 双鲤 a pair of carp,
> now used to denote a letter, or epistle. (《五车韵府》第 524 页)
>
> 鲤 A kind of carp, the chief of fresh water fish. 河鲤登龙
> 门 The river carp has ascended the dragon's gate (alluding to the
> success of literary students). (《福建方言字典》第 433 页)
>
> 鲤 The carp (Cyprinidoe), the king of fishes, and fabled to
> change into a dragon; sheung li (双鲤), a letter; kam li (金鲤),

---

[1] S. W. Williams, "Introduction", *A Tonic Dictionary of the Chinese Language*, p. xxxiii.

[2] S. W. Williams to F. Williams, 7 October 1856. 顾钧、[日] 宫泽真一主编：《美国耶鲁大学图书馆藏卫三畏未刊往来书信集》(第 20 册)，广西师范大学出版社 2012 年版，第 315 页。

yellow carp, is the most common at Canton; li fa lung（鲤化龙），
the carp has become a dragon, met. rapid promotion in office.（《英
华分韵撮要》第 234 页）

不难看出，卫三畏的释义不仅给出了"鲤"的拉丁文名，显得更为科
学，同时更全面地关注到了它的引申义，如双鲤（表示信件）和鲤化龙。
更可贵的是，他特别说明金鲤在广东甚为常见，这显然来自他的实际观察，
并将这一生活经验纳入字典的编写中。

《英华分韵撮要》的中文书名页署名"卫三畏廉士甫"，是第一次以
这样的方式出现，此后则见于《汉英韵府》，这是值得注意的。有学者由
此指出，廉士不是卫三畏的另外一个名字，如《辞海》相关条目所言，而
更像是他的字。"卫三畏原姓 Williams，可以音译为'威（卫）廉士'，
既然其中的第一音节已经被用为姓，其'闲置'的后半部分，就顺手拿来
做了字，有'三畏'的君子，自然是'廉洁之士'。古人的表字，第二字
常用'甫'或'父'字，所以，请教别人的表字之时，也常说请教台甫。
明清以来，士人自称其字，往往在表字之后再添加'甫'字。卫三畏字廉
士，而自称'廉士甫'，就是遵从中国传统的名字题署习惯。"[1] 这是颇有
道理的。考虑到卫三畏此前的著作《拾级大成》和《英华韵府历阶》中文
书名页只署"卫三畏"，而无"廉士甫"，可以推断随着在中国时间日久，
与中国人交往日益频繁，卫三畏对中国文化的认识也更为深入了。

1856 年当《英华分韵撮要》出版时，卫三畏的身份已经开始变化，从
原先的美部会传教士印刷工转变成美国驻华使团的参赞兼翻译。1863 年
美国使团正式进驻北京，卫三畏从此开始了在中国最后一个阶段的生活
（1863—1876）。《汉英韵府》正是完成于这一时期。

---

[1] 程章灿：《"卫三畏廉士甫"与〈汉英韵府〉》，载《中华读书报》2021 年 12 月 8 日。

　　新字典的编写工作是在修改《英华分韵撮要》的基础上展开的。第一步是重新安排《撮要》中的汉字，《撮要》是根据一部已有的广东方言字典《方音》的音节来排列汉字的，而新字典则是根据《五方元音》。在卫三畏看来，以中国本土的字典作为排序的基础，不但操作起来更加省事，也更为可靠。他称《五方元音》是自己这本字典的"基石"（the groundwork of the present Dictionary），甚至把年希尧为《五方元音》增补本所写的"序言"（1710 年）译了出来，放入《汉英韵府》的"导论"（Introduction）。就像马礼逊当年编纂《华英字典》，并不讳言依仗了《五车韵府》一样，卫三畏也明确地说，自己的字典需要有一个中文母本。从"导论"所述来看，卫三畏确实读过不少中国书。韵书方面，除了《五方元音》，他对元代的《中原音韵》也相当熟悉，觉得周德清把韵母分做 19 部不无合理之处。另外他还提到明人范善溱的《中州全韵》，认为这本书对声母所作的分析多于韵母，因而流传不广。字典方面，卫三畏手头最古的一本是《说文解字》，他参考较多的其他字书有《六书本义》《字汇》《正字通》《康熙字典》《艺文备览》。其中《正字通》《康熙字典》和《艺文备览》据他说是当时最流行的三部字典。又如类书，他举出《佩文韵府》和《骈字类编》，称前者可能是世界各语言中规模最大的一部字典。[1]

　　卫三畏为什么选择《五方元音》作为自己字典的基础呢？是因为这部韵书"纯用方音"[2]，它记录了 17 世纪河北的语音系统，与 19 世纪中叶的北京话大致相同，另外它是按照音节排列汉字，而不是像中国的其他许多韵书那样按照声调排列，如《五车韵府》，马礼逊在编写《华英字典》第二部分时由于选用了这部韵书而不得不把原书的排列打乱，给自己的工作带来不必要的麻烦。《五方元音》用 12 个韵母（天人龙羊牛獒虎驼蛇马豺

〔1〕姚小平：《罗马读书记》，外语教学与研究出版社 2009 年版，第 182—183 页。
〔2〕永瑢等：《四库全书总目》，中华书局 1965 年版，第 393 页。

地）和 20 个声母（梆匏木风斗土鸟雷竹虫石日剪鹊系云金桥火蛙）来拼读汉字，头绪比较简单（《康熙字典》用 36 个声母）。但无论是韵母还是声母，卫三畏一旦给它们配上注音，情况就要复杂一些，以 20 个声母为例：

1. P-ang 梆

2. P'-ao 匏

3. M-uh 木

4. F-ung 风

5. T-eu 斗，包括：tw-an 短

6. T'-u 土，包括：tw'-an 湍

7. N-iao 鸟，包括：nw-an 暖

8. L-ei 雷，包括：lw-an 乱

9. Ch-uh 竹，包括：chw-ang 庄

10. Ch'-ung 虫，包括：chw'-ang 创

11. Sh-i 石，包括：shw-ang 爽

12. J-ih 日，包括：jw-an 软

13. Ts-ien 剪，包括：tsw-an 纂

14. Ts'-ioh 鹊，包括：tsw'-an 窜

15. S-z' 系，包括：sw-an 算

16. Y-un 云

17. K-in 金，包括：kw-a 瓜

18. K'-iao 桥，包括：kw'-a 夸

19. Hw-o 火，包括：h-ao 好

20. W-a 蛙，包括：ng-an 安[1]

　　这样实际的声母是 36 个，同样加上拼音后韵母增加为 40 个（从 a 到 ung），所以理论上可以拼出 36 × 40=1440 个音节，但实际拼得的是 532 个音节，因为大部分音节有其音而无其字。与常见的韵书《广韵》以"东"（tung）开始不同的是，《五方元音》以 ien 作为第一韵，这样拼读出来的第一个字就是"边"（pien），但在卫三畏的字典中，第一个字是"挨"（ai），"边"在第 686 页，为什么是这样呢？因为《汉英韵府》是以拼音的罗马字母顺序排列的，这样排在最前面的三个音节便是 ai, ang, cha；按照 ABCD……的顺序 pien 当然要排在后面。在这一点上《汉英韵府》和许多按照拼音的罗马字母顺序排列的字典是一样的，但在具体每一个汉字的拼读方式上，不同的字典之间存在差异。比如为了表示汉语中类似英语 ai 的音节，小德金、马礼逊和卫三畏分别使用 ay, ae, ai。我们发现，在《汉英韵府》中，"挨"（ai）的拼法和我们今天使用的标准拼法是相同的，而"边"（pien）则在声母上存在清浊的差异，但已经颇为接近，大同小异了。《汉英韵府》注音以北京官话作为标准，但同时也提供每个字在广州话、厦门话、上海话等方言中的发音，更难能可贵的是还标注了古音（old sounds），并且第一次采用了统一的注音方式，具有整合以前多种方言字典的功能。以第一个音节 ai 为例：ai 是标准音或京音，其下先提供四个古音：a、ap、ak 和 at；然后列出 5 种方言音：

　　　　广州话（Canton）oi, ai

　　　　厦门话（Amoy）ai, é

---

[1] S. W. Williams, "Introduction", *A Syllabic Dictionary of the Chinese Language in the Court Dialect*, p. xv. 根据卫三畏的解释，第 20 个声母 W-a 蛙中还包含"抑声母"（suppressed initial），见于 ai 挨、uh 屋。

298

福州话（Fuhchau）a, ai

上海话（Shanghai）a，é, ya, yih

芝罘话（Chifu）ai[1]

汉语的特点是音节不多，大量同音字通过声调来区别，在卫三畏之前，西方人采用了多种标记方式，如万济国、小德金、马礼逊采取在韵母上面加标短横、弯钩等符号，也有如江沙维用1、2、3、4来表示。卫三畏则采用在音节一侧加标撇号的方式：

1. 标于左下角，表示平声（不分阴阳），如"ˌ奔"（ˌpǎn）、"ˌ棉"（ˌmien）。

2. 标于左上角，表示上声，如"ˈ本"（'pǎn）、"ˈ免"（'mien）。

3. 标于右上角，表示去声，如"笨'"（pǎn'）、"大'"（ta'）。

4. 标于右下角，表示入声，如"的ˌ"（tih，）、"甲ˌ"（kiah，）。[2]

卫三畏认为这种方法的优点在于简单明了，容易把握。在收字方面，《汉英韵府》也达到了以前几部大字典的规模（共12527个字）。一般来说，每个字目先说明该字结构，然后是不同义项，最后是词语例句（包括在方言中的用法）。以第一个字"挨"为例：

---

〔1〕S. W. Williams, *A Syllabic Dictionary of the Chinese Language in the Court Dialect*, p.1.

〔2〕姚小平：《罗马读书记》，外语教学与研究出版社2009年版，第186页。

挨 'ai. From *hand* and really as the phonetic; it is interchanged with 'yai 捱 to defer.

To rely on, to trust to; to push away; to carry on the back; to place alongside; to force, to crowd, as with the elbows; to graft; to strike on the back; to be the object of, to suffer, and thus it becomes the sign of the passive; next, near, contiguous.

相 ～ to be next to each other; to lean on.

有大山 ～ 靠 he has powerful friends.

～ 保 a student's surety.

～ 门 ～ 户 to go from door to door, as a beggar; to gad about.

～ 背 back to back.

～ 不进去 I can't get in, ～ for the crowd.

～ 打 or ～ 了打 to be beaten; I was thrashed, or struck.

～ 晚 towards evening; late in the afternoon.

～ 肩弟兄 brothers nearly the same age.

～ 了一年 I have waited already a year.

～ 延过日 to procrastinate day by day, to delay till the time has passed.

In Cantonese. To lounge, to lean against; to lie down; an interjection of surprise, sorrow, or pain; to beg or ask.

～ 下的 lie down a little.

～ 呢边 lean it here, as against a wall.

～ 得去 it will answer.

～ 求你 I entreat you.

　　～吔 Oh dear! Whew! [1]

　　"挨"是形声字，"从手矣声"（《说文解字》卷十二），其最原初的意思是"击背也"（to strike on the back），卫三畏在释义时显然关注到了，另外他还特别列出了该字在广东话（In Cantonese）中的意思和用法，可以说是本字典的一大特色。关于汉字词语在不同方言中的用法，我们还可以再举几个例子，比如"训"，除了用于"教训""训练""古训""训典"，卫三畏指出，它在北京话中是表示比较和程度的副词，用法如"训甜"（very sweet）。[2]另外如"个"，除各种意思外，在上海话中是所有格的一个标志，相当于官话的"的"，用法如"人个面孔"（the human face）、"侬个"（yours）。[3]

　　在《汉英韵府》中卫三畏说明方言用法主要采用两种途径，一是在例词中加括号，说明出自哪种方言；二是在字条末了带上一笔，专门介绍方言里的特殊用法。如876页"头"字条，列有23个用例，其中的一个是"下～ down-stairs（Cantonese）"；而在全部例子之后，特别指出上海方言里的"头"字可以用作副词，表示约莫的意思："In Shanghai. An adverb, about. ～二百里 about 200 li."。

　　卫三畏在《汉英韵府》中还收入了少量专门的方言词汇，如"佬"：

　　In Cantonese. A man, answering to 的 in the court dialect; a person, a fellow, rather a demeaning term; one of a class, and not unfrequently added to the name of his calling, as 剃头 ～ a barber.

　　大 ～ an elder brother.

---

[1] S. W. Williams, *A Syllabic Dictionary of the Chinese Language in the Court Dialect*, p. 1.

[2] S. W. Williams, *A Syllabic Dictionary of the Chinese Language in the Court Dialect*, p.213.

[3] S. W. Williams, *A Syllabic Dictionary of the Chinese Language in the Court Dialect*, p. 424.

细 ~ a younger brother.

乡下 ~ 乡巴 | a villager, a clown.

老大 ~ old fellow.

个 ~ that stranger; that man.

外江 ~ a Northerner.[1]

　　"大佬"在广东话中指大哥，现在已经被普通话吸收，指在某方面有话语权的人，从中不难看出语言的变迁。关于"佬"卫三畏还举了一个有趣的例子，出现在《汉英韵府》"前言"（Preface）中：汕头人有一别号，叫"福佬"（hok-lo），意思是从福建来的人，可是广州人听到 hok-lo 这个音，却把它写作"学佬"。结果如今广州人对何以要把汕头人称作"学佬"莫名所以。[2]这一现象在卫三畏之前无人关注，可见他对于汉语方言的细致与敏感。

　　值得一提的是，卫三畏在释义时还注意收入中国字典中没有，但有助于外国人了解中国文化习俗的内容，特别是与外国相关者，如和"挨"同在音节 ai 中的"薆"字，收有词条"薆靆"，除本义"浓云蔽日"（dull or cloudy）外，卫三畏指出这个词还指眼镜（spectacles），而最早可能是元代从马六甲进口的（brought from Malacca in the Yuan dynasty）。[3]又如"鬼"字的释义：

The spirit of a dead man before it is enshrined in the hall; a manes, that which the soul turns to at death; a ghost, a goblin, an apparition, a specter; a devil; a horrid repulsive object, a sordid

〔1〕S. W. Williams, *A Syllabic Dictionary of the Chinese Language in the Court Dialect*, p. 529.

〔2〕S. W. Williams, "Preface", *A Syllabic Dictionary of the Chinese Language in the Court Dialect*, p. ix.

〔3〕S. W. Williams, *A Syllabic Dictionary of the Chinese Language in the Court Dialect*, p. 1.

wretch; foreigners are so stigmatized, because (so the Cantonese say) their blue eyes suggested the malice, and their shrill voices resembled the plaintive cry, of ghosts; foreign, as a lock, or any other thing made abroad.[1]

不难看出，其中一个义项是"外国人被赋予如此恶名，因为在广东人看来，他们的蓝眼睛带有歹意，他们的颤音像鬼嚎"。下面的词语例证中列有"番鬼、鬼子、洋鬼子"（an opprobrious term for foreigners），这些对于外国人带有贬义乃至歧视的词语卫三畏并不回避，表现了一种客观的态度。[2]

第二节　中国文化译介

在《汉英韵府》中，卫三畏力图通过字词释义将尽可能多的中国文化观念介绍给西方读者。一个简便而行之有效的办法是通过列表，《汉英韵府》中有多达 20 个大小不等的表格：

中国历代王朝（"朝"字下），第 33 页

十二地支（"支"字下），第 54 页

天干列表（"干"字下），第 309 页

六十甲子（"甲"字下），第 355 页

历朝首都（"京"字下），第 404 页

---

[1] S. W. Williams, *A Syllabic Dictionary of the Chinese Language in the Court Dialect*, p. 482.

[2] S. W. Williams, *A Syllabic Dictionary of the Chinese Language in the Court Dialect*, p. 483.

九州（"九"字下），第 413 页

八卦（"卦"字下），第 467 页

战国时期列国（"国"字下），第 491 页

十三陵（"陵"字下），第 544 页

鲁国历代国君（"鲁"字下），第 556 页

明朝历代帝王（"明"字下），第 599 页

清朝九品官补子（"品"字下），第 698 页

十八省份和边疆（"省"字下），第 743 页

八仙（"仙"字下），第 800 页

二十八星宿（"宿"字下），第 824 页

宋朝历代皇帝（"宋"字下），第 831 页

二十四节气（"节"字下），第 974 页

清朝历代帝王（"清"字下），第 995 页

月份名称（"月"字下），第 1130 页

元朝历代帝王（"元"字下），第 1134 页

我们来看两个例子，如在"月"字下列表说明中国阴历各个月份的名称：

1. 正月　元月　三阳　春王

2. 中和　杏月　如月

3. 桃月　上巳　寒食

4. 清和　麦秋

5. 榴月　天中　满月　端月

6. 荷月　天贶

7. 桐月　巧月

8. 桂月　中秋

9. 菊秋　菊月　重阳

10. 阳春　小阳

11. 葭月　仲冬月

12. 腊月　嘉平　清祀 [1]

又如在"品"字下"九品"词条列举了清代标示文武官员级别的"补服"。所谓补服，就是在服饰的前胸和后背正中均饰一块绣有飞禽或走兽的丝筛，也称"补子"。以禽兽纹样来区分官员等级的方法最早源于唐代武则天时期。在此之前的官服是以佩饰的数量和服装的颜色等来区分等级。武则天把饰有动物纹样的绣袍赐给文武官员，以此来区分品级官位。清代文武官员补服图案如下：[2]

文官一品	仙鹤	武官一品	麒麟
文官二品	锦鸡	武官二品	狮子
文官三品	孔雀	武官三品	豹
文官四品	大雁	武官四品	虎
文官五品	白鹇	武官五品	熊
文官六品	鹭鸶	武官六品	彪
文官七品	鸂鶒	武官七品	罴
文官八品	鹌鹑	武官八品	海马
文官九品	练鹊	武官九品	犀牛

在列表的前后，卫三畏一般都会提供一段介绍和说明文字，比如关于

［1］S. W. Williams, *A Syllabic Dictionary of the Chinese Language in the Court Dialect*, p. 1130.
［2］S. W. Williams, *A Syllabic Dictionary of the Chinese Language in the Court Dialect*, p. 698.

六十甲子，他写道："这是中国人唯一的纪年方式。据记载大挠受命于黄帝，在其统治的第六十一年创制了这一方法，他把天干中的'甲'与地支中的'子'相配来表示第一年，然后用两者的第二个字组成'乙丑'表示第二年，然后依次相配，当使用天干六次、地支五次后就完成了一轮。"[1]这里的介绍基本准确，大挠确立甲子是一种流行的传说，还有一种说法与天象有关。其实，中国人不仅用干支纪年，还纪月日。干支历是世界上最早的太阳历，是中华民族独有的文化。卫三畏还在"干"字下"天干"词条中列出了它们在天文学上的名称：于逢、游蒙、柔兆、强圉、著雍、屠维、上章、重光、玄一、昭阳。[2]在"支"字下列出的内容就更多了，除了十二支所对应的动物、黄道十二宫、时辰，还特别给出了它们在诗文中的常用名称：困敦、赤奋若、摄提格、单阏、执徐、大荒落、敦牂、协洽、涒滩、作噩、阉茂、大渊献。[3]"这部字典就整体来说，是关于中国的知识宝库，是许多年来新教与天主教传教士们工作的集大成。"白汉理对于《汉英韵府》的这一总体评价绝非过誉。[4]

在中国典籍中，卫三畏引用《诗经》作为词语例证是最多的，约八十处。整部字典的最后一个字是"用"，最后一个例证就是引用《邶风·雄雉》中的"不忮不求，何用不臧"（as he neither dislikes nor covets, what good quality does he not exhibit fully?）。[5]我们再看一些其他例子：

"栩"字下：肃肃鸨羽，集于苞栩（《唐风·鸨羽》）：how the feathers of the wild geese rustle as they settle on the oaks.（第228页）

〔1〕S. W. Williams, *A Syllabic Dictionary of the Chinese Language in the Court Dialect*, p. 355.

〔2〕S. W. Williams, *A Syllabic Dictionary of the Chinese Language in the Court Dialect*, p. 309.

〔3〕S. W. Williams, *A Syllabic Dictionary of the Chinese Language in the Court Dialect*, p. 54.

〔4〕F. W. Williams, *The Life and Letters of Samuel Wells Williams*, p. 399.

〔5〕S. W. Williams, *A Syllabic Dictionary of the Chinese Language in the Court Dialect*, p. 1150.

"狟"字下：胡瞻尔庭有县狟兮（《魏风·伐檀》）：how is it then that we see the badger's skin hanging in your hall?（第 231 页）

"簧"字下：巧言如簧，颜之厚矣（《小雅·巧言》）：Their artful words, dulcet as a reed's notes, show how unblushing are their faces.（第 253 页）

"佸"字下：不日不月，曷其有佸（《王风·君子于役》）：Some day or month perhaps, but when then will it be done? i. e., it must be attended to now.（第 259 页）

"煨"字下：王室如煨（《周南·汝坟》）：The palace was splendid as a blaze.（第 262 页）

"纲"字下：岂弟君子，四方为纲（《大雅·卷阿》）：O happy prince, whom the four quarters of the realm take for their regulator.（第 319 页）

"胶"字下：既见君子，德音孔胶（《小雅·隰桑》）：When I see the princely man, his virtuous fame draws him close to me.（第 368 页）

"阙"字下：衮职有阙，惟仲山甫补之（《大雅·烝民》）：The sovereign's shortcomings only Chung Shan-fu can supply.（第 448 页）

"谷"字下：出于幽谷，迁于乔木（《小雅·伐木》）：Getting out of the dim gorges up on a lofty tree;—rising in the world, his prospects are improving.（第 453 页）

"阔"字下：死生契阔，与子成说（《邶风·击鼓》）：Living or dying, however separated, to our wives we pledged our word.（第 493 页）

"蝃"字下：蝃蝀在东，莫之敢指（《鄘风·蝃蝀》）：When the rainbow is in the east, nobody ventures to point the finger to it,--

lest a boil grow.（第 880 页）

"踧"字下：踧踧周道，鞠为茂草（《小雅·小弁》）：The road to Cheu is level and easy, yet it is overgrown with weeds.（第 902 页）

在《汉英韵府》问世之前，理雅各影响巨大的首部《诗经》英文全译本（*The She King, Classic of Poetry*）已于 1871 年出版。我们看以上几个例句在理雅各译本中的情况：

肃肃鸨羽，集于苞栩：Suh-suh go the feathers of the wild geese, as they settle on the busy oaks.（第 183 页）

巧言如簧，颜之厚矣：Their artful words, like organ-tongues, show how unblushing are their faces.（第 342 页）

蝃蝀在东，莫之敢指：There is a rainbow in the east, and no one dares to point to it.（第 83 页）

出于幽谷，迁于乔木：One issues from the dark valley, and removes to the lofty tree.（第 253 页）

死生契阔，与子成说：For life or for death, however separated, to our wives we pledged our word.（第 49 页）

既见君子，德音孔胶：When I see the princely men, their virtuous fame draws them close to my heart.（第 415 页）

不日不月，曷其有佸：Not for days merely or for months, when will he come back to me?（第 112 页）

与理雅各译文比较之后可以看到，卫三畏的字词用语不完全相同，显然他没有照搬理雅各译文。在 1883 年修订版《中国总论》第十一章《中

国经典文献》讨论《诗经》部分时，他抄录了理雅各翻译的《召南·甘
棠》《邶风·雄雉》《小雅·斯干》《大雅·瞻卬》，只是他使用的不是理
雅各 1871 年的散文译本，而是 1876 年第二次翻译的韵文全译本。但卫三
畏完全有能力翻译《诗经》，他在 1883 年《中国总论》修订版中就独立
翻译了《邶风·静女》一篇。因此《汉英韵府》中引用的这些诗句应该
基本是他自己翻译的。特别是在"不日不月，曷其有佸""蟋蟀在东，莫
之敢指""出于幽谷，迁于乔木"三句之后还加上了引申意，显然是出于
他的个人理解。比如"出于幽谷迁于乔木"原来只是说明鸟的飞行轨迹，
但因为是从低到高，所以可以用来形容"人的地位的提升，境遇的改善"
（rising in the world, his prospects are improving）。自先秦以来，《诗经》
中的句子就常常被断章取义，卫三畏的做法完全符合中国赋诗言志的传统。
值得一提的是，卫三畏在 1848 年版《中国总论》中翻译过包括《小雅·伐
木》在内的几篇《诗经》作品，"出于幽谷，迁于乔木"一句在 1848 年
版中译为"They come from the shady dells, flitting upon the lofty trees"[1]，
没有把"迁于乔木"的"迁"表达出来，这一缺憾在《汉英韵府》中得
到了弥补（removes to），这表明卫三畏并没有照抄旧作，而是踵事增华，
显示了日益深厚的汉学功力。

　　根据现有的资料可以确定，娄理华（Walter M. Lowrie）是最早翻译
《诗经》的美国人，他的《周南·关雎》《周南·卷耳》译文发表在《中
国丛报》第 16 卷第 9 期（1847 年 9 月）上。[2]《汉英韵府》的例证引用了
《卷耳》，其中两句是这样的：

　　　　不盈顷筐（"顷"字下）：my shallow basket was not filled.

---

〔1〕S. W. Williams, *The Middle Kingdom* (1848), p. 509.
〔2〕顾钧：《漫谈〈卷耳〉英译》，载《书屋》2014 年 10 期，第 56-58 页。

（第 422 页）

　　我马虺隤（"隤"字下）：my steed is utterly broken down.

（第 925 页）

　　娄理华对这两句的翻译是"my bamboo basket I cannot fill; my palfrey is lame"。"顷筐"是斜口筐，是比较浅的，另外从诗歌的上下文来看，女主人公采卷耳很长时间都无法装满一筐，原因自然是思念自己远方的丈夫而心不在焉，卫三畏用浅筐（shallow basket）显然比娄理华的竹筐（bamboo basket）更好。"虺隤"的意思不太好把握，中国古人训为"病"，失之泛泛。根据近代闻一多等学者的详细考证，其确切意思是"腿软"。根据这样的理解我们看两人的翻译，卫三畏的"极度疲倦"（utterly broken down）比娄的"瘸腿"（lame）还是要好一些。这两个例子同时说明，卫三畏在编写《汉英韵府》时，选用的例句基本都是自己翻译的。

　　另外值得注意的是，卫三畏在词汇例证中还不时做一些中外比较，如"螽"字条下的"螽斯羽薨薨兮"："May your descendants be as numerous as the flying locusts;–a wish like that of Laban, Gen. xxiv, 60"。[1]该句所在的《周南·螽斯》表达了对于多子多孙的祝愿。诗以螽斯起兴，因为螽斯作为一种蝗类昆虫，以繁殖能力强著称。卫三畏由此联想到《圣经》中拉班对妹妹利百加的祝福："愿你做千万人之母，愿你的后裔占领仇敌的城门。"（《创世纪》24：60）利百加作为亚伯拉罕之子以撒的妻子，生育了双胞胎以扫和雅各，以扫是以东人之祖，雅各是以色列人之祖。这样的中西比较无疑可以加深西方读者对于中国文化的理解。

　　除了《诗经》，卫三畏还在《汉英韵府》中大量引用其他多种古代典籍作为例证。如《尚书·舜典》中的"惇德允元，而难任人"（第 290

---

[1] S. W. Williams, *A Syllabic Dictionary of the Chinese Language in the Court Dialect*, p. 235.

310

页）；《尚书·毕命》中的"慎固封守以康四海"（第 435 页）；《周易·蛊卦》中的"干父之蛊"（第 313 页）；《礼记·曲礼下》中的"视不上于袷，不下于带"（第 357 页）；扬雄《太玄经》中的"郭其目，觡其角"（第 370 页）。

文学作品的语言最具表现力，卫三畏自然不会放过，除《诗经》外，对于《楚辞》的引用也不少，如《离骚》中的"纫秋兰以为佩"（第 636 页）；《九章·怀沙》中的"重华不可逆兮"（第 629 页）；刘向《九叹》中的"志蛩蛩而怀顾兮"（第 421 页）。此外，还引用了上古《卿云》中的"卿云烂兮"（第 575 页）；汉代佚名《迢迢牵牛星》中的"脉脉不得语"（第 584 页）；北朝民歌《木兰诗》中的"赏赐百千强"（第 366 页）；王勃《滕王阁序》中的"秋水共长天一色"（第 1000 页）；张继《枫桥夜泊》中的"月落乌啼霜满天"（第 883 页）；韩愈《左迁至蓝关示侄孙湘》中的"云横秦岭家何在"（第 236 页）；刘禹锡《竹枝词九首三》中的"春水縠纹生"（第 267 页）；苏轼《和董传留别》中的"腹有诗书气自华"（第 774 页）；谢枋得《庆全庵桃花》中的"花飞莫遣随流水"（第 390 页）；《红楼梦·咏百海棠》中的"玉烛滴干风裹泪"（第 512 页）。

除了诗词歌赋，卫三畏对中国古代的人物和典故也颇为留心，如伍子胥吹箫丐食（第 307 页）；甘罗十二为宰相（第 311 页）；姜太公在此（第 362 页）；汉武帝"若得阿娇当以金屋贮之"（第 368 页）；吕布射戟牙与袁刘和好（第 392 页）；一顾倾城再顾倾国（第 408 页）；子夏为莒父宰（第 439 页）；王莽乱臣十人（第 570 页）；长沮和桀溺耦而耕（第 626 页）；西王母蟠桃会（第 653 页）；汉武帝飘飘乎有凌云之气（第 683 页）；禹惜寸阴吾人当惜分阴（第 802 页）；桃园结义（第 870 页）；放驩兜于崇山（第 873 页）；说曹操曹操就到（第 955 页）；蔺相如"请得以颈血溅大王"（第 979 页）。

在所有古代人物中，卫三畏最关注的是孔子。首先在"孔"字下，有

"孔子"和"孔子不语怪"两个词条（第465页），其次在"尼"字下有"仲尼"条目（第630页）。数量更多的是对于《论语》中孔子言论的引用，前后达十多处，如：

人能弘道，非道弘人（《卫灵公》）

Man can act according to the greatness of truth, but the truth will not enlarge for him; —i.e., truth is greater than its disciples.（第237页）

三年免于父母之怀（《阳货》）

At three years it can leave its parents' arms.（第243页）

不患无位，患所以立（《里仁》）

Don't sorrow because you have no rank, but because you have no fitness for it.（第248页）

此外如"德不孤，必有邻"（《里仁》，第541页）；"天之未丧斯文也"（《子罕》，第725页）；"己所不欲，勿施于人"（《颜渊》，第758页）；"述而不作"（《述而》，第779页）；"获罪于天无所祷也"（《八佾》，第866页）；"温故而知新"（《为政》，第1040页）；"人不知而不愠不亦君子乎"（《学而》，第1043页）；"我欲仁，斯仁至矣"（《述而》，第1139页）。孟子是孔子之后的"亚圣"，除了专门的"孟子""孟母三迁"（第580页）词条，《汉英韵府》对于孟子的言论也有引用，如《滕文公上》中的"劳心者治人，劳力者治于人"（第507页）；《告子上》中的"恻隐之心，人皆有之"（第960页）。

总体而言，卫三畏的引用都是比较准确的，但也偶有失误处。如

312

"敲"字下的例句"砧杵敲残深巷月"，卫三畏在解释意思后说这是"李白的一种巧妙的修辞"（a conceit of Li Tai-peh）[1]，实际上这是陆游《秋思》中的名句。另外如"鹿"下的例句"指鹿为马"，卫三畏说这是有关曹操的一则轶事（an anecdote of Tsao Tsao）[2]，显然是张冠李戴，将赵高当作了曹操。另外，卫三畏关注孔、孟等儒家人物较多，对其他先秦诸子则比较忽略，词条中没有老子、庄子、墨子等的相关内容。

从以上的介绍可以看出，《汉英韵府》中的例句引用了大量中国典籍，数量超过以往的汉英字典。但这并不意味着卫三畏只关注书面语言，实际上在整部字典中口语词句同样不少，如"谁是你肚子里的蛔虫"（第262页）；"哪只猫儿不吃荤"（第268页）；"花钱花在刀刃上"（第288页）；"得饶人处且饶人"（第292页）；"两个人打得火热"（第293页）；"胳膊折在袖子里"（第427页）；"虎落平阳被犬欺"（第453页）；"瓦罐不离井上破"（第476页）；"癞痢跟着月亮走沾光"（第498页）；"船到江中补漏迟"（第514页）；"开门七件事"（第577页）；"带高帽子"（第582页）；"小洞掏不出大螃蟹"（第869页）。

卫三畏在为不少字选择例证时注意到了雅俗共赏。以"宁"字（第637页）为例，共十四个例证：既有宁愿、安宁、宁静、宁死不屈、宁可信其有不可信其无这类普通口语词汇，也有"宁可湿衣不可乱步"（《镜花缘》第十二回）、"耗斁下土，宁丁我躬"（《诗经·大雅·云汉》）、"予宁"等书面语。"予宁"是一个专门术语，指汉朝官员父母去世后皇帝准其在家守丧，出自《汉书·哀帝纪》："博士弟子父母死，予宁三年"。

卫三畏在例证的选择上下了很大功夫，在每个字词的释义上同样非常用心。他善于以简洁的语言把与某一汉字相关的文化内涵揭示出来，例如

〔1〕S. W. Williams, *A Syllabic Dictionary of the Chinese Language in the Court Dialect*, p. 374.
〔2〕S. W. Williams, *A Syllabic Dictionary of the Chinese Language in the Court Dialect*, p. 562.

关于"理"的哲学意义他这样定义：

> The governing principle, that which is felt to be right or suitable (自然之则也 as the Chinese express it), and depends not on force; reason, right doctrine; rule of action; among Chinese philosophers, the principle of organization by which matter is preserved, or the Power that inheres to direct it, otherwise defined as god 神, or animated air 气; the rectify, to adjust according to principle.[1]

> 理被认为是正确或恰当的、不依赖于强制的支配原则，中国人所谓"自然之则也"；理性，正确的原理；行为的准则；在中国哲人看来，理是物质呈现的组织原则，或者指导物质呈现的力量，有时还被定义为神或者气；矫正，根据原则进行调整。

　　这里卫三畏要言不烦的定义既突出了"理"字的非人格理性本体论特征，又没有忽视理的伦理功能。[2]又如"帝"，卫三畏认为在中国文化中是同时具有人性和神性的存在（one who rules by his own power, a god, a divine being），而其人格化的一面应得到更多重视，所谓"帝者生物之主"（王弼注《周易·益卦》语）。经历过 19 世纪 40 年代以来的"译名之争"，反对将"God"译为"上帝"的卫三畏在这里本来可以大加发挥自己的观点，但是为了保持定义的简洁，他只用了短短几句话来解释"上帝"这个词汇：

> the Supreme Ruler, the highest being in the heavenly pantheon,

---

〔1〕S. W. Williams, *A Syllabic Dictionary of the Chinese Language in the Court Dialect*, p. 519.

〔2〕董方峰、杨洋：《汉语教学史上一部不应被遗忘的著作——卫三畏的〈汉英韵府〉》，载《国际汉语教学动态与研究》2008 年第 2 期，第 63 页。

and now worshiped by the emperor alone, as the source of his
vicegerent power.

　　"上帝"是最高统治者，是天上诸神中最高的神，现在只有
皇帝作为他在人间的代理人可以膜拜和祭祀。[1]

　　对于"上帝"不适合作为"God"的中译名，卫三畏采取了在页下加
注的形式来予以说明，这也是《汉英韵府》中几乎唯一的脚注。他写道：
"根据上文我对'上帝'的定义也许才能更好地理解上古文献中的不少篇
章，特别是《诗经》中的《文王》《皇矣》和《尚书》中的《汤诰》。帝
确实可以指称最高统治者，但这并不表明'上帝'"可以用来对应基督教
中的 God。"[2]

　　在早期来华传教士的经历中，译名之争（Term Question）是引人注
目的事件，讨论的热烈程度堪比鸦片贸易问题。起因很简单，就是在《圣
经》汉译的过程中，对应采用什么样的中文词语最能恰当地表达英文的
"God"和"Spirit"，在华传教士持不同意见。事情后来发展到传教士团
体分裂成针锋相对的派别。实际上，早在明末清初"礼仪之争"（Rites
Controversy）期间，关于如何精确地用中文表达"God"一词就已经出现
争论。就是否接纳中国人的某些礼仪和信仰，特别是祭祖祭孔，耶稣会士
与其他天主教教派进行了长达数年的激烈争辩。最后，罗马教廷宣布，耶
稣会士在翻译经文时从中文典籍中选用的词语"上帝"和"天"均是对
God 概念的不正确表达，"天主"才是唯一可以接受的译名。新教入华后，
这一老问题再次成为关注的焦点。传教士们在争论中形成了两大主要派别：
一派赞成使用中文典籍中的"上帝"或"帝"来表达 God，用"神"来

---

[1] S. W. Williams, *A Syllabic Dictionary of the Chinese Language in the Court Dialect*, p. 881.
[2] S. W. Williams, *A Syllabic Dictionary of the Chinese Language in the Court Dialect*, p. 881.

表达 Spirit；另一派则主张用"神"来表达 God，用"灵"来表达 Spirit。其中最核心的问题是究竟用哪一个词来作为 God 的译名。卫三畏以及其他美国传教士主张用"神"，而大部分英国传教士则主张用"帝"或"上帝"。卫三畏认为"神"比"上帝"更合适，因为"神"更能作为一种一般性的表达，如《孟子·尽心上》中"圣而不可知之之谓神"（神圣而不可理解的就是神）。但卫三畏同时也意识到，"神"在中文中同样是一个意蕴复杂的字眼。英国传教士在主张用"上帝"这一译名时，便举出过不少反对"神"的理由，比如反对最力的麦都思，从中文文献中引用如"祖宗之神"（祖宗的神灵）、"养神"（休养精神、培养心灵），以证明"神"在汉语里的一个核心意思是"精神"或神秘思想。[1]

我们发现，卫三畏在《汉英韵府》对"神"字的解释中，除了其他意思，还兼顾了"神"作为"天神"和"精神"的内涵，虽然他强调"很多人认为该字可以指称真神"（used by many for the true God）。[2] 显然，他没有因为自己的宗教信仰和个人偏好而掩盖汉语词汇和中国文化的复杂性，这也是《汉英韵府》取得成功的重要原因。

第三节　众望所归之作

卫三畏之所以要编写这样一部大规模的汉英字典是基于多种考虑。首先，自从马礼逊《华英字典》问世以来，虽然出现了一些综合性和方言性的字典，如麦都思《福建方言字典》、裨治文《广东方言中文文选》，但

---

[1] 李天纲：《中国礼仪之争：历史、文献和意义》，中国人民大学出版社 2019 年版，第 15–21 页；[美] 雷孜智：《千禧年的感召——美国第一位来华新教传教士裨治文传》，尹文涓译，广西师范大学出版社 2017 年版，第 226–227 页。

[2] S. W. Williams, *A Syllabic Dictionary of the Chinese Language in the Court Dialect*, p. 737.

印刷数量都不大，多年之后已经难得一见，而在此期间学习汉语的人数则翻了十倍。仍在不断翻印的马礼逊字典尽管价值不容置疑，但毕竟是半个世纪以前的作品，已经不能完全满足当代的需要。

　　许多热心的友人和读者都盼望卫三畏的新字典能够早日面世。1867 年威妥玛在其初版《语言自迩集》"序言"中说，"卫三畏博士这位最勤奋的汉学家，差不多已经准备好出版一部辞典，是对大约十年前出版的那部非常有用的辞典的改进，这将是对汉语教育值得注意的新奉献。"〔1〕但为什么直到七年后的 1874 年《汉英韵府》才问世呢？首先它不是对《英华分韵撮要》的小修小补，而是大范围的改进，更主要的是，卫三畏不可能心无旁骛地从事编写工作。北京的公使馆刚刚建立，他必须花费大量时间处理公务。而且由于公使不断走马换将，他不得不经常代理公使的职务，在 1869 年年底的一封信中他写道："我原计划明年在上海继续待一段时间，专心编我的字典，然而劳罗斯先生突然离任，把公使馆的工作又推给了我。十四年前我从马沙利手中第一次接管这一工作，如今已是第八次了。我不得不返回北京料理那边的事务，做些个人力所能及的事情。我独自一人，连个抄写员也找不到，所以只能让几位传教士在工作之余替我做些抄写工作。不过我已不再年轻，只希望还有足够的体力完成此事。我在中国已经生活了三十六年，精力与耐力都开始走下坡路了。"〔2〕

　　卫三畏开始编写《汉英韵府》时已经年过半百，如果没有毅力和恒心，这一工作是难以完成的。他在为《汉英韵府》所写"前言"的开头就提到了半个世纪前马礼逊的工作，这位最早来华的英国传教士在相当困难的情况下完成了六卷本的《华英字典》，嘉惠了无数学人，包括卫三畏本人。对他来说，马礼逊是自己的精神楷模，《华英字典》是激励自己前进

〔1〕〔英〕威妥玛:《语言自迩集》，张卫东译，北京大学出版社 2018 年版，第 57 页。
〔2〕S. W. Williams to G. T. Olyphant, 6 November 1869. 顾钧、〔日〕宫泽真一主编:《美国耶鲁大学图书馆藏卫三畏未刊往来书信集》(第 21 册)，广西师范大学出版社 2012 年版，第 204 页。

的动力，作为榜样马礼逊是无法超越的，但他的字典毕竟已是五十年前的成果，虽然它"将作为勤勉和学识的丰碑而永存"[1]，但形势的发展和学术的进步都要求对它的超越。马礼逊之后不断有新的字典问世，特别是麦都思、公神甫的字典也曾产生过不小的影响，但最终都因为进步不明显而无法取代马礼逊字典。卫三畏在《英华分韵撮要》中已经显露出另辟蹊径的尝试之意，到《汉英韵府》的出现则标志着历时十一年的创新努力终于大功告成。《汉英韵府》既是卫三畏在原有字典基础上经过大规模修订和扩充的结果，也是借鉴和超越前人的成果。1834年马儒翰曾将父亲自存的一部《华英字典》送给卫三畏，或许正是期望他有朝一日能够编写出更好的字典。卫三畏对于这项工作一直相当投入，把公务之余的时间都利用起来，最后的结果应该说是不负众望。值得注意的是，《汉英韵府》当中不乏中国助手的贡献，他们经常坐在卫三畏办公桌的对面，给他解释汉语词汇的意思，并且在他的藏书当中寻找合适的例句。

　　《汉英韵府》由上海美华书馆印刷。为了使自己的精心之作以完美的状态呈现给读者，卫三畏专门从北京来到上海，亲自参与并监督印刷工作。1871年10月他在离开北京前给朋友的信中写道："在接下来的数月里，印刷工作将让我无暇他顾。在此期间，我将把公职托付给我用2000美元雇请的两位员工，这样镂斐迪公使在起草文件、翻译和抄写工作中将不会缺少帮助。"[2]当年11月25日卫三畏完成了字典第一页的印刷，但此后的进展不像他想象的那么顺利，1872年夏天"上海的炎热变得实在难耐，许多印刷工人都中了暑"，卫三畏也被迫前往日本避暑。和他一起启程的是容闳，后者转道日本前往美国就即将派遣留美幼童事宜和美方交涉。到1872年9月字典印完了一半，约500页。此时卫三畏恰好整整六十岁。紧张、连

---

[1] S. W. Williams, "Preface", *A Syllabic Dictionary of the Chinese Language*, p. v.

[2] S. W. Williams to R. S. Williams, 26 October 1871. 顾钧、[日] 宫泽真一主编：《美国耶鲁大学图书馆藏卫三畏未刊往来书信集》(第21册)，广西师范大学出版社2012年版，第366—367页。

318

续的工作超出了他身体的承受力，1872 年年底在宁波的休假也没能让他疲惫的大脑得到恢复。他生平第一次感到了力不从心，"1873 年 3 月他发电报给夫人，让她来上海相聚，夫人及时赶到并带他回到了北京，此时字典的主体部分恰好已经完成，炎热的夏天也尚未开始，工作差点儿要了他的命"[1]。回到北京后不久，娄斐迪就离任回了美国，卫三畏不得不代理公使职务，又一次忙了起来。公务之余他把所有精力都用在字典的收尾工作上，利用这一年的秋冬两季完成了字典的序言与索引。序言无疑非常重要，卫三畏在这篇约 70 页的论文中，分八个部分论述了汉语的特质以及自己的编撰方法。索引在卫三畏看来同样是必需的，因为汉字的特性使它无法像字母语言那样按读音或拼写排序。因此，尽管通过查询拼音（按罗马字拼写）可在字典中找到属于这一发音的汉字，但要了解每个字的发音和含义必须通过分析其构成，判定其部首，所以编定部首索引（214 个）是非常必要的，索引中标出的页码可以方便使用者在字典中找到每个字的位置。全部工作终于在 1874 年春季完成，夏初，整部字典在上海出版。

特别值得一提的是，美华书馆用于印刷《汉英韵府》的活字正是多年前卫三畏赞助完成的柏林字。当初如果不是卫三畏和长老会的鼎力支持，这套活字是不可能面世的。好事多磨，获得资助后拜尔豪斯用了八年之久才于 1857 年年初完成了全套柏林活字，从 1859 年起在长老会位于宁波的印刷所华花书房使用。一年后华花书房迁至上海改称"美华书馆"，到 1866 年柏林活字经书馆主任姜别利改造后被命名为"美华书馆二号活字"，从此和戴尔活字一样于 19 世纪后期在中国被广泛使用。1859 年 6 月，已经改任对华外交官的卫三畏在一次途经宁波时，在华花书房见到正使用中的柏林活字，随后写信给当初参与捐款购买这些活字的一名友人，兴奋而自信地表示："我们促成这些活字的努力，应该会结出许多善果吧？"[2] 他

---

〔1〕F. W. Williams, *The Life and Letters of Samuel Wells Williams*, pp. 295-296.
〔2〕F. W. Williams, *The Life and Letters of Samuel Wells Williams*, pp. 295-296.

指的是在中国结善果，事实的确也在他身上应验了。1871 年至 1874 年卫三畏的《汉英韵府》在美华书馆印刷，全部费用为 12784.3 元，他请长老会考虑三十年前自己曾为柏林活字付出一半代价，希望能获得《汉英韵府》印刷费的一些折扣，结果长老会同意减收 2452 元作为回报。[1]卫三畏当初的赞助还真为自己带来了不少善果。

　　1874 年 8 月 1 日，卫三畏收到了《汉英韵府》的样书。"这为十一年的艰辛画上了句号。字典为四开本，共 1356 页，印刷得平整而精美。对那些尝试掌握这门语言的人来说，它会是一本有益的工具书。至于其真正价值，要等到人们使用过并反馈给我信息后才能知道。"卫三畏在给弟弟的信中这样写道。[2]信息很快反馈了，比卫三畏想象中的要好。第一批样书被争相传阅，其编排的特点、例句的翻译，甚至大小、重量以及价格均成为汉语学习者和汉学研究者们的话题。参透其优点的人给予了高度的赞扬，批评者尽管对一些有争议的难点与暧昧之处提出了与作者不同的见解，但仍然是以褒奖为主。

　　《汉英韵府》正文 1153 页，自 1154 页起是各种附录：汉字索引、难检字表、姓氏录（收单姓 408 条，复姓 30 条）、部首表、勘误表。该字典的问世被众多人士看作 19 世纪西方汉学的一个大事件。伟烈亚力认为它是"迄今为止最为重要的中文学习指南之一"；梅辉立（William F. Mayers，时任英国驻华使馆汉务参赞）则认为它超过了以往所有的同类著作，"使它们黯然失色"；哥罗威尔德（W. P. Groeneveldt，时任荷兰驻华使馆汉务参赞）也完全同意梅辉立的看法，并建议"每个学习汉语的人优先购买这本字典，即使有了其他字典，也应该再买一本该字典"。廷得尔（Edward C. Taintor，时任海关税务司）认为《汉英韵府》的真正价值在于"它的

---

〔1〕苏精：《美华书馆二号（柏林）活字的起源与发展》，载《中国出版史研究》2019 年第 2 期，第 173-175 页；苏精：《卫三畏与中文活字》，载《印刷文化》2020 年第 1 期，第 63-64 页。
〔2〕F. W. Williams, *The Life and Letters of Samuel Wells Williams*, p. 397.

条分缕析、高质量的定义与释义，以及我们认为是彰显字典编写者水平的言简意赅"。他在评论文章中说："几乎谁都能用冗长的意译传达出一句中文短语的主旨，而编者却仅用几个英文单词便做出了确切的翻译，这是耐心、细致工作的结果——有时甚至付出了努力也做不到这一点。两种语言、两种思维方式和表达方式是如此不同，以致许多时候几乎无法用同样短小的英文句子来表述某个简洁的中文短语。这一困难更被汉语中常用的精炼的谚语加剧，这些谚语暗指某一历史事件或民间传说，硬译成英语常让人费解。为了展示这种谚语的用法，同时也为了说明新字典定义的恰切，我们选'骑虎之势'为例，在马礼逊的字典中该短语被如此定义：骑在虎背上的人的状态，跳下来比待在虎背上更危险；卷入坏事过深，退出便会覆灭（the state of a person who rides on a tiger, it is more dangerous to dismount than to remain on its back; to be so involved in a bad cause that retreat is certain ruin）。卫三畏博士的定义为：人骑在虎背上时没有退路（as when one rides a tiger, there's no backing down）。马礼逊博士用了 35 个英文单词，而卫三畏博士只用了 13 个。每个人都必须承认，准确、到位、简洁是后一种翻译的特点。"[1] 我们还可以再举几个例子，来比较马礼逊、麦都思和卫三畏在字词解释上的高下：

> 羽 Birds with long tails; the wings of a bird; feathers; one of the notes in music; a sort of scepter anciently held in the hand by posture-makers. Name of a hill; of a star; of an office. A surname.
> ~ 毛扇 a feather fan. ~ 纱 camlets. ~ 属 the feathered tribe, birds

〔1〕Alexander Wylie, "Review of *Syllabic Dictionary*", *Missionary Recorder and Journal*, August 1874, p. 226 ; William F. Mayers, "Dr. Williams' *Syllabic Dictionary*", *China Review*, Vol. 3（July 1874—June 1875）, p. 139; W. P. Groeneveldt, "Dr. Williams' *Dictionary*", *China Review*, Vol. 3（July 1874—June 1875）, p. 232; E. C. Taintor, "Review of *Syllabic Dictionary*", *North China Herald*, 15 October 1874.

generally.(《五车韵府》第 1040 页)

羽 Feathers. 羽翼，wings. 羽毛不丰满者不能高飞，when wings and feathers are not rich and full, it is impossible to fly high. (《福建方言字典》第 166 页)

羽 Intended to represent the long wing primaries and the large quill feathers of birds; it is the 124th radical of characters relating to plumagery and feathers. Wings, plumes; made of or having feathers; feathered; winged tribes; a banner or signal of feathers; cloth having a rough fell, as bunting; quick, flying; the fifth of the five kinds of musical sounds, mat are made by smacking. ~ 族 / ~ 类 the feathered tribes. 党 ~ detachments from a force; foraging or predatory bands. 舞 干 ~ a sort of panache used by mummers. ~ 仪 what reflects honor on a ruler, as a good envoy sent by him. ~ 布 bunting. ~ 绸 bombazine. ~ 纱 English camlets. ~ 士 A Taoist priest; he is called ~ 化 而 登 仙 referring to the flight of the soul after death. ~ 林军 the Imperial body-guard of about 300 men. ~ 林天 军 a group of 35 stars in Aquarius.(《汉英韵府》第 1124、1125 页)

瑜 A certain stone. A man's name. (《五车韵府》第 1041 页)

瑜 A beautiful gem，a precious stone. 瑕不掩瑜，a slight flaw does not spoil the gem. (《福建方言字典》第 284 页)

瑜 Luster of gems; a beautiful stone, like jasper, worn by the sons of noblemen; excellencies, good qualities. 瑕 ~ 互见 The defects and excellencies are well contrasted. 批褐怀 ~ Under a plain dress he cherished the highest virtues. (《汉英韵府》第 1123 页)

322

榆 A tree of which the Chinese distinguish ten varieties, the leaves of all which are alike; said to be the elm. Name of a plant, when chewed, said to be a soporific. 桑 ～ the appearance of evening; and of the evening of life; old age. 白 ～ name of a star.(《五车韵府》第 1041 页)

榆 The name of a tree; whose blossoms fall like pieces of money. 啖 ～ 则眠不欲觉 on eating of the je tree, a person sleeps without desiring to awake.(《福建方言字典》第 284 页)

榆 The elm (Ulmus), of which ten sorts are described; one of them is a species of Microptelca, another a kind of hombeam or Curpinus. ～ 钱 / ～ 英 Elm seeds and their winged seed-vessels. 失之东隅收之桑 ～ If I have lost the east plat, I have got my village home. ～ 皮 Slippery elm bark, a tonic medicine. 白 ～ A star which guides the husbandman in his planting. 啖 ～ To take a decoction of elm seeds in order to sleep. 地 ～ Ground elm, the Hypericum or St. John's wort.(《汉英韵府》第 1123 页)

不难看出，卫三畏字典不仅释义更加准确，而且例证更为丰富，特别是注意雅俗共赏，收入了"羽化而登仙""批褐怀瑜""失之东隅收之桑榆"等常用的书面语词汇。卫三畏不仅力图超越前人，同时也不断地超越自己。新字典在字词的解释上比《英华分韵撮要》更提高了一步。我们可以用前面列举过的"鲤"字为例来说明：

鲤 The carp (Cyprinidoe), the king of fishes, and fabled to change into a dragon; sheung li(双鲤), a letter; the kam li (金鲤), yellow carp, is the most common at Canton; li fa lung (鲤化龙),

the carp has become a dragon, met. rapid promotion in office.（《英华分韵撮要》第 234 页 ）

　　鲤 The carp, which includes other kinds of Cyprinidoe, as the bream, sucker, &c.; it is regarded as the king of fish, and is fabled to turn into a dragon. 孔 ~ the name of Confucius' son. 金 ~ the yellow carp. 火 ~ fire or red carp (Cyprinus flammans). 绿 ~ green carp (Cyprinus viridiviolaceus). 塘 ~ the pond carp (Cyprinus rubro-fuscus). 屐 ~ the clog carp (Cyprinus sculponeatus). 黑 ~ the black carp (Cyprinus atrovirens). 双 　~ a letter, so called from the shape it was folded, while others say that anciently a pair of fish was sent with a letter, a trace of which custom is still kept up in Japan. ~ 化龙， ~ 鱼跳龙门 the carp has become a dragon, or has leaped the dragon's gate; —rapid promotion in getting degrees. 木 ~ a log struck for meals in Buddhist refectories.（《汉英韵府》第 519 页 ）

　　在《英华分韵撮要》的基础上，《汉英韵府》增添了七个词语例证，其中"孔鲤"值得关注，也再次说明了卫三畏对孔子的重视，可以说已经到了爱屋及乌的程度。

　　作为一本集大成之作，卫三畏在《汉英韵府》的"前言"中对汉语的特征做了详细的论述，共分八个部分。（1）《五方元音》中的官话；（2）罗马字母拼写汉语；（3）送气音；（4）声调；（5）古音；（6）方言；（7）214 部首；（8）1040 字根。这篇长达 70 页的"前言"代表了卫三畏多年研究汉语的心得，其价值也得到了同行的高度肯定。但汉语这门古老的语言实在太复杂了，卫三畏对汉语的古音问题没有深入的研究，所以"前言"的第五部分他请英国传教士汉学家艾约瑟（Joseph Edkins）代为撰写，表现了一种"知之为知之，不知为不知"的学者态度。艾约瑟对古音素有研究，是最早注意到汉语语音史的西方人，[1]他在这一部分简要介绍了如何利用《康熙字典》《广韵》和古代的诗韵来推定一个汉字的古音。

最后值得一提的是，《汉英韵府》后来根据英国外交官汉学家威妥玛的拼音法重新编排后又出过修订版。用罗马字母拼写汉字的工作最早始于明末来华的耶稣会士，罗明坚（Michel Ruggieri）和利玛窦的《葡汉辞典》、利玛窦的《西字奇迹》、金尼阁（Nicolas Trigault）的《西儒耳目资》是这方面的开山之作。19 世纪以来这一事业更是方兴未艾，各类著作多达上百种，各有各的拼写方法，莫衷一是。瑞典汉学家高本汉（Bernhard Karlgren）所著《官话注音读本》（*A Mandarin Phonetic Reader in the Pekinese Dialect*，1917 年）中列举了英、法、德、俄几种代表性的拼音法，其中英语著作是英美各一部：威妥玛《语言自迩集》（*A Progressive Course Designed to Assist the Student of Colloquial Chinese*，1867 年）和狄考文（Calvin W. Mateer）《官话类编》（*A Course of Mandarin in Lessons Based on Idiom*，1892 年）。[2]威妥玛的书先出，他所创立的威妥玛拼音法（Wade System）影响也更大、更流行。1874 年卫三畏的《汉英韵府》出版后，就有人批评他没有采用流行的威妥玛拼音法，可见威氏的影响。但这并没有影响卫三畏的字典以原先的拼写方式又印刷了数次。直到 1909 年，随着威妥玛拼音法影响的进一步扩大和市场对卫三畏字典需求的继续增加，一项将两者结合的工作提上了日程。1909 年《汉英韵府》修订版问世，与旧版相比内容只字未动，只是将拼音方式改用威氏方案（"前言"和"导言"中的拼音方式一仍其旧）。比如，在原版本中，妁（choh）、说（shwoh）、朔（shoh）三个字拼法不同，被排列在不同的地方，在修订版中，它们全都被排在 shuo 这个音节之下。当时卫三畏已经去世多年，修订工作由美

---

[1] 王力：《中国语言学史》，山西人民出版社 1981 年版，第 187 页。
[2] 参见罗常培：《国语字母演进史》，商务印书馆 1934 年版，第 8 页。

部会华北教区指派的一个三人委员会来执行。之所以由这个机构来指派人员，是因为"多年前卫三畏博士将字典的所有权赠送给了华北协和书院（North China Union College），而当时该书院在美部会华北教区的全权管理之下"。[1] 威妥玛的拼音法并非无可取代，就在修订小组即将完工的时候，一种新的标准拼音方案（The Standard System of Romanization）出台了。为了兼顾这个新的拼音方案，修订版中将之放在每列的底部，与放在顶部的威氏拼音法遥相对应。根据新的拼音法，妁、说、朔这三个字的注音方式是 shwoh。

　　从 1841 年的《广东方言中文文选》到 1874 年的《汉英韵府》，美国的汉语研究走过了一条从无到有、从幼稚到成熟的道路。这一时期，或者可以说整个 19 世纪，美国汉学的一大特点正是汉语工具书的大量出现。鸦片战争后，美国各宗教团体纷纷派遣传教士来华，这些新来者的首要任务是学习汉语，在学习的过程中他们编写了大量的字典、词典以及各种帮助学习汉语方言（如宁波话、汕头话、福州话）的小册子。[2] 卫三畏出版的几部工具书、特别是集大成的《汉英韵府》成为他们的案头必备。

---

[1] "Preface to the Revised Edition", *A Syllabic Dictionary of the Chinese Language* (The North China Union College, 1909), p. iii. 华北协和书院校舍建设所需的 15000 美元中大约有 8000 美元是来自销售《汉英韵府》所得，因此校舍以卫三畏的名字命名（Williams Hall），详见 Roberto Paterno, "Devello Z. Sheffield and the Founding of the North China College", Kwang-Ching Liu, ed., *American Missionaries in China: Papers from Harvard Seminars* (Cambridge, MA: Harvard University Press, 1966), p. 74.

[2] 比较重要的有以下一些：E. I. Doty, *Anglo-Chinese Manual*, 1853; S. W. Bonney, *Phrases in the Canton Colloquial Dialect*, 1853; S. W. Bonney, *A Vocabulary with Colloquial Phrases, of the Canton Dialect*, 1854; Stephen P. Andrews, *Discoveries in Chinese*, 1854; Stanislas Hernisz, *Guide to Conversation in the English and Chinese Languages*, 1855; Pliny E. Chase, *Chinese and Indo-European Roots and Analogues*, 1861; William Gamble, *Two Lists of Selected Characters containing all in the Bible and twenty seven other books*, 1861; William Alexander Parsons Martin, *Analytical Reader*, 1863; William Alexander Parsons Martin, *A Vocabulary of 2,000 Frequent Characters*, 1864; R. S. Maclay & C. C. Baldwin, *An Alphabetic Dictionary of the Chinese Language in the Foochow Dialect*, 1870; M. T. Yates, *First Lessons in Chinese*, 1871; Baldwin, *A Manual of the Foochow Dialect*, 1871; Justus Doolittle, A Vocabulary and Handbook of the Chinese Languages, 1872; W. T. Morrison, *An Anglo-Chinese Vocabulary of the Ningpo Dialect*, 1876; Adele M. Fielde, *First Lessons in Swatow Dialect*, 1878; J. S. McIlvaine, *Grammatical Studies in the Colloquial Language of Northern China*, 1880。参见 Laurence G. Thompson, "American Sinology 1830—1920: A Bibliographical Survey", *Tsing Hua Journal of Chinese Studies*, Vol. 2, No. 2 (1961)。

第七章　学术特色

　　从上文我们可以看到，卫三畏创造了美国汉学的多个"第一"和"最早"。其实他的起点并不高，最高学历是伦斯勒学院毕业，这是一所刚刚草创的大学，而且也只读了一年（1831—1832）。和前后抵达中国的裨治文、伯驾等同事相比，毫无优势可言。裨治文于 1822 年至 1826 年在名校阿默斯特学院接受了四年高等教育，后升入安多弗神学院深造。伯驾 1827 年进入阿默斯特学院，后转入耶鲁大学，完成本科学业后又继续读研究生，分别于 1833 年和 1834 年获得神学硕士和医学博士两个学位。[1]另外比卫三畏早一年抵达中国的史第芬也是耶鲁毕业生。其实卫三畏早年也很想上耶鲁，但父亲的收入不够把他送进这所昂贵的名校，"他只好非常失望地看着自己的朋友詹姆斯·丹纳离去，当时他的失望程度可能还不如后来，多年后他后悔自己当年没有坚持要求上耶鲁并通过半工半读的方式完成学业"。[2]卫三畏后来能够成为美国汉学的主将，主要靠自身的努力。他广泛地学习各方面的知识，特别注意吸收欧洲汉学的成果，在此基础上不断开拓创新，逐渐形成了自己的学术特色。

---

〔1〕［美］爱德华·V.吉利克：《伯驾与中国的开放》，董少新译，广西师范大学出版社2008年版，第3—18页。对伯驾是否获得耶鲁医学博士学位一直存在争议，原因之一是他在美国始终没有行过医，但他在中国行医的巨大成功使他成为 19 世纪享誉世界的名医之一。详见《伯驾与中国的开放》一书第三章《广州医院》。
〔2〕F. W. Williams, *The Life and Letters of Samuel Wells Williams*, p. 30.

第一节　继承与创新

卫三畏从小就已经展示出很强的学习欲望和能力，只要有时间就总是在读书，并且沉浸于其中，即使是在来中国前学习印刷技术的时候，脑子里也总想着学校的功课，而不是手上的工作。[1] 正是依靠这样的学习劲头，卫三畏来到中国后能够在语言学习和学术研究上不断取得佳绩。我们在他的档案中可以看到不少这类资料，比如他会练习用多种汉语方式来表达一个英文句子：

One can not accomplish anything without means.

画饼充饥无济于事

望空射雁究属子虚

瓦匠没土扒不起墙

巧妇无米煮不成粥

He is not oppressive to the weak, nor cringing to the strong.

柔不茹刚不吐

不欺贫不谄富

软的不欺硬的不怕

不压民不倚官[2]

"柔不茹刚不吐"出自《诗经·大雅·烝民》："人亦有言，柔则茹之，刚则吐之；维仲山甫，柔亦不茹，刚亦不吐。"这是非常高雅的文辞，同时

---

[1] F. W. Williams, *The Life and Letters of Samuel Wells Williams*, p. 31.

[2] 陶德民编：《卫三畏在东亚：美日所藏资料选编》，大象出版社 2016 年版，第 521、529 页。

我们也能看到相当口语化的"巧妇无米煮不成粥",以及介于两者之间的"画饼充饥"这样比较书面化的表达。不难看出,卫三畏这里是在进行不同语级、不同修辞方法的训练,以提升自己的汉语水平。

汉语达到一定程度后卫三畏开始研究中国社会文化,积累汉学知识。在耶鲁大学所藏卫三畏档案中有一份书单,记录了这样一些书籍:《周易详注》《易图说》《书经体注》《九州山水考》《毛诗正义》《诗地理考》《毛诗鸟兽草木考》《周礼详解》《礼记集说》《春秋左传杜林详注》《孝经正义》《七经精义》《四书撮言》《孔子家语》《史记》《国语》《十七史详节》《纲鉴易知录》《大清一统志》《文献通考》《大清律例》《驳案新编》《百僚金鉴》《武备志》《性理大全》《朱子读书法》《农政全书》《本草纲目》《新法算书》《钦定协纪》《卜法详考》《乐典》《舞志》《琴谱大全》《康熙字典》《御定佩文韵府》《山海经广注》《御定全唐诗》《历代诗话》《酒边词》《山中白云词》《古文分编》《列国》《三国志》《说唐》《今古奇观》《聊斋》《西厢》《致富奇书》《智囊》《搜神记》《朱子家训》《风俗通义》《饮食须知》《茶经》《北山酒经》《芥子园》《朝野金载》《铭心宝鉴》《谈征》《故事寻源》《尔雅》《十才子》《成语考注》《大清会典》《瀛环志略》《三字经》《千字文》《状元幼学诗》《道德真经注》《释氏稽古略》《神仙传》《庄子解》《耕织图诗》。卫三畏为每本书都做了解题,如《周易详注》:"十卷,魏王弼撰,系详解《易经》文义,《易经》系河图、理数、吉凶、消长之理,进退存亡之道。"又如《礼记集说》:"一百六十卷,宋卫湜撰,系说明孔子弟子所记曲礼之意义。"[1]这些应该只是卫三畏看过或者查阅过的中文书籍的一部分。

作为现代学者,卫三畏非常注意吸收各个学科的新知识。19世纪正是西方学术大发展的时代,卫三畏积极地投身其中,他本来就对自然科学特

---

[1] Samuel Wells Williams Family Papers, Series 4, Box 26.

别是植物学感兴趣，在大学时代已经打下了良好的基础，此后则将视野拓展到其他学科领域。1846 年他加入美国东方学会，次年加入美国民族学学会，1864 年成为美国地理学会会员，1865 年加入皇家亚洲文会北中国支会，利用各种机会转益多师。"卫三畏见多识广，是我见过的最博学的人，他从不卖弄学问，但是不管你问他什么，他总会给你一个准确的回答。"[1]这是美国驻华公使列卫廉 1858 年 12 月 8 日日记中的话，由此可以管窥卫三畏在人们心目中的形象。值得注意的是，卫三畏显然很早就意识到从多学科角度研究中国的重要性，虽然他对这些学科理论和方法的运用还比较简单，但无疑是有价值的尝试。20 世纪美国以"地区研究"（regional studies）为方法的中国学特别强调利用各种社会科学的方法，以摆脱长期以来形成的重视传统、轻视现实、重视实证、轻视理论的研究路径。[2]"地区研究"的开创者费正清将卫三畏视为这一革新之路的先驱，是非常有道理的。

汉学研究的西方源头在欧洲，卫三畏进入这一领域后很快开始追根溯源，他日后的成功很大程度上得益于他对于西方汉学历史和现状的全面把握。从以马可·波罗为代表的欧洲早期游记汉学、以利玛窦为代表的明清来华传教士汉学，到当代以雷慕沙、儒莲为代表的法国专业汉学，以及马礼逊、裨治文开创的 19 世纪英美汉学，他都了如指掌，换句话说，卫三畏站在了前人的肩膀上。

卫三畏曾对西方历来的汉学成果做过比较系统的梳理，最集中地体现在他编写的《关于中国的著述》（List of Works upon China），分两次刊发在《中国丛报》18 卷 8 期，共 40 多页。文章回顾了欧洲汉学的总成绩，

〔1〕F. W. Williams, *The Life and Letters of Samuel Wells Williams*, p. 294.
〔2〕仇华飞:《美国的中国学研究》，中国社会科学出版社 2011 年版，第 18—20 页。费正清对"地区研究"的定义是："充分利用社会科学的方法，集中对世界某一特定地区进行研究。"《费正清自传》，黎鸣等译，天津人民出版社 1993 年版，第 400 页。

330

在英、法文献的收罗方面尤为齐备，一共收入 403 种西方人撰写的关于中国的书籍及少数与中国有关的刊物，起于 1560 年，迄于发文前的 1848 年，涉及 251 位作者。[1] 文献目录分为三大部分：中文学习工具、西译中文书籍、有关中国的书籍，其下又分若干小类，具体情况如下：

第一部分：中文学习工具（aids in the study of Chinese）53 部

一、1—12：语法（grammars）

二、13—31：字典和词汇手册（dictionaries and vocabularies）

三、32—53：会话练习和其他教材（dialogues and other philological works）

第二部分：西译中文书籍（translation from the Chinese）50 部

一、54—73 典籍（classics）

二、74—103 其他（miscellaneous translations）

第三部分：有关中国的书籍（works on China）300 部

一、104—141 概论（general accounts of the empire, intended to give a complete survey of the country and its inhabitants）

二、141—180 游记（travels through China, and voyages to its borders）

三、181—251 专题论述（particular treatises upon subjects relating to China）

---

〔1〕卫三畏为每部作品编号，从1到402，但141号两次出现，第2个141号（《马可·波罗游记》）应为142号，所以全部作品实际为 403 种。

四、252—279 传教活动和传教士传记（accounts of missions, biographies）

五、280—292 中国研究期刊（serial works relating to China）

六、293—327 中国边疆地区（works relating to extra-provincial China）

七、328—373 使用中文的邻国（works upon countries using the Chinese language）

八、374—402 蒙古和满洲（books relating to Mongolian and Manchu languages）

值得说明的是，第三部分的"专题研究"类包括对于中国某个方面如法律、语言、建筑等的论著，以区别于"概论"类——对中国各个方面总的论述。

卫三畏不仅列举了这 400 多种文献，还提供了详细的出版信息，以及自己简要的评论，以第 1 号著作为例：

Arte de la lengua Mandarina; compuesta por el M. R. P. Francisco Varo. 64 leaves, small 4to. Canton, 1703. This work was printed on blocks in the Chinese manner, and has long been out of print ; it is singular that the Chinese character was not introduced, seeing that it was so easy to have done so. Its contents furnished Fourmont with a good part of his materials.[1]

（《华语官话语法》，万济国著，64 页，小四开本，1703 年出版于广州。该书用中国木板印刷，已经绝版很久。考虑到插入汉

---

[1] S. W. Williams, "List of Works upon China", *The Chinese Repository*, Vol. 18, pp. 402−403.

字并非难事，但该书不带汉字，颇为奇特。其内容为傅尔蒙提供
了很多资料。）

《华语官话语法》是现存最早的汉语语法著作，作者万济国是西班牙
多明我会传教士，1684 年抵达菲律宾开始学习汉语，次年 8 月入华，其后
三十多年除一度被囚禁并驱逐至广州，大部分时间都在福建传教。1682 年
他用西班牙文撰成《华语官话语法》，1703 年由其学生在广州用木版刻
印，成为第一本传世的汉语语法。[1]卫三畏评论中提到的傅尔蒙（Étienne
Fourmont）是 18 世纪法国著名汉学家，1742 年出版了《中国官话》（*Linguae
Sinarum Mandarinicae hieroglyphicae grammatica duplex*），该书在很大程度上
借鉴了《华语官话语法》，但他却不愿意公开承认，雷慕沙曾毫不客气地
指出："傅尔蒙最应受到谴责的行径，是他竭力贬低那位西班牙语法学家
的成就，为了防备被指责为剽窃，他信誓旦旦地说，他的语法完成后方才
读到万济国的书。"[2]卫三畏显然赞成雷慕沙的意见。

　　总体来说，卫三畏对各类作品的评论是比较客观公允的。比如对于马
礼逊所著《中国大观》（*View of China for Philological Purposes*，44 号作品），
卫三畏给予了高度评价："该书虽然题目有点怪，却是一本非常实用的手
册，包含中国年代表、地理、政府等内容，带有汉字，对于学习者非常便
利。"但他对马氏的《通用汉言之法》（5 号作品）则评价不高："该书研
究汉语语法，内容却依据英语语法规则来排列，这对于汉语来说并不合适，
因此很不实用。"[3]卫三畏评论自己的作品时往往言简意赅，如第一部教材

---

[1]《华语官话语法》共十六章，第一章总论汉语特点；第二章论声调；三至六章论名词、代词；第七章论
叹词、连词、否定词、疑问词等；八、九两章论动词；第十章论介词、副词；第十一章论构成方式；十二、
十三两章分论数词、助词；最后三章描述各种场合表示礼貌、客套、尊卑的词语和礼俗。姚小平：《现存最
早的汉语语法著作》，载《中国语文》2001 年第 5 期，第 475 页。

[2] 许明龙：《黄加略与早期法国汉学》，中华书局 2004 年版，第 254 页。

[3] S. W. Williams, "List of Works upon China", *The Chinese Repository*, Vol. 18, pp. 403, 408.

《拾级大成》（39 号作品）："本书所包含的练习对于学习广东话以外的方言也是适用的。"论及《中国总论》（141 号作品）则更为低调，完全不提其内容和价值，只说："本书附有一张中国地图，其中区域的划分和名字的使用完全根据清政府的规定。"[1]

除了卫三畏自己的作品外，目录中列举的美国人著作不多，只有裨治文的《广东方言中文文选》（38 号作品）、裨治文翻译的《三字经》等蒙学读物（一并作为 71 号作品）、雅裨理居留中国时期的《日记》（172 号作品）等几部。按照国别来看，书目中列举的美国人的著作远少于欧陆诸国。以第三部分"有关中国的书籍"为例，收入作品最多的是雷慕沙和马礼逊各有 14 种，其次是麦都思、克拉普洛特各有 10 种。而在全部三部分中，收入作品最多的美国人正是卫三畏自己，只有 3 种。[2] 数量的差距是一个不争的事实，也说明到 1849 年为止，整个美国汉学还在起步阶段。但就在这个阶段，卫三畏的《中国总论》已经出版了，并且很快被翻译成了德、西等欧洲文字，在"概述"类作品中占据了一席之地。尽管位居全部 38 部作品中的最末一位，也是唯一的美国作品，但说明美国汉学已经开始显示自己的实力。

卫三畏《关于中国的著述》是美国最早的一份汉学目录，具有重要的学术史意义。如果放在更大的西方汉学的视角来看，则其地位可以从两种形态来讨论。第一种是作为某种书目的一部分，也就是说汉学目录只是其中一部分，那么此前已有欧洲人做了一些工作，如最早的《东西方书目概要，航海及地理》（*Epitome de la Bibliotheca Oriental i Occidental，Nautica i Geografica*），由皮聂罗（Leon Pinelo）在 1629 年刊行于西班牙马德里，

---

[1] S. W. Williams, "List of Works upon China", *The Chinese Repository*, Vol. 18, pp. 407, 420.

[2] 除了《拾级大成》《中国总论》，第三部是《英华韵府历阶》（25 号作品），卫三畏的自我评价是："本书是书面英语，而不是口头实际运用的英语常用词汇与广东话的对照手册。" S. W. Williams, "List of Works upon China", *The Chinese Repository*, Vol. 18, p. 405.

334

该书第 27 至 31 页的第七部分"中国历史"收录了 1552 年至 1620 年间出版的论述中国的书目共 36 种。[1] 此外如德国学者莫伊泽尔（Johann G. Meusel）编纂的十一卷本《历史书目》（*Bibliotheca historica*，出版于 1782 年至 1804 年）、法国人泰尔诺 - 孔庞（Henri Ternaux-Compans）编纂的《亚洲及非洲目录》（*Bibliothèque asiatique et africaine*，1841 年）中均有关于中国的条目，但都比较零散和简单。就专门的汉学目录来看，有学者认为德国人安德烈埃（Hermann V. Andreae）等以德语编纂的《汉字文法书广总目》（*Bibliotheca Sinologica*）是最早的，但该目录出版于 1864 年，而且是"一部偏重于语言领域的类专题汉学书目"[2]，所以无论从出版时间还是从覆盖面来看，都不如卫三畏目录。就英语世界来看，卫三畏之前只有马礼逊的工作值得一提，马氏曾对 1824 年前欧洲有关中国的书籍做过一个简单的梳理，按照时间排列，以 Notices of European Intercourse with China, and of Books concerning It, Arranged in Chronological Order 为题，收入 1825 年在伦敦出版的《中国杂记》（*Chinese Miscellany*）一书，但马礼逊的目录比较粗糙，且缺乏系统性，所以不妨把卫三畏书目看作西方最早的一份专门的汉学书目。

　　19 世纪 70 年代两部综合性的西方汉学目录相继问世，即德国人穆麟德（Paul Georg von Möllendorff）等编纂的《汉籍目录便览》（*Manual of Chinese Bibliography: Being a List of Works and Essays Relating to China*，1876 年）与法国人高第编纂的《西人论中国书目》。前者分"基础文献""中国语言和文学""中华帝国"和"中国边地"四部分，收录图书 4639 种。后者分为"中国概论""在华外国人""中外关系""中国人在海外""中国的附属国"五个部分，收录西方自 16 世纪中叶以来关于中国的文献书

---

[1] 孟庆波：《美国东方学会图书馆的早期汉学藏书（1842—1905）——兼论 19 世纪的美国汉学目录学》，载《燕山大学学报（哲学社会科学版）》2020 年第 3 期，第 83 页。
[2] 张明明：《穆麟德兄弟与高第汉学目录之争考》，载《国际汉学》2022 年第 3 期，第 114—115 页。

目超过 7 万条。《西人论中国书目》不仅收录更为详备，内容也更为丰富，出版后成为流传最广的西方汉学研究的基础性工具书。[1]《汉籍目录便览》基本只给出文献的题目，没有解释性的说明，从这一角度来说还不如卫三畏的书目做得细致。穆麟德关注到了卫三畏书目，在"基础文献"部分特别将其列入，作为早期的 13 种汉学书目之一。高第同样高度重视卫三畏书目，在《西人论中国书目》前言中明确表示了它的参考价值。[2]就编目来看，高第的五类划分法是以卫三畏的三分法为基础的。卫三畏的三大类和若干小类的划分虽然不免简单，但无疑体现了他对汉学研究的总体性关照和学科化思考。这份书目出版于《中国总论》面世一年后，标志着卫三畏的汉学研究正在走向成熟和自觉。

目录学是读书治学的基础。清代学者王鸣盛曾说，"凡读书最切要者，目录之学。目录明，方可读书；不明，终是乱读。"（《十七史商榷》卷七）卫三畏显然深谙此理。书目中列举了 403 种文献，卫三畏对于其中的英语和法语文献则读得很细。比如前文我们讨论过的巴赞译《中国戏剧选》，在书目中列为第二部分的第 77 号作品，卫三畏在评论中特别赞扬此书"注释对于典故的解释异常完美"。[3]

对巴赞的评论可以作为法国汉学的例子，在英语文献方面我们以郭实猎著《开放的中国》（*China Opened*）为例予以说明。该书在目录中列入第三部分"概论"类，为第 126 号作品。卫三畏对它的评论是："该书写得比较匆忙，虽然含有一些有价值的观点，但对于所论述的问题并非可靠的参考。"[4]此前卫三畏在《中国丛报》上曾对该书做过详细的评论（1839 年

---

〔1〕《西人论中国书目》第一版初编两卷八分册，1878—1885 年刊，补编一卷三分册，1893—1895 年刊。第二版初编四卷八分册，1904 至 1908 年刊，补编一卷四分册，1922—1924 年刊。详见张明明：《穆麟德兄弟与高第汉学目录之争论》，载《国际汉学》2022 年第 3 期，第 116 页。

〔2〕Henri Cordier, "Préface de la première édition", *Bibliotheca Sinica* (1904), p. vii.

〔3〕S. W. Williams, "List of Works upon China", *The Chinese Repository*, Vol. 18, p. 412.

〔4〕S. W. Williams, "List of Works upon China", *The Chinese Repository*, Vol. 18, p. 419.

336

6月第8卷第2期）。《开放的中国》1838年在伦敦出版，分为上下两卷，
包括附录在内有1100页。全书共分二十七章，力图全面展现清代中国的社
会状况，这最显著地体现在该书的副标题上——"中华帝国的地形、历史、
行为习惯、艺术、物产、商业、文学、宗教、司法等"。

　　从道理上来讲，郭实猎这本著作应该质量不错，因为他曾多次不顾清
政府禁令沿中国海岸航行，比活动范围只局限在广州、澳门的传教士的感
官经验丰富得多，这也是为什么大部分人认为中国还在封闭的时候他已经
感觉到了"开放"。另外他有很强的语言能力，会讲多种汉语方言。但郭
实猎没有很好地利用这些有利条件，用卫三畏形象的说法就是，"菜的原
料很好，但做得不可口"。郭实猎的匆忙和草率使书中充满了许多表述不
清和自相矛盾的地方，如第四章介绍中国的自然资源时，他说中国人几乎
不吃牛肉，因为"许多中国人出于宗教的原因完全戒食牛肉，而且即使他
们想要享受这种奢侈的食品，在中国也没有草地来牧养它们"。但就在这
段话前面几行，郭实猎说"一种体形较小的牛在中国很常见，它们被用来
耕作农田"，还说"在中国南方，水牛到处可见"。中国人食用牛肉的量
可能不如欧洲人，但完全不吃牛肉的和尚尼姑（他们其他肉也不吃）只占
人口中极小的比例。至于说中国人不养牛则毫无根据，这从郭实猎本人前
后矛盾的表述中已经能够看出。

　　对于这类"草率的推测、随意的表述"，卫三畏一方面表示遗憾，另
一方面也毫不客气地一一指出。卫三畏不否认郭著中有不少"可靠的信
息"，但认为要"鉴别哪些是玉，哪些是石"（ to separate the gems from
the stones ）却绝非易事，他认为这样的书不应该出自郭实猎之手，也不符
合人们对他这样一位汉学家所寄予的期望。[1]郭实猎的问题可能在于创作
速度太快，他一生出版的德文、英文、中文、日文、马来文著作有85种之

〔1〕S. W. Williams, "Review of *China Opened*", *The Chinese Repository*, Vol. 8, pp. 84-98.

多，另外还有一部英汉字典的手稿。[1]他也是《中国丛报》的积极投稿者，文章数量仅次于裨治文、卫三畏、马礼逊、马儒翰，是《中国丛报》的五大作者之一，但在"著作等身"的同时难免粗制滥造。

在卫三畏之前，西方汉学已经积累了不少成果，他在全面搜集和阅读的基础上，对于它们的成败得失日益明晰。卫三畏开创美国汉学不是空穴来风，而是在继承的基础上开拓发展，比如《中国总论》在总体框架上借鉴了英国汉学家德庇时的《中国人》，但卫三畏更注意章节安排的逻辑性，从地理环境到政治社会制度再到精神文化，最后论述当下中国的开放和变革，层次分明且层层递进，显然后来居上。

相较于同时代的欧洲专业汉学家如雷慕沙、儒莲等人，卫三畏最大的创新之处在于关注和研究近代中国。雷慕沙等没有来过中国，一方面固然受制于当时的交通条件，但更重要的是他们把中国当作一种古代文明，对于当下问题非常漠视。卫三畏则完全相反，他自1833年到达中国后，一直是近代中国历史的观察者和参与者。这也使他在1877年成为耶鲁教授后不同于身边那些很少接触时事的文理科学者，多彩的生活和丰富的经验使他摆脱了狭隘的视野，也使他的学术具有了和学院派相比异样的特色。

就传统汉学来说，儒家的"十三经"等中国古代典籍是关注的重点，卫三畏在《中国总论》第十一、十二章中给予了全面的介绍和分析。但值得注意的是，他在这一部分花不少篇幅介绍了《圣谕广训》。该书是雍正二年（1724年）出版的官修典籍，训谕世人守法和培养德行，它源于康熙的《圣谕十六条》，从"敦孝弟以重人伦"到"解雠忿以重身命"，雍正继位后加以推衍解释，此后清政府在各地推行宣讲，并定为考试内容。卫三畏曾收集了13种之多的《圣谕广训》各版本，包括用宁波、苏州、福

---

〔1〕Alexander Wylie, *Memorials of Protestant Missionaries to the Chinese*, pp. 56-66.

338

州方言写成的直解本。[1]此外他还在《拾级大成》第八章和第十章中选用了《圣谕广训》第一条"敦孝弟以重人伦"和第七条"黜异端以崇正学"的白话文衍义（清王又朴作）作为汉译英的材料。[2]显然，《圣谕广训》更贴近当时中国的现实，从每一条中都能够透视出官方如何引导民众的道德、信仰取向。

卫三畏虽然到1857年才正式加入美国驻华使团，但实际上早在1844年顾盛前来中国谈判《望厦条约》时，他就已经进入了美国对华外交的第一线。顾盛结束使命后给卫三畏的信很好地说明了这一点，他在结尾处写道："与您短暂的交往使我感到非常满意，对您为政府所做的工作以及从更大的方面说为中国的宗教和文明事业所做的工作表示崇高的敬意。"[3]正式成为外交官后，卫三畏经历了很多近代中国的重大事件，如参加《天津条约》谈判、觐见同治皇帝，同时他与满汉官员如耆英、徐继畬等也多有交往。卫三畏代表作《中国总论》中的不少内容，特别是最后几章，实际上是他的目击实录。如发生于1870年6月的天津教案，卫三畏曾参与此事的处理，他在《中国总论》第二十六章《中国近事》中有详细的记录，认为如果法国领事丰大业（Henry Fontanier）能够和中国地方官有效沟通，而不是首先动武，20名法国人和俄国人被杀的惨剧本来可以避免。[4]

由于身处中国，同时精通汉语，卫三畏对于中国发生的政治事件一直很敏感，有些刚有苗头就被他捕捉到了，最能说明问题的是太平天国运动。1853年太平军占领了南京，使他们的起义一下子成为在华外国人关注的焦点。但此前他们的行动则很少为外国人所知。卫三畏最早注意到了太平天国运动的发生，并在1850年至1851年做了一系列（共五份）报道。

---

[1] 司佳：《传教士缘何研习〈圣谕广训〉：美国卫三畏家族档案手稿所见一斑》，载《史林》2013年第3期，第92—93页。

[2] S. W. Williams, *Easy Lessons in Chinese*, pp. 166–181, 279–280.

[3] F. W. Williams, *The Life and Letters of Samuel Wells Williams*, p. 127.

[4] S. W. Williams, *The Middle Kingdom* (1883), Vol. 2, pp.699–700.

　　1850 年 8 月，卫三畏在《中国丛报》上发表了一篇题为《广西的动乱》（Disturbances in Kwangxi）的文章，这是西方人关于太平天国的最早报道，当时外界对这场运动的宗教倾向几乎一无所知。卫三畏写道："在广西的动乱最近升级，叛乱者人数激增，且组织良好，情况如此严重，惊动了广州当局。总督是唯一可以正式采取行动的人，但据报道他并不想派兵前往弹压，他手下的将领也不愿意离开他们的驻防地去面对造反的同胞。我们还不是很清楚，是什么特别的冤情导致广西人民揭竿而起，也不知道他们的领导者是谁。"[1]根据历史记载，1850 年 4 月，洪秀全在平在山登极，称"太平王"。7 月，他发布对各地拜上帝会信徒总动员令，命令其赴紫金山下金田村团营，太平天国的军事组织正式成立。卫三畏的报道可谓很早。这里不愿意采取行动的是两广总督徐广缙，他几次以需要在广东剿匪为由推脱前往广西执行任务。1851 年 1 月 11 日，广西桂平金田起义爆发，正式称"太平天国"，卫三畏很快在 1851 年 2 月写了第二份报道："1850 年年底前任两江总督李星沅被任命为钦差大臣代替林则徐，周天爵为广西巡抚代替因防范懈怠被革职的郑祖琛，我们相信，李大人会一直在广西前线直到动乱被平息。"[2]但前景却绝不如想象的那么顺利，在副将伊克坦布在蔡村江之战中全军覆没之后，李星沅向朝廷请求援助，并调兵遣将，但还是因为镇压不力于 1851 年 5 月被调往湖南，收回其钦差大臣关防。此后咸丰任命赛尚阿为钦差大臣，本以为能很快剿灭太平军，但 9 月却传来永安州失守的消息。赛尚阿手下最能干的将军是乌兰泰，卫三畏在最后一份（第五份）报道中全文翻译了乌兰泰给皇帝的奏折，这也是太平天国资料最早的英译。

　　十多年后的 1864 年，卫三畏在一封信中写道："从一开始我就对太平

---

〔1〕S. W. Williams, "Disturbances in Kwangxi", *The Chinese Repository*, Vol. 19, p. 462. 此后的四篇报道以 Insurgents in Kwangxi 为题刊登在《中国丛报》第 20 卷。

〔2〕S. W. Williams, "Insurgents in Kwangxi", *The Chinese Repository*, Vol. 20, p. 111.

天国运动没有信心，虽然它看上去好像会成为传播基督教的一种手段，但实际上没有足够的理由来确保这样一个结果。"[1]这绝不是后见之明。卫三畏早在第一篇报道中就已经意识到了，而后来的事实也证明，太平天国只是利用基督教来进行组织和动员工作。

姜秉正编《研究太平天国史著述综目》是一部搜罗丰富的工具书，收录了自太平天国运动爆发到 1981 年为止国内外的研究专著、论文和资料等，分六个部分：（甲）全史；（乙）人物评传；（丙）文物；（丁）史料；（戊）学术思想及书志学；（己）小说、戏曲、故事。其中全史是重点，又细分为综论、军事、政治、经济、宗教等类。在每一类中都列有外文文献，各类中最早的分别是：

军事类：佚名《苏州城的攻陷》（Taking of Soochow），载《北华捷报》（*North China Herald*）1860 年 6 月 30 日

政治类：裨治文（E. C. Bridgman）《南京内讧的报道》（Report on the Internal Strife in Nanking），载《北华捷报》1857 年 1 月 3 日

经济类：Q《关于太平天国关税法令的通讯》（Correspondence on the Taipings' Customs Decree），载《北华捷报》1861 年 12 月 7 日

宗教类：罗孝全（I. J. Roberts）《一封涉及外国传教士和广西暴动关系的信件》（Letter Relating the Connection between Foreign Missionaries and the Kwangsi Insurrection），载《北华捷报》1853 年 8 月 20 日[2]

可以看出，这里列出的最早文献是 1853 年 8 月美国传教士罗孝全的书

[1]S. W. Williams to F. Williams, 12 August 1864. 顾钧、[日]宫泽真一主编：《美国耶鲁大学图书馆藏卫三畏未刊往来书信集》（第 21 册），广西师范大学出版社 2012 年版，第 65 页。
[2]姜秉正编：《研究太平天国史著述综目》，书目文献出版社 1983 年版，第 436–442 页。

信，比卫三畏 1850 年 8 月在《中国丛报》上的第一篇报道晚了整整三年。对于中国近代史，特别是太平天国史研究者来说，卫三畏的五篇报道值得高度关注。

太平天国运动与新教传教关系密切。1846 年洪秀全曾在广州跟随罗孝全学习《圣经》，而他最早接触西方文化则可追溯到 1843 年，当年 5 月他认真研读了《劝世良言》（1836 年即在科举考场外获得一册，但一直没有仔细看）。该书 1832 年初刊刻于马六甲，共 235 页，分为九个部分，论述了基督教的多个论题如浸洗、三位一体、偶像崇拜、天堂和地狱等。该书作者梁发是近代中国第一位华人基督教牧师。

卫三畏最早系统整理了来华传教士的名录，早于英国传教士汉学家伟烈亚力。伟氏 1867 年出版的《来华新教传教士纪念集》（*Memorials of Protestant Missionaries to the Chinese*）收录了 338 名传教士的生平及中、英文著述资料，一直被研究者广泛使用，也被普遍认为是最早的新教传教士资料汇编。这其实是不准确的，卫三畏亲眼见证了 19 世纪新教在中国的发展历程，早在 1851 年就发表了长达 33 页的《新教来华传教士名录》（List of Protestant Missionaries to the Chinese，《中国丛报》第 20 卷），该文全面梳理了到 1851 年为止新教传教工作各方面的情况。当然，就资料的全面和翔实来看，伟烈亚力名录后出转精，但卫三畏的开创之功不可抹杀。值得一提的是，伟烈亚力在名录中将卫三畏（名列 22 号）的出生年误记为 1814 年，后来雷孜智（Michael C. Lazich）著《美国第一位来华传教士裨治文》也将卫三畏的出生年误记为 1814 年，显然是受到伟烈亚力一书的影响，也足见伟氏的影响力。[1]

卫三畏的文章从三个方面进行了整理：（1）来华差会名录；（2）来华传

---

[1] Alexander Wylie, *Memorials of Protestant Missionaries to the Chinese*, p. 76; Michael C. Lazich, *E. C. Bridgman 1801—1861, America's First Missionary to China* (Lewiston, NY: The Edwin Mellen Press, 2000), p. 91.

教士名单；（3）《中国丛报》中对于上述差会和传教士报道的索引。根据卫三畏的统计，自 1807 年至 1851 年，前后一共有 42 家差会（其中主要的是 18 家）的 150 位传教士在中国工作过，而 1851 年当年正在中国的是 73 人。在这 150 人当中，英国 47 人，美国 88 人，来自欧洲大陆的是 15 人。就差会来看，前三名是伦敦会共 34 人，美部会 26 人，美国长老会 20 人。此后卫三畏对各地传教站点的情况做了比较详细的介绍，分别是广州、香港、厦门、福州、宁波、上海。其中上海是当时人数最多的，共有 21 位传教士和 4 名传教助理。

在这篇综合性的总结之前，卫三畏还于 1849 年做过一次初步的梳理，以《在华新教差会》（Protestant Missions in China）为题发表在《中国丛报》第 18 卷（1849 年 1 月）。当时的数据是这样的：[1]

差会	广州	香港	厦门	福州	宁波	上海	总数
伦敦会	3	4	4			7	18
美部会	5		3	5			13
礼贤会		2					2
美国浸礼会		2			2		4
安立甘会					2	2	4
马礼逊教育会		1					1
美国圣公会						3	3
美国长老会	3				5		8
英国浸礼会					2		2
巴色会		2					2
美南浸信会	2					3	5

---

[1] S. W. Williams, "Protestant Missions in China", *The Chinese Repository*, Vol. 18, p. 49.

续表

差会	广州	香港	厦门	福州	宁波	上海	总数
美国安息浸信会						2	2
美以美会				4			4
美国监理会						2	2
英国长老会		1					1
自由传教士	1						
在各口岸人数	14	12	7	9	11	19	72

不难看出，无论是差会数量还是传教士人数，英美两国都是主力，在15个差会中，美国8个，英国4个，而72名传教士中，美国41人，英国25人。另外从列表可以知道，当时上海已经成为传教士人数最多的站点。

卫三畏在中国的亲身经历体现在多个方面，也体现在他的多部著作中。以《汉英韵府》为例，他在字词释义方面参考了《康熙字典》《艺文备览》《佩文韵府》《骈字类编》等中文资料，但同时也结合自己在中国的所见所闻。比如对于"魛"的定义是这样写的：

魛 From fish and knife，alluding to the row of spines on the belly.

A fish of the herring family，the Thryssa mystax or an allied species，common off the Yangtsz' River；it is about a foot long, and has a prolongation of the slender maxillary bones an inch beyond the mouth like a knife blade；the pectoral fins consist of six separate rays six inches long；the anal fin reaches to the tail.

（魛字由"鱼"和"刀"构成，暗指腹部的一排刺。

鲱鱼属，或其近亲鱼种，通常见于长江口外。体长约一英

344

尺，上颌长有细刺，伸出嘴外一英寸，状似刀刃；胸鳍由六根鳍
刺组成，每根长六英寸；臀鳍延展至尾部。）[1]

关于"鲚"字的由来，中国人多认为跟这种鱼的扁长体形有关，看上
去就像一把刀；而卫三畏说它腹部的排刺呈刀状，也自有道理。有学者通
过比较《汉英韵府》和《辞海》《现代汉语词典》对"鲚"的定义后指出：
"卫三畏说，鲚是鲱鱼（herring）的一种，似乎是凭肉眼观察得出的结论；
也正因为没有太大把握，他才补充说，或有可能是鲱鱼的'近亲鱼种'（an
allied species）。也许他看过鱼类学或海洋生物学方面的著作，但那时即使
已经有这类书，会讲到中国近海的刀鱼吗？不管怎样，卫三畏称鲚鱼'通
常见于长江口外'，可以说是相当准确的地理定位。至于对这种鱼的体貌
和生理构造的细致描述，恰是《辞海》及普通语文词典所缺少的；而鳍刺
精确到根，长度精确到寸，非亲眼所见更是不能够的。"[2]这再次说明，卫
三畏的汉学研究不只是停留在书本上，而是实践出真知。

与历史久远的欧洲汉学相比，年轻的美国汉学能够给予卫三畏的营养
是有限的。如果有的话，则主要来自裨治文。如卫三畏对于新教传教工作
的梳理，其源头可以追溯到裨治文。早在 1843 年 4 月，裨氏就在一篇书评
的末尾简单罗列了当时来华的新教传教士，包括姓名、差会、工作地点等
几项信息，总共只有一页纸，但开创之功不可抹杀。后来他又做过一份专
门的名单，同样非常简单。[3]

裨治文生于 1801 年 4 月 22 日，比卫三畏年长十一岁，他又是美国最
早来华的传教士和中国研究者，所以无论在生活还是工作上，他都是卫三

〔1〕S. W. Williams, *A Syllabic Dictionary of the Chinese Language in the Court Dialect*, p. 866.
〔2〕姚小平：《罗马读书记》，外语教学与研究出版社 2009 年版，第 196 页。
〔3〕E. C. Bridgman, "Review: *The Great Commission*", *The Chinese Repository*, Vol. 12, p. 223, E. C. Bridgman, "List of Protestant Missionaries in China", *The Chinese Repository*, Vol. 16, pp. 12–14.

畏不折不扣的兄长。作为美国最早的汉学家，裨治文的中国研究对卫三畏
产生了多方面的影响。首先，从治学理路来看，裨氏是杂家，对中国方方
面面的情况都予以关注和研究。他是《中国丛报》的创办人，也是主笔，
特别是在创办初期作者队伍比较小的情况下，他的文章尤其密集。时势造
英雄，裨治文为《中国丛报》创刊号所写的序言最能清晰地看出这一点。
他首先对于中西之间商业往来多年而精神方面的交流微乎其微表示了惊异：
"三十年前，这里没有一个人能将汉语翻译成英语；也没有一个天朝的臣
民能够正确地读、写或说英语这种语言。"在裨治文看来，这一情况导致的
不幸结果是西方人对中华文明所知甚少，有限的一点知识也大多来自早期
天主教传教士的研究。因此他提出对中国进行全方位的考察，如博物学领
域，"可以去调查气候变化、风力、降雨量及其对人体健康的影响；关于
土地，要调查矿藏、植被、畜产、肥沃程度和耕作状况；还要调查江河、
湖泊和海洋的渔产"。至于商业，裨治文建议"特别值得关注的是从过去
到现在的发展变化，尤其要注意目前商业状况的利弊"，他还鼓励去研究
中国的"社会关系""精神形态"和"文学特点"，这些研究很自然就包
括了对中国典籍和教育体系的深入考察。[1]

　　裨治文不仅提出倡议，更身体力行。他早期的一些重要文章，如《广
州与澳门的气候》（Climate of Canton and Macao）、《耶稣会士提到的在
华犹太人》（Jews in China Mentioned by the Jesuits）、《中国的报刊以及
汉语学习》（Presses in China, and Study of Chinese）、《中国女皇武则天》
（Woo Tsihteen, Empress of China）、《基督教在中国早期的传入》（Early
Introduction of Christianity into China）等，从不同的角度为西方读者提供
了各种有关中国的信息。裨治文后来虽然没有写出一部像德庇时《中国人》
或卫三畏《中国总论》那样全面系统的著作，但他在《中国丛报》上发表

---

[1] E. C. Bridgman, "Introduction", *The Chinese Repository*, Vol. 1, pp. 1–5.

的约 200 篇汉学文章已经涉及中国的方方面面，它们汇总起来就是一本关于中国的小型百科全书。这些文章成为卫三畏写《中国总论》时经常参考的资料，更重要的是，展示了一种全面研究中国的思路，这对卫三畏一生的治学影响深远。

就一些具体的研究领域来看，裨治文也是导夫先路者。他的第一部著作《广东方言中文文选》"为学习粤语语法和用法提供了出色的指导"[1]，卫三畏参与其中，此后将汉语研究的范围从粤语扩大到官话，编写出了更多、更好的双语字典和教材。儒家思想是中国文化的核心，前文论及卫三畏翻译《二十四孝》，就是受到裨治文翻译《孝经》以及《三字经》《千字文》的直接影响。后来他在《中国总论》第九章《教育和科举考试》中引用了裨治文的译作，以此展示中国的蒙学教育。关于《千字文》他写道："它在中国语文中是独一无二的，其他国家不可能产生类似的作品，它正好 1000 个字，在字形和意义上各不相同。据梁代史书记载，著者周兴嗣是应皇帝的要求而作。皇帝给了他王羲之写的 1000 个字，问他能否编纂成一篇韵文。他果真做到了，呈报皇帝后被给予了丰厚的赠品以示赞许。这样独特的工作一定不乏相应的奇闻，有些记载还补充说，他以一整夜的时间完成了这项任务，因害怕失败受惩罚，心力交瘁以至头发全白了。这篇文章共 250 行……裨治文博士翻译了部分内容。"[2]

裨治文的影响还体现在对中国教育的研究上。裨氏创办《中国丛报》后，不断发表有关中国教育的文章，总数达到近百篇，内容涉及中国教育史、教育基本原则、清代教育状况、教育相关故事、教育存在问题等。[3] 裨治文 1835 年撰写的长文《中国人的教育》(Education among the

---

〔1〕[美] 雷孜智：《千禧年的感召——美国第一位来华新教传教士裨治文传》，尹文涓译，广西师范大学出版社 2007 年版，第 142 页。
〔2〕S. W. Williams, *The Middle Kingdom* (1883), Vol. 1, p.531.
〔3〕邓联健：《英语世界直接译介中国高等教育的早期努力》，载《现代大学教育》2020 年第 3 期，第 74-75 页。

Chinese）是这方面的代表作。文章开篇介绍了古代中国对教育的高度重视，接下来从语言文字、天文、地理、礼仪、音乐等方面回顾了中国教育的发展，最后对当下教育做出了评价。卫三畏受其影响，对教育也很重视，《中国总论》中专门有一章谈教育就是明证。但裨治文只注意到了一般教育的状况，而卫三畏在此基础上特别关注了女子教育。1840 年他写了一篇长文，全面介绍了清代学者蓝鼎元的《女学》。卫三畏在文章开篇介绍缘起时写道："本书之所以引起我的关注，是因为我们一直听说中国妇女的地位低下，所以没有想到还有这样用于教育她们的专书，而且是由中国最好的学者和道德家撰写的。"[1]其实中国古代并不缺少女教书籍，传世的如班昭《女诫》、刘向《列女传》、郑氏《女孝经》等，蓝鼎元对于它们均有所参考，并在前人著述的基础上于 1710 年完成了《女学》六卷，出版后影响深远，被称为中国女教集大成者。通过译介《女学》，卫三畏希望向西方读者说明在中国教育并非只是男性的专利，女性的教育问题一直受到关注。晚年卫三畏还在《教务杂志》1880 年第 11 卷上发表了《中国的女子教育》（Education of Woman in China）一文，文中他介绍和摘译了《女诫》《女学》《女儿语》等女子读物，认为尽管其中提出的标准是很多妇女难以做到的，"但是将这些教导和榜样放在她们面前却十分有利于她们的进步"。[2]卫三畏认为中国妇女的地位高于波斯和印度，体现了一种更为高度的文明。

　　裨治文对于卫三畏的影响不仅是在学术上，实际上在他们相交的二十多年中，裨治文一直像兄长一样关心照顾卫三畏。裨氏去世后，卫三畏给其夫人信中的这段话最好地说明了这一点："您的丈夫脱离了这个尘世的辛劳和焦虑，得到了休息，但在我却是一个亲爱的兄长的永远离去——他

---

〔1〕S. W. Williams, "Neu Heo", *The Chinese Repository*, Vol. 9, pp. 539-540.

〔2〕S. W. Williams, "Education of Woman in China", *The Chinese Recorder and Missionary Journal*, Vol. 11 (1880), p. 53.

比任何人都与我亲近，多年来我们一起愉快地工作，商量问题，分享快乐。
你知道我们的交往——真诚而自由的交往。从我 1833 年到达广州的那天起
直到今天——让人悲伤的一天——我得知他去世的消息，我们之间的友谊
从来没有中断过，二十八年来，他的友好行为、友善建议、及时指导以及
耐心帮助，是我不能一一缕述的。现在我已经无法看到他了，我会不断回
想起他的所作所为，它们会擦亮我的记忆，尽管也会增加我的痛苦。"[1]裨
治文是美国最早来华的传教士，在汉学研究方面有开创之功，但其成就和
影响力不如卫三畏，特别是没有写出《中国总论》和《汉英韵府》这样的
大部头著作，原因是多方面的，去世早是其中之一，另外上海开埠后他移
居沪上，将主要经历投入《圣经》修订之中。但裨治文在西学东渐方面的
贡献是卫三畏所不及的，他出版于 1838 年的《美理哥合省国志略》（新加
坡坚夏书院印刷）是第一本中文版的美国史，为近代中国开眼看世界的知
识分子提供了有关美国的最新、最全面的信息。魏源的《海国图志》中涉
及 "弥利坚国" 的部分几乎全文征引了该书，梁廷枏的《海国四说》与徐
继畬的《瀛环志略》有关美国的部分也基本上以该书为重要参考。较晚些的
改良派人物王韬更是对该书推崇备至，"即以其国之人言其国之事，不患
其不审，而实可以供将来考索"。[2]裨治文后来又对该书做了修订，更名
为《大美联邦志略》（1861 年上海墨海书馆出版），1862 年美国首任驻北
京公使蒲安臣向清廷递交国书时，曾将该书送给总理衙门，并请求转呈同
治皇帝。[3]由此可以再次看出该书的受重视程度。

〔1〕F. W. Williams, *The Life and Letters of Samuel Wells Williams*, pp. 331–332.
〔2〕王韬：《弢园尺牍新编》（上），陈玉兰辑校，上海古籍出版社 2020 年版，第 165 页。
〔3〕尹文涓：《裨治文笔下的美国形象——从〈大美联邦志略〉的前后两个版本说起》，载《国际汉学》第 8
辑（2003），第 148–160 页。

第二节　关注小传统

1956 年美国人类学家、社会学家罗伯特·芮德菲尔德（Robert Redfield）在其《农民社会与文化——人类学对文明的一种诠释》一书中指出："在某一种文明里面，总会存在着两个传统：其一是一个由为数很少的一些善于思考的人创造出的一种大传统，其二是一个由为数很大的但基本不会思考的人创造出的一种小传统。"[1] 这个二分法一经提出，便产生了广泛的影响，被引入中国后，有人将"大传统"（great tradition）解释为"精英文化"，将"小传统"（little tradition）解释为"大众文化"，也是颇为贴切的。大小是相对的，小传统就人数来看一点也不小。

在中国，大传统就是以儒家为代表的精英文化。正如德庇时所言："就对人群的影响范围来说，孔子超过其他所有人类导师。"[2] 任何一个汉学家都不可能不对儒学有所涉猎。卫三畏虽然评述过孔子和孟子的生平和思想，但总体来说贡献不多。从翻译的角度来看，法国人的成绩卓著，如宋君荣翻译的《尚书》、孙璋翻译的《诗经》、毕瓯翻译的《周礼》、儒莲翻译的《孟子》等。

就英国人来看，首先必须提及的是理雅各。从 1861 年至 1885 年他陆续将《四书》《尚书》《诗经》《春秋》《孝经》《周易》《礼记》翻译成了英文。理雅各不仅是第一个系统翻译儒家经典的学者，而且译文质量上乘，卫三畏在《中国总论》修订版本中多次引用。在初版《中国总论》中，卫三畏论述中国典籍时参考和引用的英文著作也基本都是英国人的作品：马士曼的《论语》译本（*The Works of Confucius*，1809 年）和《大学》译本（*Ta Hyoh*，1814 年）、柯大卫的《四书》全译本（*The Chinese*

---

[1]［美］罗伯特·芮德菲尔德：《农民社会与文化——人类学对文明的一种诠释》，王莹译，中国社会科学出版社 2013 年版，第 95 页。
[2] J. F. Davis, *Chinese Miscellanies* (London: John Murray, 1865), pp. 62–63.

Classical Works, Commonly Called the Four Books，1828 年 ）、麦都思的《尚书》译本（ *The Shoo King*，1846 年 ）等。相比之下，卫三畏这方面的贡献不大。放眼看 19 世纪美国汉学，同样贡献有限，如娄理华曾经翻译过《诗经》，但只有《周南·关雎》和《周南·卷耳》两首作品，而且在原文的理解上还有一些问题。[1] 卫三畏紧随其后翻译过几首，其中《邶风·静女》收入《中国总论》1883 年修订版，有学者研究后指出，卫三畏译文 “虽然多处借用了理雅各《诗经》韵译本中的措辞，但是整体上比理雅各的译文更简洁生动”。[2] 这无疑属于踵事增华，但只是个别的案例。

在典籍翻译方面，美国人的贡献最值得一提的是裨治文全文翻译了《孝经》，算是 “十三经” 之一，但是儒家经典中字数最少、也比较容易读的一部，在中国古代长期作为童蒙教育的课本。

值得一提的是，理雅各于 1879 年也翻译出版了《孝经》。两者对比可以发现，后者在质量上后来居上。这里只举一个例子以明之。《纪孝行章》中有这样一段话：“居上而骄则亡，为下而乱则刑，在丑而争则兵，三者不除，虽日用三牲之养，犹为不孝也。”

裨治文的译文

But if those who are high in authority become proud, they will be ruined; if those who are in inferior stations become insubordinate, they will be punished; and if those who are among the multitude become contentious, they will occasion a war of weapons. If therefore either of these three evils are not put away, the mere fact of daily supplying parents with the best animal food, can never be

---

[1] 顾钧：《美国人最早的〈关雎〉英译》，载《中华读书报》2014 年 7 月 16 日。
[2] 张万民：《英语世界的诗经学》，河北教育出版社 2021 年版，第 191 页。

regarded as the performance of filial duty.[1]

理雅各的译文

In a high situation pride leads to ruin; in a low situation insubordination leads to punishment; among equals quarrelsomeness leads to the wielding of weapons. If those three things be not put away, though a son everyday contributes beef, mutton, and pork to nourish his parents, he is not filial.[2]

对于句中"三牲"的表达，裨治文只是笼统地译为"best animal food"，显得比较模糊和粗糙，而理雅各的"beef, mutton, and pork"无疑更为精确地表达了"三牲"的内容，如实地反映了中国古代饮食文化的特点。其次从行文来看，理雅各的句式更为简洁，更贴近中国古文简短精练的特点。其实，理雅各本人也曾直言不讳地说过，裨治文的翻译"在精确性方面无甚称道之处"。[3]

美国学者伊萨克斯（Harold R. Isaacs）在 20 世纪 50 年代调查了美国的中国形象，发现其主要来源是传教士，"他们留在好几代人心目中的印记是最显著、最长久、最深刻的，从 19 世纪一直延续到现在"。[4]这从本书前几章的论述中也可以看出来。但一个不容忽略的问题是，传教士汉学对于美国精英阶层的影响是怎样的？我们知道，17、18 世纪来华耶稣会士的书信、著作曾经影响了一大批欧洲的知识精英，特别是像伏尔泰、莱布尼茨这样杰出的思想家。实际上，18 世纪美国杰出的思想家富兰克林的

［1］E. C. Bridgman, "Heaou King, or Filial Duty", The Chinese Repository, Vol. 4, p. 350.
［2］James Legge, The Sacred Books of the East (Oxford: Clarendon Press, 1879), Vol. 3, p. 481.
［3］James Legge, The Sacred Books of the East (Oxford: Clarendon Press, 1879), Vol. 3, p. 462.
［4］Harold R. Isaacs, Scratches on Our Minds: American Images of China and India (New York: The John Day Company, 1958), p. 68.

中国知识也来自耶稣会士。19世纪对东方文化最早发生兴趣的一批美国精英通常被称为"超验主义者"（transcendentalist），主要人物包括爱默生、梭罗、奥尔科特，他们试图在印度、中国的文化中寻找一种资源来抗衡和摆脱弥漫于欧洲（特别是英国）的经验主义。研究者们发现，在他们阅读的汉学书籍中，真正产生影响的主要是儒家经典，但译者都是英国人：马士曼翻译的《论语》、柯大卫翻译的《四书》，以及理雅各的《中国经典》。[1] 1863年爱默生在阅读和摘抄了理雅各翻译的《论语》后发出这样的感想，孔子"早在耶稣之前就提出了'己所不欲勿施于人'的原则"，"比帕斯卡更启人深思"。[2] 爱默生和其他超验主义者都没有来过中国，阅读成为他们了解中国和中国文化的唯一手段，其中国观的形成与能读到什么样的书直接相关。从这个例子我们可以看到两点：一是拥有共同语言的英美两国在汉学研究上是一个学术共同体，在西方汉学的整个大体系中它们的联系最为紧密；二是英美汉学虽然在读者的接受方面有时会体现出难分彼此的状况，但在汉学家的研究方面却不难加以区分，与19世纪的英国同行相比，美国传教士显然更关注近代中国的变化。以卫三畏为中心的传教士汉学预示了美国汉学的现代形态——以费正清为代表的"地区研究"框架下的"中国学"的出现和壮大。

理雅各认为，西方人了解中国必得从"十三经"入手，因为这是中国几千年文化的积淀，也是中国伦理道德的基础。这话当然是对的，但中国几千年的文化内容异常丰富，从思想上来说，儒家固然占主导地位，但道家、佛教思想也有很大市场。另外应该看到的是，真正去读"十三经"的主要是士大夫阶层，一般老百姓接触不到这样高深的著作。卫三畏在经典

---

[1] Arthur Christy, *The Orient in American Transcendentalism* (New York: Columbia University Press, 1932), pp. 317–321.

[2] Edward W. Emerson et al, eds., *Journals of Ralph Waldo Emerson* (Boston & New York: Houghton Mifflin Company, 1913), Vol. 9, pp. 533–535.

儒家作品方面虽然贡献不多，但他在相对通俗的儒家著作上却很着力。前文讨论过他翻译《二十四孝》，就是一个显例。

再一个例子是卫三畏部分译介了《家礼帖式集成》。该书由陈鸣盛编辑，在清朝很流行，甚至到20世纪40年代还有运用。卫三畏使用的底本是1842年在广州印刷的翰宝楼版。就像《二十四孝》是《孝经》的通俗读物一样，《家礼帖式集成》是朱熹《家礼》的一个通俗版本。实际上，在陈鸣盛之前，已经有不少人对《家礼》做过重编、简化和注释，如丘濬《家礼仪节》（1474年编定）、吕坤《四礼翼》（1573年序）等。[1]作为私人家庭的礼仪手册，《家礼》包含冠礼、婚礼、丧礼和祭礼四个部分，每部分一卷。朱熹《家礼》的目标读者是士大夫阶层，对于一般老百姓则过于深奥。陈鸣盛的本子在《家礼》的基础上做了通俗化，虽然也是四卷，但只选择了婚礼（第一、二卷）和丧礼（第三、四卷）这两个更为重要的礼仪。

卫三畏的摘译集中于第三、四卷的丧礼。中国有关丧礼的起源，可以追溯到《礼记》《仪礼》等这类大约编订于公元前一世纪的古老文献，《礼记》中的《奔丧》（第三十四篇）、《问丧》（第三十五篇）、《服问》（第三十六篇）和《仪礼》中的《丧服》（第十一篇）、《士丧礼》（第十二篇）等篇目提供了从丧礼开头的洗尸到最后的埋葬的一整套详细指导。在宋代，试图恢复儒家传统的理学家对这些经典重新进行了修订，朱熹的《家礼》成为宋代以来，特别是明清两代最重要的丧礼规定性文本。《家礼》虽然

---

[1]"对推行《家礼》的日益关切，引发了明末大量刊印《家礼》的浪潮，它通常是在学者重编、简化、注解或以其他方式改编后，由私人自发地印行。有些版本实际上是丘濬1474年编定的《家礼仪节》的改编，1608年的一个再刊本，便是许多江南地区重要官员合作的产物……这一时期还出现了《家礼》的节要本，比如学者吕坤，他深深感到向一般民众（包括妇女）普及基本的儒家观念的必要性，因此撰写了《四礼翼》（1573年序）和《四礼疑》（1614年序），公开宣扬自己对丧葬礼仪的看法。他的后继者吕维祺在《四礼约言》（1624年序）中详细而透彻地阐释了有关地方风俗的知识。上面的这些、以及其他一些礼仪书籍，不只是面向士大夫，而是旨在向普通民众宣传儒家礼仪。"[比利时]钟鸣旦：《礼仪的交织：明末清初中欧文化交流中的丧葬礼》，张佳译，上海古籍出版社2019年版，第13页。

分为四卷，但根据每卷长短来判断，丧礼部分篇幅最大，无疑是最为重要的。卫三畏选择丧礼作为家礼的代表来进行介绍和翻译，说明他对于中国儒家思想和礼仪制度具有相当深入的理解。

在卫三畏之前，马礼逊和裨治文曾撰文讨论过中国人的丧礼，均持批判态度，认为其中含有强烈的祖先崇拜思想。[1]卫三畏虽然不反对这一观点，但更强调孝作为儒家核心观念和人类普遍情感的积极意义。翻译《二十四孝》可以说是卫三畏进入儒学的开始。此后在研究过程中，他逐渐发现中国人对于孝的实践很大程度上体现在"礼"上。《论语·为政》中有这样的对话："孟懿子问孝。子曰：'无违……生，事之以礼；死，葬之以礼，祭之以礼。'"这里孔子所要表达的是，不仅父母生前应当奉事，而且死后还需要正确地实行"葬""祭"之礼，才算是尽孝。换句话说，孝的思想必须通过礼的实践才能具体化、现实化。《孝经》中对此已经有规定，此后更是不断被反复强调。1874年卫三畏在《汉英韵府》"孝"字下的词语例证中专门选用了"神保是饗，孝孙有庆"（《诗经·楚茨》）："The deified ancestors enjoy the offerings, and their filial descendants are blessed"。[2]这说明葬祭之礼早在先秦时代就已经蔚然成风了。

总体来说，卫三畏对于《家礼帖式集成》的摘译做到了与中文的字字对应，但也有例外的情况，例如下面这一段"设灵祝文"（Announcement when the Tablet Is Put up）：

原文

　　敬昭告于父亲灵柩前曰：痛惟吾父，奄奄弃世。于焉吉日，敬设灵位于正寝，用申哀莫，设告。

〔1〕Robert Morrison, "Worshiping at the Tombs," *The Chinese Repository*, Vol. 1, pp. 201–203; E. C. Bridgman, "Practical Lessons in Sacrificial Rites", *The Chinese Repository*, Vol. 6, pp. 253–256.
〔2〕S. W. Williams, *A Syllabic Dictionary of the Chinese Language in the Court Dialect*, p. 193.

译文

> I now beg to announce to my father before his tablet and coffin. Alas! My parent suddenly shuffled off this world. I have selected a lucky day, and reverently set up his tablet in the rear apartment. My tears flow as I pour out the libations, and make this announcement.[1]

这里的场景是儿子为去世的父亲设立灵位时所做的一段告白。卫三畏用"My tears flow as I pour out the libations"来翻译"用申哀奠"显得感情过于强烈了，因为中文原文中并没有泪流满面（My tears flow）这样的表述，卫三畏的译文虽然生动地体现了孝子设灵时的情感，但显然带有一定的夸大，这也再次表明他对于中国孝子和丧葬文化的高度认同。[2]

卫三畏关注葬礼一方面来源于对儒家思想的理解，另一方面也来自他在中国的实地经验，1843 年怡和行主、也是十三行的首领伍秉鉴去世，其葬礼仪式之隆重和陪葬品之丰富，让亲自前往吊唁的卫三畏印象深刻。[3]

卫三畏在中国长期生活，除了亲身经历许多重大事件、接触各级官员，对于中国的普通民众和社会生活也有深入的体认。这最好地体现在他在《中国丛报》上发表的系列文章《中国风土人情》（Illustrations of Men and Things in China）。这个系列的 12 篇文章大都发表于《中国丛报》1840 年至 1842 年的若干期，只有 1 篇发表于 1848 年。这些文章注明"来自私人笔记"（from a private notebook），可见是从卫三畏平时的札记中辑录的。它们内容丰富，包罗甚广，但连载时均无特定主题，一般有三四小

---

〔1〕S. W. Williams, "The Worship of Ancestors among the Chinese", *The Chinese Repository*, Vol. 18, p. 368.

〔2〕关于《家礼帖式集成》翻译的详细讨论，参见 Siyang Shuai, "When Sinology Encountered Ethnology", *Crossing Borders: Sinology in Translation Studies* (Hong Kong: The Chinese University of Hong Kong Press, 2022), pp. 213−233。

〔3〕S. W. Williams, "The Worship of Ancestors among the Chinese", *The Chinese Repository*, Vol. 18, p. 371.

356

节，每节谈论一个问题，相对独立，节与节之间没有联系。

如果要对《中国风土人情》的内容加以分类的话，大约可以归纳为以下几个方面：（1）民俗。介绍的社会现象有：中国人对名人签名的独特爱好；中国人钓鱼的方法；中国和尚敬惜字纸的习惯；澳门附近的钓青蛙者；中国人比试力气的方法；中国人关于时令的谚语等。（2）中国的传统工艺。所介绍的内容有：烧石灰法；烹饪方法；切割玻璃法；修筑城墙、道路法；灯笼及画具生产方法；中国人通信的方法（包括民信局等）等。（3）中国民间作品。主要介绍了几幅在卫三畏看来比较独特的璇玑图，即以民谣文字组成的人、物图案。其中"戒牛图"文字环绕成牛的形状，"牧童歌"文字环绕为牧童的形状。二者合在一起，构成一幅生动的牧童牵牛图。其诗句都被卫三畏翻译成了英文。在刊载了这幅璇玑图后，卫三畏意犹未尽，又挖掘出璇玑图的鼻祖——十六国时期前秦女诗人苏蕙的《璇玑图》，配上英译文，并在前面加了较长的按语，依据《情史》《古事深原》等中国文献，对苏蕙织锦思夫的故事以及这一作品的相关情况，做了饶有趣味的介绍。（4）当时中国社会的一些阴暗面。如该系列的第二篇叙述了一个鸦片吸食者的经历及其凄惨的结局，第六篇谈到了一种抛铜钱赌博的方法。特别值得一提的是第七篇介绍了鸦片战争期间英人进攻广州所催生的广东民间艺术作品，包括"大败鬼子图"和"汽船炮舰图"。这些图画都配有诗文，主题是关于 1841 年 5 月 26 日"逆夷犯顺"而遭中国军队打击的事件。[1]

卫三畏对中国人日常生活的关注最早可以追溯到 1835 年《中国的食物》（Diet of the Chinese）一文，依次介绍了中国人经常吃的谷物、蔬菜、水果、水产、家禽等。在后来出版的《中国总论》中，我们同样可以看到卫三畏辟专章论述中国的建筑、服装与饮食。针对中西之间的差异，他以

---

[1] 吴义雄：《〈中国丛报〉关于中国社会信仰与风习的研究》，载《学术研究》2009 年第 9 期，第 107—108 页。

比较客观的态度进行了分析，比如在饮食方面他指出，尽管有不少菜由于使用了植物油不合欧洲人口味，而且还用葱、蒜来调味，但"中国人饮食花样多，烹煮得当且很卫生"。西方人认为中国人服饰古怪，卫三畏不同意："一般地说，男女的全套服饰宽松优美，符合保暖、美观和舒适的要求。"而且他认为："如果习惯于亚洲人的衡量标准，就会同意对欧洲男子服装的批评：不方便和不美观难以置信地结合在一起，夏天太热，冬天很冷，防雨防晒一无用处，挺硬而不平实，简单而不朴素。"[1]卫三畏这里已经明显具有后世文化多元主义的态度了。

　　裨治文来华后对于中国人的日常生活相当关注，并随时记录下来，例如对美国夷馆外面的生活是这样生动描绘的："广场的一头摆满了一长溜食品摊子，卖水果的、卖糕饼的、卖蜜饯的、卖汤水的，琳琅满目，摊主们大声吆喝着，招揽路人光顾。在广场的另一头，摆着一排红色的看西洋景的盒子，里面有一些花里胡哨的图片，引来很多孩童和傻乎乎的成人，让他们掏出口袋里的钱，买一点乐子。广场的一角，被二十来个剃头匠占满了；一群夹着缝纫袋子的老女人占了另一片地方，袋子里面装的是针头线脑。补鞋匠、补锅匠，挎着篮子卖猫、卖狗、卖家禽的人纷纷来到这个地方。"[2]这一段来自裨治文系列文章《广州漫步》（Walks about Canton）的第一篇。该系列分八次连载于《中国丛报》第4卷，可以看作卫三畏《中国风土人情》系列的先声。

　　卫三畏对民间文学一直非常关注，除了《中国风土人情》系列中的几篇外，他还特别收集了一些中国寓言故事和笑话，并翻译成了英文，我们来看一个例子：

---

〔1〕S. W. Williams, *The Middle Kingdom* (1883), Vol. 1, pp.759, 771-772.

〔2〕E. C. Bridgman, "Walks about Canton", *The Chinese Repository*, Vol. 4, p. 43.

358

Two brothers bought a pair of boots which it was agreed they
would wear together. On bringing them home, the younger brother
put them on and wore them everyday, so that his elder brother had
no part of the wear, with which he was not at all pleased, and so got
up nights to wear them, going without sleep. The boots in a little
while were quite worn out, when the younger said, "Let us buy a
new pair of boots." The other, knitting his brow, said, "No, unless
you will let me sleep nights; if I can sleep, you can do it."[1]

这就是民间笑话中的《合买靴》："有兄弟二人，合买了一双靴子。
哥哥经常穿着，弟弟不肯白出钱，等哥哥夜间睡了后，便穿上靴子到处行
走，于是便将靴穿破。哥哥主张再合买一双，弟弟不同意，因为买靴误了
睡觉。"[2]这类故事一般没有固定的文字，这里用的中文版本是通行本，和
卫三畏的英文不完全对应，如英文中是哥哥晚上穿靴，而中文当中是弟弟，
但主体内容是一致的。

卫三畏对小传统的关注使他的视野更加开阔，比如他很早就开始了对
汉族以外其他民族的研究。19 世纪 40 年代他在广州接触到一些从贵州、
广西来的苗民，对他们产生了兴趣，1845 年，他在《中国丛报》发表了一
篇题为《苗族简况》(Notices of the Miau Tsz) 的论文，比较详细地讨论
了这一民族的特点，以及该民族谷蔺苗、杨洞罗汉苗、克孟牯羊苗、洞苗、
狑家苗、箐苗、六额子苗、白额子苗、冉家蛮苗、洞家苗、九名九姓苗、
茒头苗、清江黑苗、楼居黑苗、八寨黑苗等 40 多个部落的分布状况。

卫三畏对于苗族的关注一直延续到晚年。1881 年，卫三畏在纽黑文市

---

[1] S. W. Williams, "Anecdotes Given by Chinese Authors to Inculcate a Moral", *The Chinese Repository*, Vol. 18, p.
161.
[2] 姜彬主编：《中国民间文学大辞典》，上海文艺出版社 1992 年版，第 676 页。

美国东方学会的一场会议上宣读了题为《论中国西南的原住苗族部落》（On the Aboriginal Miao-tsz' Tribes of Southwestern China）的论文。会议记录留下了他的发言细节："卫三畏博士接着展示了由一位中国艺术家所绘的40 张苗族部落人物的水彩画。该绘画由他在北京获得……每幅图都附加一段简短的关于这个部落的说明，其中一些说明被卫三畏翻译并在会上宣读了。"[1] 卫三畏本想把讲演扩充为一篇正式的论文，发表在《美国东方学会学报》上，但在去世前只完成了一份提纲。

卫三畏的研究也影响到了裨治文，1859 年裨氏在《皇家亚洲文会北中国支会会报》上发表了《苗族概略》（Sketches of the Miau-tsze）一文，其中翻译了含 82 个条目的完整"苗图"，成为第一位完成这一工作的外国人。所谓"苗图"是贵州民族图册的总称，也有"百苗图""苗蛮图"等别称，在海外多被称为"Miao Album"，早期亦有"Miaotse Album""Miau-tsze Album"等名。目前学界关于贵州民族图册的命名一直存在争议，比较权威的观点认为，"苗图"是一类图册绘本的总称，而非特指某本书，"苗图"各绘本涉及的族群数目虽不尽相同，但大部分未超过 82 类条目。[2]

除了苗图，卫三畏对满族文献也特别关注。1845 年他回美国途中经过巴黎时专门查询了满文铅字的价格和形状，同时购买了所有能够找到的关于满语的作品（all the works on the Manchu language that I could find）。[3] 英国外交官密迪乐（Thomas T. Meadows）曾经将一些满文资料翻译成英文，卫三畏不仅负责该书的印刷，还撰写了书评向读者推荐。[4]

---

〔1〕吴雅迪：《20 世纪 30 年代之前欧美汉学界的"苗图"研究》，载《艺术与民族》2020 年第 3 期，第 41 页。

〔2〕吴雅迪：《20 世纪 30 年代之前欧美汉学界的"苗图"研究》，载《艺术与民族》2020 年第 3 期，第 39、42 页。

〔3〕S. W. Williams to E. C. Bridgman, 25 August 1845. 顾钧、〔日〕宫泽真一主编：《美国耶鲁大学图书馆藏卫三畏未刊往来书信集》（第 19 册），广西师范大学出版社 2012 年版，第 458 页。

〔4〕S. W. Williams, "Meadows' Translations from the Manchu", The Chinese Repository, Vol. 18, pp. 606-607.

第三节　业余与专业

在 1883 年版《中国总论》的前言中，卫三畏说："我相信以后的学者不会再尝试写这样一部概论式的作品，而是会像李希霍芬、玉尔、理雅各等那样专注于一两个相关的领域。"[1] 确实，学术的发展必然走向专业化和精密化。李希霍芬（Ferdinand P. W. Richthofen）是德国地质学家，19 世纪六七十年代曾在中国做过广泛的地质调查，遂成为这一领域的权威学者；英国学者玉尔（Henry Yule）则以研究西方早期的中国游记（特别是《马可·波罗游记》）而闻名；理雅各是《中国经典》的翻译者，前文已经多次提到。这三人虽然领域不同，但都学有专门，其研究成果处于各自领域的前沿。《中国总论》的主要价值在于提供全面和准确的信息，尽管其中不乏卫三畏的研究心得。它是一部包罗万象的百科全书，也是一本很好的入门书，但不属于专精的学术著作。

汉学研究的专门化从卫三畏的继承者身上就能明显地看出来。卫三畏去世后接替他在耶鲁职位的是卫斐列和赖德烈，前者的领域是中美关系史，而后者的专长则是中国基督教史。从著作的角度来看，《中国总论》之后明恩溥的《中国人的特性》应该说是 19 世纪末 20 世纪初影响广泛的一部作品，它"不仅是即将来中国的传教士的必备参考书，而且是关于中国人特性的一些广为接受的观念的来源"。[2] 但这本书讨论的范围——正如它的题目所显示的——只是中国人的国民性，比《中国总论》要狭窄得多。如果我们再将讨论延续下去，那么 20 世纪后半期美国汉学史上发行最广、影响最大的著作无疑是费正清的《美国与中国》（*The United States and*

---

〔1〕 S. W. Williams, "Preface", *The Middle Kingdom* (1883), Vol. 1, p. xii.

〔2〕 Harold R. Isaacs, *Scratches on Our Minds: American Images of China and India*, p. 137.《中国人的特性》原来是以单篇文章的形式发表在上海的《字林西报》（*North-China Daily News*）上，引起了在中国以及美英的西方人的关注，1890 年在上海出第一版，很快销售一空并再版，参见 Arthur H. Smith, "Introduction", *Chinese Characteristics*, second edition (London: K. Paul, Trench, Trubner & Co., 1895), p. 11。

China），该书初版于 1948 年，正好距《中国总论》初版一百年。[1]余英时先生在分析这部著作时指出："在第二次大战之后，它差不多成了美国一般知识阶层认识中国的一本入门书。这本书主要是对于中国的社会、政治、文化和历史做出系统的观察和论断，但详近而略远，大多数的篇幅都集中在近百年的历史发展上。最后部分则是对美中关系的回顾和展望。"[2]可见，《美国与中国》虽然题目很大，但实际的论述是以近代中国历史为焦点。从以上对《中国总论》之后两部影响深远著作的简要分析，我们同样不难看出汉学研究精细化的趋势。《中国总论》作为一部百科全书式的作品，在美国汉学史上可谓"前无古人，后无来者"。

19 世纪以来，在法国的带领下，西方的汉学研究已经逐渐走上了专业化的道路，卫三畏本人也在晚年跻身专业汉学家的行列。但和真正的专业汉学家不同的是，他一生的大部分时间不是在研究所或图书馆里做研究，而是在从事印刷、传教、外交等活动，汉学研究只能利用业余时间才能开展，这就不可避免地使他的研究带上了深深的"业余"印记。当然，业余汉学家也能做出专业学者的成绩，比如理雅各，他的《中国经典》译本不仅在当时得到儒莲的高度评价，[3]直到今天还具有重要的参考价值。但这毕竟只是个别的例子。《中国总论》的影响力虽然一直延续到 20 世纪，但在费正清看来，它的价值主要在于可以作为"课程提纲"来使用，[4]也就是作为教材，而不是作为研究专著来使用。

---

[1]其后于 1958 年、1971 年、1979 年出修订版。该书章节安排如下（据 1971 年第三版）：（1）中国景观；（2）中国社会的性质；（3）儒家模式；（4）外族统治和改朝换代；（5）政治传统；（6）西方影响；（7）革命进程：反抗与复辟；（8）革命进程：改革与革命；（9）国民党的兴起；（10）国民党统治下国家发展的问题；（11）抗日战争时期的独裁主义和自由主义；（12）共产党的兴起；（13）我们所继承的中国政策；（14）美国政策与国民党的倒台；（15）人民共和国：建立新秩序；（16）人民共和国：社会主义改造；（17）革命的继续；（18）今天看中国和美国。

[2]余英时：《开辟美国研究中国史的新领域：费正清的中国研究》，见傅伟勋、周阳山主编《西方汉学家论中国》，正中书局 1993 年版，第 10 页。

[3]Helen Edith Legge, *James Legge: Missionary and Scholar* (London: The Religious Tract Society, 1905), pp. 40, 45.

[4]John K. Fairbank, *China Perceived: Images and Policies in Chinese-American Relations*, pp. 214–215.

　　研究领域的宽窄是问题的一个方面，但只是次要的方面，更重要的是学术的精密性和前沿性。西方第一位专业汉学家雷慕沙既研究汉语语法，也研究佛教和文学，用今天的眼光来看，他的领域并不狭窄，但这并不妨碍他在每个领域都有所创新。19 世纪传教士汉学家的普遍问题是，在涉猎范围很广的情况下往往深度不够，有时甚至犯一些低级的错误。比如理雅各的老师吉德就曾将《三国演义》看作一本讲统计学的书，而郭实猎则弄不清贾宝玉到底是男是女。[1] 卫三畏的长处在于研究面宽，虽然无法在所有问题上都有创见（这很难也几乎不可能），但也没有什么明显的错误。对汉学研究者（特别是对其语言能力）来说，中国文学是一块最好的试金石。从第二章我们可以看到，卫三畏的中国文学翻译质量上乘，贡献良多。

　　相较于文学，卫三畏对中国的博物（特别是植物）更有研究兴趣，对此前文第二章中我们已经有所论述，这里可以补充三个事实。一是由于卫三畏在广州最早采集到了一种铁线莲，于是植物学界后来用他的名字来命名（Clematis Williamsii）；二是他在北京时发现一种接骨木，因此它被称为"威廉斯接骨木"；三是一位植物学家在 1884 年指出，卫三畏在 1883 年版《中国总论》中提到的两个橡树树种属于新发现，此前研究东亚植物学的专家均未注意到。[2] 卫三畏晚年所写的《扶桑考》同样是一篇高质量的学术论文。总之，卫三畏并不缺少进行专业研究的素质，他缺少的只是条件和外部环境。《中国总论》这样"信息性"大于"学术性"的著作的出现，不仅是卫三畏个人的因素，也是时代的产物。卫三畏去世后，美国汉学界再也没有出现这一类大而全的著作。从这个意义上可以说，卫三畏是美国汉学从业余走向专业的一个最好的见证和过渡。

　　卫三畏与两位法国汉学家的一面之缘同样有助于我们讨论业余与专业

〔1〕 Samuel Kidd, *Catalogue of the Chinese Library of the Royal Asiatic Society* (London, 1838), p. 11; Karl Gützlaff, "Review: *Dreams in the Red Chamber*", *The Chinese Repository*, Vol. 11, pp. 270–271.

〔2〕 Francis B. Forbes, "On Some Chinese Species of Oaks", *Journal of Botany* (March 1884), p. 2.

的问题。1844 年 11 月卫三畏离开中国回国休假，途经巴黎时他拜访了儒莲和巴赞。法国学者优越的学术条件让卫三畏非常羡慕，他在 1845 年 8 月 25 日给裨治文的信中写道："法国皇家图书馆的藏书量巨大，其中文部分也极其丰富，有许多书是在中国也难以买到的。这里有中国每个省的地形图，有许多装帧精美的中文和满文书、百科全书、大量的中国经典和法律书，以及大批开本较小的书、小说，等等等等，它们大都用摩洛哥皮包着，这些藏书构成了当今世界上最好、最完善的中文图书馆——中国的中文藏书量虽然更大，但不可能有这里的完善管理。儒莲是中文书籍的管理员，他的收入一半来自管理这些图书，一半来自教授其中的内容。巴赞只当教授，月收入1000美元。"〔1〕法国之所以长期执西方汉学之牛耳，是和优厚的条件分不开的。法国政府对于汉学的资助是 19 世纪的美国人可望而不可即的。美国人只有自力更生，汉学研究的"业余性"和"业余水平"也就成为不可避免的事实。

　　卫三畏参与编写的《广东方言中文文选》是美国人完成的第一部汉语学习工具书，但 1841 年能够得以出版却是受到了一位英国商人的资金赞助。〔2〕1868 年正在编写《汉英韵府》的卫三畏给友人的信中写道："我希望有时间多做一些事，并且活着看到我的中文字典付梓。十二年前出版的那本《英华分韵撮要》虽曾帮助过许多人，但如今已不太容易找到。编撰一部新字典的工程无疑是浩大的，为此必须付出长期艰辛的劳动，但这是完全有意义的。目前我已进入收尾部分的约 1200 个汉字，万一我不能完成，也会有别人替我完成。我在市内建房的计划目前占据了我的主要时间和精力，如果你知道这一工作意味着我必须定夺每一扇房门的大小、演示如何插进螺栓、命令工人把墙壁垒直、告诉他们怎样混合砂浆、指挥钉牢

〔1〕S. W. Williams to E. C. Bridgman, 25 August 1845. 顾钧、〔日〕宫泽真一主编：《美国耶鲁大学图书馆藏卫三畏未刊往来书信集》（第 19 册），广西师范大学出版社 2012 年版，第 458 页。
〔2〕S. W. Williams, "S. Wells Williams, LL. D.", *The Chinese Recorder*, Vol. 20 (June 1889), p. 3.

364

地板、解释固定门闩的方法、供给各种型号的螺丝与铁钉、更换全部坏玻璃与盖顶石，等等等等，你就会和我一起得出眼下字典无法迅速面世的结论了。"[1]这里说的"在市内建房"是指为美国公使建筑办公用房。不仅如此，卫三畏挤出业余时间编完《汉英韵府》后，印刷和出版的费用都是完全由他个人支付的。[2]再看卫三畏的另外一部代表作，也是19世纪美国汉学的奠基之作《中国总论》，它最初的出版举步维艰，最终能够问世多亏了卫三畏的两位私人朋友罗素·巴特利特和祢结理热心、慷慨的帮助。"在书稿屡遭出版商拒绝的情况下，罗素·巴特利特先生凭借自己与威利和帕特南公司的交情，说服他们接受了卫三畏的书稿；而祢结理先生则毫不犹豫地表示愿意承担出版此书所受的一切损失，没有他这样实质性的承诺，出版商是不敢冒险一试的。"[3]卫三畏因此将《中国总论》献给祢结理。祢结理是长期在广州做生意的美国商人，和奥立芬一样是卫三畏的老朋友。如果说美国早期汉学得到什么资助的话，主要是来自商人。

　　从这个角度来看英国，情况和美国接近，同样无法与法国相比。德庇时1822年时曾感慨道："我们与中国进行着如此繁多的贸易往来，但在马戛尔尼使团访华之前，却对这个民族几乎一无所知。而我们的法国同仁在几乎一个世纪之前就已孜孜不倦地开展了研究，并取得了相当的成绩。英国在这一领域表现出一种出奇的漠视。"[4]在得不到政府支持的情况下，早期英国来华人士基本上以个人方式从事汉学研究，由于和商家以及商人接触较多，所以有时会得到他们的资助。以马礼逊为例，他的《华英字典》初版共印刷了600部，全部费用15000英镑由东印度公司承担，这在当时

---

〔1〕S. W. Williams to Mrs. H. C. Wood, 29 June 1868. 顾钧、〔日〕宫泽真一主编：《美国耶鲁大学图书馆藏卫三畏未刊往来书信集》（第21册），广西师范大学出版社2012年版，第177-178页。

〔2〕S. W. Williams, "S. Wells Williams, LL. D.", *The Chinese Recorder*, Vol. 20 (June 1889), p. 7.

〔3〕F. W. Williams, *The Life and Letters of Samuel Wells Williams*, p. 163.

〔4〕J. F. Davis, "Observations on the Language and Literature of China", *Chinese Novels* (London: John Murray, 1822), pp.1-2.

是一笔相当大的数目，可以部分地看作东印度公司对他长期服务的回报。学术研究需要投入人力，也需要投入资金。19世纪早期在汉语研究方面这两者的投入都非常有限。马礼逊在《华英字典》第三部分的"前言"中发出这样的感慨："英国、荷兰、葡萄牙、美国目前与中国交往最多，但经济利益是最大的关注点。实际上荷兰政府在爪哇控制着大面积的中国人聚居区，对于这些国家的政府来说，每年花几百英镑投入到培训与他们有广泛交往的人民的语言上，难道是过分的期待吗？在他们的公立学校里，给予一个拥有成千上万卷原创文献的语言一个存在的地位，难道是过分的要求吗？学院和大学不能拨点经费，或者鼓励那些有闲的人来从事这项事业吗？只有当一些具有正确观点和感情并且以文学或科学为唯一专业的人，在他们各自的政府或学术团体的支持下学习和教授汉语，汉语的性质才可能被正确地了解。"〔1〕可见，除了英、美、荷兰，葡萄牙政府也是将经济利益看得过重，而忽略了对于汉语和汉学研究的支持和投入。

　　卫三畏1845年8月25日给裨治文信中所写的另外一段话或许更有助于目前的讨论："一方面，这些法国学者热情百倍地钻研图书馆里的各国珍贵材料，一辈子在人类知识的书本中爬梳，而另一方面他们几乎没有一个人愿意去努力寻找一种宗教来安慰自己的灵魂，当然我说这句话是针对巴赞和他的几个朋友，因为此外我不认识其他人。但是如果这里的每一位学者同时也是一个虔诚敬奉上帝的人，那么这一事实一定会传到海外，传到我的耳朵里。"〔2〕卫三畏的传教士本色在这里显露无遗，他和裨治文以及其他早期美国汉学家一样，都不是纯粹的学者，在他们与同时代的法国学者之间不仅存在着业余与专业的差异，也存在着"为学术而学术"和"为宗教（传教）而学术"的差异。

---

〔1〕R. Morrison, "Preface", *A Dictionary of Chinese Language*, Part 3, p. 6.

〔2〕S. W. Williams to E. C. Bridgman, 25 August 1845. 顾钧、〔日〕宫泽真一主编：《美国耶鲁大学图书馆藏卫三畏未刊往来书信集》（第19册），广西师范大学出版社2012年版，第458页。

366

　　最后值得强调一下卫三畏学术的实用性，这鲜明地体现在他的部分著作中。《中国商务指南》是一个突出的例子，它不断修订再版，"一直是与中国进行贸易交往最有价值的信息来源"。[1]1833 年 10 月 25 日卫三畏初次抵达广州时，给他印象最深的是停泊在黄埔港的英国东印度公司商船，"约 125 艘，每艘 70～90 人，前后绵延 3 英里，这很可能是世界上最好的船队了"。[2]这一最初的经验让他对商业一直倍加关注。鸦片战争之后，中外贸易前景大为开阔，为了适应这一新的形势，卫三畏于 1844 年编写了《中国商务指南》，该书为外国商人提供有关贸易和航行的实用信息，1848 年做了少量增补后推出了修订版，1856 年再次修订出版时做了大量的增补，因为上一版出版于八年以前，在这八年当中，中国的商业状况发生了很大的变化：上海、福州、香港的贸易额日增，并发展成为大型的商业贸易中心；中国和邻近的暹罗、日本都签订了贸易协议，等等。这些变化都表明，原来那本商务小册子已经远远不够用了，卫三畏根据新的信息把它扩充为长达 384 页的一本大书。

　　1862 年卫三畏再度修订《中国商务指南》，并于 1863 年出版。新版以八开本 670 页的部头面世，内容包括最新的条约、新开埠的港口和由此产生的政治和商业方面的变化，以及中国周边国家的贸易规则。这些新的内容加上大大扩写的航行时间表以及对主要商品的描述，使这本书几乎成为一本新著。这次修订虽然和以前的工作一脉相承，但实际上却比他预想的要困难得多。新版比前面几版包含更多辛苦而零碎的工作，"这部分是因为外国的贸易分布在中国的许多港口，它们之间最远的距离达到了 2000 英里，部分是因为必须搜集有关贸易商品和管理的详细材料以及其他相关信息。但这个国家的每个港口都有自己当地的规则和做法，为了确保准确，细致的调查研究就成为必须要做的事情"，卫三畏在"前言"中这样写

〔1〕H. Blodget, "Samuel Wells Williams", *The New Englander*, Vol. 8 (March, 1885), p. 171.
〔2〕S. W. Williams, "Canton prior to 1840", *The Shanghai Budget and Weekly Courier*, 23 January 1873, p. 3.

道。[1] 其实卫三畏最早的两篇文章之一便是《广州进出口贸易》(载 1834 年 2 月《中国丛报》)。这是因为他到中国后不久就发生了一系列打乱广州口岸现有中外关系体系的重大事件，其中最重大的就是英国政府终止了东印度公司在中国的贸易垄断权，该公司的最后一艘轮船于 1834 年 1 月离港返回英国。卫三畏欢迎这一变化，同时也密切关注新型贸易关系中一些私营公司的行为，特别是怡和洋行、颠地洋行等在不受东印度公司限制后日益增加的鸦片走私，并明确表示了反对。

　　在《中国商务指南》问世的 1844 年，卫三畏还推出了《中国地志》，先是以系列文章的形式刊登在《中国丛报》上，随后结集出版，目的同样是为外国商人和其他人士提供实用信息。虽然当时中国只开放了部分沿海港口，但全面的开放是在期待之中的，有关中国地理的信息无疑是非常需要的。此外再如《华番通书》(Anglo-Chinese Calendar)，从 1849 年起由卫三畏开始编纂出版，一直到 1856 年商行被毁。该书每册 100 ～ 130 页，内容是简要介绍上一年中国发生的大事，提供一些官方的实用数据资料，并附有居住在开埠城市的外国人名单。早在 1832 年，马儒翰就曾在广州出版过一本《华番通书》，但没有坚持下去。从 1841 年起《华番通书》开始连续每年出版，前 8 册 (到 1848 年) 由裨治文编纂，而后面的数册则由卫三畏负责，是在华外国人必备的工作生活指南。实际上，卫三畏编写《中国商务指南》同样是受到了马儒翰的启发，马氏早在 1834 年就出版了同名的小册子。为了纪念早逝的马儒翰，卫三畏 1844 年版《中国商务指南》以马著第二版的形式出现，也正因如此他没有将自己的名字放在封面上，直到该书经全面修订出第四版（1856 年）时他才第一次署名。由此可见，卫三畏学术的实用性特点是在继承前人，特别是英美传统的基础上形成和发展起来的。

---

[1] S. W. Williams, "Preface", *A Chinese Commercial Guide*, fifth edition (Hongkong: A. Shortrede, 1863), p. viii.

结　语　　走向文明对话

　　放眼今天的西方汉学，无论是在资金投入、学术资源方面，还是在研究模式、人才培养方面，美国均处于领先地位，其学术成果对中国本土学术的影响也日益增大。但任何学术都必然经历从无到有、从小到大的过程。如果将汉学研究限定在大学或学院研究的层面上，那么美国的汉学研究开始于1877年，这一年6月耶鲁大学设立了第一个汉学教授职位。此后哈佛、哥伦比亚等大学也设立了类似的教席。如果从宽泛的意义上看待汉学，将商人、旅行家、传教士、外交官以及其他对中国有兴趣的人士的研究也看作汉学的一部分，那么美国的汉学史则可以追溯到18世纪。1784年在第一艘到达中国的美国商船上，大班山茂召写下了他对中国的第一印象，美国汉学伴随着中美直接贸易的开启而产生。美国业余汉学的主体是传教士汉学。美国商人虽然早在18世纪末就来到中国，但他们来去匆匆，无心他顾，中美通商五十年后还几乎没有一个商人能懂中文，也就更谈不上对中国的研究了。外交官的情况和商人类似，卫三畏在1871年的一封信中写道："在中国没有一个美国领事——除非他当过传教士——认识或者愿意学习一个汉字。他们只关心保住官职，也只想干一小段时间——平均来讲五到十二个月。我们的领事有时是英国人，有时是荷兰人，但通常总比某些无知的美国人要好——他们只会玷污了这一职位。"[1]这种状况让人忧虑。

---

[1] S. W. Williams to G. T. Olyphant, 27 April 1871. 顾钧、[日]宫泽真一主编：《美国耶鲁大学图书馆藏卫三畏未刊往来书信集》（第21册），广西师范大学出版社2012年版，第328页。

实际上，如果没有传教士的帮助，不少美国对华外交事务很难开展。可以说，19世纪30年代传教士的到来开辟了一个新局面，他们几乎无一例外地学习汉语、研究中国文化，传教士主导了19世纪的美国汉学，其影响一直延续到20世纪20年代。[1]

卫三畏既是业余汉学最杰出的代表，同时又是最早的专业汉学教授，在美国汉学发展史上起到了无可替代的枢纽作用。中美关系史专家李定一认为，"在20世纪以前美国唯一的所谓汉学家，不过卫三畏一人"[2]。他的成就主要体现在三个方面：中国典籍译介，编写汉语教材和中英双语词典、《中国总论》。

在中国典籍译介方面，卫三畏最早将《二十四孝》《东周列国志》介绍到西方，他开创性地翻译了元杂剧、《本草纲目》和《幼学琼林》，在《三国演义》英译史上，他同样功不可没，"至少三次集中译介过该作"，是第一位将《三国演义》翻译到英语世界的美国人。[3]他还尝试翻译过诗歌，并把中国诗歌韵律、节奏的固有特征介绍给西方读者。

在汉语教材和中英双语词典方面，卫三畏更是一马当先。他编写的《拾级大成》《英华分韵撮要》《汉英韵府》等影响广泛，是近代来华英美人士学习汉语的必备之书。

《拾级大成》被公认为美国人在中国编写的第一部汉语教材，意义深远，对于今天的对外汉语教学和教材编写仍然具有参考价值。该书具有两个鲜明的特点。一是章节安排合理，重点突出。与此前的字典和文选等汉语学习材料不同，《拾级大成》以汉字、会话、阅读、翻译等内容统摄各个章节，体现出作者对第二语言习得中言语交际能力各组成部分的认识，

---

〔1〕传教士之后20世纪上半叶美国专业汉学的发展，参见顾钧《美国第一批留学生在北京》，大象出版社2015年版。
〔2〕李定一：《中美早期外交史》，北京大学出版社1997年版，第154页。
〔3〕王燕：《19世纪〈三国演义〉英译文献研究》，中国社会科学出版社2018年版，第391页。

从而使本书具备了科学的体例。在兼顾教学各个方面的基础上，本书强调量词的教学，特别安排了一个章节。此外就是强调汉字学习，给予字形认知与字义解读以高度的关注。二是实用性。卫三畏从实际出发，把《拾级大成》设计成了一本可用于自学的教材，无论学习者是否在中国，能否找到合适的中文老师，都可以使用《拾级大成》自修汉语。卫三畏告诉读者："一些章节不需要其他书籍的辅助即可以完全读懂，最后两章可能需要教师或者字典的帮助，但如果前面的章节全部掌握的话，也完全可以凭借自己的能力愉快地掌握其中的内容。"[1]

卫三畏对于每一章的学习目的、学习方法都有介绍，注释也很详细，这些都非常便于读者自学。同样是从"实用"出发，《拾级大成》的口语练习偏重于日常会话交流，句型简单，容易掌握。另外卫三畏还选择了一些公文，如第十章中《关于捕捉蝗虫的公告和规则》《香山地区地方行政长官发的布告》等，都为学习者快速融入中国社会提供了很好的资料。实际上，在"实用"这个目的下，卫三畏并无多少前人的成果可以借鉴。他对汉语学习的原则、步骤的设计，大都是以他自身的学习实践和个人经验的总结为依据的，非常难能可贵。他对汉语学习方法和规律的认识，特别是对于汉字学习的重视，在今天看来仍然具有重要的参考意义。

另外，《拾级大成》中标示的汉语拼音对于研究近代粤语的流变提供了宝贵的资料。书中记录的一些日常用语保留了当时西方人与中国人交往的细节，如第五章中主仆对话可以看到中国仆人为西人请客准备的菜单，有"蟹汤、焓石斑鱼、焗蚝、烧猪仔、吉烈鸡、羊排骨、局薯仔、萝卜粉、铁钯葱牛肉、红薯、灯挞、牛骨髓布颠、炖吉时、牛奶饼、饼干、两三样果子酒、啤酒"。[2]这无疑为当代学者考察晚清社会生活史提供了宝贵的

---

[1] S. W. Williams, "Preface", *Easy Lessons in Chinese*, p. i.
[2] S. W. Williams, *Easy Lessons in Chinese*, p.96.

材料。[1]

　　卫三畏的集大成之作《汉英韵府》是 19 世纪美国人编写的最重要的汉英字典，多次再版。作为《汉英韵府》前期成果和工作基础的《英华分韵撮要》同样达到了很高的学术水平，马西在书评中写道："在吸取前人精华的基础上，卫三畏对许多词语进行了新的释义，尤其是那些有关历史、地理和自然科学方面的词汇，他的释义比以往任何词典都要精确。那些词典只是指出某个名称所指的是一条河流、一种树、一类昆虫，而卫三畏却力求说明其地理位置、区域或所属物种，以及它们的科学名称。如果读者已经习惯于查阅小德金和马礼逊的字典，那么这本词典也许会大大出乎他们的预料，因为没有其他哪部词典在词条释义方面能比该词典更详尽全面。它在释义时收入了大量同义词或同义表达法，并指出了词与词在意义上的细微差别以及词义的变化。"[2]《汉英韵府》在规模上更为扩大，词条释义方面则更为精益求精。此外它还涵盖了大量的中国文化信息，有学者对《汉英韵府》正文前 50 页进行中国典籍溯源后发现：

　　　　"泽臻四表"（第 16 页），引自《后汉书·章帝记》；"宜而
　　子孙振振兮"（第 18 页），引自《诗经·螽斯》；"朴虽小，天
　　下莫能臣"（第 20 页），引自《道德经》；"百工惟时，抚于五臣"
　　（第 21 页），引自《尚书·皋陶谟》；"嘉言孔章"（第 23 页），
　　引自《尚书·伊训》；"顺天者昌"（第 26 页），引自《黄帝四经》；
　　"左昭右穆"（第 31 页），引自《礼记·王制》；"三朝汤饼会"（第
　　32 页）、"雪花飞六出先兆丰年"（第 35 页），引自《幼学琼林》；

---

〔1〕江莉、王澧华：《〈拾级大成〉：美国人在中国编印的第一本汉语教材》，载《语言研究集刊》（第七辑），第 315 页；孔陈焱：《卫三畏与美国汉学研究》，上海辞书出版社 2010 年版，第 189 页。
〔2〕William A. Macy, "On Dr. S. W. Williams's Chinese Dictionary", *Journal of the American Oriental Society*, Vol. 6 (1858—1860), p. 569.

　　"仁者安仁，智者利仁"（第 38 页），引自《论语·里仁篇》；"三
车之教"（第 39 页），引自《华严经》；"蟾宫折桂"（第 40 页），
引自《晋书·郤诜传》；"暮饱眠深栅""惭愧主人恩"（第 42 页），
引自欧阳修《驯鹿》；"宇宙之江山不改"（第 49 页），引自《幼
学琼林》；"不舍昼夜""昼尔于茅"（第 50 页），分别引自《论
语·子罕》和《诗经·七月》。〔1〕

　　可见《汉英韵府》已经不只是学习汉语的工具书，而完全可以称为一
部关于中国文化的小型百科全书了。在为汉字注音方面，《汉英韵府》同
样具有鲜明的特色，它以北京官话作为标准，同时也提供广州话、厦门话、
上海话等方言中的发音，对我们今天研究 19 世纪的方言语音史具有重要的
参考价值。另外，卫三畏在字典中收入了一些俗体字，如"拯"下有俗体
"抍"，"集"字下有俗体"仌"，因此"从某种意义上来说，这部字典也
可以当作一部查考俗字流通的工具书来使用"。〔2〕

　　《汉英韵府》1874 年问世后多次再版，最新的版本是 2001 年和 2016
年版，此后《英华分韵撮要》和《拾级大成》于 2017 年和 2018 年再次重
印。〔3〕这最好地说明，经过了一个多世纪，卫三畏的汉语教材和字典仍然
具有历久弥新的价值。正是在卫三畏一系列著作的垂范之下，19 世纪美国
来华传教士、外交官编写了大量的汉语教材和字典，成为美国早期汉学成
果最丰富的领域。

　　《中国总论》的价值更是无与伦比。它一举改变了欧洲汉学著作一统

─────────────────────────────

〔1〕元青：《双语词典编纂与近代早期来华传教士对中国文化知识的获取》，载《近代史研究》2021 年第 3 期，
第 84-85 页。

〔2〕程章灿：《"卫三畏廉士甫"与〈汉英韵府〉》，载《中华读书报》2021 年 12 月 8 日。

〔3〕S. W. Williams, *A Syllabic Dictionary of the Chinese Language* (Ganesha Publishing, 2001); S. W. Williams, *A
Tonic Dictionary of the Chinese Language in the Canton Dialect* (Forgotten Books, 2017); S. W. Williams, *Easy Lessons
in Chinese* (Franklin Classics, 2018). 此外河南大象出版社于 2016 年再版了《汉英韵府》。

天下的局面，"是美国人所写的、最早以学者的眼光来看待中国的研究著作"[1]，它不仅开创了美国汉学，而且成为几代美国人认识中国的英文范本。1894 年明恩溥出版了著名的《中国人的特性》一书，对于中国国民性的探讨基本延续了卫三畏早年的工作。在讨论中国人心目中的"君子"形象时，他引用了卫三畏的观点："孔子树立了'君子'的高尚理想，这一理想对后世所起的作用是无法估量的，也证明了他自己的标准是如此崇高，民族的良心从此都要接受这一理想的评判。"[2]在论述中国孝道时，明恩溥强调子女对于父母并非只有健在时尽心服侍，去世后顶礼膜拜，对于他们的错误同样可以劝谏，为此他引用了卫三畏从《礼记·内则》中摘译的一段话来证实："父母有过，下气怡色，柔声以谏。谏若不入，起敬起孝，说则复谏；不说，与其得罪于乡党州闾，宁孰谏。父母怒、不说，而挞之流血，不敢疾怨，起敬起孝。"[3]明恩溥在讨论中国文化的核心概念"礼"时，也是首先引用卫三畏的观点："把中国的'礼'翻译为英语的"ceremony"不够全面，因为'礼'不但包括外在行为，同时也包括所有礼仪的正确原则。"[4]卫三畏的原话见于《中国总论》第十一章对《礼记》的讨论，无疑抓住了"礼"的本质，"夫礼者，所以定亲疏、决嫌疑、别同异、明是非也。礼，不妄说人，不辞费。礼，不逾节，不侵侮，不好狎。修身践言，谓之善行。行修言道，礼之质也。"（《礼记·曲礼上》）

---

[1] Kenneth S. Latourette, "Far Eastern Studies in the United States: Retrospect and Prospect", *The Far Eastern Quarterly*, Vol. 15, No. 1 (Nov., 1955), p. 3.

[2] S. W. Williams, *The Middle Kingdom* (1883), Vol. 1, p. 663.

[3] 卫三畏译文如下："When his parents are in error, the son with a humble spirit, pleasing countenance, and gentle tone, must point it out to them. If they do not receive his reproof, he must strive more and more to be dutiful and respectful towards them till they are pleased, and then he must again point out their error. But if he does not succeed in pleasing them, it is better that he should continue to reiterate reproof, than permit them to do injury to the whole department, district, village, or neighborhood. And if the parents, irritated and displeased, chastise their son till the blood flows from him, even then he must not dare to harbor the least resentment; but, on the contrary, should treat them with increased respect and dutifulness." *The Middle Kingdom* (1883), Vol. 1, p. 646.

[4] Arthur H. Smith, *Chinese Characteristics*, pp. 171-172.

374

"ceremony" 只能表示外在行为，相比而言 "rite" 更为合适。卫三畏在
《中国总论》中将《礼记》译为 *Book of Rites*，后来的汉学家也采取了类
似的译法，加略利（J. M. Callery）最早的法译本（1853 年）题为 *Mémorial
des Rites*，理雅各 1885 年的英文全译本则题为 *Ritural Books*。

《中国总论》"问世半个世纪以来一直是权威之作，同时也为后来的作
者讨论相关问题提供了宝贵的参考"[1]，它不仅在英语世界影响广泛，还被
翻译成多种欧洲文字，反哺欧洲汉学，同时对欧洲普通读者了解中国也起
到了一定的作用。20 世纪以来，这部著作的价值更是得到了进一步的认识。
德国著名学者马克斯·韦伯（Max Weber）在研究儒教时曾全面参考过《中
国总论》，特别是其中关于科举考试的章节。[2] 1934 年，曾任末代皇帝溥
仪英文教师的英国人庄士敦（Reginald F. Johnston）出版了著名回忆录《紫
禁城的黄昏》（*Twilight in the Forbidden City*），书中特别称赞卫三畏对中国
皇权的分析，"他在五十多年前出版的《中国总论》一书中写道：'在中
国政治中，最值得注意的是，人们都抵制不公正的征税，都奋起杀死或赶
走酷吏，但对皇上仍保持无限的敬仰。"庄士敦认为这一论断在 1911 年辛
亥革命以后的一系列事件中仍得到了印证。[3] 除了中国制度，《中国总论》
论及中国人社会生活、中国法律的章节也被学者们所关注，1902 年法郎士
（Clemens J. France）在论述人类赌博冲动、20 世纪 20 年代威廉姆斯（B. H.
Williams）在讨论如何保护在华美国公民时，均曾予以引用。[4] 就整本书

〔1〕"Samuel Wells Williams, LL. D., Late Corresponding Member of the Society", *Bulletin of the American Geographical Society*, No. 2 (1884), p. 188.
〔2〕[德] 马克斯·韦伯：《儒教与道教》，王荣芬译，广西师范大学出版社 2008 年版，第 39、164 页。
〔3〕Reginald F. Johnston, *Twilight in the Forbidden City* (London: Victor Gollancz, 1934), p. 92. 卫三畏原话见 S. W. Williams, *The Middle Kingdom* (1883), Vol. 1, p. 565。
〔4〕Clemens J. France, "The Gambling Inpulse", *The American Journal of Psychology*, Vol. 13, No. 3(Jul., 1902), p. 365; B. H. Williams, "The Protection of American Citizens in China: Extraterritoriality", *The American Journal of International Law*, Vol. 16, No. 1 (Jan., 1922), pp. 43–58; B. H. Williams, "The Protection of American Citizen in China: Case of Lawless", *The American Journal of International Law*, Vol. 17, No. 3 (Jul., 1923), pp. 489–503.

来看，丹涅特认为《中国总论》作为中国历史的资料书"居于举世无匹的地位"[1]，马森说得更为具体："也许有关中国问题的最重要的一本作品是卫三畏的《中国总论》，它在西方广为传阅并受到好评……该著作的第一卷前几章对中国的地理状况做了绝好的描写，其他章节则讨论了中国的教育和文化考试、语言、文学、算术、服饰、饮食、社会生活、商业、对外关系等方面的内容，讨论了中国与英国的第一次战争的情况。这部描写中国人生活的方方面面的著作，是对这一时期普通作品中所涉及的问题范围和种类的最好说明，卫三畏用如此清晰、系统、博学的方式为读者呈现了他的资料，以至于他的著作在今天有关中国问题的美国文献中仍占有令人尊敬的地位。"[2]

　　《中国总论》不仅是 19 世纪美国汉学的代表作，对于 20 世纪美国的"新汉学"即中国研究也产生了重大影响。美国"中国学之父"费正清在 1953 年对这部著作做了这样的评价："它简明细致地描述了中国社会生活和历史的方方面面，在今天看来仍然是一部有重要价值的著作。"[3]后来他进一步指出，《中国总论》的副标题"关于中华帝国及其居民的地理、政府、教育、社会生活、文艺、宗教等的概观"完全可以作为地区研究的"课程提纲"（syllabus）来使用。[4]具有鲜明美国特色的"地区研究"具有如下几个特点：一是关注近现代中国，服务于现实需要；二是强调各种社会科学方法（政治学、经济学、社会学、人类学等）的运用；三是在学科分工的基础上强调跨学科研究。费正清曾将"地区研究"简单地归纳为

---

〔1〕［美］泰勒·丹涅特：《美国人在东亚：十九世纪美国对中国、日本和朝鲜政策的批判的研究》，姚曾廙译，商务印书馆 1959 年版，第 584 页。

〔2〕［美］马森：《西方的中华帝国观》，杨德山等译，时事出版社 1999 年版，第 38—39 页。

〔3〕John K. Fairbank, *Trade and Diplomacy on the China Coast: The Opening of the Treaty Ports 1842—1854* (Cambridge, MA: Harvard University Press, 1953), p. 283.

〔4〕John K. Fairbank, *China Perceived: Images and Policies in Chinese-American Relations* (New York: Alfred A. Knopf, 1974), pp. 214–215.

"传统汉学与社会科学的结合"。[1]从卫三畏一生的研究理路来看，他从总体上来说更偏向于新的美国"中国学"模式，而不是老的欧洲"汉学"模式，应该说，他是 20 世纪出现的这一新的美国模式的先行者。这种新旧杂糅最好地说明了卫三畏继往开来的特点，在他身上，业余汉学向专业汉学过渡，传统汉学向新汉学转换，他的枢纽作用是并世无两的。

卫三畏以个人的著述推动了美国汉学的发展，而另外一项重要工作更是绕不开他，那就是主编和印刷《中国丛报》。这在卫三畏的生平事业中是一件大事。自从抵达广州后，他就一直为这份学术刊物的编辑和出版操劳，特别是在美部会不支持甚至反对的艰难情况下，《中国丛报》能够坚持出版发行二十年，是非常不容易的。如果仅从经济利益上来考虑，《中国丛报》并不成功。但对于汉学研究来说，全套《中国丛报》是一笔极大的财富，它集中体现了 19 世纪早期美国汉学的发生、发展。卫三畏除了做《中国丛报》的编辑、印刷工作，还为它撰写了 100 多篇文章，是供稿最多的作者之一。

另外他还给这整套杂志做了总目录，目录将全部文章的题目分类列出，并注明了文章的作者。这份长达 168 页的总目录为后人阅读《中国丛报》、研究 19 世纪美国和西方汉学提供了极大的便利。较早利用这一目录的白瑞华（Roswell S. Britton）指出，"《中国丛报》的撰稿者名单实际上就是当时在华的英美汉学家名单"[2]，不仅包括传教士、外交官，还有一些商人如英格利斯（Robert Inglis）、奥立芬的合伙人金查理等。一个人能做的研究毕竟是有限的，搭建平台是对学术更大的推动。

卫三畏来华前期的身份是传教士印刷工，后期是驻华使馆外交官，这两项工作既琐细又繁忙，考虑到他的汉学研究都是在"正业"之余完成的，

〔1〕John K. Fairbank, *China Perceived: Images and Policies in Chinese-American Relations*, p. 214; John K. Fairbank, *Chinabound: A Fifty-Year Memoir* (New York: Harper & Row, 1982), p. 324.
〔2〕Roswell S. Britton, *The Chinese Periodical Press, 1800—1912* (Shanghai: Kelly & Walsh, 1933), pp. 28–29.

其成绩就更让人钦敬。其实卫三畏的公务同样做得出色，作为使馆的参赞和中文秘书，他曾九次代理公使职务，1869 年公使职位再次空缺，这时美国国内与中国的朋友们都极力怂恿卫三畏担任此职，卫三畏在给一位朋友的信中写道："我万分感激您的举荐，但要改变华盛顿政府的政策却不太可能，他们只会任命同党的人。如果詹克斯先生的议案获得通过，哪怕有所删改，这种将职位随意给予无法胜任者的情形也许会有所减少。中国亟须的是能读、会讲中文的领事，因为许多重要工作的细节问题要由他们来处理。但我们没有一个领事（除了天津的那位）能说一句地道的中文，政府也不知道花钱培养这方面的人才。我怀疑自己如果当了公使，能否像在目前的岗位上那样同时为中国与美国服务，也许我能做的比我料想的要少得多。我个人认为，字典的编撰也许会比我从 1855 年起为国务院做的所有工作更能产生积极的影响。"[1]从这封信不难看出美国党派政治的特色，更可以了解当时美国政府对于中文人才培养的无所作为。实际上，当时连丹麦、奥地利都有官方资助的汉语培训项目，如果考虑到它们和中国贸易量有限、侨民人数也不多，那么美国政府"不愿意花一分钱来培养翻译人才以完成他们应尽的责任"[2]，就让人有些难以接受了。但事实就是如此，19 世纪的美国汉学研究基本只是卫三畏等人自发的行为。到了 20 世纪美国的基金会（如福特、洛克菲勒基金会）和美国政府才开始在中国研究上制定计划和注入资金。[3]

　　卫三畏成长为一名汉学家主要是依靠自己的努力。无论是汉语学习，还是学术研究，他都克服了诸多困难。1852 年他开始着手编写《英华分韵

---

〔1〕S. W. Williams to Gideon Nye, 12 March 1869. 顾钧、〔日〕宫泽真一主编：《美国耶鲁大学图书馆藏卫三畏未刊往来书信集》（第 21 册），广西师范大学出版社 2012 年版，第 193 页。

〔2〕S. W. Williams, *Our Relations with the Chinese Empire* (San Francisco, 1877), p. 9.

〔3〕详细情况参见韩铁：《福特基金会与美国的中国学（1950—1979 年）》，中国社会科学出版社 2004 年版；马秋莎：《改变中国：洛克菲勒基金会在华百年》，广西师范大学出版社 2013 年版；吴原元：《隔绝对峙时期的美国中国学：1949—1972》，上海辞书出版社 2008 年版。

撮要》，在一封信中写道："编词典是一件很有趣的工作。我知道自己在这
方面功力不足，对这种语言所知甚少。要想弄明白汉语词典中那些奇怪汉
字的意思，真是难而又难。由于我们和中国人在风俗习惯、思维方式、知
识结构上存在很多不同，对很多汉语词汇的理解都会有偏差。这使得双语
词典的编纂工作相当繁难，而且总是不尽如人意。汉语是一种古老的语言，
可追溯到巴别塔时代，文献资料也是浩如烟海。我有时想，如果汉语像希
伯来语一样，或者中国索性像印度和非洲那样没有遗留下古代的文献，那
我的工作一定会容易得多。不过，任何工作都会有它的不易之处，况且我
现在已经结束了《中国丛报》的编辑工作，不再像过去那样总觉得有一件
事情在背后催促着我，不断地给我加压。这样我就有了更多的时间和精力
投入到这本词典上。"[1]《中国丛报》的编辑印刷刚刚结束，就又投入《英
华分韵撮要》的编写，卫三畏的研究热情可见一斑。编词典本来是很枯燥
的，在他却成了"很有趣的工作"，显然这是一种内驱力，而不是外在的
压力在起作用，有成就的"业余"汉学家或多是如此。

　　与躲在"象牙塔"中的专业学者不同，卫三畏一生中的大部分时间是
在中国度过的，他不仅亲身经历了近代中国的重大历史事件如两次鸦片战
争、太平天国运动，也熟悉中国人的日常生活和身边的一草一木。他在北
京时的密友白汉理这样描绘公务之余的卫三畏："在散步时他是一个让人
愉快的伙伴，主要因为他的谈话不仅涉及历史、科学和宗教等方面的知识，
而且经常会谈到日常生活的话题，或者对他面前的自然景物发表一通感慨。
花是他最喜欢谈论的话题，他对于植物的喜爱几乎成为一种激情，它们的
美丽与神奇让他赏心悦目。他经常在晚间漫步时采集一束花来装饰自己的
书桌，并且会不厌其烦地指出它们的美丽和有趣之处，或者他会描述避暑

---

[1] S. W. Williams to James Dana, 22 April 1852. 顾钧、[日]宫泽真一主编：《美国耶鲁大学图书馆藏卫三畏
未刊往来书信集》（第20册），广西师范大学出版社2012年版，第158页。

胜地——'三山庵'——附近田野或路边长满的谷物和草木，这些即兴和随意的谈话常常是最好的思想盛宴。但必须承认的是，听众中却没有什么知音。如果我们跟着他和他的花回家，他会愉快和巧妙地邀请我们留下用餐。他让这样的拜访看上去像是对他的恩惠，而不是让客人感到像是强加在他们头上的责任。他从来不无视在街上或乡间小路上碰到的那些纯朴的乡民，他喜欢和他们亲切地打招呼，有时会对那些他认识的人问寒问暖，对有困难的人提供一点帮助。他本人以及他孩子的名字逐渐在那些穷苦的农民中流传开来，直到今天还没有被忘记。"[1]

　　中国不仅是卫三畏的研究对象，也是他的第二故乡。在中国生活和对中国进行研究的过程中，他对中国和中国人的感情日深，这可以从以下两事情中看出来。在卫三畏回美国之后，1876 年至 1879 年一场罕见的特大旱灾侵袭中国，受灾地区集中在山西、河南、陕西、直隶、山东等北方五省，并波及苏北、皖北、陇东和川北等地区。大灾使粮食绝收，饿殍载途，死亡者竟达 1000 万以上，被当时的英文报纸称为"全世界近半个世纪以来最恐怖的经历。"[2]由于这次大旱以 1877 年、1878 年为主，所以后来被称为"丁戊奇荒"；又因河南、山西旱情最重，又称"晋豫奇荒""晋豫大饥"。灾情发生后，在华西方人特别是英国人采取了多种行动，被称为"洋赈"。[3]卫三畏虽然已经回国，但没有袖手旁观，得到消息后立刻投入了募捐行动，上至美国参众两院，下至身边的普通民众，都在他的动员范围之内。他还写了大量的呼吁信，刊登在芝加哥、纽约、哥伦布等地的报纸上，在给家乡的《尤蒂卡先驱报》主编的信中，卫三畏写道："您可能已经听说了在中国发生的大饥荒以及可怕的苦难和死亡……我希望您

---

〔1〕F. W. Williams, *The Life and Letters of Samuel Wells Williams*, pp. 367-368.

〔2〕"The Intelligencer", *The Wheeling Intelligencer*, 8 May 1878, p. 1.

〔3〕李提摩太（Timothy Richard）对新教传教士在赈灾工作中的作用有详细的回忆，参见其所著《在华四十五年》(*Forty-Five Years in China*, New York: Frederick A. Stokes Co., 1916）一书第四章《1876—1877 年山东赈灾》和第五章《1877—1881 年山西赈灾》。

能将我附上的有关这次饥荒的材料刊登在您的报纸上，希望慈善之士伸出援助之手，拯救这些中国饥民，对此我将不胜感激。"[1]

不仅如此，他还和在中国的传教士保持密切的联系，及时了解信息，在整个救灾工作中可以说是竭尽全力，这从 1878 年 5 月他给白汉理（当时正在中国积极投入抗灾）的信中可以清晰地看出："我已竭尽所能让这里的人们了解你那里事态的可怕，并附上我做的宣传材料——其中省略了大量的细节。我不知道自己在芝加哥、墨比尔、伊萨卡、阿美士德、纽约、纽黑文、哥伦布等地报纸上的呼吁会有怎样的效果，但应该不会募集不到一点儿救灾的钱款……我已经写信给同孚洋行，让他们寄给你 1000 美元，帮你救助一些苦难的人，你一定知道怎样把钱派到最大的用场。有关那 22 个村庄的笼统信息——无数人死去、逃荒、病倒——不太容易给人留下印象，请提供一些更典型与个别的例子，因为这会让人们更好地了解援助的急迫，也能激发他们挽救生命的热情。拯救陕西的灾民看来已不大可能，因为他们离我们太远，但是济南、德州等城市及其周边地区的饥馑可以而且应该得到救助。你们如果将主要的精力集中于发放食品，也许会更加有效。"[2]除此之外，卫三畏还联合一些热心人士试图劝说国会返还 1858 年赔款余额的一部分（这时总数连本带息已经达到 40 万美元），以解救中国的饥荒地区，最终虽然未能如愿，但他可以说是苦心极力了。

正是出于同样的善意，卫三畏希望通过自己的努力来增进美国人对中国的了解，"剥离中国人和中国文明所给予的那种奇特而无名的可笑印象"[3]，这是他写作《中国总论》的重要动机。但必须看到的是，这只是动机之一，另一个动机是"增加基督徒对于中国人民的关注，并且展示他们

[1] "SWW to *The Utica Herald*, 9 May 1878," Samuel Wells Williams Family Papers, Series 2, Box 13.
[2] S. W. Williams to Henry Blodgett, 18 May 1878. 顾钧、[日]宫泽真一主编：《美国耶鲁大学图书馆藏卫三畏未刊往来书信集》（第 22 册），广西师范大学出版社 2012 年版，第 241—242 页。
[3] S. W. Williams, *The Middle Kingdom* (1848), Vol. 1, p. xiv.

是多么值得用基督教义去教化，施行这样的教化可以使他们的政府免于混乱，使人民免于鸦片造成的堕落和对灵魂的永久伤害。"[1]显然，卫三畏希望这本书能够有助于基督教在华的传教事业。实际上，我们发现，激励他从事所有工作的动力多多少少都来自这同一个目标。1873年，被《汉英韵府》的编写和校对弄得筋疲力尽的卫三畏在一封信中写道："如果仅是为了声名而编写这本字典，我想我早就气馁而放弃这个野心了，我在每一页中看到的是它对传播福音事业的帮助。"[2]一年后这部大字典出版时，卫三畏在"前言"的最后再次强调了这一点："我从事这一工作并且相信它不会是白费气力，是因为我期望它有助于那些正在中国传播各种真理的人，特别是传播宗教和科学真理的人，只有掌握了这两类真理才能使中国成为基督教国家而得到提升。"[3]可见，卫三畏编写这本字典主要也是为了给传教士提供帮助，所以出版后他打算向他们赠送一部分。在发现传教士们不愿意无偿接受的情况下，卫三畏决定"以每本9美元，自己也正好每本倒贴9美元"的价格向120人提供此书，以这种方式来支持传教事业。[4]1876年11月14日，在卫三畏离开中国前夕，17位传教士联名从上海写给他一封告别信，十分准确地总结了他在中国的工作：

> 您昂扬的热情、耐心的工作与不懈的传教努力已经赢得了我们衷心的敬佩，为我们树立起充满教益与鼓励的榜样。作为字典

---

[1] S.W. Williams to Wife, 23 August 1847. 顾钧、[日]宫泽真一主编：《美国耶鲁大学图书馆藏卫三畏未刊往来书信集》(第20册)，广西师范大学出版社2012年版，第13—14页。

[2] S. W. Williams to Wife, 13 January 1873. 顾钧、[日]宫泽真一主编：《美国耶鲁大学图书馆藏卫三畏未刊往来书信集》(第21册)，广西师范大学出版社2012年版，第488页。

[3] S. W. Williams, "Preface", *A Syllabic Dictionary of the Chinese Language*, p. x. 卫三畏同样将《英华分韵撮要》"献给汉语学习者，特别是那些正在用宗教和科学真理教化这个民族的人"，参见 S. W. Williams, "Preface", *A Tonic Dictionary of the Chinese Language*, p. viii.

[4] S. W. Williams to R. S. Williams, 9 December 1874. 顾钧、[日]宫泽真一主编：《美国耶鲁大学图书馆藏卫三畏未刊往来书信集》(第22册)，广西师范大学出版社2012年版，第41页。

编撰者与校订者，您的工作让我们以及所有学习中国历史与语言
的人长久受惠于您广博而准确的知识，受惠于您慷慨赠送过程中
的努力与苦心。您长期担任美国使馆参赞、翻译，九次代理公使
的职务，这些工作给了您许多重要的机遇，使您得以把知识、经
验用于为中国人造福、为您自己的国家谋利，尤其是为基督教在
中国的传播效力。对您工作中表现出的高度责任感，我们不胜钦
佩。我们尤其愿意铭记的是，在史无前例的四十三年工作期间，
您在与中国人以及在华外国人的所有文字、外事与社会交往中，
忠诚而一贯地保持了作为一个基督徒与传教士的本色。[1]

卫三畏效力于美部会虽然只有二十多年，但传教士作为"本色"却始
终伴随着他。晚年他在身体不佳的情况下坚持修订《中国总论》，在说明
这么做的动机时他写道："一个念头刺激着我一生从事这一工作，它就是
这样一种希望：传教事业能够发展。

如果没有传教运动和传教士来华，美国汉学的产生、发展会推迟若干
年，这是毋庸置疑的。正如美国学者伊萨克斯所言："在中国人于几个世
纪间留在美国人心目中的印象方面，传教士比商人或外交官起的作用要多
得多。"[2]传教士和商人、外交官的最大区别在于他们都自觉和积极地学习
汉语，研究中国文化。1834年伯驾来华之前，美部会在给他的指示（6月
1日）中写道："你的第一个任务是掌握汉语的读写，你要准确而彻底地通
晓中国语言。这或许需要两到三年严格而不间断的学习，但不要以为这是
浪费时间，不要让其他事情（无论是多么紧迫的事情）分散你学习汉语的
精力。同时，一旦有机会，你就要让自己去了解那里的人民，他们的生活

［1］"Letter to S. W. Williams, 14 Nov. 1876," Samuel Wells Williams Family Papers, folio 26.
［2］Harold R. Isaacs, *Scratches on Our Minds: American Images of China and India*, p. 172.

方式和习俗，收集相关信息，以服务于你将来的工作。"〔1〕这段话同样适用于比伯驾早一年来华的卫三畏。他们在清政府多方限制外国人的情况下想方设法坚持学习，为美国汉学的建立打下了良好的基础。

实际上，传教士的汉语能力和汉学研究还深刻地影响了中美外交乃至整个中美关系。1858 年 6 月 20 日，美国驻华公使列卫廉在致国务卿的信中写道："我不得不进一步指出，传教士们以及与传教事业相关的人士所做的研究对我国的利益至关重要。如果没有他们做翻译，我们的事务便无法处理。如果没有他们在这里，我便寸步难行，也无法履行我的职责，我不能读，不会写，对于往来的文件与条约规章，我一窍不通。有了他们在这里，我便毫无困窘。"〔2〕这里的"他们"主要是指卫三畏和丁韪良，从他们对于列卫廉的重大帮助可以管窥其他传教士的作为。作为列卫廉的前任，伯驾在这方面的贡献更是值得大书特书，他早在 1844 年就参与了中美《望厦条约》的谈判，后加入美国驻华使团，并于 1855 年出任驻华公使（至1857 年），"这是美国首次任命曾在亚洲有过丰富直接经验的外交官"〔3〕。正如费正清指出的那样："在 19 世纪中国与西方的关系中，新教传教士扮演了最重要的角色"〔4〕。

但另一方面，传教士本身的特点，特别是其局限性也毋庸讳言，他们给早期的美国汉学带来了一些不可避免的问题。裨治文曾经希望以一种"不带任何偏见的"（unbiased）态度来报道和研究中国，具体到汉语这一领域，也曾保证，"为了使读者对中文有一个全面的了解，无论中国文字

---

〔1〕［美］爱德华·V. 吉利克：《伯驾与中国的开放》，董少新译，广西师范大学出版社 2008 年版，第 250页。

〔2〕F. W. Williams, *The Life and Letters of Samuel Wells Williams*, p. 274.

〔3〕［美］爱德华·V. 吉利克：《伯驾与中国的开放》，董少新译，广西师范大学出版社 2008 年版，第 164页。

〔4〕John K. Fairbank, ed., *The Missionary Enterprise in China and America* (Cambridge, MA: Harvard University Press, 1974), p. 2.

384

多么新颖和动人，我们都不会被它的独有特色所迷惑，我们不会忽略它的缺陷，同时我们也不会掩盖它固有的优点，从而在最大程度上保证对其评价的客观与公允"。[1]另一位美部会传教士明恩溥则多次表示自己要努力讲实话，而且只讲实话（tell nothing but the truth）。[2]

但实际上传教士很难不受传教目的的支配，这本来是无可厚非的，但是这一目的常常使他们无法以一种平和与同情的观点来看待中国和中国文化。比如裨治文曾写过一篇题为《中国人的教育》（Education among the Chinese）的文章，最后的结论是："在过去漫长的两千多年里，中国人似乎从未有过任何革新进步的想法；而且在所有学科领域，任何超越古人的想法都会被视为异端。"[3]对此雷孜智分析道："裨治文对中国的口诛笔伐显然缺乏历史的全景式关照。譬如，他丝毫没有提及中世纪早期（6—11世纪），西方历史学家大多将这一时期视为欧洲知识史上的蒙昧时代，与中国此际唐宋时期辉煌的文化相比，更是暗淡无光。裨治文并非不知道中国的这段历史，而是将一切与他关于西方历史持续进步的描述不相容的东西有意否认或忽略了，而且，他认为西方的历史进步无疑是基督教和西方传统文化的必然产物。"[4]在裨治文看来，基督教代表着文明，而异教则代表着不文明或半文明。

卫三畏与裨治文的观点相去不远，他给中国的定位是"现存异教诸国中最文明的国家"[5]。《中国总论》卷首的插图形象地说明了这一点。插图的主体是一座中国牌坊，上书一副对联，横批是书名"中国总论"，上联

---

[1] E. C. Bridgman, "The Chinese Language", *The Chinese Repository*, Vol. 3, p. 3.

[2] E. C. Bridgman, "Introduction", *The Chinese Repository*, Vol. 1, p. 4; Arthur H. Smith, "Introduction", *Chinese Characteristics*, p. 9.

[3] E. C. Bridgman, "Education among the Chinese", *The Chinese Repository*, Vol. 4, pp. 4–5.

[4] [美] 雷孜智：《千禧年的感召——美国第一位来华新教传教士裨治文传》，尹文涓译，广西师范大学出版社 2007 年版，第 111 页。

[5] S. W. Williams, "Preface", *The Middle Kingdom* (1848), Vol.1, p. xv.

是"仁者爱人由亲及疏"，下联是"西方之人有圣者也"。两句话都源自儒家经典。上联的"仁者爱人"出自《孟子·离娄下》。"由亲及疏"则是后世依据这段话提炼而来："凡为天下国家有九经，曰：修身也、尊贤也、亲亲也、敬大臣也、体群臣也、子庶民也、来百工也、柔远人也、怀诸侯也。"（《中庸》第二十章）。下联出自《列子·仲尼篇》中的"西方之人，有圣者焉"。由此不难看出卫三畏对儒家经典的熟悉，和对中国道德伦理思想的认可。但下联从格律形式来看，和上联并不对应。卫三畏在中国一定看过很多牌坊和对联，加上他深厚的汉学功力，不至于不明白对联的写法，他这里试图假借孔子之口，显示上帝是无所不在的主宰。[1]

在上述观点背后隐藏着的是一种典型的西方中心主义和西方优越论，正如赖德烈指出的那样："卫三畏希望纠正19世纪以来西方人对于中国的轻蔑和无知，但他没有从一种居高临下的优越感中解放出来，他确信，虽然中国绝不是未开化的国家，但中国在文明程度上要落后于基督教国家……他生活在中国的年代，清王朝正在走向衰落，庞大的中华帝国已经被数量很少的英国军队打败，并且处于内战中，当他将中国和工业革命后日益富强的西方世界进行比较时，他几乎不可能再有18世纪欧洲人看待康乾盛世时的那种敬畏和羡慕之情。"[2]特别是随着西方列强势力逐渐进入中国，传教士的文化殖民心态更是日益膨胀，汉学研究中不顾事实、夸大其词甚至歪曲事实的情况不时出现。

19世纪末美部会传教士明恩溥在名噪一时的《中国人的特性》一书中，提出了26个范畴来定义中国的国民性，在说明"麻木"（absence of nerves）这一特性时举中国人的睡觉方式为例："在睡觉方面，中国人和西方人同样存在差异，这在开头已强调过了，一般说来，中国人在任何地方

---

[1] 张涛：《孔子在美国》，北京大学出版社2011年版，第86页。
[2] Kenneth S. Latourette, "Samuel Wells Williams", *Notes on Far Eastern Studies in America*, No. 12 (Spring 1943), p. 6.

386

都能入睡，那些使我们无法入睡的烦琐的干扰，丝毫不能影响他们。有一块砖作为枕头，他就可以睡在木板床或泥砖床或藤条床上，如此这般地入睡，而且一睡就睡着了，一点儿也不考虑别的事情。他睡觉时不需要屋子里保持黑暗，也不需要别人保持安静。"[1]睡觉本来是没有种族差异，也无所谓优劣的，但在这里却被明恩溥毫无根据地用来说明西方人的优越，仅此一例就足以暴露出他对中国人的歧视。

卫三畏虽然没有明恩溥那么极端，但对中国的一些不实之词同样是偏见的产物，他在《中国总论》中贬斥中国人"好色"时这样写道："这个沉溺于感官享受的民族寻求的许多食物，都是因为它们具有刺激性欲的性质，而且大多数从国外买进的用作食物的产品也是为了这种性质。"[2]这纯属无稽之谈。

一向关心中国国民性问题的鲁迅称自己"对于外国人的指摘本国的缺失，是不很发生反感的"，实际上他对明恩溥在《中国人的特性》中批评中国人爱面子、缺乏时间观念、因循保守等观点是非常赞同的，但同时他对于无端的指摘也会给予毫不留情的反击。针对上述中国人"好色"的说法，他尖锐地嘲笑道："筵席上的中国菜诚然大抵浓厚，然而并非国民的常食；中国的阔人诚然很多淫昏，但还不至于将肴馔和壮阳药并合。'纣虽不善，不如是之甚也。'研究中国的外国人，想得太深，感得太敏，便常常得到这样——比'支那人'更有性底敏感——的结果。"[3]鲁迅的做法很好地提示我们，在看待传教士汉学的时候应该采取一分为二的态度，一味肯定固然不对，一味否定，认为所有的传教士汉学都是"殖民话语"，都是"文化帝国主义"的产物，也同样是简单和草率的做法。

在西方文化处于强势的年代，不带国家和种族偏见来看待和研究中

---

〔1〕Arthur H. Smith, *Chinese Characteristics*, p. 93.
〔2〕S. W. Williams, *The Middle Kingdom* (1848), Vol. 2, p.50.
〔3〕鲁迅：《鲁迅全集》(第三卷)，人民文学出版社 1981 年版，第 330 页。

国是很难做到的。萨义德在《东方学》中指出，"人文学科的知识生产永远不可能忽视或否认作为人类社会之一员的生产者与其自身生活环境之间的联系，那么，对于一个研究东方的欧洲人或美国人而言，他也不可能忽视或否认他自身的现实环境：他与东方的遭遇首先是以一个欧洲人或美国人的身份进行的，然后才是具体的个人。在这种情况下，欧洲人或美国人的身份绝不是可有可无的虚架子。它曾经意味着而且仍然意味着你会意识到——不管是多么含糊地意识到——自己属于一个在东方具有确定利益的强国，更重要的是，意识到属于地球上的某个特殊区域，这一区域自荷马时代以来一直与东方有着明确的联系。"[1]尽管如此，近代西方的传教士中还是出现了像英国的理雅各、德国的卫礼贤（Richard Wilhelm）这样比较纯粹的学者，美国早期传教士中没有涌现出可以与之完全比肩的人物。[2]在卫三畏的身上，我们能够看到的只是一种意识、一种努力。他在《中国总论》中的一处写道："我们不想将中国描写得比它实际的要糟，也不想大谈特谈它的优点而使人感觉它不需要福音。"[3]在另一处他写道："很容易把中国早期的历史捧上了天，就像法国作者所做的那样，但贬低它也同样是不正确的，而这是现在普遍流行的做法。"[4]更值得关注点是，他在第十章《中国语言文字的结构》开头写道："中国的文献确有很多值得研究的内容……是人类最聪明、最有价值的心灵连续许多年代辛苦的成果。这是在独特的文明中发展起来的，它所吸取的养分完全不同于西方圣人和哲

---

[1][美]萨义德：《东方学》，王宇根译，三联书店 2019 年版，第 15-16 页。

[2] 卫礼贤（1873—1930），曾在中国传教二十多年，将《周易》《老子》《庄子》等典籍翻译成德文，在西方产生很大影响。20 世纪随着自由主义思潮的兴起，美国传教士中出现了对传教持怀疑、否定态度和对中国文化采取更为客观态度的传教士，以胡美（Edward H. Hume）、乐灵生（Frank J. Rawlinson）、赛珍珠（Pearl S. Buck）为代表，详见 Lian Xi, *The Conversion of Missionaries: Liberalism in American Protestant Missions in China 1907—1932* (University Park, PA: Pennsylvania State University Press, 1997), pp. 25-130。

[3] S. W. Williams, *The Middle Kingdom* (1848), Vol. 2, p.99.

[4] S. W. Williams, *The Middle Kingdom* (1848), Vol. 2, p.193.

学家的著作。"[1]研究中国，必须抛弃先入之见，西方的哲学、宗教并不具有普世性。在私人书信中卫三畏也表达过类似的想法，1851 年年底他决定停办《中国丛报》后在给弟弟的信中写道："等我将《中国丛报》的索引出版以后，我就会开始考虑开办一份新的中文报纸或别的什么刊物。我打算把新报纸或期刊办得比原来活泼一些，宗教色彩少一些（less serious and religious）。"[2]虽然计划中的报纸和刊物没有能够落实，但"宗教色彩少一些"的表述是值得瞩目的，而且受信人——他的弟弟是一位虔诚的传教士。这封信也说明，卫三畏意识到了《中国丛报》停刊除了诸多外在因素，自身也存在问题。该刊后期因传教士们陷入译名之争而刊登了太多这方面的文章，无疑大大降低了一般读者的兴趣。

显然，卫三畏并非没有认识到自己应该以一种学者的眼光来观察和描述中国。作为传教士和作为学者的卫三畏在汉学研究中是时时处在斗争之中的。正是由于有这样的斗争，使他高出其他美国传教士汉学家一筹。

卫三畏带着西方文化优越感来到中国，这是无可否认的，从他的著作、书信以及和中国人的交往中都可以看到。但今天我们回顾历史、展望未来时，更应该强调这个事实：在华长期工作生活中卫三畏逐步加深了对中国悠久历史和深厚传统的了解，致使他在对华态度上开始发生转变。这一点可以耶鲁校园里的一件艺术杰作作为象征，那就是在卫三畏于 1884 年 2 月 16 日去世两周之后，安装在举行其葬礼的巴特尔教堂（Battell Chapel）东北角中心位置的一块非常别致的彩色纪念玻璃。玻璃的中央写有《论语·尧曰》中的七个汉字："敏则有功，公则说。"玻璃的下方用英文记载了卫三畏的名字、生卒年份，以及他一生的多重身份："传教士、学者、外交官、耶鲁大学汉学教授"。这块玻璃虽然由纽约的路易斯·第法尼公

---

[1] S. W. Williams, *The Middle Kingdom* (1848), Vol. 1, p. 458.

[2] S. W. Williams to F. Williams, 25 December 1851. 顾钧、[日] 宫泽真一主编：《美国耶鲁大学图书馆藏卫三畏未刊往来书信集》（第 20 册），广西师范大学出版社 2012 年版，第 154 页。

司（Louis C. Tiffany & Co.）负责制作，但是其别出心裁的设计显然出于卫三畏生前的授意。[1]

　　卫三畏选用孔子的话作为自己一生的概括，可谓恰如其分。"他一生的大部分岁月都在愉快、有益的工作中度过，不像同行们那样常常被烦闷、悲伤或阴郁困扰。他不是一个闲散的人，而是紧张、积极、不甘悠闲，这种勤奋的习惯会使他在无所事事时很不愉快。"[2]他的传记作者这样写道。"敏则有功"（勤勉能积成事功），可以从卫三畏孜孜不倦编写印刷的《中国总论》《汉英韵府》以及《中国丛报》等多种书刊得到印证。"公则说"（公道则众人心悦诚服）的道理，则充分体现在他辞职回国之际所受到的各界朋友的赞扬中。他在信中告诉妻子："临行前威妥玛于周六、西华于周一为我举办了两次特别宴会，我见到了北京的所有名流，并受到了他们的盛赞。然后，似乎是为了区别于外交聚会，丁韪良、艾约瑟、怀定先后请我吃饭。我告诉过你，我在丁韪良家见到了所有的传教士，那真是一次令人难忘的聚会。"[3]不仅北京的新教传教士们发给他一封送别信以示友谊与敬意，上海的同仁也发给他类似的信件，恰如其分地总结了他在中国后半段的生活："您长期担任美国使馆秘书、翻译，九次代理公使的职务，这些工作给了您许多重要的机遇，使您得以把知识、经验用于为中国人造福、为您自己的国家谋利。对您工作中表现出的高度责任感，我们不胜钦佩。"[4]

　　卫三畏选用孔子的话来概括自己的一生，充分显示了对中国文化传统的敬重之意。而这种敬重同样体现在《中国总论》初版第一章结尾处的一段话中："中国文明是在独特的条件下发展起来的，因此要将它和欧洲文

[1]陶德民、顾钧：《从教化到对话：写在卫三畏诞辰200周年之际》，载《中华读书报》2012年12月19日。
[2]F. W. Williams, *The Life and Letters of Samuel Wells Williams*, pp. 421–422.
[3]S. W. Williams to Wife, 26 October 1876. 顾钧、[日]宫泽真一主编：《美国耶鲁大学图书馆藏卫三畏未刊往来书信集》（第22册），广西师范大学出版社2012年版，第167页。
[4]F. W. Williams, *The Life and Letters of Samuel Wells Williams*, pp. 419–420.

390

明相比较，而不是以欧洲文明来评判它。中西种族虽然差别很大，但有着共同的本性和需求。中国比欧洲早好几个世纪发明了指南针、瓷器、火药、印刷术。中国人口数可能已经超过 3 亿，有着统一的风俗习惯、语言文字和政治体制。他们的城镇遍布各地，中心城市可以和历史上任何国家的大都会相匹敌。这样一个国家应当在人类历史上占有令人瞩目的地位，其状况和特点值得任何对人类未来抱有良好愿景的学者进行深入研究。"[1]

　　不仅如此，卫三畏还以其数十年的在华经历，对近代中国缓慢而确凿的进步做出了正面的评价。1883 年 7 月，即辞世的半年多之前，卫三畏在儿子的帮助下终于完成了《中国总论》这一巨著的修订出版工作，在增补版的"序言"中他写下了如下字句："1833 年我初抵广州时，我和另外两个美国人被作为'番鬼'（洋鬼子）报告给行商，并接受他的管理。1874年作为美国驻华公使馆参赞，我陪同艾忭敏阁下面见同治皇帝，公使先生在完全平等的基础上向'天子'呈递了国书。这两次经历使我意识到，正是由于思想上的重大进步才使一个孤傲的政府改变了强加于人的姿态，毫不奇怪，我确信汉人的子孙有着伟大的未来。"[2]此处字里行间所透露的，既有对个人以往经历的感慨系之，更有对中国未来发展的美好愿景。

　　从历史上看，身处所谓"轴心文明"的人们往往患有"舍我其谁"的自恋症，他们意识不到，这个五彩缤纷的世界本来就是由形形色色、各有偏好的人群组成的，谁都无法指望能够按照自己的期待来彻底改变他人。卫三畏晚年面对美国的排华浪潮曾感慨道："如果我们可以用要求中国人对待我们的方式对待中国人，那么我们两国的交流将会互利共赢，毕竟相互需要是深入交流之本。"[3]这一想法用孔子的话来表达，就是"己所不欲，勿施于人"。其上下文是这样的："子贡问曰：'有一言而可以终身行之者

---

〔1〕S. W. Williams, *The Middle Kingdom* (1848), Vol. 1, pp. 40–41.
〔2〕S. W. Williams, "Preface", *The Middle Kingdom* (1883), p. xiv.
〔3〕S. W. Williams, *Chinese Immigrtion*, p. 46.

乎？'子曰：'其恕乎！己所不欲，勿施于人。'"（《论语·卫灵公》）卫三畏在 1848 年版《中国总论》评述《论语》时曾引用了这句话（Do not unto others what you would not have them do to you），并称之为"《四书》中最令人注目的章节"（the most remarkable passage of the Four Books）。[1] 后来在 1858 年制定《天津条约》第二十九款时，也将类似的句子"凡欲人施诸己者，亦如是施于人"写入其中，而这在前后签订的中英、中法《天津条约》中都是没有的，[2] 充分说明卫三畏对这句话的重视。从这一点来看，卫三畏的转变过程所显示的方向对我们今天消解文明冲突、加强文明对话非常具有启迪作用。

　　上文提到卫三畏于 1874 年 11 月 29 日第一次见到了同治皇帝，他在会见结束后的一封信中做了这样的评论："在我看来，中国人比较喜欢在露天（即使不完全是在户外）举行接见仪式，因为明媚的阳光、新鲜的空气以及围绕四周的冷杉树丛都为此时此景增添了独特的魅力。中国所独具的这种特色，既有别于我们对东方的宏伟与铺排——例如波斯与印度的惯常概念，也有别于欧洲的风格。没有音乐，寂静无声，看不到骑兵卫队或成群的持戟士兵，也没有诸多内侍在宝座周围排列成行，或许还可补充一点：没有冠冕堂皇的讲演来应答我们的致辞。随着时间的推移和召见外国使臣的渐趋频繁，或许这些习俗将有所改变，然而也便失去了现今的特色，却未必能有更好的效果。"[3] 这里可以清晰地看出他对于中国皇家礼仪的同情之理解，甚至是欣赏。在卫三畏的汉学著作中，我们同样可以不时看到他把中国文化与西方文化进行对比，将中国文化放在世界范围内进行阐发。比如他在《中国总论》中论述理学时写道："有宋一代，欧洲全然处于昏睡落后的状态，而中国的智力活动却异常活跃，程颐、程颢、朱熹、周敦

---

[1] S. W. Williams, *The Middle Kingdom* (1848), Vol. 1, pp. 519-520.

[2] 陶德民编：《卫三畏在东亚：美日所藏资料选编》，大象出版社 2016 年版，第 849 页。

[3] F. W. Williams, *The Life and Letters of Samuel Wells Williams*, p. 405.

392

颐等人哲学思想的影响一直延续到今天。"[1]《诗经》与西方诗歌的短长同样为卫三畏所关注："如果说其中没有达到荷马的壮丽，或是维吉尔与品达的甜美，却避免了莫斯霍斯、奥维德或玉外纳的松散放荡。"[2]他还将具体的《诗经》作品与西方诗歌作品联系起来，比如《召南·甘棠》"所含感情使我们联想起19世纪英国诗人莫里斯的作品《伐木人，饶了树吧》"。在评论《大雅·瞻卬》的第三、四章时他说，"该诗所讽刺的周幽王宫中的褒姒"可以和罗马历史上的阿格丽品娜相提并论，后者是罗马皇帝尼禄之母，有种种恶行。另外，他试图在中西比较的视野中突出中国诗歌本身的形式特征及其价值，"对于熟悉西方语言生动多变的节律的读者来说，单音节语言的韵律显得十分平淡乏味，但是中国人在民歌中表现出活泼轻快和抑扬顿挫，是我们的翻译很难呈现的"。[3]

　　再如他对于孔子的认识，从一开始就不是把他视为一位孤立的中国圣人，而是放在整个世界文明中来看待。他在《孔子生平概要》一文开篇写道："对于一个熟悉希腊罗马伦理哲学的学者来说，将自己所了解的西方理论与中国这个亚洲最主要国家的相关理论进行比较，是非常有益和启发性的工作。把《吠陀》和柏拉图、苏格拉底、塞内卡、亚里士多德、查拉图斯特拉、孔子、孟子、老子的著作放在一起，看看他们关于人的行为都制定了哪些准则，我们一定能在其中找出相似性来。"[4]这些观点的正确与否有待商榷，但它们所展示的文明对话姿态无疑是极其可贵的。关于中国文明的特色，卫三畏给出了不少个人的答案，但他思考过而没有给出答案的问题同样不一而足，1864年4月7日他在发表于《纽约观察者》(*New*

〔1〕S. W. Williams, *The Middle Kingdom* (1883), Vol. 1, p. 683.

〔2〕S. W. Williams, *The Middle Kingdom* (1883), Vol. 1, p. 637. 荷马、品达为古希腊诗人；莫斯霍斯（Moschus，活动于公元前2世纪）、维吉尔（Virgil，公元前70—公元前19）、奥维德（Ovid，公元前43—公元18）、玉外纳（Juvenal，约60—约140）均为古罗马诗人。

〔3〕S. W. Williams, *The Middle Kingdom* (1883), Vol. 1, pp. 638–641.

〔4〕S. W. Williams, "Sketch of the Life of Confucius", *The Chinese Repository*, Vol. 11, p. 411.

York Observer）的一篇文章中指出："中华民族可能在人的管理上达到了很高的水准，具体表现在两个方面：被统治者在生命和财产上的安全感，以及自我约束下的行为自由。这为哲学家们提供了一个值得研究的题目，即为什么在没有任何帮助的情况下中国人的教育能够如此有效和如此长久，远胜于琐罗亚斯德、塞内加、苏格拉底、朗吉弩斯的国家。"[1]这无疑是一个很大也很有意义的问题，仍然值得今天的人们去思考。

以上的分析向我们昭示，虽然卫三畏的著作已经问世一百多年了，但它们不仅饱含厚重的历史价值，也具有积极的现实意义，值得我们不断地研精覃思。

---

[1] F. W. Williams, *The Life and Letters of Samuel Wells Williams*, p. 352.

卫三畏年谱简编

● 1812 年　出生

　　9 月 22 日，出生于美国纽约州尤蒂卡。

● 1831 年　19 岁

　　秋天，前往特洛伊，在伦斯勒学院学习。

　　秋天，母亲去世。

● 1832 年　20 岁

　　4 月，接受父亲的建议，决定前往中国。

　　7 月，收到美部会秘书安德森来信，同意前往广州负责那里的传教站印刷所。

　　9 月，从伦斯勒学院毕业。

　　冬，开始在父亲的印刷所接受印刷培训。

● 1833 年　21 岁

　　4 月，在父亲的印刷所完成培训。

　　5 月，在波士顿美部会办公室接受出发前的指示。

　　6 月 15 日，与特雷西一起登上"马礼逊号"船从纽约出发。

　　10 月 25 日，到达广州黄埔港，入住美国商行，见到了美国第一位来华传教士裨治文和英国最早来华传教士马礼逊。

　　冬，开始承担英文月刊《中国丛报》的印刷和编辑工作。

● 1834 年　22 岁

2 月，在《中国丛报》发表最初的两篇文章：《中国的度衡量》《广州的进出口贸易》。

6 月，在《中国丛报》发表《中国博物学》。

7 月，在《中国丛报》发表《中国农业概述》。

8 月，在澳门参加马礼逊的葬礼。

9 月，在《中国丛报》发表《稻谷》。

10 月，在《中国丛报》发表《竹子与棕榈之比较》。

● 1835 年　23 岁

2 月，在《中国丛报》发表《中国人的饮食》。

3 月，在《中国丛报》发表《中国的金属活字》。

4 月，在《中国丛报》发表《皮毛贸易》。

5 月，在《中国丛报》发表《修补匠的工作》。

12 月，将部分印刷设备搬至澳门，利用东印度公司的中文铅字印刷麦都思《福建方言字典》（至 1837 年 5 月完成）。

● 1836 年　24 岁

1 月，在《中国丛报》发表《广州的行话》。

6 月，在郭实猎处认识几位日本水手，开始学日语。

7 月，在《中国丛报》发表《评罗雷拉著〈交趾支那植物志〉》。

● 1837 年　25 岁

3 月，在《中国丛报》发表《中国人使用的农具》。

7 月，在《中国丛报》发表英译《二十四孝》。

7 月 4 日—8 月 29 日，和金查理、伯驾等人乘坐"马礼逊号"前往琉球和日本，目的是将 7 位遭遇船难的日本水手送回日本，借此打开日本大门。7 月 30 日试图在江户湾（东京湾）登陆，遭到炮击。8 月 10 日返回途中试图在鹿儿岛湾登陆，再次遭到炮击。8 月 29 日返回澳门。

9 月，参与裨治文主编《广东方言中文文选》部分章节的撰写。

10 月，在《中国丛报》发表《中国人学习外语的字汇手册》。

396

● **1838 年　26 岁**

4 月，在《中国丛报》发表《贞妇的故事》。

5 月，在《中国丛报》发表《中国博物学》第一篇，此后连载至第九篇（1839 年 3 月）。

● **1839 年　27 岁**

1 月，在《中国丛报》发表《评汉语拼音方案》。

2 月，接待从美国前来广州担任马礼逊教育会教师的鲍留云。

6 月，在《中国丛报》发表《书评：〈开放的中国〉》。

7 月，在《中国丛报》发表《茶叶和茶叶种植》。

夏，与裨治文前往广州虎门拜访钦差林则徐。

8 月，在《中国丛报》发表《春园采茶词三十首》。

11 月，在《中国丛报》发表英译《谢小娥传》。

● **1840 年　28 岁**

2 月，在《中国丛报》发表《书评：〈从莫斯科到北京旅行记〉》。

4 月，在《中国丛报》发表《以中国的风俗习惯说明〈圣经〉中的章句》。

9 月，在《中国丛报》发表《给中国老年人的宴会》。

10 月，在《中国丛报》发表《中国风土人情》第一篇，此后连载至第十一篇（1848 年 11 月）。

12 月，在《中国丛报》发表《女学》。

● **1841 年　29 岁**

5 月，裨治文主编的《广州方言读本》在澳门出版，该书约一半内容由卫三畏完成。

● **1842 年　30 岁**

1 月，在《中国丛报》发表《汉字新的注音方法》。

7 月，迁居香港，接受英国驻华公使璞鼎查代表英国政府赠送的原属东印度公司的一套中文字模。

8 月，在《中国丛报》发表《孔子生平概要》。

是年，第一部个人著作《拾级大成》出版。

1843 年　31 岁

是年，着手编写《英华韵府历阶》。

1844 年　32 岁

1 月，《英华韵府历阶》出版。

2 月—8 月，加入美国全权公使顾盛与清政府谈判《望厦条约》代表团，主要任务是帮办中文函札。

6 月，在《中国丛报》发表《中国各省府州县》第一篇，此后连载至第五篇（1844 年 10 月）。

10 月，在《中国丛报》发表《一幅"寿屏"》。

11 月，从香港启程回美国探亲。

12 月，在《中国丛报》发表《中国各省府州县附录》。

是年，《中国地志》出版。

1845 年　33 岁

3 月，在《中国丛报》发表《苗族简况》《论公平对待苗民》。

10 月 15 日，到达纽约，回国途中经过锡兰（斯里兰卡）、印度、埃及、意大利、法国、英国。在巴黎期间，参观法国皇家图书馆，拜访了法国汉学家儒莲、巴赞。

11 月，与美国北长老会秘书娄睿达成共同购买德国工匠拜尔豪斯中文活字的协议。

冬，发表一系列有关中国的讲演。

1846 年　34 岁

本年，继续发表有关中国的讲演。年底决定将讲演内容编写成书，住到纽约弟弟家中，专心写作。

是年，加入美国东方学会。

1847 年　35 岁

11 月 25 日，与萨拉·沃尔沃斯举行婚礼。

是年，加入美国民族学学会。

1848 年　36 岁

1 月，《中国总论》出版，很快被翻译成德文和西班牙文。

夏，被纽约州的协和学院授予法学博士学位。

6 月 1 日，离开纽约返回中国。

9 月 1 日，抵达广州，继续编辑出版《中国丛报》。

10 月 18 日，第一个孩子出生。

10 月，在《中国丛报》发表《以中国的风俗习惯说明〈圣经〉中的章句》。

12 月，在《中国丛报》发表《中国道德小故事（一）》。

1849 年　37 岁

1 月，在《中国丛报》发表《在华基督教差会》。

2 月，在《中国丛报》发表《书评：〈中国大众教育史〉》《关于"玄天上帝"的神话记载》。

3 月，在《中国丛报》发表《书评：〈中国戏剧选〉》《〈易经〉中对安息日的记载》《中国道德小故事（二）》。

4 月，在《中国丛报》发表《广州入城问题》。

5 月，在《中国丛报》发表《书评：〈从海南到广州陆路旅行记〉》《书评：〈回忆雅裨理先生〉》。

7 月，在《中国丛报》发表《中国人的祖先崇拜》。

8 月，在《中国丛报》发表英译《商三官》、《关于中国的著述（一）》。

10 月，在《中国丛报》发表《中国的教会医院》、《贵州地志》、《澳门总督阿马拉尔被刺》。

11 月，在《中国丛报》发表《云南地志》。

12 月，在《中国丛报》发表《书评：〈满文资料选译〉》《关于中国的著述（二）》。

是年，开始编写出版《华番通书》，内容是简要介绍前一年中国发生的大事，此后一直出版至 1856 年，共 8 册。

1850 年　38 岁

2 月，在《中国丛报》发表《湖北地志》。

3 月，在《中国丛报》发表《湖南地志》。

4 月，在《中国丛报》发表《陕西地志》。

5 月 19 日，第二个孩子出生。

5 月，在《中国丛报》发表《中文金属活字印刷术》。

6 月 10 日，父亲威廉·威廉斯去世。

6 月，在《中国丛报》发表《黑龙江及库页岛情况介绍》《四川地志（一）》。

7 月，在《中国丛报》发表《四川地志（二）》。

9 月，在《中国丛报》发表《黄河水道及其地形》。

10 月，在《中国丛报》发表《广州及其附近的宝塔》《〈新约〉与〈旧约〉中文版》。

1851 年　39 岁

1 月，在《中国丛报》发表《书评：〈西伯利亚旅行记〉》《耆英对基督教的认可》。

2 月，在《中国丛报》发表《中华帝国边陲地区地志》《广州附近的清真寺》《珠江河道（一）》。

3 月，在《中国丛报》发表《珠江河道（二）》。

4 月，在《中国丛报》发表《书评：徐继畬〈瀛环志略〉》《〈圣经〉中译的进展情况》。

6 月，在《中国丛报》发表《中国的纸币》《长白山》《书评：〈榕园全集〉》。

7 月，在《中国丛报》发表《河南犹太人访问记》。

8 月，在《中国丛报》发表《在华新教传教士名单》《河南地志》。

12 月，停办《中国丛报》。

1852 年　40 岁

6 月 22 日，第三个孩子出生，取名奥立芬，以表达对 1851 年去世的奥立芬的感念。

● **1853 年　41 岁**

　　5 月—8 月，作为翻译陪同佩里将军前往日本。

● **1854 年　42 岁**

　　1—7 月，作为翻译陪同佩里将军前往日本，3 月 31 日，见证《日美亲善条约》的签订。

● **1855 年　43 岁**

　　7 月，在未事先征询的情况下被美国政府任命为驻华使团参赞兼中文秘书，以取代升任驻华公使的伯驾。

　　是年，第四个孩子在广州出生。

● **1856 年　44 岁**

　　7 月，《英华分韵撮要》出版。

　　秋，《中国商务指南》（第四版）出版。

　　12 月 14 日，广州外国商馆被毁，印刷所和个人家当全部被毁。

● **1857 年　45 岁**

　　1 月 27 日，正式接受美国驻华使团职务。

　　1 月 28 日，正式向美部会提出辞呈。

　　10 月 31 日，第五个孩子也是最小的儿子卫斐列在澳门出生。

● **1858 年　46 岁**

　　2 月—7 月，随同美国使团北上天津参加《中美天津条约》谈判。

　　9 月—10 月，陪同美国驻华公使列卫廉访问日本。

　　12 月，负责处理美国商民赔款事宜。

● **1859 年　47 岁**

　　6 月，随同美国使团进入北京交换《中美天津条约》和觐见咸丰皇帝，均未果。

　　8 月，参加在北塘举行的《中美天津条约》换约。

10 月，在上海文理学会宣读《美国使团北京之行纪实》。

年底，出版中文小册子《对卖身异国者的警告》。

1860 年　48 岁

年初，调查并释放美国商船绑架的 300 多名中国劳工。

3 月，离开澳门回国，经过旧金山前往华盛顿上交《中美天津条约》换约文本。

11 月 3 日，正式向美国政府建议设立"美华学院"。

1861 年　49 岁

6 月，结束休假从纽约返回中国。

9 月，到达香港。

1862 年　50 岁

7 月，随同美国驻华公使蒲安臣离开上海前往北京，开始驻京的外交工作。

1863 年　51 岁

10 月，开始修改《英华分韵撮要》，为编写《汉英韵府》做准备。

是年，《中国商务指南》（第五版）出版。

1864 年　52 岁

是年，加入美国地理学会。

1865 年　53 岁

是年，加入皇家亚洲文会北中国支会。

1874 年　62 岁

7 月，《汉英韵府》出版。

11 月 29 日，作为翻译陪同美国驻华公使艾忭敏觐见同治帝，面呈国书。

12 月，翻译费城世界博览会章程，推动清政府的参与。

402

1875 年　63 岁

春，离开中国取道欧洲回美国休假。

是年，在《教务杂志》发表《印刷中文的活字》。

1876 年　64 岁

5 月，返回北京。

6 月，向美国国务院提出辞呈。

7 月，参加美国使馆庆祝美国建国百年活动。

10 月 25 日，离开北京。

12 月，从上海乘船返回美国，定居于纽黑文。

1877 年　65 岁

6 月，接受耶鲁大学聘请担任首位汉学教授。

7 月，在毕业典礼上接受耶鲁大学授予的荣誉硕士学位。

是年，《我们与中华帝国之关系》出版。

是年，关注中国北方大饥荒，联合美国有关人士筹款赈灾。

1879 年　67 岁

9 月 10 日，在萨拉托加举办的美国社会科学联合会会议上宣读《中国移民》
一文，反对排华运动，后来印刷成小册子出版。

1880 年　68 岁

1 月，在《新英格兰人》发表《东周列国志》第一、二回译文。

2 月 19 日，向美国总统海斯提交由他起草、耶鲁大学全体员工签名的请愿
书，呼吁取消排华法案。

10 月 25 日，在美国东方学会年会上发表《扶桑考》。

是年，在《教务杂志》发表《中国的女子教育》。

1881 年　69 岁

1 月 26 日，夫人去世。

5 月 18 日，当选为美国东方学会会长。

- **1882 年　70 岁**

  是年，在《教务杂志》发表《中国制度的永久性》。

- **1883 年　71 岁**

  10 月，《中国总论》修订版出版。

- **1884 年　72 岁**

  2 月 16 日，去世。

  2 月 19 日，葬礼在耶鲁大学教堂举行，后安葬于出生地尤蒂卡。

参考文献

一、卫三畏著作与档案

1. 主要著作

[1] *Easy Lessons in Chinese.* Macao, 1842.

[2] *An English and Chinese Vocabulary.* Macao, 1844.

[3] *A Chinese Topography.* Macao, 1844.

[4] *The Middle Kingdom.* New York: Wiley & Putnam, 1848.

[5] *The Chinese Commercial Guide.* Forth edition. Canton, 1856.

[6] *A Tonic Dictionary of the Chinese Language.* Canton, 1856.

[7] *The Chinese Commercial Guide.* Fifth edition. Hongkong: A. Shortrede, 1863.

[8] *A Syllabic Dictionary of the Chinese Language.* Shanghai: American Presbyterian Mission Press, 1874.

[9] *Chinese Immigration.* New York: Charles Scribner's Sons, 1879.

[10] *The Middle Kingdom.* Revised edition. New York: Charles Scribner's Sons, 1883.

[11] *A History of China.* New York: Scribner's Sons, 1897.

[12] *A Journal of the Perry Expedition to Japan 1853—1854.* Tokyo: Asiatic Society of Japan, 1910.

2.《中国丛报》主要文章 [1]

第 2 卷（1833 年 5 月—1834 年 4 月）

[1]《中国的度衡量》（Chinese Weights and Measures）

[2]《广州的进出口贸易》（Articles of Import and Export of Canton）

第 3 卷（1834 年 5 月—1835 年 4 月）

[3]《中国博物学》（Natural History of China）

[4]《中国农业概述》（Agriculture in China）

[5]《稻谷》（Rice）

[6]《竹子与棕榈之比较》（Description of the Bamboo and Palm）

[7]《中国人的饮食》（Diet of the Chinese）

[8]《中国的金属活字》（Chinese Metallic Types）

[9]《皮毛贸易》（The Fur Trade）

第 4 卷（1835 年 5 月—1836 年 4 月）

[10]《修补匠的工作》（The Tinker's Trade）

[11]《广州的行话》（Jargon Spoken at Canton）

第 5 卷（1836 年 5 月—1837 年 4 月）

[12]《中国的植物学》（Botany of China）

[13]《中国人使用的农具》（Agricultural Implements Used by the Chinese）

第 6 卷（1837 年 5 月—1838 年 4 月）

[14]《二十四孝》（Twenty-four Examples of Filial Duty）

[15]《中国人学习外语的字汇手册》（Chinese Vocabularies）

[16]《贞妇的故事》（Female Constancy）

---

[1] 卫三畏在《中国丛报》上共发表 160 篇文章，这里只列出有一定篇幅的汉学研究论文，其他篇幅较短以及与中国无关的文章不在此列出，全部文章的索引详见 "List of the Articles in the Volumes of the Chinese Repository," The Chinese Repository, Vol. 20, pp. ix–liv。

406

第 7 卷（1838 年 5 月—1839 年 4 月）

[17]《博物学（一）》(Notices of Natural History I)

[18]《博物学（二）》(Notices of Natural History II)

[19]《博物学（三）》(Notices of Natural History III)

[20]《博物学（四）》(Notices of Natural History IV)

[21]《博物学（五）》(Notices of Natural History V)

[22]《博物学（六）》(Notices of Natural History VI)

[23]《博物学（七）》(Notices of Natural History VII)

[24]《评汉语拼音方案》(Remarks on System of Chinese Orthography)

[25]《博物学（八）》(Notices of Natural History VIII)

[26]《博物学（九）》(Notices of Natural History IX)

第 8 卷（1839 年 5 月—1840 年 4 月）

[27]《书评：〈开放的中国〉》(Review: *China Opened*)

[28]《茶叶和茶叶种植》(Description of the Tea Plant)

[29]《春园采茶词三十首》(Ballad on Picking Tea)

[30]《谢小娥传》(Revenging of a Father's Death)

[31]《书评：〈从莫斯科到北京旅行记〉》(Review: Ysbrant Ides' *From Moscow Overland to Peking*)

[32]《以中国的风俗习惯说明〈圣经〉中的章句》(Illustrations of Scripture from the Manners and Customs of the Chinese)

第 9 卷（1840 年 5 月—1841 年 4 月）

[33]《给中国老年人的宴会》(Festivals Given to Old Men of China)

[34]《中国风土人情（一）》(Illustrations of Men and Things in China I)

[35]《中国风土人情（二）》(Illustrations of Men and Things in China II)

[36]《女学》(The Female Instructor)

[37]《中国风土人情（三）》(Illustrations of Men and Things in China III)

第 10 卷（1841 年 1 月—12 月）

[38]《中国风土人情（四）》(Illustrations of Men and Things in China IV)

［39］《中国风土人情（五）》（Illustrations of Men and Things in China V）

［40］《中国风土人情（六）》（Illustrations of Men and Things in China VI）

［41］《中国风土人情（七）》（Illustrations of Men and Things in China VII）

［42］《中国风土人情（八）》（Illustrations of Men and Things in China VIII）

第 11 卷（1842 年 1 月—12 月）

［43］《汉字新的注音方法》（New System of Orthography）

［44］《中国风土人情（九）》（Illustrations of Men and Things in China IX）

［45］《孔子生平概要》（Sketch of the Life of Confucius）

［46］《中国风土人情（十）》（Illustrations of Men and Things in China X）

第 13 卷（1844 年 1 月—12 月）

［47］《中国各省府州县（一）》（Provinces, Departments and Districts in China I）

［48］《中国各省府州县（二）》（Provinces, Departments and Districts in China II）

［49］《中国各省府州县（三）》（Provinces, Departments and Districts in China III）

［50］《中国各省府州县（四）》（Provinces, Departments and Districts in China IV）

［51］《中国各省府州县（五）》（Provinces, Departments and Districts in China V）

［52］《一幅"寿屏"》（Description of a Longevity Screen）

［53］《中国各省府州县附录》（Appendix to the List of Provinces, Departments and Districts in China）

第 14 卷（1845 年 1 月—12 月）

［54］《苗族简况》（Notices of the Miau Tsz）

［55］《论公平对待苗民》（Essay on the Justice of the Dealings with the Miau Tsz）

第 17 卷（1848 年 1 月—12 月）

［56］《以中国的风俗习惯说明〈圣经〉中的章句》（Illustrations of Scripture from the Manners and Customs of the Chinese）

［57］《中国风土人情（十一）》（Illustrations of Men and Things in China XI）

［58］《中国道德小故事（一）》（Anecdotes Given by Chinese Authors to Inculcate a Moral I）

408

第 18 卷（1849 年 1 月—12 月）

［59］《在华基督教差会》（Protestant Missions in China）

［60］《书评：〈中国大众教育史〉》（Review: *History of Instruction in China*）

［61］《关于"玄天上帝"的神话记载》（Mythological Account of Hiuen-tien Shangti）

［62］《书评：〈中国戏剧选〉》（Review: Bazin's *Théâtre Chinois*）

［63］《〈易经〉中对安息日的记载》（Notice of a Sabbath in the *Yih King*）

［64］《中国道德小故事（二）》（Anecdotes Given by Chinese Authors to Inculcate a Moral II）

［65］《广州入城问题》（Question of Entry into the City of Canton）

［66］《书评：〈从海南到广州陆路旅行记〉》（Review: *Trip from Hainan to Canton*）

［67］《书评：〈回忆雅裨理先生〉》（Review: *Memoir of the Rev. David Abeel*）

［68］《中国人的祖先崇拜》（The Worship of Ancestors among the Chinese）

［69］《商三官》（Revenge of Miss Shang Sankwan）

［70］《关于中国的著述（一）》（List of Works upon China I）

［71］《中国的教会医院》（Missionary Hospitals in China）

［72］《贵州地志》（Topography of the Province of Kweichau）

［73］《澳门总督阿马拉尔被刺》（Assassination of Governor Amaral）

［74］《云南地志》（Topography of the Province Yunnan）

［75］《书评：〈满文资料选译〉》（Review: Meadows' *Translations from the Manchu*）

［76］《关于中国的著述（二）》（List of Works upon China II）

第 19 卷（1850 年 1 月—12 月）

［77］《湖北地志》（Topography of the Province of Hupeh）

［78］《湖南地志》（Topography of the Province of Hunan）

［79］《陕西地志》（Topography of the Province of Shensi）

［80］《中文活字印刷术》（Movable Metallic Types in Chinese）

［81］《黑龙江及库页岛情况介绍》（Notices of Sagalien River）

［82］《四川地志（一）》（Topography of the Province of Sz'chuen I）

［83］《四川地志（二）》（Topography of the Province of Sz'chuen II）

［84］《黄河水道及其地形》（Topography of the Yellow River）

［85］《广州及其附近的宝塔》（Pagodas in and near Canton）

［86］《〈新约〉与〈旧约〉中文版》（Chinese Version of the Old and New Testament）

第 20 卷（1851 年 1 月—8 月）

［87］《书评：〈西伯利亚旅行记〉》（Review: Erman's *Travels in Siberia*）

［88］《耆英对基督教的认可》（Kiying's Testimony to Christianity）

［89］《中华帝国边陲地区地志》（Topography of Extra-provincial China）

［90］《广州附近的清真寺》（Mohammedan Mosque near Canton）

［91］《珠江河道（一）》（Course of the Pearl River I）

［92］《珠江河道（二）》（Course of the Pearl River II）

［93］《书评：徐继畬〈瀛环志略〉》（Review: *Universal Geography* of Su Ki-yu）

［94］《〈圣经〉中译的进展情况》（Proceedings Relating to the Chinese Version of the Bible）

［95］《中国的纸币》（Paper Money among the Chinese）

［96］《长白山》（The Long White Mountains）

［97］《书评：〈榕园全集〉》（Review: *Complete Collection of the Garden of Banians*）

［98］《河南犹太人访问记》（Visit to the Jews in Honan）

［99］《在华新教传教士名单》（List of Protestant Missionaries to the Chinese）

［100］《河南地志》（Topography of Honan）

3. 其他文章

［1］"Canton prior to 1840". *The Shanghai Budget and Weekly Courier*, 23 January 1873.

［2］"Moving Types for Printing Chinese". *The Chinese Recorder*, Vol. 6 (1875).

［3］"A Chinese Historical Novel". *New Englander*, January 1880.

［4］"Education of Woman in China". *The Chinese Recorder*, Vol. 11 (1880).

［5］"The Perpetuity of Chinese Institutions". *The Chinese Recorder*, Vol. 13 (1882).

［6］"S. Wells Williams, LL. D.". *The Chinese Recorder*, Vol. 20 (1889).

410

4. 档案

Samuel Wells Williams Family Papers. Yale University Library Manuscript Group 547.

二、中文文献

［1］［德］于尔根·奥斯特哈默.中国与世界社会：从18世纪到1949.强朝晖，译.
　　　北京：社会科学文献出版社，2019.

［2］白纯.鸦片战争前后的汉奸问题初探.南京政治学院学报，2000（3）.

［3］蔡乾.再论《聊斋志异》在西方的最早译介.明清小说研究，2022（1）.

［4］陈才俊.早期美国来华传教士与美国对华鸦片贸易政策.世界宗教研究，2011
　　　（1）.

［5］陈翰笙主编.华工出国史料汇编.北京：中华书局，1984.

［6］程美宝.粤词官音——卫三畏《英华韵府历阶》的过渡性质.史林，2010（6）.

［7］程章灿.也说《聊斋志异》"被洋人盗用".中华读书报，2003年9月24日.

［8］程章灿."卫三畏廉士甫"与《汉英韵府》.中华读书报，2021年12月8日.

［9］［美］泰勒·丹涅特.美国人在东亚：十九世纪美国对中国、日本和朝鲜政策
　　　的批判的研究.姚曾廙，译.北京：商务印书馆，1959.

［10］［美］雅克·当斯.黄金圈住地——广州的美国商人群体与美国对华政策的形
　　　成，1784—1844.周湘、江滢河，译.广州：广东人民出版社，2015.

［11］邓加荣."十大才子书"的由来.博览群书，2008（2）.

［12］邓联健.英语世界直接译介中国高等教育的早期努力.现代大学教育，2020
　　　（3）.

［13］丁大刚.理雅各《东周列国志》的跨文化重写.山东外语教学，2019（1）.

［14］［美］丁韪良.花甲忆记——一位美国传教士眼中的晚清帝国.桂林：广西师
　　　范大学出版社，2004.

［15］董方峰、杨洋.汉语教学史上一部不应被遗忘的著作——卫三畏的《汉英韵
　　　府》.国际汉语教学动态与研究，2008（2）.

［16］［美］范发迪.知识帝国：清代在华的英国博物学家.袁剑，译.北京：中国人民大学出版社，2018.

［17］［美］费正清、刘广京编.剑桥中国晚清史.中国社会科学院历史研究所编译室，译.北京：中国社会科学出版社，1985.

［18］［美］费正清.费正清自传.黎鸣等，译.天津：天津人民出版社，1993.

［19］傅伟勋、周阳山主编.西方汉学家论中国.台北：正中书局，1993.

［20］戈公振.中国报学史（插图整理本）.上海：上海古籍出版社，2003.

［21］顾长声.从马礼逊到司徒雷登——来华新教传教士评传.上海：上海人民出版社，1985.

［22］顾丹柯译.孝经·二十四孝·弟子规.北京：中国对外翻译出版公司，2010.

［23］顾钧.用古籍拯救世道人心——洛布古典丛书百年.博览群书，2011（6）.

［24］顾钧.最早去美国的中国人.中华读书报，2012年5月9日.

［25］顾钧.七个日本漂流民的故事.博览群书，2012（9）.

［26］顾钧.美国人最早的《关雎》英译.中华读书报，2014年7月16日.

［27］顾钧.漫谈《卷耳》英译.书屋，2014（10）.

［28］顾钧.美国第一批留学生在北京.郑州：大象出版社，2015.

［29］顾钧."离骚"的四种翻译方法.文汇学人，2022年4月3日.

［30］顾钧、宫泽真一主编.美国耶鲁大学图书馆藏卫三畏未刊往来书信集.桂林：广西师范大学出版社，2012.

［31］顾学颉选注.元人杂剧选.北京：人民文学出版社，1956.

［32］何文静.英语世界的唐代小说译介：翻译历史与研究现状.三峡大学学报：人文社会科学版，2019（6）.

［33］［美］黑格尔.历史哲学.王造时，译.上海：上海书店出版社，1999.

［34］胡优静.英国19世纪的汉学史研究.北京：学苑出版社，2009.

［35］韩铁.福特基金会与美国的中国学（1950—1979年）.北京：中国社会科学出版社，2004.

［36］黄长著、孙越生、王祖望主编.欧洲中国学.北京：社会科学文献出版社，2005.

［37］黄涛.美国汉学家卫三畏研究.北京：学苑出版社，2018.

［38］黄卓越.19世纪汉学撰述中的literature：一个概念措用的历史.清华大学学报：哲学社会科学版，2019（1）.

412

［39］［美］爱德华·V. 吉利克 . 伯驾与中国的开放 . 董少新，译 . 桂林：广西师范大
学出版社，2008.

［40］计翔翔 . 十七世纪中期汉学著作研究——以曾德昭《大中国志》和安文思《中
国新志》为中心 . 上海：上海古籍出版社，2002.

［41］姜彬主编 . 中国民间文学大辞典 . 上海：上海文艺出版社，1992.

［42］姜秉正编 . 研究太平天国史著述综目 . 北京：书目文献出版社，1983.

［43］江岚 . 英译《春园采茶词》与茶文化的西行 . 汉学研究，2015 秋冬卷 .

［44］江莉、王澧华 .《拾级大成》：美国人在中国编印的第一本汉语教材 . 语言研
究集刊，第七辑 .

［45］金卫婷 . 卫三畏与美国早期的对华退款兴学计划 . 西昌学院学报：社会科学版，
2007（1）.

［46］孔陈焱 . 卫三畏与美国汉学研究 . 上海：上海辞书出版社，2010.

［47］［美］孔飞力 . 他者中的华人：中国近代移民史 . 李明欢，译 . 南京：江苏人
民出版社，2020.

［48］［英］蓝诗玲 . 鸦片战争 . 刘悦斌，译 . 北京：新星出版社，2015.

［49］［美］雷孜智 . 千禧年的感召——美国第一位来华新教传教士裨治文传 . 尹文
涓，译 . 桂林：广西师范大学出版社，2007.

［50］李安光 . 英语世界的元杂剧研究 . 北京：中国社会科学出版社，2017.

［51］李彬 . 白鸽长音：卫三畏与美国排华运动 . 全球史评论，第十五辑 .

［52］李彬 . 卫三畏与晚清华工出国 . 基督宗教研究 .2018（1）.

［53］李定一 . 中美早期外交史 . 北京：北京大学出版社，1997.

［54］李海军等 .《聊斋志异》英语译介研究（1842—1948）. 北京：科学出版社，
2019.

［55］李民、王健 . 尚书译注 . 上海：上海古籍出版社，2004.

［56］李声凤 . 中国戏曲在法国的翻译与接受（1789—1870）. 北京：北京大学出版
社，2015.

［57］李天纲 . 中国礼仪之争：历史、文献和意义 . 北京：中国人民大学出版社，
2019.

［58］李雪涛 . 日耳曼学术谱系中的汉学——德国汉学之研究 . 北京：外语教学与研
究出版社，2008.

［59］李玉辉、潘明军 . 美国汉学界中国戏曲研究之发端——从 19 世纪中期到 20 世

纪 30 年代 . 中华文化论坛，2022（2）.

［60］李泽厚 . 中国思想史论 . 合肥：安徽文艺出版社，1991.

［61］李真、左亚楠 . 从《中国文献解题》看伟烈亚力对中西文献学交流的贡献 . 北京行政学院学报，2021（5）.

［62］李真 .《汉语札记》英译本研究 . 国际汉学，第 26 辑（2014）.

［63］梁嘉彬 . 广东十三行考 . 台中：东海大学出版社，1960.

［64］梁启超 . 中国近三百年学术史（新校本）. 北京：商务印书馆，2017.

［65］林立强 . 美国传教士卢公明眼中的清末科举 . 国际汉学，第十辑 .

［66］林则徐 . 日记 . 北京：中华书局，1962.

［67］鲁迅 . 鲁迅全集 . 北京：人民文学出版社，1981.

［68］罗常培 . 国语字母演进史 . 上海：商务印书馆，1934.

［69］［清］罗森等 . 早期日本游记五种 . 长沙：湖南人民出版社，1983.

［70］［美］罗思文、安乐哲 . 生民之本：《孝经》的哲学诠释及英译 . 何金俐，译 . 北京：北京大学出版社，2010.

［71］罗家伦 . 研究中国近代史的意义和方法 . 国立武汉大学社会科学季刊，第 2 卷第 1 期（1931）.

［72］茅海建 . 天朝的崩溃——鸦片战争再研究（修订版）. 北京：三联书店，2014.

［73］［美］马森 . 西方的中华帝国观 . 杨德山等，译 . 北京：时事出版社，1999.

［74］［美］马士 . 中华帝国对外关系史（第一卷）. 张汇文等，译 . 上海：上海书店出版社，2006.

［75］马秋莎 . 改变中国：洛克菲勒基金会在华百年 . 桂林：广西师范大学出版社，2013.

［76］孟庆波 . 美国东方学会图书馆的早期汉学藏书（1842—1905）——兼论 19 世纪的美国汉学目录学 . 燕山大学学报：哲学社会科学版，2020（3）.

［77］孟振华 . 美国耶鲁大学图书馆中文古籍收藏史 . 中国典籍与文化论丛，第 18 辑 .

［78］莫东寅 . 汉学发达史 . 北京：北平文化出版社，1949.

［79］［澳］莫理循 . 中国风情 . 张皓，译 . 北京：国际文化出版公司，1998.

［80］潘振平 .《瀛环志略》研究 . 近代史研究，1988（4）.

［81］［日］平山周 . 中国秘密社会史（修订本）. 北京：商务印书馆，2017.

［82］钱锺书 . 管锥编 . 北京：中华书局，1986.

［83］仇华飞 . 美国的中国学研究 . 北京：中国社会科学出版社，2011.

414

［84］任复兴主编. 徐继畲与东西方文化交流. 北京：中国社会科学出版社，1993.

［85］［美］罗伯特·芮德菲尔德. 农民社会与文化——人类学对文明的一种诠释. 王莹，译. 北京：中国社会科学出版社，2013.

［86］［美］萨义德. 东方学. 王宇根，译. 北京：三联书店，2019.

［87］帅司阳. 福音与政治之间：卫三畏在华外交翻译活动研究（1857—1876）. 香港中文大学 2021 年博士学位论文.

［88］司佳. 传教士缘何研习《圣谕广训》：美国卫三畏家族档案手稿所见一斑. 史林，2013（3）.

［89］宋丽娟、孙逊."中学西传"与中国古典小说的早期翻译（1735—1911）. 中国社会科学，2009（6）.

［90］宋丽娟、孙逊. 近代英文期刊与中国古典小说的早期翻译. 文学遗产，2011（4）.

［91］苏精. 马礼逊与中文印刷出版. 台北：学生书局，2000.

［92］苏精. 中国，开门!——马礼逊及相关人物研究. 香港：基督教中国宗教文化研究社，2005.

［93］苏精. 上帝的人马：十九世纪在华传教士的作为. 香港：基督教中国宗教文化研究社，2006.

［94］苏精. 美华书馆二号（柏林）活字的起源与发展. 中国出版史研究，2019（2）.

［95］苏精. 卫三畏与中文活字. 印刷文化，2020（1）.

［96］谭正璧. 中国女性文学史·女性词话. 上海：上海古籍出版社，2012.

［97］陶德民、顾钧. 从教化到对话：写在卫三畏诞辰 200 周年之际. 中华读书报，2012 年 12 月 19 日.

［98］陶德民编. 卫三畏在东亚：美日所藏资料选编. 郑州：大象出版社，2016.

［99］陶宗仪. 南村辍耕录. 北京：中华书局，1959.

［100］田同旭. 元杂剧通论. 太原：山西教育出版社，2007.

［101］王吉民. 英译本草纲目考. 中华医学杂志，第 21 卷第 10 期（1935）.

［102］王蓬常. 陈化成将军年谱（四）. 上海文博论丛，2006（3）.

［103］王蓬常. 陈化成将军年谱（五）. 上海文博论丛，2006（4）.

［104］王力. 中国语言学史. 太原：山西人民出版社，1981.

［105］王丽娜. 中国古典小说戏曲名著在国外. 上海：学林出版社，1988.

［106］王林海.《东周列国志》英译.秦皇岛：燕山大学出版社，2021.

［107］王韬.弢园尺牍新编.陈玉兰，辑校.上海：上海古籍出版社，2020.

［108］王铁崖编.中外旧约章汇编.上海：上海财经大学出版社，2019.

［109］王燕.试论《聊斋志异》在西方的最早译介.明清小说研究，2008（2）.

［110］王燕.19世纪《三国演义》英译文献研究.北京：中国社会科学出版社，2018.

［111］王燕、房燕.《汉文诗解》与中国古典诗歌.文艺理论研究，2012（3）.

［112］［德］马克斯·韦伯.儒教与道教.王荣芬，译.桂林：广西师范大学出版社，2008.

［113］［英］威妥玛.语言自迩集.张卫东，译.北京：北京大学出版社，2018.

［114］文庆等.筹办夷务始末（道光朝）.台北：文海出版社，1970.

［115］吴锋.论孝传统的形成及现代际遇.孔子研究，2001（4）.

［116］吴雅迪.20世纪30年代之前欧美汉学界的"苗图"研究.艺术与民族，2020（3）.

［117］吴义雄.西方人眼里的徐继畬及其著作.清史研究，2009（1）.

［118］吴义雄.在华英文报刊与近代早期的中西关系.北京：社会科学文献出版社，2012.

［119］吴义雄主编.美国所藏容闳文献合编.北京：社会科学文献出版社，2021.

［120］吴义雄.在宗教与世俗之间——新教传教士在华南沿海的早期活动研究（1807—1851）.北京：社会科学文献出版社，2022.

［121］吴义雄.时势、史观与西人对早期中国近代史的论述.近代史研究，2019（6）.

［122］吴义雄.《中国丛报》关于中国社会信仰与风习的研究.学术研究，2009（9）.

［123］吴原元.隔绝对峙时期的美国中国学：1949—1972.上海：上海辞书出版社，2008.

［124］徐继畬.瀛环志略校注.宋大川，校注.北京：文物出版社，2007.

［125］许明龙.欧洲十八世纪中国热.北京：外语教学与研究出版社，2007.

［126］许明龙.黄加略与早期法国汉学.北京：中华书局，2004.

［127］阎国栋.俄国汉学史.北京：人民出版社，2006.

［128］姚小平.罗马读书记.北京：外语教学与研究出版社，2009.

［129］姚小平.现存最早的汉语语法著作.中国语文，2001（5）.

［130］尹文涓.裨治文笔下的美国形象——从《大美联邦志略》的前后两个版本说

416

起.国际汉学，第 8 辑（2003）.

［131］永瑢等.四库全书总目.北京：中华书局，1965.

［132］元青.双语词典编纂与近代早期来华传教士对中国文化知识的获取.近代史
研究，2021（3）.

［133］袁行霈主编.中国文学史.北京：高等教育出版社，1999.

［134］张宏生.卫三畏与美国汉学的起源.中华文史论丛，第八十辑.

［135］张宏生编著.中美文化交流的先驱：戈鲲化的时代、生活与创作.南京：凤
凰出版社，2016.

［136］张明明.穆麟德兄弟与高第汉学目录之争考.国际汉学，2022（3）.

［137］张涛.来自异国的圣人——孔子在早期美国.北京：商务印书馆，2019.

［138］张万民.英语世界的诗经学.石家庄：河北教育出版社，2021.

［139］张西平等.西方人早期汉语学习史调查.北京：中国大百科全书出版社，
2003.

［140］张西平编.欧美汉学研究的历史与现状.郑州：大象出版社，2006.

［141］张星烺编注.中西交通史料汇编.北京：中华书局，2003.

［142］张秀民.中国印刷史.韩琦，增订.杭州：浙江古籍出版社，2006.

［143］张源.美国早期汉学视野中的中国文学观念.北京大学学报：哲学社会科学
版，2020（6）.

［144］赵超."二十四孝"在何时形成（上）.中国典籍与文化，1998（1）.

［145］［比利时］钟鸣旦.礼仪的交织：明末清初中欧文化交流中的丧葬礼.张佳，
译.上海：上海古籍出版社，2019.

［146］周振鹤.戈鲲化的生年月日及其他.中华读书报，2001 年 3 月 21 日.

［147］朱仰东.《聊斋志异·商三官》与唐传奇《谢小娥传》比较论略——兼及《商
三官》本事问题.蒲松龄研究，2011（4）.

［148］朱一玄.聊斋志异资料汇编.天津：南开大学出版社，2012.

［149］朱少璋编.曼殊外集——苏曼殊编译集四种.北京：学苑出版社，2009.

［150］庄新.科技史视域下 19 世纪美国汉学家对中国博物学典籍的译介.自然辩证
法研究，2021（3）.

［151］［新加坡］卓南生.中国近代报业发展史：1815—1874（增订版）.北京：中
国社会科学出版社，2002.

三、西文文献

［1］Abeel, David. *Journal of a Residence in China and the Neighboring Countries from 1830 to 1833*. New York: Leavitt, Lord & Co., 1834.

［2］Abeel, David. "Notices of Amoy and Its Inhabitants". *The Chinese Repository*, Vol. 13.

［3］Aldridge, Owen. *The Dragon and the Eagle: The Presence of China in the American Enlightenment*. Detroit: Wayne State University Press, 1993.

［4］Bachman, R. L. *In Memoriam, A Sermon Delivered in the First Presbyterian Church, Utica, NY, upon the Life and Labors of Samuel Wells Williams, LL. D., April 20, 1884*. Utica, NY: Press of Curtis & Childs, 1884.

［5］Bagg, M. M. "The Utica High School." *Utica Herald*, 21 February 1880.

［6］Bailey, James M. "Samuel Wells Williams, L. L. D.," *Journal of the American Geographical Society of New York*, Vol. 16 (1884).

［7］Bazin, Antoine. *Théâtre Chinois*. Paris: A L'Imprimerie Royale,1838.

［8］Bazin, Antoine. *Le Siècle des Youên*. Paris: Imprimerie Nationale, 1850.

［9］Blodget, Henry. "Samuel Wells Williams". *The New Englander*, Vol. 8 (March, 1885).

［10］Boone, William J. "Astronomy of the Shoo King". *The Chinese Repository*, Vol. 9.

［11］Bridgman, E. C. *Chinese Chrestomathy in the Canton Dialect*. Macao, 1841.

［12］Bridgman, E. C. "Introduction". *The Chinese Repository*, Vol. 1.

［13］Bridgman, E. C. "European Presses in China". *The Chinese Repository*, Vol. 3.

［14］Bridgman, E. C. "The Chinese Language". *The Chinese Repository*, Vol. 3.

［15］Bridgman, E. C. "Heaou King, or Filial Duty". *The Chinese Repository*, Vol. 4.

［16］Bridgman, E. C. "Walks about Canton". *The Chinese Repository*, Vol. 4.

［17］Bridgman, E. C. "Education among the Chinese". *The Chinese Repository*, Vol. 4.

［18］Bridgman, E. C. "A General Description of the Empire of China". *The Chinese Repository*, Vol. 5.

［19］Bridgman, E. C. "European Periodicals beyond the Ganges". *The Chinese Repository*, Vol. 5.

418

［20］Bridgman, E. C. "Practical Lessons in Sacrificial Rites". *The Chinese Repository*, Vol. 6.

［21］Bridgman, E. C. "Foreign Opium a Poison : Illustrated in Ten Paragraphs". *The Chinese Repository*, Vol. 7.

［22］Bridgman, E. C. "Crisis in the Opium Traffic". *The Chinese Repository*, Vol. 8.

［23］Bridgman, E. C. "Lin's Letter to the Queen of England". *The Chinese Repository*, Vol. 8.

［24］Bridgman, E. C. "Review: *The Great Commission*". *The Chinese Repository*, Vol. 12.

［25］Bridgman, E. C. "Review: *Easy Lessons in Chinese*". *The Chinese Repository*, Vol. 14.

［26］Bridgman, E. C. "Review: *An English and Chinese Vocabulary*". *The Chinese Repository*, Vol. 15.

［27］Bridgman, E. C. "List of Protestant Missionaries in China". *The Chinese Repository*, Vol. 16.

［28］Bridgman, Eliza J. G. ed. *The Pioneer of American Missions in China: The Life and Labors of Elijah Coleman Bridgman*. New York: Anson D. F. Randolph, 1864.

［29］Britton, Roswell S. *The Chinese Periodical Press, 1800—1912*. Shanghai: Kelly & Walsh, 1933.

［30］Ch'en, Yao-sheng & Hsiao, Paul S. Y. *Sinology in the United Kingdom and Germany*. Honolulu: East-West Center, 1967.

［31］Ch'en, Yao-sheng & Hsiao, Paul S. Y. *Sinology in the United States and Japan*. Honolulu: East-West Center, 1967.

［32］Christy, Arthur. *The Orient in American Transcendentalism*. New York: Columbia University Press, 1932.

［33］Cohen, Paul A. *Discovering History in China: American Historical Writing on the Recent Chinese Past*. New York: Columbia University Press, 1996.

［34］Cordier, Henri. *Catalogue of the Library of the North China Branch of the Royal Asiatic Society*. Shanghai, 1872.

［35］Cordier, Henri. *Bibliotheca Sinica*. Paris: E. Guilmoto, 1904.

［36］Davis, John F. *On the Poetry of the Chinese*. Macao: East India Company Press, 1834.

［37］Davis, John F. *The Chinese*. London: Charles Knight & Co., 1836.

［38］Davis, John F. *Chinese Miscellanies.* London: John Murray, 1865.

［39］Davis, John F. *The Poetry of the Chinese.* London: Asher and Co., 1870.

［40］Davis, John F. *Laou-seng-urh, or, An Heir in His Old Age.* London: John Murray, 1917.

［41］Demiéville, Paul. "Organization of East Asian Studies in France." *The Journal of Asian Studies*, Vol. 18, No. 1 (1958).

［42］Dennett, Tyler. *Americans in Eastern Asia.* New York: Barnes & Noble, Inc., 1941.

［43］Doolittle, Justus. *Social Life of the Chinese.* New York: Harper & Brothers, 1867.

［44］Drake, Fred W. *China Charts the World: Hsu Chi-yu and His Geography of 1848.* Cambridge MA: Harvard University Press, 1975.

［45］Dray-Novey, Alison. "Spatial Order and Police in Imperial Beijing," *The Journal of Asiatic Studies*, Vol. 52, No. 4 (Nov., 1993).

［46］Du Ponceau, Peter S. "Letter from Peter S. Du Ponceau to John Vaughan, Esq. on the Nature and Character of the Chinese System of Writing". *Transactions of the Historical and Literary Committee of the American Philosophical Society*, Vol. 2 (1838).

［47］Elsbree, Oliver W. *The Rise of the Missionary Spirit in America 1790—1815.* Williamsport, PA: The Williamsport Printing and Binding Co., 1928.

［48］Fairbank, John K. *Trade and Diplomacy on the China Coast: The Opening of the Treaty Ports 1842—1854.* Cambridge, MA: Harvard University Press, 1953.

［49］Fairbank, John K. "Assignment for the '70s". *American Historical Review*, Vol. 74, No 3 (Feb., 1969).

［50］Fairbank, John K. *China Perceived: Images and Policies in Chinese-American Relations.* New York: Alfred A. Knopf, 1974.

［51］Fairbank, John K. *The United States and China.* Fourth edition. Cambridge, MA: Harvard University Press, 1979.

［52］Forbes, Francis B. "On Some Chinese Species of Oaks." *Journal of Botany*, March 1884.

［53］Gray, Asa. "List of Dried Plants Collected in Japan, by S. Wells Williams, Esq., and Dr. James Morrow". *Narrative of the Expeditions of an American Squadron to the China Seas and Japan, Performed in the Years 1852, 1853 and 1854, under the Command of Commodore M. C. Perry, United States Navy, by Order of the Government*

420

of the United States (Washington DC: Government Printing Office, 1856)

［54］Groeneveldt, W. P. "Dr. Williams' *Dictionary*". *China Review*, Vol. 3 (July 1874—June 1875).

［55］Gützlaff, Karl. *Journal of Three Voyages along the Coast of China in 1831, 1832 & 1833*. London: Frederick Westley and A. H. Davis, 1834.

［56］Gützlaff, Karl. "Notice of the *San Kwo Che*". *The Chinese Repository*, Vol. 7.

［57］Gützlaff, Karl. "Review: *Dreams in the Red Chamber*". *The Chinese Repository*, Vol. 11.

［58］Gützlaff, Karl. "*Liau Chai I Chi*, or *Extraordinary Legends from Liau Chai*". *The Chinese Repository*, Vol. 11

［59］Gützlaff, Karl. "Review: *Hai Kwoh Tu Chi*", *The Chinese Repository*, Vol. 16.

［60］Haddad, John R. *The Romance of China: Excursions to China in U.S. Culture, 1776—1876*. New York: Columbia University Press, 2008.

［61］Harrison, Brian. *Waiting for China: The Anglo-Chinese College at Malacca 1818—1843 and Early Nineteenth-century Missions*. Hong Kong: Hong Kong University Press, 1979.

［62］Hsia, Adrian. ed. *The Vision of China in the English Literature of the Seventeenth and Eighteenth Centuries*. Hong Kong: The Chinese University Press, 1998.

［63］Hummel, Arthur W. "Some American Pioneers in Chinese Studies." *Notes on Far Eastern Studies in America*, No. 9 (June 1941).

［64］Hunter, William C. *Bits of Old China*. Shanghai: Kelly and Walsh, 1911.

［65］Hunter, William C. *The "Fan Kwae" at Canton before Treaty Days 1825—1844*. Shanghai: Mercury Press, 1938.

［66］Isaacs, Harold R. *Scratches on Our Minds: American Images of China and India*. New York: The John Day Company, 1958.

［67］Johnston, Reginald F. *Twilight in the Forbidden City*. London: Victor Gollancz, 1934.

［68］Kidd, Samuel. *Catalogue of the Chinese Library of the Royal Asiatic Society*. London, 1838.

［69］King, Frank H. H. ed. *A Research Guide to China-Coast Newspapers, 1822—1911*. Cambridge MA: Harvard University Press, 1965.

［70］James Knowlson, *Universal Language Schemes in England and France 1600—1800* University of Toronto Press, 1975.

［71］Lach, Donald F. *Asia in the Making of Europe.* Chicago: University of Chicago Press, 1971.

［72］Latourette, Kenneth S. *The History of Early Relations between the United States and China 1784—1844.* New Haven, CT: Yale University Press, 1917.

［73］Latourette, Kenneth S. "American Scholarship and Chinese History". *Journal of the American Oriental Society*, Vol. 38 (1918).

［74］Latourette, Kenneth S. "The Progress of Sinology in the United States". *Nankai Social and Economic Quarterly*, Vol. 8, No. 2 (July 1935).

［75］Latourette, Kenneth S. *A History of the Expansion of Christianity.* New York and London: Harper & Brothers, 1937—1945.

［76］Latourette, Kenneth S. "Samuel Wells Williams". *Notes on Far Eastern Studies in America*, No. 12 (Spring 1943).

［77］Latourette, Kenneth S. "Far Eastern Studies in the United States: Retrospect and Prospect". *The Far Eastern Quarterly*, Vol. 15, No. 1 (Nov., 1955).

［78］Lazich, Michael C. E. C. *Bridgman 1801—1861, America's First Missionary to China.* Lewiston, NY: The Edwin Mellen Press, 2000.

［79］Leavenworth, Charles S. *The Arrow War with China.* London: Sampson Low, Marston & Co., 1901.

［80］Legge, Helen Edith. *James Legge: Missionary and Scholar.* London: The Religious Tract Society, 1905.

［81］Legge, James. *The Sacred Books of the East.* Vol. 3. Oxford: Clarendon Press, 1879.

［82］Legge, James. "The Late Appearance of Romances and Novels in the Literature of China; With the History of the Great Archer, Yang Yu-chi". *Journal of the Royal Asiatic Society of Great Britain and Ireland* (Oct., 1893).

［83］Lian, Xi. *The Conversion of Missionaries: Liberalism in American Protestant Missions in China 1907—1932.* University Park, PA: Pennsylvania State University Press, 1997.

［84］Liu, Kwang-Ching. ed. *American Missionaries in China: Papers from Harvard Seminars.* Cambridge, MA: Harvard University Press, 1966.

422

［85］ Loch, Grannille G. *The Closing Events of the Campaign in China.* London: John Murray, 1843.

［86］ Mackerras, Colin. *Western Image of China*, second edition. Oxford University Press, 1991.

［87］ Macy, William A. "On Dr. S. W. Williams's Chinese Dictionary". *Journal of the American Oriental Society*, Vol. 6 (1858—1860).

［88］ Mair, Victor & Zhenjun Zhang. eds., *Anthology of Tang and Song Tales: The Tang Song chuanqi ji of Lu Xun.* Singapore: World Scientific, 2020.

［89］ Malcolm, Elizabeth L. "*The Chinese Repository* and Western Literature on China 1800—1850". *Modern Asian Studies*, Vol. 7, No. 2 (1973).

［90］ Matthews, Harold S. *Seventy-Five Years of the North China Mission.* Peiping: Yenching University Press, 1942.

［91］ Mayers, William F. "Dr. Williams' Syllabic Dictionary". *China Review*, Vol. 3 (July 1874—June 1875).

［92］ Medhurst, W. H. *A Dictionary of the Hok-keen Dialect of the Chinese Language.* Macao, 1832.

［93］ Medhurst, W. H. *Chinese and English Dictionary.* Batavia, 1843.

［94］ Miller, S. C. *The Unwelcome Immigrant.* Berkeley CA: University of California Press, 1969.

［95］ Milne, William. *A Retrospect of the First Ten Years of the Protestant Mission to China.* Malacca: The Anglo-Chinese Press, 1820.

［96］ Morrison, Robert. "Worshiping at the Tombs," *The Chinese Repository*, Vol. 1

［97］ Morrison, Robert. *A Dictionary of Chinese Language.* Macao, 1815—1823.

［98］ Morrison, Robert. *The Chinese Miscellany.* London: S. McDowall, 1825.

［99］ Morrison, E. A. *A Memoir of the Life and Labours of Robert Morrison.* London, 1839.

［100］ Nason, Henry B. ed. *Biographical Record of the Officers and Graduates of the Rensselaer Polytechnic Institute, 1824—1886.* Troy, NY: William H. Young, 1887.

［101］ Nye, Gideon. *The Morning of My Life in China 1833—1939.* Canton, 1873.

［102］ Olyphant, D. W. C. "Premium for an Essay on the Opium Trade". *The Chinese Repository*, Vol. 5.

［103］Phillips, Clifton J. *Protestant America and the Pagan World: The First Half Century of the American Board of Commissioners for Foreign Missions, 1810—1860*. Cambridge, MA: Harvard University Press, 1969.

［104］Pickering, John. "Address." *Journal of the American Oriental Society*, Vol. 1 (1843).

［105］Pickering, John. "Peter S. Du Ponceau LL. D." , *Journal of the American Oriental Society*, Vol. 1 (1843).

［106］Pineau, Roger. ed. *The Japan Expedition 1852—1854: The Personal Journal of Commodore Matthew C. Perry*. Washington DC: Smithsonian Institution Press, 1968.

［107］Quincy, Joseph. ed. *The Journals of Major Samuel Shaw*. Boston: WM. Crosby & H. P. Nichols, 1847.

［108］Richard, Timothy. *Forty-Five Years in China*. New York: Frederick A. Stokes Co., 1916.

［109］Roberts, Edmund. *Embassy to the Eastern Courts of Cochin-China, Siam, and Muscat*. New York: Harper & Brothers, 1837.

［110］Rubinstein, Murray A. *The Origins of the Anglo-American Missionary Enterprise in China 1807—1840*. Lanham, MD & London: The Scarecrow Press, Inc., 1996.

［111］Ruschenberger, W. S. W. *A Voyage round the World*. Philadelphia: Carey, Lea & Blanchard, 1838.

［112］Shuai, Siyang. "When Sinology Encountered Ethnology" . *Crossing Borders: Sinology in Translation Studies*. Hong Kong: The Chinese University of Hong Kong Press, 2022.

［113］Smith, Arthur H. *Chinese Characteristics*. Second edition. London: K. Paul, Trench, Trubner & Co., 1895.

［114］Speer, William. *The Oldest and the Newest Empire: China and the United States*. Pittsburgh, PA: Robert S. Davids & Co., 1877.

［115］Spongberg, Stephen A. *A Reunion of Trees: The Discovery of Exotic Plants and Their Introduction into North American and European Landscapes*. Cambridge MA: Harvard University Press, 1990.

［116］Strout, Elizabeth. *Catalogue of the Library of the American Oriental Society*. New Haven, CT: Yale University Library, 1930.

［117］Sung, See. "Sinological Studies in the United States." *Chinese Culture*, No.8 (1967).

424

［118］Taintor, E. C. "Review of *Syllabic Dictionary*". *North China Herald*, 15 October 1874.

［119］Taylor, Charles E. *The Story of Yates the Missionary as Told in His Letters and Reminiscences.* Nashville, TN: Southern Baptist Convention, 1898.

［120］Thompson, Laurence G. "American Sinology 1830—1920: A Bibliographical Survey". *Tsing Hua Journal of Chinese Studies*, Vol. 2, No. 2 (1961).

［121］Waley, Arthur. *The Opium War through Chinese Eyes.* London: George Allen & Unwin Ltd., 1958.

［122］Walker, Williston. *A History of the Christian Church.* Fourth edition. New York: Charles Scribner's Sons, 1985.

［123］Wentworth, E. "Williams's *Middle Kingdom*". *Methodist Quarterly Review*, Vol. 66 (1884).

［124］Williams, Frederick W. *The Life and Letters of Samuel Wells Williams.* New York: G. P. Putnam's Sons, 1889.

［125］Williams, Frederick W. ed. "The Journal of S. Wells Williams, LL. D". *Journal of the North China Branch of the Royal Asiatic Society*, Vol. 42 (1911).

［126］Williamson, G. R. *Memoir of the Rev. David Abeel.* New York: Robert Carter, 1848.

［127］Wilson, Ming & Cayley, John, eds. *Europe Studies China: Papers from an International Conference on the History of European Sinology.* London: Han Shan Tang Books, 1995.

［128］Wylie, Alexander. *Memorials of Protestant Missionaries to the Chinese.* Shanghai: American Presbyterian Mission Press, 1867.

［129］Wylie, Alexander. *Notes on Chinese Literature.* Shanghai: American Presbyterian Mission Press, 1867.

［130］Wylie, Alexander. "Review of *Syllabic Dictionary*". *Missionary Recorder and Journal*, August 1874.

［131］Yuan, Tung-li. ed. *A Guide to Doctoral Dissertations by Chinese Students in America 1905—1960.* Washington, DC: Sino-American Cultural Society, Inc., 1961.

［132］Yung, Wing. *My Life in China and America.* New York: Henry Holt & Company, 1909.

后　记

　　十多年前在美国耶鲁大学访学，利用难得的机会我对卫三畏做了一些初步的研究。回国后本想进一步深入下去，但因为忙于其他几种课题，这个念头一再被搁置，唯一的工作是和日本学者宫泽真一教授合作主编了《美国耶鲁大学图书馆藏卫三畏未刊往来书信集》(广西师范大学出版社2012年版)。

　　承蒙葛桂录教授邀请，参加他主编的"海外著名汉学家评传丛书"，使我有机会时隔多年再次回到卫三畏这个课题。岁月不居，时节如流。在过去的两年中，我重新阅读了卫三畏的全部著作和其他相关文献，获得了不少新的认识和感悟，温故而知新，信然！过去十多年，我虽然忙于其他课题，但对于卫三畏研究的各类成果一直比较关注，有些最新的研究，特别是有关汉语教材、广东方言的讨论，不仅益人神智，也让我深感自己知识的局限。本书主要是我个人的研究心得，但也尽量吸收了同行的已有成果。

　　感谢山东教育出版社祝丽女士的多方关照，感谢责任编辑苏文静的辛

426

勤工作。希望这本小书能对美国早期汉学研究起到一点推动作用，对于其
中的疏漏之处，也期盼着专家和读者的批评与指正。

顾钧

2023 年 7 月 27 日